이 세대를
아는 지식

이 세대를
아는 지식

ⓒ **생명의말씀사** 2022

2022년 9월 30일 1판 1쇄 발행

펴낸이 | 김창영
펴낸곳 | 생명의말씀사

등록 | 1962. 1. 10. No.300-1962-1
주소 | 서울시 종로구 경희궁1길 6 (03176)
전화 | 02)738-6555(본사) · 02)3159-7979(영업)
팩스 | 02)739-3824(본사) · 080-022-8585(영업)

지은이 | 박순용

기획편집 | 서정희, 장주연
디자인 | 조현진
인쇄 | 영진문원
제본 | 보경문화사

ISBN 978-89-04-16811-8 (03230)

저작권자의 허락없이 이 책의 일부 또는 전체를
무단 복제, 전재, 발췌하면 저작권법에 의해 처벌을 받습니다.

이 세대를 아는 지식

박순용 지음

생명의말씀사

추천사

세상을 잘 아는 사람은 경건하지 않고, 경건한 사람은 세상을 잘 모른다. 세상을 잘 아는 이들 중 일부는 세상과 단짝이며, 일부는 앙심을 품는다. 모두 세상에 대한 바른 태도가 아니다. 이 책은 현대 사회에 대한 저자의 독서의 분량과 사색의 깊이를 보여 준다. 전문적 지식과 특유의 통찰로 현대 세속주의 정신을 분석하고 그 기독교적 대안을 제시한다. 포스트모더니즘 사회와 진화론, 대중문화와 쾌락주의를 꿰뚫어 보여 준다. 정신이 맑아지는 느낌이다. 세상을 위해 기도할 때, 막연하던 당신의 기도는 또렷한 목표를 갖게 될 것이다.

_ 김남준(열린교회 담임목사)

주지하는 것처럼 한국 교회는 위기 가운데 있습니다. 과거 이스라엘 백성이 하나님의 백성으로서 구별됨과 거룩함을 보여 주지 못하고 이방 민족들에 동화되어 버렸듯이, 오늘날 교회 현실 또한 그러하다고 생각합니다. 한국 교회의 가장 큰 위기는 '정체성'의 위기임이 분명합니다. 하나님이 그분을 섬기는 우리에게 요구하시는 가장 중요한 명령인 '교회다움'과 '성도다움'이 위기를 맞고 있기 때문입니다. 이 책은 그런 교회와 성도의 정체성을 위협하는 이 시대에 성도들이 꼭 알아야 할 중요한 이슈들인 진화론, 포스트모더니즘 그리고 왜곡된 도덕성 등을 다루었습니다. 이 책이 한국 교회와 성도의 정체성을 회복하는 데 지침이 되고 유익한 도구가 될 것을 믿어 의심치 않습니다.

_ 김창훈(총신대학교 신학대학원 실천신학 교수)

21세기 한국 교회의 젊은이들에게 기독교 신앙이 여전히 유효한가? 박순용 목사의 『이 세대를 아는 지식』은 젊은이들이 교회를 떠나는 위기 상황에 대한 애타는 심정을 열정과 냉정을 유지하며 차분히 풀어낸 책이다. 저자는 이 위기의 원인인 비성경적 세계관을 조목조목 풀어내며 비판하는 동시에, 이 문제에 대한 성경적 해법을 제공한다. 한국 교회가 위기임을 공감하는가? 그렇다면 이 책을 통해 젊은이들의 가치관을 형성하는 현대의 풍조에 대한 이해를 넓히고, 이 풍조 속에서 그리스도인으로서 바르게 살아갈 해법을 제시하는 저자의 호소를 들으라.

_ 박덕준(합동신학대학원대학교 구약신학 교수)

박순용 목사의 『이 세대를 아는 지식』은 우리 시대 그리스도인들이 세상을 본받지 않고 이 세대를 분별하며 살아가는 데 필요한 무신론 사상과 진화론 사상과 포스트모더니즘 사상에 대해 말해 줍니다. 이 책은 우리 모두 관심을 가지고 공부해야 할 현대 사상과 현대 문화 속에 스며들어 있는 비성경적, 반기독교적 특징들을 분별하는 데 있어 선구자적인 목소리입니다. 평생 공부하는 목회자로서의 좋은 모범을 보여 주고 있는 박순용 목사의 이 책을 통해 '이 세상에 살지만 이 세상에 속하지 않은 사람'으로 살아가는 우리 시대 그리스도인들이 더 많아지기를 기대합니다.

_ 백금산(예수가족교회 담임목사)

성경은 '이 세대'에 대한 경계와 더불어 '이 세대'를 이기게 하시는 주님의 약속으로 충만합니다. 그리고 사도 베드로는 오순절 성령 강림 후 행한 최초의 신약적 설교에서 "너희가 이 패역한 세대에서 구원을 받으라"(행 2:40)고 하였고, 사도 바울은 이 책의 주제대로 "이 세대를 본받지 말라"고 했습니다(롬 12:2). 저자는 이 책으로 '이 세대'-현대 속에서 '변장하여 천의 얼굴'을 가진-의 정체를 명쾌하게 밝히고 있습니다. 나아가 그것을 능히 이기게 하시는 하나님의 은혜의 보장과 그 방식을 성경을 통해 풀어 줍니다. 이 책 속에서 독자들은 필연 자기들을 '이 세대'의 악으로부터 보호하고 하나님이 기뻐하시는 자로 서게 하시려는 주님의 손을 볼 것입니다.

_ **서문강**(중심교회 원로목사)

저자는 이 세대의 특징으로 현재의 삶만을 강조하는 세속주의, 하나님이 없다고 주장하는 어리석은 무신론과 종교를 악의 뿌리로 규정하며 하나님을 부정하는 신무신론, 진위를 증명할 수 없는 진화론과 교회에 폐해를 끼친 유신진화론, 객관적인 지식을 부정하는 포스트모던 사상, 현대의 왜곡된 성문화를 지적한다. 또한 저자는 창세기 1-3장의 말씀에 대한 바른 이해를 통해 유신진화론을 적절히 반박하며, 그리스도인들이 말씀과 성령으로 이 세대의 생각과 행동의 틀에 저항할 수 있다고 말한다. 이 세대의 특징을 이해하고, 이 세대를 본받지 않으며, 하나님의 말씀과 성령의 인도하심을 따라 하나님 자녀의 삶을 살기 원하는 그리스도인들에게 이 책을 기쁘게 추천한다.

_ **안석일**(총신대학교 신학과 구약학 교수)

우리가 사는 이 시대는 진화론과 하나님의 존재를 부정하는 무신론, 거기다 포스트모던 시대의 주관주의가 더하여지면서 도덕과 윤리, 가치와 삶이 너무 많이 왜곡되고 무너지고 있습니다. 성경과 성령에 근거하여 시대를 분별하고 하나님이 원하시는 거룩한 삶을 사는 일은 더욱 중요해졌습니다. 성경의 바른 진리를 통해 건강한 가정과 교회를 세우고, 우리의 다음 세대인 자녀들을 믿음으로 양육해 내는 선한 싸움을 싸워야 할 때입니다. 이런 때 사랑하는 친구가 성경에 기초하여 시대의 정신을 잘 분별하며 어떻게 믿음으로 살아야 하는지를 돕는 귀한 책을 냈습니다. 세상의 유혹과 협박 아래서 고통하는 우리 자녀 세대와 그들을 사랑으로 양육하기 원하는 부모님들 그리고 시대를 거스르며 목양의 짐을 감당하고 있는 동역자들 모두에게 큰 도움과 유익이 될 줄 믿음으로 적극 추천드립니다.

_ **화종부**(남서울교회 담임목사)

프롤로그

이 세대 속에서 고민하고 방황하는
주님의 양들을 위해

예수 그리스도를 믿는 모든 사람은 한편으로는 불가불 '이 세대'(롬 12:2; 갈 1:4)의 영향을 받는 환경 가운데 있습니다. 특히 그리스도인 청년들은 그 영향을 더욱 강력하게 받고 있습니다. 그 가운데서 그들은 신앙과 이 세대의 영향 사이에서 깊이 갈등하며 고민하고 있습니다. 그들의 갈등을 들여다보면, 그들을 흔드는 이 세대의 영향이 있고, 그것은 우리의 예상보다, 또 이전 시대의 그것보다 더 막강함을 절감하게 됩니다. 이러한 사실은 목회자인 저에게도 많은 고민과 시대적인 부담을 갖게 합니다.

분명 성경은 예수 믿는 자들을 "이 악한 세대"에서 건짐 받은 자로 말합니다(갈 1:4). 또한 우리에게 "이 세대를 본받지 말라"(롬 12:2)고 명확하게 권합니다. 우리는 그러한 말씀을 너무 잘 알고 있습니다. 하지만 그럼에도 이 세대의 영향과 압박 그리고 유혹은 우는 사자와 같이 거칠고 포악하게 우리를 삼키려 합니다. 그리고 그로 인해 많은 그리스도인이 흔들리고, 심지어 신앙의 변질과 이탈에 이르기까지 합니다.

어려서부터 교회 안에서 자란 소중한 청년들과 어린 영혼들에게 큰 영향을 끼치는 이 세대의 대표적인 대변자는 진화론입니다. 오늘날 많은 사람이 진화론을 과학이란 이름 아래 기정사실로 여깁니다. 하나님의 어린 자녀들은 그러한 환경 가운데 자라가고 살아가면서 성경이 말하는 하나님의 창조하심에 대한 의구심이나 회의감을 갖기도 합니다. 이것은 매우 가슴 아플 뿐 아니라 교회와 목회자들의 책임을 요하는 문제이기도 합니다.

물론 이런 문제는 어제오늘 얘기가 아닙니다. 그러나 근래에 리처드 도킨스(Richard Dawkins) 같은 사람의 책이 대중적으로 광범위한 지지를 받아 교회 안에 있는 사람들의 생각에까지 더욱 노골적으로 영향력을 미치고 있습니다.

저는 이와 같은 현실에 놓인 교회를 섬기는 목회자로서 이 문제에 대하여 구체적인 관심을 가지고 그것을 좀 더 실제적으로 다룰 필요를 느껴 왔습니다. 그에 따라 이 책에서는 성경이 본받지 말라고 한 '이 세대'의 실체에 대한 이해로부터, '이 세대'의 사고방식과 행동방식을 이루는 것들을 구체적으로 다루고자 했습니다. 특히 우리 그리스도인들은 이와 같은 것들을 하나씩 하나님의 말씀에 비추어 볼 필요가 있다고 생각했기 때문에, 각 사안들에 대한 학문적인 설명보다는 이 세대의 영향 아래에서 신앙적으로 고민하며 갈등하는 교회 안의 지체들이 하나님의 말씀을 붙잡을 수 있도록 도우려 했습니다.

그래서 여러 책들을 참조하고 인용하면서도 단순히 지식 나열에 그치지 않고 하나님의 말씀에 비추어 이 세대를 보고, 이 세대를 이루는 다양한 사상과 행동의 틀을 분별하여, 그 가운데 하나님의 말씀에 따라 반응하도록 하는 데 마음을 쏟았습니다.

이 세대는 매우 다양하고 복잡한 방식으로 우리에게 영향을 미치고 있지만, 그중에서도 두드러지게 이 세대의 생각과 행동의 틀을 이루는 것들을 선별하여 책의 각 장에서 다루었습니다. 곧 세속성, 오래된 무신 사상, 최근에 강력하게 대두되는 새로운 무신 사상, 진화론(그것의 기원과 기독교에 미친 영향), 포스트모더니즘 사상, 이 세대의 도덕성, 왜곡된 성도덕 등입니다. 이상의 내용들은 이 세대의 생각과 행동의 틀로서 오늘날 대부분의 사람이 어려서부터 접하게 되는 것들입니다. 예수 믿는 자들과 그들의 자녀들도 예외가 아닙니다. 예수 믿는 우리와 우리의 자녀들은 이와 같은 이 세대의 영향에 무방비로 있을 수 없습니다. 로마서 12장 말씀대로 우리는 이 세대를 본받지 말아야 합니다. 우리는 그것을 분별하고 또 저항해야 합니다.

이 책에는 필요에 따라 진화론과 관련하여 논쟁이 되는 창세기 1장의 '날'과 지구의 나이에 관한 문제가 언급되었습니다. 어떤 사람들은 이러한 주제에 지적인 흥미나 관심을 가질지도 모릅니다. 그러나 명확히 하고 싶은 점은, 이러한 내용조차 이 세대를 사는 그리스도인들의 신앙과 삶, 곧 이 세대를 본받지 않고 살아야 할 우리 그리스도인들의 구별된 신앙과 삶을 위한 것이라는 사실입니다.

바라기는 이 책이 이 세대의 생각과 행동의 틀을 이루고 있는 것들에 대해 이해하는 것을 넘어서, 그로써 이 세대를 본받지 않으며 살아가는 실천적인 삶으로 이어졌으면 합니다. 그것을 위해 '어떻게' 이 세대의 생각과 행동의 틀에 저항하며 살 것인가를 말하는 이 책의 적용적인 부분이 가볍게 다루어지지 않기를 바랍니다. 이 책의 독자들, 곧 이 세대 속에서 살며 이 세대의 영향과 압박과 유혹으로 고민하는 교회 안의 청년들과 믿음으로 자녀들을 양육하려고 분투하는 믿음의 부모들에게 힘과 도움을 주시기를 구합니다.

끝으로, 책으로 읽기에도 간단하지 않은 이러한 말씀이 설교로 전해질 때에도 사모함과 간절함을 가지고 들으며 진실하게 반응해 준 사랑하는 하늘영광교회 지체들과 그런 공동체를 허락해 주신 하나님께 감사드립니다. 그와 동일한 은혜의 역사를 이 책을 읽는 모든 독자에게 더하여 주시기를 기도합니다.

박순용 목사

목차

추천사   4
프롤로그 이 세대 속에서 고민하고 방황하는 주님의 양들을 위해   8

1부 이 세대를 아십니까

1장 이 세대에 대한 당신의 반응은?   23

오늘날 한국 교회의 현실과 배교의 위험 / 그리스도인들을 위한 복스러운 명령 / '이 세대'에 속하지 않은 그리스도인 / 그리스도인은 '오는 세대'에 속한 백성이다 / '이 세대' 가운데 '오는 세대'에 속한 자로 사는 그리스도인 / 그리스도인만이 가지는 독특한 긴장감 / 우리 앞에 있는 지속적인 싸움 / 이 세대에 동화되고 있는 교회의 현실 가운데서 / 구원받은 성도로 굳게 서라

2장 이 세대와 이 세상 신   43

이 세대를 특징짓는 사상을 분별하기에 앞서 / 이 세대 속에서 활동하는 '이 세상 신'의 존재 / 이 세대에 대한 성경의 평가 / 이 세상 임금의 통치 방식 / 이 세상 임금의 통치 아래 있는 자들의 현실 / 이 세상 신이 맹렬히 반대하며 방해하는 일 / 그리스도인과 이 세상 신과의 관계 / 그리스도인들에게 있는 고유한 저항 / 경계해야 할 두 극단의 모습 / 이 세대에서 건짐 받은 자로서 세상 임금에게 저항하라

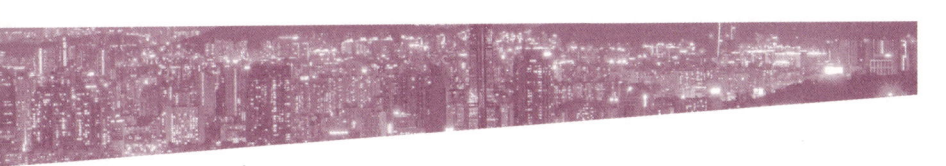

2부 이 세대의 생각과 행동의 틀을 아십니까

3장 이 세대의 생각과 행동의 틀 1_ 세속성　　　　　65

이 세상의 사고방식과 생활방식의 기준과 방향성 / 절대적 기준의 부재 / 물질세계나 인간의 욕구 자체가 문제가 아니다 / 오직 '지금', 오직 '이 세상'만 주장하는 정신 / 교회 안에까지 미치는 세속주의의 영향 / 지금, 이 세상만이 전부가 아니다 / 성경이 제시하는 답 / 정녕 하나님을 사랑하는가 / 친숙함에 길들지 말라 / 우리에게는 더 좋고 더 강한 것이 있다

4장 이 세대의 생각과 행동의 틀 2_ 무신 사상　　　　　83

하나님이 없다 하는 생각 / 하나님이 없다 하는 자에 대한 성경의 부정적인 평가 / 나날이 거세지는 무신 사상의 유혹과 압력 / 이론적인 무신론과 실천적인 무신론과 불가지론 / 무신론이 등장하게 된 역사적 배경 / 이론적인 이신론(理神論)의 등장과 무신론의 체계화 / 18세기 프랑스의 백과전서파 / 돌바크와 디드로의 주장 / 무신론을 체계화하고 대중화한 자들 / 무신론의 영향으로 일어난 파괴적인 사건들 / 우리 곁에 다가온 무신론의 적극적인 영향력 / 배교로 이어질 수 있는 무신론의 영향력 / 영적 전염의 시대에 그리스도인들이 가진 책임

5장 이 세대의 생각과 행동의 틀 3_ 새로운 무신 사상　　　106

겉모습으로 재단할 수 없는 성경의 판단 / 새 옷을 입은 무신론 / 이전보다 더 적극적이고 공격적인 신무신론(新無神論) / 신무신론자들의 편견 / 기독교를 향한 신무신론의 공격 / 신무신론자들이 가진 종교적 신념과 목표 / 신무신론자들이 펼치는 주장의 허구성 / 하나님을 낮추고 인간을 높이는 무신론 / 무신론적 신앙의 그늘 / 무신론의 거짓으로 감추어질 수 없는 하나님의 참되심 / 무신론자들이 이해하지 못하는 하나님의 공의 / 무신론자들의 허수아비 논법 / 성경의 하나님을 알자, 우리 하나님을 정확하고 체험적으로 알자!

3부 이 세대의 사상, 진화론을 아십니까

6장 진화론적인 기원 사상   137

이 세대에 대한 이해와 복음의 적실성 / 우리 가까이에 있는 진화 사상 / 진화론에 대해 가져야 할 문제의식 / "하나님이…" / 하나님의 창조를 부정하고 조롱하는 진화론 / 진화론이 주장하는 생명의 기원 / 진화론의 기원 / 상상 위에 세워진 진화론 / 여전히 입증되지 못한 진화론의 가설 / 진화론의 예정된 한계 / 과학적 사실인가, 도그마인가 / 우주와 생명의 기원에 관한 서로 다른 관점과 성경 / 창조의 증인 / 결국 믿음의 문제다 / 우리가 가진 믿음의 근거 / 우리의 믿음의 특별함

7장 진화론이 기독교에 미친 영향   168

창세기가 말하는 우주와 생명의 기원 / 우연일 수 없는 우주와 자연의 법칙들 / 과학은 진화론자들의 전유물이 아니다 / 진화론의 '믿음의 체계' / 과학의 한계 / 모든 것을 녹여 버리는 '만능 산'(universal acid) / 진화론이 사회와 국가에 미친 파괴적인 영향 / '사회다원주의'와 '우생학'의 출현 / 진화론이 기독교에 미친 영향 / 성경은 신화(神話)인가 / 창조론자들의 등장 / 지적설계론 / 유신진화론 / 유신진화론의 교회 유입 / 유신진화론의 뒤틀린 성경 해석 / 유신진화론은 창조와 진화를 조화시킬 수 있는가 / 창세기의 창조 기사가 강조하는 사실 / 하나님과 우리 자신을 아는 참된 지식을 구하라

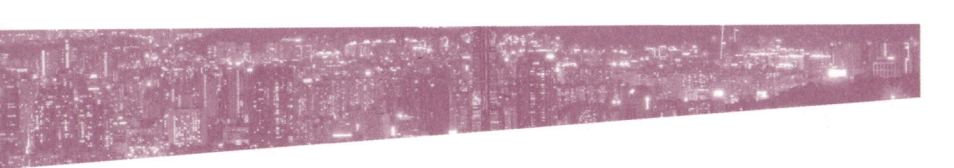

8장 　창세기 1-3장의 바른 이해　　　　　　　　204

익숙하지만 바르게 이해해야 할 창세기 1-3장 / 점점 더 득세하는 유신진화론 / 창세기 1-3장에 대한 유신진화론의 주장 / 창세기 1-3장의 역사성에 대한 상반된 견해 / 놓치지 말아야 할 성경의 기록 목적 / 창세기 이해의 열쇠 / 이스라엘 백성을 향한 하나님의 계획과 의도를 계시하는 말씀 / 고대 근동의 다신관(多神觀)을 교정하는 말씀 / 창세기의 창조 기사의 요점을 기억하라 / 창조주 하나님을 믿고 의지하라!

9장 　성경의 '날'과 지구 나이 문제　　　　　　　　230

지구는 얼마나 오래되었을까 / 성경과 과학에 대한 바른 관점 위에 / 창세기 1장에 나오는 '날' / 유비적인 날 이론 / 젊은 지구 창조론 / 과학적 연대 측정 방법의 한계 / 역사(歷史)적 사실로서의 성경 / 우리가 가진 이해의 한계 / 하나님의 무(無)시간적인 임재 / 주께는 하루가 천 년 같고 / 특별계시에 비추어 보아야 할 자연 / 하나님이 창조하시고 다스리신다는 사실 위에 삶을 세우라 / 그분을 아는 자로서의 지식과 삶과 예배

4부 이 세대의 사상, 포스트모더니즘과 왜곡된 도덕성을 아십니까

10장 포스트모더니즘 사고　　　　　　　　　　259

'포스트모더니즘'과 사사 시대의 정신 / 객관적인 지식을 불신하고 부정함 / 포스트모더니즘이 신자들에게 미치는 영향 / 해체주의(deconstructivism)의 위험성 / 성경의 질서를 억압적인 체계로 봄 / 억압을 거부하는 자들이 상대방을 억압하는 모순 / 사회 전반에 만연한 포스트모더니즘적 사고 / 포스트모더니즘 이상의 허구성 / 시대가 바뀌어도 변하지 않는 진리

11장 이 세대의 도덕성　　　　　　　　　　279

영적인 타락과 도덕적 타락의 연속성 / 중심을 잃어버린 이 세대 / 절대적이고 분명한 기준을 가진 하나님 백성의 삶 / 하나님을 배제한 결과 / 도덕과 윤리는 무시하고 권리는 중시하는 세대 / 상대적인 도덕 개념으로 남을 탓하고 자신을 옹호함 / 죄를 합법화함 / 이기심으로 물든 이 세대 / 성도의 신앙과 도덕성 / 하나님의 판단하심을 기억하라

12장 왜곡된 성도덕 1_ 성과 도덕의 분리   298

심하게 뒤틀리고 왜곡된 성(性) 인식 / 거듭난 자들에게도 여전히 영향을 미치는 이 세대의 성 문화 / 고삐 풀린 오늘날의 성도덕 / 시간이 갈수록 강력해지는 성적인 유혹 / 섹스의 신을 숭배하는 사회 / 성과 도덕의 분리 / 하나님이 좌시하지 않으시는 문제 / 성적인 왜곡과 타락의 필연적인 결론 / 왜곡된 성 인식을 바로잡으라 / 자신을 예외로 여기지 말라

13장 왜곡된 성도덕 2_ "이 비밀이 크도다"   318

변해 가는 세상, 변하지 않는 하나님의 판단 / 부부의 성적 결합 속에 담긴 중대한 비밀 / 성이 있어야 할 위치, '결혼 안에서' / 성(性)을 신(神)으로 섬기는 사람들 / 우리를 얽매는 거짓 자유 / 바울이 감탄한 '이 비밀' / 유혹에 빠지지 않도록 자신의 육체를 훈련하라 / 바울에게서 배우는 네 가지 비결 / 성의 숭고한 가치와 의미를 기억하고 누리라

5부 "이 세대를 본받지 말라"

14장 어떻게 이 세대의 생각과 틀에 저항할까   345

'어떻게' 살아야 하는가 / 근본적으로 변화된 조건 가운데 계속적으로 있어야 하는 변화 / 말씀과 성령으로 / 성령이 말씀을 통해서 하시는 일 / 우리 인격 안에 일어나는 하나님의 역사에 민감하라 / 무엇이 중심에 있는가 / 특별한 변화, 복스러운 순례의 길

15장 이 세대를 본받지 않는 길 1_ 나그네로서 살라   362

하나님의 백성이 가진 정체성의 표현 / 이 땅에서 외국인과 나그네 된 우리 / 두 나라 백성으로 살기 / STEP 1_ 이 세대에서 나그네임을 자각하기 / STEP 2_ 나그네로 있는 동안 경성하며 살기 / STEP 3_ 더 나은 본향을 사모하기 / 신자는 이 세 가지 사실을 명확하게 갖고 살아야 한다

16장 이 세대를 본받지 않는 길 2_ 교회 됨을 경험하라   378

이 세대를 본받지 않기 위한 적극적인 측면 / 교회와 신자의 관계 / 신자의 삶에 있게 된 새로운 조건 / 머리 되신 그리스도의 다스림 속에서 / 신자의 삶에 교회는 작지 않다 / 하나님 나라의 모판인 교회 안에서 누리는 새로운 삶 / 교회 됨을 경시하는 현실을 거스르라 / 우리는 그리스도의 몸인 교회로서 산다

17장 바벨론에서의 성도의 삶　　　　　　　　　　394

고립된 존재가 아닌 세상의 빛과 소금 / 이 땅의 생활에 충실하며, 또한 하나님과의 관계에 충실한 삶 / 바벨론에서의 성도의 삶 1_ 먹고 마시며 수고하는 일반은총의 기쁨을 누리라 / 바벨론에서의 성도의 삶 2_ 원수를 사랑하며 박해하는 자를 위해 기도하라 / 바벨론에서의 성도의 삶 3_ 성실하게 참여하되 죄악은 분별하고 저항하라 / 바벨론에서의 성도의 삶 4_ 하나님과의 관계 속에서 장래의 소망을 기다리며 살라 / 신중함과 의로움과 경건함으로 이 세상에 사는 것 / 그리스도의 영광을 바라며 오늘에 충실한 백성이 되자

18장 우리가 이 세대를 본받지 않을 때　　　　　　411

대중에 동조하지 않는 자에게 있는 어려움 / 신적인 권위를 주장하는 대중 / 대중적인 흐름에 이끌려 사는 세대 / 교회 안에까지 침투한 대중의 힘 / 저 허망한 욕구를 따르지 말라 / 대중의 견해에 흔들리지 않으신 우리 주님을 따르자

주　　　　　　　　　　　　　　　　　　　　　　　　　　　426

1부

이 세대를 아십니까

1장

이 세대에 대한 당신의 반응은?

"그러므로 형제들아 내가 하나님의 모든 자비하심으로 너희를 권하노니
너희 몸을 하나님이 기뻐하시는 거룩한 산 제물로 드리라
이는 너희가 드릴 영적 예배니라
너희는 이 세대를 본받지 말고 오직 마음을 새롭게 함으로 변화를 받아
하나님의 선하시고 기뻐하시고 온전하신 뜻이 무엇인지 분별하도록 하라"

롬 12:1-2

오늘날 한국 교회의 현실과 배교의 위험

오늘날 한국 교회 안에는 교회를 떠나는 사람들뿐만 아니라 교회를 다니고 있어도 참된 신앙을 가졌는지 의문이 들 만큼 방황하는 사람들이 점점 더 늘어나고 있습니다. 교회를 안 나가는 사람을 가리키는 소위 '가나안 성도'라는 말은 이미 10여 년 전부터 유행어가 되었습니다. '가나안

성도' 중에 교회 중직자들의 비율이 높게 나왔다는 통계는 우리를 더욱 놀라게 합니다. 그런데 이러한 현상은 앞으로도 계속될 여지가 있습니다. 우리는 이러한 현상에 대하여 영적인 분별력을 가지고 반응해야 합니다.

'가나안 성도'는 모두 다 그리스도를 완전히 저버린 자들이라고 단정 지을 수는 없습니다. 그들 중에는 일시적으로 시험에 들거나 바른 교회, 바른 가르침을 찾아 씨름하며 신앙생활 하려는 사람들도 있습니다. 그러나 교회를 떠나는 사람들의 숫자가 사회 현상으로까지 언급될 만큼 두드러지게 나타나고 있는 것은 심각한 일이 아닐 수 없습니다. 그리고 이러한 현상은 이미 오래전 서구 교회 안에서 있었던 모습입니다. 실제로 2017년 미국의 한 기관에서 실시한 조사에 의하면, 유럽의 그리스도인 중 69%가 교회를 안 나간다는 통계가 나왔습니다. 우리나라도 2011년에는 '가나안 성도'의 비율이 11% 정도였으나, 2017년에는 23%까지 급상승했습니다. 짧은 시간 안에 두 배 이상 증가한 것입니다.

유럽에 있는 '가나안 성도'의 상당수는 성경이 말하는 실제적인 그리스도인의 신앙과 삶을 가지고 있지 않습니다. 그들은 그리스도인의 정체성을 단순히 문화적인 개념과 의식상에서만 가지고 있습니다. 그들은 유아세례와 같은 의식적인 날을 중요하게 여길 뿐 실제 기독교 신앙에서는 멀어져 있습니다. 그래서 결국 개인적인 배교로까지 나아갈 위험성이 큽니다.

데살로니가후서는 그리스도께서 다시 오시기 전에 '그 배교'가 있을 것이라고 말하고 있습니다.[1] 오늘날 우리가 보고 있는 현상들은 바로 '그 배교'와 연결되어 있다는 점에 그 심각성이 있습니다. 많은 사람이 교회를 떠나고, 더 나아가 개인적 배교로까지 나아가는 현상은 여기서 멈추지 않고 앞으로도 계속될 가능성이 큽니다.

특히 우리 자녀들을 생각하면 문제의 심각성은 더욱 큽니다. 예수 믿는 가정의 자녀들 중에 상당수는 부모에게서 독립할 때 그동안 억눌려 있던 신앙생활에서 벗어나고 싶어 합니다. 또 과거보다 더 자유롭고 느슨해진 신앙생활 때문에 개인적 배교의 위험에 더 크게 노출되는 경우도 있습니다. 이러한 현실은 오늘날 교회 안에서, 예수 믿는 가정들 안에서 매우 심각하게 생각해야 할 문제입니다.

그리스도인들을 위한 복스러운 명령

그런 의미에서 "이 세대를 본받지 말라"는 로마서 12장 2절 말씀은 매우 중요합니다. 우리는 과연 본받지 말아야 할 '이 세대'가 무엇인지 구체적으로 말하기에 앞서, 로마서의 문맥에서 이 내용이 말하는 바가 무엇인지를 정확하게 이해할 필요가 있습니다.

바울은 로마서 11장까지 하나님이 우리를 위해 행하신 일을 직설법으로 말했습니다. 그리고 12장에서 다음과 같이 말합니다.

"그러므로 형제들아 내가 하나님의 모든 자비하심으로 너희를 권하노니 너희 몸을 하나님이 기뻐하시는 거룩한 산 제물로 드리라 이는 너희가 드릴 영적 예배니라 너희는 이 세대를 본받지 말고 오직 마음을 새롭게 함으로 변화를 받아 하나님의 선하시고 기뻐하시고 온전하신 뜻이 무엇인지 분별하도록 하라"(롬 12:1-2).

바울은 하나님이 우리를 위해 행하신 일을 직설법으로 언급한 뒤에, 그것에 근거하여 우리가 마땅히 행해야 할 바를 명령법으로 진술한 것입니다.

그런데 바울이 이런 명령법의 말씀으로 권하는 대상은 믿음으로 의롭다 함을 받은 자들이요, 그리스도와 연합하여 그분과 함께한 상속자들인 그리스도인들입니다. 그들은 로마서 8장에서 하나님이 미리 아신 자들, 곧 미리 정하시고 부르시며 의롭다고 하시고 영화롭게 하신 자들, 누구도 대적하거나 고발하거나 정죄할 수 없고 그리스도의 사랑에서 끊을 수 없는 자들로 언급된 사람들입니다(롬 8:29-35). 바울은 바로 그러한 자들을 향하여 "형제들아"라고 부르면서, 그들이 마땅히 반응해야 하고, 또한 반응할 수밖에 없는 내용을 명령법으로 전합니다.

그리스도인이 이러한 말씀을 따르는 것은 예수 그리스도 안에서 얻게 된 구원의 풍성한 은혜에 대한 감사의 반응입니다. 그리스도인은 하나님이 창세전부터 자신을 사랑하시고 구원하신 것에 대한 감사의 반응으로서 하나님께 영적 예배를 드려야 하며, 드리게 됩니다. 그리고 그러한 영적 예배의 본질은 우리의 몸을 하나님이 기뻐하시는 거룩한 산 제물로 드리는 것이며, 이 세대를 본받지 말고 오직 마음을 새롭게 함으로 계속적으로 변화를 받는 것입니다.

그런데 여기서 언급된 '몸'이라는 말은 우리의 전 인격과 그 인격을 통해 드러내는 모든 것을 가리킵니다. 그러므로 우리의 '몸'을 하나님이 기뻐하시는 거룩한 산 제물로 드리기 위해서는 이 세상을 본받지 말고, 마음을 새롭게 함으로 변화를 받는 일이 있어야 합니다. 반대로 이 세대를 본받고, 마음을 새롭게 함으로 변화받는 일도 없다면 우리 '몸'을 하나님이 기뻐하시는 거룩한 산 제물로 드리는 일 역시 할 수 없습니다. 다시 말해, 이 세대를 본받지 않고, 오직 마음을 새롭게 함으로 변화를 받는 일이 없는 사람은 그리스도인일 수 없습니다. 그리스도인에게는 이러한 사실이 있고, 반드시 있어야만 합니다.

"이 세대를 본받지 말라"는 말씀은 무엇인가 억지로 하라는 강압적인 명령이 아니요, 또 아무나 지킬 수 있는 명령도 아닙니다. 이것은 예수 그리스도를 믿어 의롭다 함을 받고 하나님의 사랑에서 끊을 수 없는 자들이 자신들이 받은 은혜에 근거하여 자원함으로 따르게 되는 명령입니다. 이것은 은혜 아래 있는 모든 그리스도인을 향한 복스러운 명령인 것입니다.

'이 세대'에 속하지 않은 그리스도인

그렇다면 사도 바울은 왜 로마에 있는 그리스도인들에게 이 세대를 본받지 말라고 말했을까요? 여기서 바울은 이 세상 속에서 살아가는 모든 그리스도인에게 있는 유혹과 위험에 대해 경고하고 있습니다. 바울이 여기서 말하는 '이 세대'는 유대인들이 인식하고 있었던 '두 세대'의 개념과 관련되어 있습니다. 유대인들은 역사를 '이 세대'와 '오는 세대'로 바라보았습니다. 그들은 '이 세대'를 '오는 세대'와는 대조되는 개념으로 말했습니다.

신약 성경은 이러한 표현을 많이 사용하고 있는데, 특별히 예수님은 마태복음에서 '이 세대'와 '오는 세대'를 대조하면서 다음과 같이 말씀하셨습니다.

"또 누구든지 말로 인자를 거역하면 사하심을 얻되 누구든지 말로 성령을 거역하면 이 세상과 오는 세상에서도 사하심을 얻지 못하리라"(마 12:32).

여기서 '세상'으로 번역된 단어가 본문의 '세대'라는 말과 동일한 단어입니다. 바울도 에베소서에서 하나님이 예수 그리스도를 높이신 사실에 대해 말하면서, 그리스도를 '이 세상'뿐만 아니라 '오는 세상'에 일컫는 모든 이름 위에 뛰어나게 하셨다고 말합니다(엡 1:21). 또한 고린도후서에서는 '이 세상'의 신이라는 표현을 사용했는데(고후 4:4), 이 말도 '이 세대'와 똑같은 단어입니다. 여기서 '이 세상 신'은 믿지 않는 자들의 마음을 혼미하게 하는 사탄을 가리키는데, 그가 이 세상의 신으로 군림하면서 그와 같은 일을 하고 있다는 의미입니다. 그리고 갈라디아서에서는 '이 악한 세대'라고 말하고 있습니다(갈 1:4). 이처럼 성경은 역사를 '이 세대'와 '오는 세대'로 나누어 말하고 있습니다.

이와 같이 성경에서 '이 세대' 또는 '이 세상'은 사탄이 지배하고 있는 죄와 사망이 있는 곳이요, 타락으로 망가져서 악한 조건을 가지고 있는 곳으로 묘사됩니다. 그래서 더글러스 무(Douglas J. Moo)라는 성경학자는 "이 세대", "이 세상"은 "죄가 지배하고 사망을 낳는 곳으로 모든 사람이 아담의 타락에 포함되어 태어날 때부터 속하는 영역이다"[2]라고 말했습니다.

그러므로 이 세대는 더 이상 그리스도인들이 속하지 않은 곳입니다. 거기는 그들이 있어야 할 영역이 아닙니다. 바울은 그리스도께서 "이 악한 세대에서 우리를 건지시려고 우리 죄를 대속하기 위하여 자기 몸을 주셨"(갈 1:4)다고 말합니다. 우리가 이 악한 세대에서 건짐을 받아 더 이상은 이 세대에 속하지 않도록 하기 위해서 예수 그리스도께서 우리의 죄를 지고 십자가에 달려 죽으셨다는 것입니다. "이 세대를 본받지 말라"는 말씀의 배경에는 바로 이와 같은 사실이 있습니다. 그래서 우리에게 이 세대를 본받지 말라고 말하는 것입니다. 우리는 이 사실을 기억하면서 본문의 명령을 들어야 합니다.

이러한 말씀이 마음에 전혀 수용되지 않는 사람이 있다면, 그는 다른 것이 문제가 아니라 이 세대에서 건짐을 받지 않았기 때문일 것입니다. 물론 이 세대에서 건짐 받은 사람도 일시적으로는 유혹에 넘어갈 수 있습니다. 그러나 궁극적으로 예수 믿는 사람들은 예수 그리스도께서 이 세대에서 자신을 건지려고 행하신 일, 그 분명한 역사적 사건을 알고 믿기에 이러한 말씀도 수용하게 됩니다.

그리스도인은 '오는 세대'에 속한 백성이다

　기독교는 단순히 어떤 윤리와 선한 행동과 삶을 말하는 종교가 아닙니다. 기독교는 예수 그리스도의 대속을 통해서 우리가 이 세대에서 건짐 받았다는 사실에 근거하여 우리의 신앙과 삶을 말합니다. 즉 우리가 그리스도로 말미암아 의롭다 함을 얻고 그분과 연합되었다는 사실, 하나님과 결코 분리될 수 없는 복된 사랑의 관계를 갖게 되었다는 이 엄청난 사실에 근거해서 우리에게 삶과 행위를 말합니다. 기독교 신앙은 그저 교회를 열심히 다니면서 성경이 말하는 대로 실천하려 하는 것이 전부가 아닙니다.

　그리스도인의 삶과 관련해서 우리가 기억해야 할 무엇보다 중요한 사실은 예수 그리스도의 피로 말미암아 이 세대에서 우리가 건짐 받았다는 사실입니다. 그래서 그리스도인들은 모두 예외 없이 이 세대가 아닌 오는 세대에 속해 있다는 사실입니다. 예수님 당시에 유대인들은 이 부분에 대해서 무지했습니다. 그들은 오는 세대에는 하나님이 약속하신 메시아가 오실 것으로 바라고 있었으나, 정작 메시아가 오셨을 때는 알아보지 못했습니다. 그래서 자신들에게 오신 메시아를 영접하지 않았습니다. 그들은 장차 오실 메시아가 물리적인 능력을 발휘해서 자신들을 로마의 압제에서 구원하실 분이라고만 생각했던 것입니다. 그래서 그들은 성경대로 메시아가 오심으로 마침내 오는 세대가 임하게 되었다는 사실을 미처 깨닫지 못했습니다.

　반면, 사도들은 예수 그리스도의 오심을 통해서 오는 세대가 시작되었다는 사실을 증거했습니다. 그들은 그 사실을 하나님 나라가 임한 것으로 증거했고, 특별히 사도 요한은 이 땅에서부터 경험하는 영생으로 설명했습니다. 물론 하나님 나라가 임하였다는 것은 우리가 눈으로 보는 외형적인 것을 말하는 것은 아니었습니다. 우리는 궁극적으로 외형적인 것까지 경험하게 되겠지만, 하나님 나라가 임하였다는 것은 우선적으로 하나님의 통치가 임하였다는 것을 의미합니다. 그것은 또한 그리스도께서 오심으로 각 사람의 마음에 성령이 임하시게 됨으로 말미암아 그들이 하나님의 통치를 받게 되었음을 의미합니다. 하나님 나라가 임하였고, 오는 세대가 시작되었다는 것입니다.

사도들은 예수 그리스도께서 우리의 구원을 위해 모든 것을 다 이루신 것, 곧 십자가에서 죽으시고 부활하시고 승천하심으로 오는 세대가 시작되었다는 사실을 확고하게 증거했습니다. 그들은 예수를 믿으면 하나님 나라의 백성이 되어 하나님의 통치를 받게 되며, 이 땅에서부터 영생을 소유하게 됨을 분명하게 말했습니다.

영생에 대해 많이 언급한 사도 요한은 영생을 시간적으로 오래 산다는 의미로만 말하지 않았습니다. 일반적으로 세상 종교는 영생을 오랫동안 편안하게 사는, 상대적으로 나은 정도의 삶으로 말하지만, 성경은 영생을 질적인 측면에서 부각시킵니다. 성경은 하나님과 예수 그리스도를 아는 것이 영생이라고 말합니다(요 17:3). 여기서 안다는 것은 누군가와 인격적인 관계 속에서의 앎을 말합니다. 이처럼 성경이 말하는 영생은 영원하신 하나님과 예수 그리스도와의 인격적인 관계 속에서 앎을 말하는 것입니다. 시간적으로 영원히 사는 것만이 아니라 그렇게 사는 삶의 질을 더욱 중요하게 말합니다. 그래서 완전하고 영원하신 하나님, 모든 생명의 근원이신 하나님과 인격적으로 아는 관계 속에서 사는 이 영생은 세상 종교가 말하는 수준의 영생과는 성격이 전혀 다른 것입니다.

그런데 사도 요한은 누구든지 예수를 믿으면 그때부터 영생을 얻었다고 말합니다.

"내가 진실로 진실로 너희에게 이르노니 내 말을 듣고 또 나 보내신 이를 믿는 자는 영생을 얻었고 심판에 이르지 아니하나니 사망에서 생명으로 옮겼느니라"(요 5:24).

이것은 예수를 믿는 사람은 예수님이 오심으로 시작된 오는 세대의 생명에 속하게 되었다는 말씀입니다. 그는 사망에서 생명으로 옮겨져 하나님과의 인격적인 관계 속에서 하나님의 통치를 받는 백성이 되었다는 것입니다.

'이 세대' 가운데 '오는 세대'에 속한 자로 사는 그리스도인

"그러므로…이 세대를 본받지 말고 오직 마음을 새롭게 함으로 변화를 받아"(롬 12:1-2)라는 말씀은 바로 이러한 배경에서 이해해야 합니다. 사도 바울은 오는 세대가 이미 이 악한 세대 속으로 들어왔다는 사실에 근거하여, 이제 오는 세대에 속하게 된 그리스도인은 이 세대를 거스를 수 있다고 말합니다. 이러한 사실 때문에 그리스도인은 이 말씀에 대한 기꺼운 반응을 가질 수 있는 것입니다.

메시아가 오심으로 오는 세대가 이미 이 악한 세대 속으로 들어왔습니다. 그래서 사람들은 예수 그리스도를 믿음으로 이 악한 세대에서 건짐을 받고 오는 세대에 속하게 됩니다. 또 오는 세대의 생명인 영생을 소유하게 됩니다. 이 일은 예수 그리스도께서 우리를 이 악한 세대에서 건지기 위해 모든 것을 이루심으로써 있게 되었고, 지금도 계속되고 있습니다. 본문의 수신자인 로마의 그리스도인들뿐만 아니라 그 뒤를 이은 모든 그리스도인과 현재 우리에게도 이 일은 계속되고 있습니다. 예수 그리스도를 믿음으로 그분께 속한 자들은 누구든지 죄와 사망이 지배하는 옛 영역인 이 세대로부터 건짐을 받아 의와 생명의 영역인 영생의 영역으로 옮겨지게 됩니다. 즉 오는 세대에 속한 자로 이 땅을 살아가게 됩니다. 로마서 5-8장은 바로 이러한 변화가 예수를 믿는 자들에게 있게 되었음을 선언하면서, 이러한 변화를 '의'와 '생명'이라는 용어를 가지고 반복적으로 진술합니다.

그런데 여기서 우리에게는 한 가지 의문이 생길 수 있습니다. 그것은 '오는 세대가 왔음에도 불구하고 왜 여전히 이 세대가 계속되고 있는가?' 하는 것입니다. 그에 대해 신약 성경은 하나님 나라가 '이미' 임하였다고 말하면서도 동시에 '아직' 완성되지는 않았다는 사실을 말해 줍니다. 오는 세대는 '이미'(Already)와 '아직 아닌'(Not Yet)의 조건에 있다는 것입니다. 메시아이신 예수님이 이 땅에 오심으로써 오는 세대가 '이미' 시작되었지만, 오는 세대의 완성된 모습에는 '아직' 이르지 않았습니다. 그래서 예수 그리스도께서 오신 이후부터 지금 우리가 살고 있는 이 시기는 모두 이 세대와 오는 세대가 공존하는 시기입니다. 이처럼 우리는 주님이 다시 오실 때까지 두 세대가 동시에 겹쳐 있는 시기를 살아가게 됩니다. 이러한 조건에서 우리는 영적 싸움을 하며 살아가는 것입니다.

하지만 예수 그리스도를 믿지 않는 자들은 지금 두 세대가 공존하고 있다는 사실을 알지 못한 채, 그저 이 세대에만 속해서 살아갑니다. 그들에게는 "이 세대를 본받지 말라"는 사도의 명령이 전혀 들리지 않을 뿐만 아니라 이러한 명령을 지킬 수도 없습니다. 이것은 오직 이 악한 세대에서 건짐 받아 오는 세대에 속한 자들만 듣고 지킬 수 있는 말씀입니다.

그렇다면 우리는 우리가 오는 세대에 속한 자들임을 어떻게 알 수 있을까요? 그것은 성령에 의해서입니다. 성령은 인과 보증으로써 우리 안에 역사하시고 인도하시면서 우리가 오는 세대의 생명에 속했다는 사실을 증거하십니다. 성령이 오는 세대의 보증이 되십니다.

그리스도인은 성령이 그 안에 거하시고 역사하심으로써 자신이 오는 세대에 속하여 살고 있다는 것을 현재적으로 경험하게 됩니다. 특히 성령은 오는 세대에 속한 사람들 안에 역사하셔서 "이 세대를 본받지 말라"는 말씀을 지키게 하십니다. 이것은 결코 인간의 힘으로 되는 일이 아닙니다. 오직 성령이 우리 안에 계심으로 이 세대를 본받지 않도록 역사하셔야만 가능한 일입니다. 그러므로 이 세대를 본받지 않는 모습이 자신에게 있는지 살펴보기를 바랍니다. 비록 이 세대 속에 살고 있지만, 성령의 역사 속에서 이 세대를 본받지 않는 모습이 있는 사람은 오는 세대에 속한 자입니다.

그리스도인만이 가지는 독특한 긴장감

이와 같이 오는 세대에 속한 우리에게는 '이중적인' 삶이 있습니다. 바울은 에베소서 2장에서 "허물로 죽은 우리를 그리스도와 함께 살리셨고 (너희는 은혜로 구원을 받은 것이라) 또 함께 일으키사 그리스도 예수 안에서 함께 하늘에 앉히시니"(엡 2:5-6)라는 말로써 예수 믿는 자가 경험하는 이중적인 삶을 말합니다. 분명히 이 편지를 받은 에베소 교회 성도들은 당시에 이 땅에 발을 딛고 살았습니다. 그러나 그들은 또한 예수 그리스도와 함께 하늘에 앉힌 바 되었습니다. 예수 그리스도와 연합한 자로서 오는 세대의 생명을 소유했고, 또한 오는 세대에 이미 속하여 살고 있었다는 것입니다.

그리스도인인 우리 역시 육체적으로는 현재 이 땅에 살고 있습니다. 그러나 우리의 생명은 이미 죽음과 심판을 넘어선 하늘에 있습니다. 우리는 완성될 하나님 나라에 아직 이르지는 않았지만, 이미 그 나라에 속한 자로서 이 땅을 살고 있습니다. 이처럼 하나님 나라가 완성되는 그날까지 그리스도인들은 두 세대, 또는 두 세상, 두 나라를 경험하는 삶의 구조 속에서 살아가게 됩니다. 그래서 이 땅을 사는 모든 그리스도인의 삶에는 특별한 긴장이 있습니다. 그리스도인이 갖는 이러한 긴장은 이전에 이 땅에 살면서 가졌던 모습은 계속 버리고, 새사람으로서 씨름하며 사는 모습으로 드러납니다.

예수를 믿지 않는 사람들은 이러한 긴장과 영적인 씨름을 결코 이해하지 못합니다. 그들은 본성대로 먹고 마시고 즐기며 살아가는 것이 전부입니다. 하지만 그리스도인들은 더 이상 그런 과거의 삶을 따라 살지 않습니다. 더 나아가 이 세대를 본받지 않고 마음을 새롭게 함으로 변화를 받는 새사람으로서의 삶을 살아갑니다. 그리스도인과 믿지 않는 자는 같은 세상에 살지만, 전혀 다른 세계를 사는 것입니다.

우리 앞에 있는 지속적인 싸움

그러므로 "이 세대를 본받지 말라"는 말씀은 예수를 믿음으로 마땅히 있어야 할 삶의 모습을 말하는 것이지, 구원받기 위해서 지키라는 명령이 결코 아닙니다. 이 세대에서 이미 건짐 받은 자로서 계속해서 그렇게 살아가라는 명령입니다. 우리로 하여금 이 악한 세대를 따르도록 압박하는 수많은 유혹을 거부하라는 뜻입니다. 여기서 '본받다'라는 말은 '특정한 구조와 틀 속에 넣는다'는 뜻입니다. 그러므로 "이 세대를 본받지 말라"는 말씀은 결국 이 세대의 생각과 행동의 틀 속으로 우리를 끌어들이려는 유혹과 압력에 저항하라는 의미입니다.

앞으로 우리는 이러한 이 세대의 유혹과 압력이 무엇인지에 대해 구체적으로 살피게 되겠지만, 그보다 먼저 해야 할 일은 "이 세대를 본받지 말라"는 말씀이 누구에게 한 말씀인지를 명확히 하는 것입니다. 왜냐하면 예수를 믿는다고는 하지만 정작 이처럼 중요한 사실에 대해서는 무지한 채 살아가는 사람들이 의외로 많기 때문입니다. 오늘날 교회 안에 나타나는 많은 문제도 이 진리에 대한 무지와 무관심을 반영하고 있습니다.

예수를 믿는 자는 이 세대의 생각과 행동의 틀 속으로 끌어들이려는 수많은 압력과 유혹에 저항하며 살아야 합니다. 물론 이 세대의 유혹과 압력은 몇 가지 항목 정도로 말할 수 있는 것은 아닙니다. 여기에는 이 세상의 다양한 사상과 문화, 가치관과 세계관 및 거기로부터 자연스럽게 흘러나오는 생활방식들이 스며들어 있습니다. 그래서 이러한 것들에 저항하는 일은 의외로 쉽지 않습니다. 이 세대가 가하는 압력과 유혹은 우리에게 너무나 익숙한 것일 뿐만 아니라 주변에 있는 모든 사람이 무의식적으로 취하고 따르는 것입니다. 심지어 이런 것들을 우리의 삶 속에 수용하는 것조차 크게 문제 삼지 않거나 심각하게 생각하지 않기 때문에, 우리는 이것들을 거의 무의식적으로 수용할 가능성이 큽니다. 심지어 어려서부터 이 세대의 지식을 배우기까지 합니다.

이처럼 이 세대의 압력과 유혹은 어려서부터 학교에서 배우고 습득하는 것일 뿐만 아니라 우리가 아침에 일어나서 밤에 눕기까지 매 순간 경험하는 것들입니다. 결국 우리가 이 땅을 살아가는 동안 계속해서 보고 느끼며 경험하는 이 세상의 가치관과 사고방식과 삶의 방식 전부입니다. 바울은 바로 이러한 유혹과 압력에 계속적으로 저항하라고 말하고 있습니다.

이 말씀에서 우리가 주목해야 할 또 한 가지 사실은 이 세대를 '본받지 말라'와 마음을 새롭게 함으로 '변화를 받으라'라는 두 개의 동사가 모두 현재시제라는 것입니다. 이것은 이 세대를 '본받지 말고', 마음을 새롭게 함으로 '변화를 받는 일'을 지속적으로 해야 한다는 뜻입니다.

우리는 이 땅을 사는 동안 이 세대의 생각과 행동의 틀로 끌어들이려는 압력을 계속해서 경험합니다. 그래서 우리는 그 압력에 계속적으로 저항하며 마음을 새롭게 함으로 변화를 받는 일도 계속적으로 해야 합니다. 바로 이것이 이 세대에서 건짐 받고 오는 세대에 속하여 사는 그리스도인의 삶입니다. 이것이 없는 사람은 자신의 몸을 하나님이 기뻐하시는 거룩한 산 제물로 드릴 수 없습니다. 그런 삶의 모습을 흉내 낼 수 있을지는 몰라도, 실제로 자신의 몸을 하나님이 기뻐하시는 산 제물로 드릴 수는 없습니다. 그 사람은 결코 하나님께 영적 예배를 드릴 수 없습니다. 그러나 예수를 믿는 자는 "이 세대를 본받지 말라"는 말씀을 듣고 행합니다.

여러분은 어떻습니까? 지금 이 세대의 다양한 유혹과 압력에 저항하며 살고 있습니까? 예수를 처음 믿었을 때뿐만 아니라 그 이후로도 계속해서 그리고 현재적으로도 그렇게 하고 있습니까? 오늘날 교회를 이탈한 사람들이나 이탈할 여지를 갖고 있는 사람들은 먼저 이 질문에 답해야 합니다. 지금 교회 안에 있는 사람들도 이 질문에 어떻게 대답할 수 있는지 확인해 보아야 합니다.

이 세대에 동화되고 있는 교회의 현실 가운데서

오늘날 교회의 현실에서는 "이 세대를 본받지 말라"는 말씀을 따르는 일에 실패한 듯한 모습이 많이 발견됩니다. 요즘 나오는 많은 책의 저자들이 현재 기독교의 모습이 과거 10-20년 전의 모습보다 훨씬 더 안 좋아졌다고 평가합니다. 그러한 평가를 할 만한 특징 중 대표적인 것으로 휴대폰을 소유하게 된 사실을 언급합니다. 우리가 인터넷이 되는 휴대폰을 소유하게 된 지는 불과 10여 년밖에 되지 않았습니다. 이 일은 아주 짧은 시간에 이루어졌습니다. 그런데 이것이 오늘날 그리스도인의 신앙 행위를 심각하게 방해하고 있습니다. 예배 시간에도 성경 대신 휴대폰을 사용하면서 예배 중에 메시지를 주고받는 일까지 하고 있습니다. 이런 모습은 단지 몇몇 교회에만 나타나는 현상이 아니라, 여러 교회에서 전반적으로 나타나고 있는 현상입니다. 우리나라의 젊은이들이 1만 명씩 모이는 교회의 한 사역자는 저에게 교회 안에서 많은 사람이 예배 중에 휴대폰을 보고 있다는 사실이 안타깝다고 말했습니다. 군대에서도 이제 휴대폰 사용이 허락되면서, 주일에 논산 훈련소 예배당에 오는 사람들의 숫자가 반으로 줄었다고 합니다.

오늘날 교회의 문제를 지적하고 있는 책들 중 일부는 교회가 세상에 완전히 동화되었다고 말합니다. 그런데 이러한 지적은 최근에만 나온 것은 아니고 이전에도 계속해서 언급되었던 내용입니다. 오늘날 교회 안에 있는 사람들의 생각과 삶이 전반적으로 세속화되고 있다는 것이 모든 사람의 지적입니다. 그런데 이러한 모습은 결국 세상을 본받지 말라는 본문의 말씀과는 정반대로 가고 있는 것입니다. "이 세대를 본받지 말라"는 말씀이 교회와 신자에게 주어진 것임에도 불구하고, 이 말씀과 반대되는 모습이 교회와 신자의 삶 속에서 점점 더 두드러지고 있습니다.

우리는 이와 같은 현실 가운데 "이 세대를 본받지 말라"는 말씀을 기억하며 그 위에 굳게 서야 합니다. 이 말씀은 단순히 어떤 행위만을 요구하는 말씀이 아닙니다. 그 전에 이 말씀은 예수 그리스도께서 대신 죽으심으로 우리를 이 세대에서 건져 내신 사실을 상기시켜 줍니다. 이는 그리스도인의 존재를 특징짓는 엄청난 실체입니다. 우리는 이러한 실체를 굳게 붙들고 씨름하며 저항해야 합니다.

오늘날 교회를 떠난 상당수의 사람이 교회를 떠난 이유 중 하나가 교회 안에 있는 사람들, 특히 리더들이 세상과 구분되지 않을 만큼 말씀을 지키지 않는 모습이라고 말합니다. 물론 그렇게 말하는 사람들 중에는 자기 자신도 이미 세상에 동화되어 교회를 떠난 사람도 있을 것입니다. 어느 쪽이든 우리는 이러한 조류에 휩쓸리지 않도록 해야 합니다. 나의 영혼을 위해, 다른 사람들의 영혼을 위해 그리해야 합니다.

여러분은 어떻습니까? 우리를 이 세대의 구조와 틀 속으로 끌어들이려는 다양한 유혹과 압력에 지속적으로 저항하고 있습니까? 우리는 이 세상에서 보고 듣고 배우고 즐기는 것들 속에 있는 다양한 유혹과 압력들을 분별하며, 그것에 저항하는 신앙적인 반응을 가져야 합니다. 바로 그러한 모습이 이 세대에서 건짐 받아 오는 세대에 속한 그리스도인의 삶입니다.

이러한 말씀은 삶의 자유를 빼앗아 가는 부담스러운 짐이 아닙니다. 이 세대에 속하지 않고 오는 세대에 속한 자에게 이 말씀은 아무런 제한 없이 받아들이며 기꺼이 지키고 싶어 할 복된 명령입니다. 물론 우리는 그렇게 하기를 원하지만, 때로는 부족하고 연약한 자신의 한계에 부딪히기도 합니다. 하지만 우리는 여전히 성령을 의지하며 주의 도우심을 구할 수 있습니다. 그것이 바로 오는 세대에 속한 사람의 모습입니다.

구원받은 성도로 굳게 서라

우리가 받은 구원은 과거에 일어난 단회적인 사건으로 끝나는 것이 아닙니다. 성령은 구원받은 자 안에서 오는 세대의 보증인으로 계시면서 그가 받은 구원이 무엇인지를 계속적으로 증거하십니다. 특히 이러한 성령의 역사를 따라 이 세대를 본받지 않는 것은 우리가 받은 구원을 현재적으로 드러내는 중요한 표지입니다.

교회를 다니면서 구원받았다고 말하지만 정작 이 세대를 본받지 않는 모습이 없다면 그것은 성경이 말하는 구원이 아닙니다. 이 세대에서 건짐 받아 오는 세대에 속한 성도들은 이 세상의 정신과 사상, 사고방식과 생활방식에서는 위로와 힘을 얻을 수 없습니다. 오는 세대에 속한 성도들에게는 이 세대의 사고방식과 생활방식이 자신에게 맞지 않는 옷처럼 불편하게 여겨집니다. 왜냐하면 그들은 영혼의 안식과 마음의 평안을 오는 세대 속에서 이미 맛보았기 때문입니다.

그러나 개인적인 배교로 나아가는 사람에게는 오는 세대에 속한 자들이 느끼는 불편함이 없습니다. 대신 그는 이 세상에서 매력과 즐거움을 느낍니다. 교회를 다니면서도 그러한 삶을 살고 있다면 그 사람은 아직 오는 세대에 속한 사람이 아닙니다. 물론 오는 세대에 속한 자도 일시적으로는 그런 모습을 보일 수 있습니다. 그러나 그것은 자신과 어울리지 않는 곳에서 억지로 어울려 있는 것이며, 본문의 말씀을 거스르는 것이어서 그에게 마냥 편할 수는 없습니다. 예수 믿는 자는 더 이상 이 세대의 생각과 행동의 틀을 계속 좋게 여길 수 없습니다. 그의 새로운 본성은 이 세대를 본받는 것을 불편하게 여기고 그 압력에 저항합니다.

그러므로 여러분의 삶에 이러한 표지가 있는지, 여러분의 마음 안에 새로운 본성이 있는지 살펴보길 바랍니다. 여러분에게 이 세대의 유혹과 압력에 저항하는 모습이 있다면, 그것은 오는 세대의 보증이신 성령이 여러분 안에 거하며 드러내시는 증거임이 분명합니다. 자연인에게는 이러한 증거와 모습이 없습니다. 부디 "이 세대를 본받지 말라"는 복된 명령이 여러분의 삶의 실제적인 내용이 되길 소망합니다. 오는 세대의 부요함을 알고 맛본 자로서 이 세대에 저항하며 살 수 있기를 바랍니다.

2장

이 세대와 이 세상 신

"너희는 이 세대를 본받지 말고 오직 마음을 새롭게 함으로 변화를 받아
하나님의 선하시고 기뻐하시고 온전하신 뜻이 무엇인지 분별하도록 하라"

롬 12:2

"만일 우리의 복음이 가리었으면 망하는 자들에게 가리어진 것이라
그중에 이 세상의 신이 믿지 아니하는 자들의 마음을 혼미하게 하여
그리스도의 영광의 복음의 광채가 비치지 못하게 함이니
그리스도는 하나님의 형상이니라"

고후 4:3-4

이 세대를 특징짓는 사상을 분별하기에 앞서

"이 세대를 본받지 말라"는 명령은 이 세대에서 건짐 받은 모든 그리스도인을 위한 명령입니다. 그리스도인들은 그 명령을 따라 이 세대를 본받지 않기 위해 이 세대를 특징짓는 사상과 행동의 틀을 인식하고 분별해야 합니다. 그러나 그에 앞서 주목해야 할 사실이 있습니다. 그것은

바울이 고린도후서 4장 4절에서 언급하고 있는 '이 세상의 신'의 존재입니다.

성경은 세상을 단순히 눈에 보이는 물질적인 세계로만 말하지 않습니다. 특히 성경이 사용하는 '이 세대'라는 단어는 사탄의 지배 아래 있는 세상의 정신적이고 영적인 상태와 깊이 관련되어 있습니다. 그런데 어떤 사람들은 이 세상 신에 대해서는 별로 듣고 싶어 하지 않습니다. 이 세상 속에 젖어 사는 사람일수록 이 세대에 대한 설명, 그중에서도 이 세상 신에 관한 내용이 불편하게 느껴질 수 있습니다. 그러나 성경은 로마서 12장 2절과 고린도후서 4장 4절과 같은 곳에서 '이 세대'를 말함과 동시에 '이 세대의 신'에 대해서도 분명히 말하고 있습니다.

오늘날처럼 과학의 권위가 존중받는 시대의 목회자들은 지성적인 성도들에게 이러한 사실을 전하는 데 주저하게 될 수 있습니다. 이 세상의 신, 즉 마귀와 악한 영들의 존재에 관한 이야기를 거북해하는 사람들의 반응을 크게 의식하는 것입니다.

그러나 마틴 로이드 존스(Martyn Lloyd Jones) 목사도 지적했던 것처럼, 사탄의 강력한 역사 중 하나는 그리스도인들에게 사탄 자신의 존재를 인식하지 못하도록 하는 것입니다. 사탄은 자신의 존재와 자신이 행하는 거짓된 일들을 의식하지 못하도록 우리를 속입니다. 이로써 사탄은 자신의 간악한 뜻대로 사람들을 넘어지게 합니다. 안타깝게도 사탄의 이러한 간계는 많은 사람에게 성공을 거두었습니다. 심지어 교회를 다니는 사람들 중에도 성경에서 말하는 대로 사탄의 존재에 대한 이해를 가지고 사탄의 활동을 의식적으로 경계하는 이들이 매우 드물게 되었습니다. 그저 특정한 대상이나 상황에 대해 귀신을 쫓아내야 한다는 것 정도만 생각할 뿐, 사탄이 우리의 인격이라는 채널을 통해 역사한다는 사실은 잘 인식하지 못합니다.

그러나 하나님이 우리와 교통하실 때 이지와 감정과 의지라는 인격의 채널을 사용하시듯이, 사탄도 그 채널을 똑같이 사용하여 역사합니다. 그래서 사탄은 우리에게 악한 생각을 불러일으키거나 인격의 치우침, 곧 감정주의나 행동주의로 빠지게 함으로써 우리의 인격에 혼돈과 불균형을 일으킵니다.

많은 사람이 이러한 사탄의 간계를 간파하지 못할 뿐 아니라 그의 존재조차도 인식하지 못하며 살아갑니다. 그러나 우리가 이 세대를 본받지 않기 위해서는 먼저 그 배후에서 역사하는 '이 세상의 신'을 함께 알아야 합니다. 그리고 그 문제를 우리의 삶에서 생각하고 적용해야 합니다.

이 세대 속에서 활동하는 '이 세상 신'의 존재

앞서 언급한 바와 같이, 성경은 '이 세대'와 함께 '이 세상의 신'에 대해서도 우리에게 분명히 주지시키고 있습니다. 특별히 고린도후서 4장 3-4절은 사탄이 행하는 역사를 언급하면서 복음이 누군가에게 가리어짐으로써 결국 그 사람이 망하는 자가 된다고 말합니다. 이것은 결코 우연한 일이 아닙니다. 그런 일이 일어나는 배후에는 '이 세상의 신'이 있습니다. 그가 망하는 자들, 곧 믿지 않는 자들의 마음을 혼미하게 하여 복음의 광채가 비치지 못하게 합니다. 그런데 바울은 이와 같은 일이 복음을 전혀 들어 보지도 못한 대상들이 아닌, 복음이 전해지는 곳에서 그 복음을 듣는 대상들에게 일어나는 일임을 말해 줍니다. 이처럼 이 세대 속에는 이 세상 신의 간계한 활동과 역사가 있습니다. 예수님은 요한복음에서 이 세상 신을 가리켜 '이 세상 임금'이라고 말씀하셨습니다.

"이제 이 세상에 대한 심판이 이르렀으니 이 세상의 임금이 쫓겨나리라"(요 12:31).

"심판에 대하여라 함은 이 세상 임금이 심판을 받았음이라"(요 16:11).

사도 요한도 요한일서 5장에서 "또 아는 것은 우리는 하나님께 속하고 온 세상은 악한 자 안에 처한 것이며"(요일 5:19)라고, 즉 온 세상이 이 세상의 신 안에 놓여 있다고 말합니다. 바울도 에베소서 2장에서 모든 사람은 이 세대에서 건짐을 받기 전까지는 이 세상 풍조를 따르며, 하나님께 불순종하도록 만드는 일의 배후에 있는 공중 권세 잡은 자를 따른다고 말합니다. 그리고 이러한 일을 하는 이 세상의 신을 가리켜 '지금 불순종의 아들들 가운데서 역사하는 영'이라고 말합니다.

"그때에 너희는 그 가운데서 행하여 이 세상 풍조를 따르고 공중의 권세 잡은 자를 따랐으니 곧 지금 불순종의 아들들 가운데서 역사하는 영이라"(엡 2:2).

여러분은 이러한 사실을 인식하고 있습니까? 이 세대에서 건짐 받지 못한 사람들과 이 세대에서 건짐 받기 이전 여러분의 모습을 한번 되돌아보십시오. 거기에는 이 세상 신이라는 존재를 의식하지 못한 채, 그저 이 세상 풍조를 따르며 하나님께 불순종하는 삶을 살았다는 공통점이 있습니다. 여기서 우리는 이 세상의 풍조를 따르며 하나님께 불순종하는 사람들의 배후에 있는 공중 권세 잡은 자, 곧 이 세상 신이 있다는 사실을 주목해야 합니다. 그는 지금도 불순종하는 자들 가운데 역사하며 부지런히 활동하고 있습니다.

오늘날 우리는 눈에 보이는 것으로만 모든 것을 평가하는 세대를 살고 있습니다. 특히 과학의 한계를 모른 채 과학주의를 신봉하는 사람들은 눈에 보이지 않는 하나님도 믿지 않고, 이 세상 신의 존재도 인정하지 않습니다. 심지어 교회를 다니는 사람들 중에도 이 세상 신의 실체를 인식하지 못하고 그의 간계에 농락당하는 이들이 있습니다.

그러나 주님은 지금 우리가 보고 있는 이 세대 속에는 이 세상 임금으로 군림하면서 우리로 하여금 하나님께 불순종하도록 유혹하며, 죄를 죄로 인식하지 못하도록 유혹하는 존재가 있다는 사실을 거듭 말씀하셨습니다.

이 세대에 대한 성경의 평가

물론 우리가 사는 이 세상에는 눈에 아름답게 보이는 물질적인 세계가 분명히 있습니다. 그러나 이 세상의 사고방식과 생활방식으로 살아가는 사람들의 모습을 통해 드러나는 이 세상의 또 다른 특징이 있습니다. 그것은 역사의 한 시점에만 일시적으로 드러난 것이 아니라, 예나 지금이나 변함없이 지속적으로 나타나는 특징입니다.

예를 들어, 로마서 1장에서 진술하는 동성애는 과거에도 있었고 지금도 여전히 존재합니다. 4천여 년 전 소돔과 고모라 시대나 2천여 년 전 로마 시대 그리고 오늘날에도 세상은 달라진 것이 전혀 없습니다. 다만 시대적 환경과 문화에 따라 그러한 특징이 더 두드러지거나 상대적으로 조금 덜 드러나는 차이가 있을 뿐입니다. 왜냐하면 그러한 특징이 인간의 본성 안에 내재되어 역사를 통해 계속 흘러오고 있기 때문입니다.

이러한 점을 생각할 때, 우리는 '이 세상' 또는 '이 세대'라는 단어 앞에 과연 어떤 수식어를 붙일 수 있을까요? '멋지고 아름다운 세상'이라고 할 수 있을까요? 영적인 기준을 갖지 못한 사람은 단지 문화적이고 사회적인 수준에서밖에 말할 수 없을 것입니다. 그러나 바울은 갈라디아서 1장 4절에서 '이 세대'라는 단어 앞에 '악한'이라는 수식어를 붙여 '이 악한 세대'라고 말합니다. 또한 빌립보서 2장 15절에서는 '어그러지고 거스르는 세대'라고 말합니다.

"이는 너희가 흠이 없고 순전하여 어그러지고 거스르는 세대 가운데서"(빌 2:15상).

예수님도 마태복음에서 당시 유대인들을 가리켜 '악하고 음란한 세대',

'패역한 세대'라고 말씀하셨습니다.

"예수께서 대답하여 이르시되 악하고 음란한 세대가 표적을 구하나"(마 12:39).

"예수께서 대답하여 이르시되 믿음이 없고 패역한 세대여"(마 17:17).

이처럼 '이 세대'를 꾸미고 있는 수식어들은 이 세상이 타락한 세상임을 말해 줌과 동시에 그 배후에 이 세상 신이 관련되어 있음을 말해 줍니다. 그러므로 우리가 이 세대를 제대로 알려면 이 세대의 신으로 군림하고 있는 사탄의 존재와 그가 행하는 일을 반드시 함께 보아야만 합니다.

이 세상 임금의 통치 방식

예수님이 사탄을 가리켜 '이 세상 임금'이라고 말씀하셨을 만큼 사탄은 이 세상에 대하여 임금, 곧 왕으로서 통치권을 행사합니다. 그는 타락한 세상 사람들의 사고방식을 조정하고 생활방식을 다스림으로써 이 세상에서 자신의 통치권을 행사합니다. 다시 말해, 이 세상에서 통용되고 있는 문화와 사상, 철학과 종교와 미신뿐만 아니라 오늘날 사람들이 무조건 신봉하고 있는 과학과 일반은총의 영역에 있는 것들까지 악용하는 방식으로 자신의 통치권을 발휘합니다.

예를 들어, 우리가 아무리 선한 목적으로 화약이나 화학 물질을 만들었어도 사탄은 그것을 악하고 파괴적인 목적으로 사용하도록 우리의 세계관에 영향을 미치고 조정합니다. 우리는 휴대폰도 얼마든지 유용하게 사용할 수 있지만, 사탄은 우리로 하여금 그것을 부정적이고 악한 쪽으로 사용하도록 유혹합니다. 이처럼 사탄은 세상 정신을 지배하는 방식으로 자신의 통치권을 행사하여 선한 용도로 사용할 수 있는 것들까지 모조리 악용하는 방향으로 역사하여 활용합니다.

바울은 에베소서 2장에서 이 세상 신을 '공중의 권세 잡은 자'로 말한 뒤에 세상과 육체를 연결해서 말합니다. 2절에서는 세상 풍조를 따르고 공중의 권세 잡은 자를 따랐다고 말하고, 3절에서는 육체의 욕심을 따라 지냈고 육체와 마음의 원하는 것을 하였다고 말한 것입니다. 이것이 바로 이 세대 속에서 건짐을 받기 전까지 모든 인간의 삶 속에 있는 내용입니다.

여기서 바울은 예수님을 믿기 전의 인간이 죄에 속박당한 채로 산다는 것을 설명하면서, 죄로 유혹하는 세 가지 실체를 언급합니다. 바로 '세상'과 '사탄' 그리고 '육체'입니다. 그 가운데 가장 중심적인 역할을 하는 실체는 바로 '공중의 권세 잡은 자'인 사탄입니다. 그는 이 세상 속에 있는 모든 것을 활용해서 우리를 죄로 유혹하여 적극적으로 하나님께 불순종하도록 부추기는 존재입니다. 이 세상 신이요, 임금인 사탄은 이 세상 풍조와 육체의 소욕을 도구 삼아 우리를 죄로 유혹합니다. 그런 방식으로 우리가 가진 사고방식을 조정하고 생활방식을 다스려서 결국 우리를 죄로 이끄는 것입니다.

이 세상 임금의 통치 아래 있는 자들의 현실

사람들은 이 세대에서 건짐 받기 전까지는 이러한 사실을 모른 채 누구도 예외 없이 이 세상 신의 통치를 받으며 살아갑니다. 육체의 소욕을 따라 행하도록 사탄의 부추김을 받으면서도 죄 가운데 살아가는 것을 그저 인간의 삶이요, 사회 현상이며, 원래 세상이 가진 모습이라고 이해하며 살아가는 것입니다. 에베소서 2장 2-3절에서 바울은 우리가 구원받기 전에 '이 세상의 풍조'와 '공중의 권세 잡은 자' 그리고 '육체의 욕심'을 따랐다고 말합니다. 그러나 이 세대에서 건짐 받기 전에는 누구도 그러한 사실을 인식하지 못합니다.

지금도 사람들은 여전히 이 세상의 풍조와 공중의 권세 잡은 자 그리고 육체의 욕심을 따라 살고 있지만, 이것을 인식하지는 못합니다. 그래서 그러한 과정에서 형성된 이 세상의 사고방식과 생활방식의 문제점도 보지 못하는 것입니다. 오히려 이 세상을 이루고 있는 사상과 문화, 관습과 세계관을 누구나 함께 갖고 따라야 하는 것으로 여기며, 그 모든 것을 매 순간 공기처럼 들이마시고 내쉬면서 살아갈 뿐입니다. 이 세대 속에서 건짐 받기 전까지는 자신이 가진 사고방식과 가치관, 생활방식에 문제의식을 갖지 못하고, 그저 이 세상의 조건 가운데 자기가 가진 가치관과 사고방식을 따라 나름대로 즐기며 무언가를 이루면서 사는 것을 전부로 여깁니다.

에베소서 2장은 우리를 죄로 유혹하는 이 세상 신의 실체에 대해 말하면서, 거기에 덧붙여 두 가지 중대한 사실을 말합니다. 그중 하나는 이 세상 신이 이 모든 것을 이용하여 한 가지 방향으로 유혹하고 이끈다는 사실이고, 또 다른 하나는 그것으로 인한 결과입니다. 이 세상 신이 우리를 유혹하고 이끄는 한 가지 방향은 하나님께 불순종하도록 하는 것입니다. 그리고 그 결과는 하나님의 진노입니다. 바울은 이 세상 신이 지금 불순종하는 아들들 가운데 역사한다고 말하면서, 그들을 본질상 '진노'의 자녀라고 말함으로써 바로 이 두 가지 사실을 정확하게 밝혀 주고 있습니다.

여러분은 이 세상 신이 다스리는 이 세대의 정신, 이 세상의 사고방식과 생활방식이 가진 한 가지 방향성을 알고 있습니까? 바로 하나님께 불순종하는 방향성 말입니다. 이 세상 신은 이 세대에 속한 자들이 바로 이 한 가지 방향으로 나아가도록 자신의 통치력을 발휘하고 있습니다.

영국의 동물행동학자이자 진화생물학자인 리처드 도킨스가 가진 지식과 세계관이 어디로 향하고 있는지를 보십시오. 하나님께 불순종하는 방향으로 향하고 있습니다. 사회적으로 극악하고 파괴적인 범죄를 저지른 사람들뿐만 아니라 나름대로 무언가를 성취하여 사회에 이바지한 사람들까지도 사탄의 통치를 받아 하나님께 불순종하는 방향성을 드러냅니다.

스티븐 호킹(S. Hawking)이나 리처드 도킨스와 같은 사람들은 하나님을 연관시키지 않고서도 얼마든지 자신의 연구 결과를 주장할 수 있습니다. 그런데 흥미롭게도 그들은 하나님을 향한 강한 거부감과 적대감을 드러내었습니다. 그것을 성경은 이 세상 풍조와 공중의 권세 잡은 자와 육체의 욕심 안에 있는 인간의 모습으로 말하고 있습니다. 바로 이 세대에 속한 사람들의 사고방식과 행동방식이 가지고 있는 한 가지 방향성이 어떠한지를 보여 주는 것입니다.

 이것이 이 세대의 신인 사탄의 다스림 속에서 드러나는 중요한 사실입니다. 사람들이 이 사실을 인정하든 인정하지 않든 성경은 이것이 엄연한 사실이라고 분명히 밝힙니다. 뿐만 아니라 사람들은 모두 다 예외 없이 이러한 사실을 그대로 노출하고 있습니다.

이 세상 신이 맹렬히 반대하며 방해하는 일

 한편 고린도후서 4장 4절에서는 이 세상 신이 우리가 전하는 복음을 통해 누군가의 영혼에 복음의 광채가 비치는 것을 방해한다고 말합니다. 이 세상 신은 1세기부터 지금까지 복음이 전해지는 곳마다 이 일을 계속해 왔습니다. 그리고 지금도 계속하고 있습니다. 그래서 우리가 누군가에게 복음을 전하게 될 때 이런 현상이 생기는 것입니다. 이처럼 사탄은 이 세대에 속한 자들에게 복음의 광채가 비치지 못하도록 역사합니다.
 그렇다면 이 세상 신은 왜 그와 같은 방해를 하는 것일까요? 앞서 언급한 바와 같이 복음이 누군가에게 전해지기 전까지 그 사람은 이 세대에 속한 자로서 오직 한 가지 방향성만을 가지고 살아갑니다. 곧 이 세상 신의 통치를 따라 삽니다. 그런데 그에게 복음의 빛이 비치게 되면 그는 이 세상 신의 통치에서 벗어나게 됩니다. 그렇기 때문에 이 세상 신은 누군가에게 복음의 빛이 비치는 것을 맹렬히 반대하며 방해하는 것입니다. 이 사실과 관련해 예수님은 마태복음에서 다음과 같이 말씀하셨습니다.

"사람이 먼저 강한 자를 결박하지 않고서야 어떻게 그 강한 자의 집에 들어가 그 세간을 강탈하겠느냐 결박한 후에야 그 집을 강탈하리라"(마 12:29).

바리새인들은 예수님이 귀신을 쫓아내시는 모습을 보면서 그가 귀신의 왕 바알세불을 힘입어 귀신을 쫓아낸다고 말했습니다. 그때 예수님은 '강한 자'로 말하고 있는 사탄을 결박한 뒤 그 집에 있는 사람들을 구해 낸다는 논지로 말씀하셨습니다. 즉 누군가에게 복음의 빛이 비칠 때 사탄에게는 자신의 세간이 강탈당하는 일이 일어나는 것입니다. 그래서 사탄은 사람의 마음을 혼미하게 하여 복음의 광채가 비치는 것을 방해합니다.

우리는 이러한 방해의 역사를 사도행전에서도 계속 보게 됩니다. 복음을 전하는 자들은 그들이 가는 곳마다 사탄의 방해를 경험했습니다. 그 이후 교회 역사도 이와 똑같은 사실들을 계속 말해 주고 있습니다. 복음이 전해지는 곳마다 순교의 피가 흘렀고, 지금도 누군가에게 복음을 전하면 사탄의 다양한 방해를 경험합니다.

그리스도인과 이 세상 신과의 관계

그런데 놀랍게도 이러한 사탄의 방해를 넘어 이 세대 속에서 구원받는 사람들이 있습니다. 바로 그리스도인들입니다. 바울은 "그리스도께서 하나님 곧 우리 아버지의 뜻을 따라 이 악한 세대에서 우리를 건지시려고 우리 죄를 대속하기 위하여 자기 몸을 주셨으니"(갈 1:4)라고 말합니다. 예수님을 믿는 자는 더 이상 이 세대에 속한 자가 아닙니다. 그는 이 세상 신의 통치와 속박 아래에 있지 않습니다. 다만 이 세상 신의 적대와 방해, 간계한 유혹을 받을 뿐입니다. 그리고 이것은 예수님을 믿고 난 뒤에 모든 그리스도인이 경험하는 것이요, 그가 그리스도인이 되었다는 증거이기도 합니다.

이처럼 그리스도인이 된 사람들은 사탄의 적대를 경험하기 때문에 예수님은 "세상이 너희를 미워하면 너희보다 먼저 나를 미워한 줄을 알라"(요 15:18)고 말씀하신 것입니다. 이 세상이 예수님을 미워하고 적대하며 불순종하는 것 속에서 예수님을 믿는 자들도 함께 미워한다는 말씀입니다. 그러면서 다음과 같은 말씀을 덧붙이셨습니다.

"너희가 세상에 속하였으면 세상이 자기의 것을 사랑할 것이나 너희는 세상에 속한 자가 아니요 도리어 내가 너희를 세상에서 택하였기 때문에 세상이 너희를 미워하느니라"(요 15:19).

그러한 대적 속에서 이 세상은 실제로 고린도전서 2장 8절 말씀대로 영광의 주를 십자가에 못 박았습니다. 이것이 바로 이 세대가 가진 특성이요, 이 세상 신이 이 세대 속에서 다스릴 때 드러내는 한 가지 방향입니다.

이 세상은 그리스도를 미워하고 십자가에 못 박았던 것처럼 그리스도께 속한 자들, 즉 이 세대에서 건짐 받은 그리스도인들에게도 그와 똑같은 일을 합니다. 참으로 기이하게도 이 세상은 어느 시대, 어느 민족을 불문하고 예수님을 믿는 자들에게 그와 같은 일을 계속해 왔고, 또 하고 있습니다.

그리스도인들에게 있는 고유한 저항

이 세대의 신이요, 이 세상의 임금은 이 세대의 배후에서 그리스도인들을 미워하고, 그들을 유혹하여 넘어뜨리고자 합니다. 하나님께 불순종하도록 역사하는 것입니다. 사탄은 이미 이 세대에서 건짐 받은 교회와 그리스도인 개개인을 이 세대의 생각과 행동의 틀 속으로 끌어들이는 유혹과 압력을 지속적으로 행합니다. 그렇기 때문에 "이 세대를 본받지 말라"는 말씀을 다른 말로 하면, 이 세대의 생각과 행동의 틀 속으로 끌어들이려는 이 세상 신의 유혹과 압력에 저항하라는 말씀입니다.

그리스도인들은 이러한 말씀을 따라 이 세대의 생각과 행동의 틀이 무엇인지를 분별할 뿐만 아니라 그 배후에 있는 이 세상 신의 존재와 간계도 분별하며 저항해야 합니다. 이 세상 신의 간계는 자신의 통치 아래에 있는 자들, 즉 이 세대에 속한 자들에게 나타나는 것이 아닙니다. 그것은 이 세대에서 이미 건짐을 받아 자신의 통치에서 벗어난 그리스도인들을 향해 나타납니다. 그래서 바울은 에베소서 6장에서 마귀의 간계를 능히 대적하기 위해 하나님의 전신갑주를 입으라고 말합니다. 그러면서 우리의 씨름은 혈과 육, 곧 눈에 보이는 외적인 것이 아니라, 그 배후에 있는 이 어둠의 세상 주관자들과 악한 영을 상대하는 것이라고 말합니다.

이 세상 신이 간계를 발휘하는 방법은 사람이나 상황에 따라서 다양하게 나타날 수 있습니다. 그러나 그 간계의 방향만큼은 언제나 똑같습니다. 그것은 우리로 하여금 이 세대를 본받아 하나님께 불순종하고 죄에 미끄러지게 만들어서 결국엔 하나님으로부터 멀어지게 하는 것입니다. 그러므로 우리는 이 세대의 신이 우리를 유혹하고 압력을 가한다는 사실을 알고 분별하며 저항해야 합니다.

그런데 우리가 이러한 내용을 알아도 현실에서 적용하는 일은 쉽지 않을 수 있습니다. 그러나 우리는 씨름해야 합니다. 혈과 육으로 표현된 눈에 보이는 것만 볼 것이 아니라, 이 세상에서 통용되는 사상과 가치관, 문화와 유행 속에서 드러나는 한 가지 방향성을 분별해 거기에 저항할 수 있어야 합니다. 바로 하나님의 말씀을 거스르며 불순종하도록 영향을 미치고 유혹하는 그 방향성 말입니다. 우리는 이 세상에서 무엇인가를 추구하고 즐기며 어떠한 결과를 이룰 수도 있습니다. 그러나 분명한 것은 그 모든 일에 영향을 미치며 하나님께 불순종하도록 이끄는 이 세상 신의 간계가 있다는 사실입니다. 우리는 그것을 분별하며 대항해야 합니다. 그것은 우리를 죄로 유혹하여 하나님으로부터 멀어지게 하기 때문입니다.

경계해야 할 두 극단의 모습

그런데 이런 내용을 말하면 언제나 극단적인 반응을 보이는 사람들이 있습니다. 크게는 두 가지 모습으로 나타나는데, 하나는 이 세상에서 사는 것을 두려워한 나머지 이 세상을 피하고 싶어 하는 태도입니다. 마치 과거에 수도원에 들어가 살았던 사람들과 같은 반응입니다. 그러나 부도덕한 사람들과 사귀지 말라고 한 바울의 말을 오해했던 고린도 교회 성도들이 그런 사람들과는 아예 접촉도 하지 않으려고 했을 때 바울은 다음과 같이 말했습니다.

"만일 그리하려면 너희가 세상 밖으로 나가야 할 것이라"(고전 5:10하).

여기서 바울은 이 세상을 본받지 않기 위해서 세상 밖으로 나가야만 한다고 생각하는 사람들의 극단적인 태도를 지적한 것입니다.

우리가 경계해야 할 또 다른 극단적인 모습은 이 세대의 유혹과 압력에 저항하기 위해 하지 말아야 할 것들을 마치 규칙처럼 지키려는 태도입니다. 이것은 흔히 율법주의적인 신앙 풍조 속에서 드러나는 것으로, 특정한 행위를 하지 않거나 특정한 장소에 가지 않는 것을 가지고 이 세대를 본받지 않는 것으로 생각하는 태도입니다.

그러나 이미 말한 바와 같이 "이 세대를 본받지 말라"는 말씀은 특정한 몇 가지 행동을 말하는 것이 아닙니다. 그것은 이 세상의 사고방식과 생활방식 모두를 포함하는 총체적인 것입니다. 그렇기 때문에 우리는 자신을 세상으로부터 스스로 고립시키거나 특정한 행위를 하지 않는 것만으로는 "이 세대를 본받지 말라"는 말씀을 지킬 수 없습니다.

우리의 생각 속에는 이미 이 세상의 사고방식이 들어와 있습니다. 그렇기 때문에 이 세대를 본받지 않으려면 이 세상의 생각과 행동의 틀 속으로 끌어들이려는 이 세상 신의 간계를 먼저 보아야 합니다. 이것이야 말로 이 세대를 본받지 않기 위해서 반드시 전제되어야 할 내용입니다. 결국 이 세상 신의 존재와 그가 행하는 역사와 간계를 분별하지 못하면 우리는 문제의 표면밖에 보지 못하는 셈입니다. 그리고 그러한 수준에서 그저 이론적인 얘기만 하다가 피상적인 반응으로 그치게 됩니다.

우리는 결코 그렇게 반응해서는 안 됩니다. 오히려 이 세대의 생각과 틀 속에서 간계를 발휘하여 우리를 한 방향으로 유혹하는 이 세상 신의 존재를 간파해야만 합니다. 그리고 그가 행하는 간계와 압력이 이 세대의 생각과 행동의 틀 속에 나타나고 있다는 사실을 분별하고 저항해야 합니다.

이 세대에서 건짐 받은 자로서 세상 임금에게 저항하라

성령이 거하시는 그리스도인에게는 이 세상 신의 존재와 그의 간계를 분별하는 일이 가능합니다. 우리가 이전에는 보지 못했던 이 세상 신의 역사와 간계를 분별하여 볼 수 있도록 성령이 도우시기 때문입니다. 그 일을 성령 하나님은 그분의 말씀을 기준으로 하여 일하십니다.

그러나 하나님의 말씀으로부터 멀어지거나 말씀에 대한 이해가 피상적인 사람들은 이런 은혜의 역사를 풍성하게 누리지 못합니다. 이런 것들을 잘 분별하지 못할 뿐만 아니라, 오히려 이 세대를 본받는 삶을 살아가게 됩니다. 물론 자신은 이 세상의 영향을 받으며 산다고 생각하지 않을 것입니다. 그러나 그 상태를 성경에 비추어 보면 이 세상 신의 유혹에 넘어간 채로 살고 있는 것이 드러납니다.

그러므로 질문해 보고 싶습니다. 여러분은 정녕 이 세대에서 건짐 받은 자로 살고 있습니까? 성령의 도우심을 따라 이 세대의 배후에 있는 이 세상 신의 존재와 그의 간계를 보고 있습니까? 그렇다면 하나님께 불순종하도록 이끌려는 이 세상 신의 간계에 성령의 도우심을 따라 믿음으로 대항하십시오. 믿음은 예배당에 와서만 갖는 것이 아닙니다. 우리는 이 세상 신의 간계한 역사를 일상적인 삶 속에서 보면서 믿음을 발휘해야 합니다.

우리에게 아무리 매력적이고 추구할 만한 가치가 있는 것처럼 보여도, 그것이 결국 하나님께 불순종하도록 만들고 하나님으로부터 점점 더 멀어지게 하는 것이라면 거기에는 이 세상 신의 간계가 있음을 알아야 합니다. 그리고 거기에 믿음으로 저항해야 합니다. 성령은 자신이 거하는 하나님의 백성 안에서 자신의 말씀을 비추시고, 그 말씀에 근거해서 그것들을 보게 하십니다. 그렇게 함으로써 우리로 하여금 믿음으로 행할 수 있도록 역사하고 도우십니다. 이것이야말로 예수님을 믿는 자에게 생긴 놀라운 변화입니다.

사탄의 간계는 누구에게나 있습니다. 그러나 그러한 사탄의 간계를 분별하는 것은 오직 이 세대 속에서 건짐 받은 사람에게만 가능한 것입니다. 그러므로 성령과 말씀을 통해 여러분에게 그러한 일이 있다면 그것을 결코 가볍게 여기지 마십시오. 그리고 성령과 말씀의 비추심을 따라 이 세상 신의 유혹에 믿음으로 저항하십시오. 이것이 바로 "이 세대를 본받지 말라"는 말씀 속에 포함된 내용입니다.

  우리는 이 세상의 생각과 행동의 틀을 이루는 구체적인 내용에 앞서서 먼저 이러한 사실을 확고히 알아야 합니다. 그리해야 이 세대 속에서 역사하는 이 세상 신의 간계한 유혹에 믿음으로 저항할 수 있기 때문입니다. 우리가 이 세대를 본받지 않기 위한 그런 영적 분별을 이 세대를 이루는 모든 것 속에서 할 수 있기를 바랍니다.

2부

이 세대의 생각과
행동의 틀을 아십니까

3장

이 세대의 생각과 행동의 틀 1_ 세속성

"너희는 이 세대를 본받지 말고 오직 마음을 새롭게 함으로 변화를 받아
하나님의 선하시고 기뻐하시고 온전하신 뜻이 무엇인지 분별하도록 하라"

롬 12:2

"이 세상이나 세상에 있는 것들을 사랑하지 말라
누구든지 세상을 사랑하면 아버지의 사랑이 그 안에 있지 아니하니
이는 세상에 있는 모든 것이 육신의 정욕과 안목의 정욕과 이생의 자랑이니
다 아버지께로부터 온 것이 아니요 세상으로부터 온 것이라
이 세상도, 그 정욕도 지나가되 오직 하나님의 뜻을 행하는 자는 영원히 거하느니라"

요일 2:15-17

이 세상의 사고방식과 생활방식의 기준과 방향성

"이 세대를 본받지 말라"는 말씀은 우리를 끌어들이려 하는 이 세대의 생각과 행동의 틀에 저항하라는 의미입니다. 앞 장에서는 이 세대의 특징적인 생각과 행동의 배후에 이 세상 신의 역사가 있다는 사실을 살펴보았습니다. 이 세상 신은 한두 가지로 꼭 집어 말할 수 없을 만큼 다양

한 방식으로 이 세대의 사고방식과 생활방식을 형성하는 데 영향을 미칩니다. 그중에서도 우리가 먼저 알아야 할 가장 기본적인 사실은 '세속성' 또는 '세속주의'입니다. 이는 이 세대의 생각과 행동의 틀의 배경이 될 뿐만 아니라 앞으로 살피게 될 내용을 모두 아우르는 것입니다. 요한일서 2장 15-17절에서 사도 요한은 이것을 이 세상의 본질적 특성으로 말합니다.

성경에는 "세상"으로 번역되는 대표적인 두 개의 헬라어 단어가 있는데, 요한일서 2장 15-17절에서 둘 다 사용됩니다. 하나는 '코스모스'(κόσμος)라는 단어로서, 15절과 16절에서 무려 여섯 번이나 사용되었습니다. 여기서 사용된 코스모스라는 단어는 물질적인 세계를 가리키거나 전체 인류, 인간 세상을 의미하기도 하지만, 하나님을 거역하고 타락한, 죄악 된 세상을 뜻하기도 합니다. 또한 이 단어는 요한복음 3장 16절 "하나님이 세상을 이처럼 사랑하사"라는 말씀에도 사용되었는데, 여기서 '세상'이라는 단어는 전체 인류와 인간 세상을 의미합니다.

요한일서 2장 17절에는 '세상'을 의미하는 또 다른 헬라어가 사용되었는데, '아이온'(αἰών)이라는 단어입니다. 이것은 로마서 12장 2절에 사용된 이 '세대'와 갈라디아서 1장 4절에 사용된 이 악한 '세대'와 똑같은 단어입니다. 이 단어 역시 도덕적으로 중립적인 의미로 사용되기도 하지만, 부정적인 의미로 사용되기도 합니다. 특히 고린도후서 4장 4절의 '이 세상의 신'이라는 표현과 에베소서 2장 2절의 '이 세상 풍조'라는 표현에서는 부정적인 의미로 사용되었습니다. 결국 요한일서 2장 15-17절에서 사용된 '세상'이라는 말은 사실상 로마서 12장 2절에서 말하는 이 '세대'와 다르지 않습니다. 즉 죄와 사망이 지배하고 있는 이 세상, 이 세대를 말하는 것입니다.

요한일서 2장은 이 세상이 갖고 드러내며 추구하면서 살아가는 삶의 특성, 그야말로 이 세상의 사고방식과 생활방식의 기준과 방향성을 말해 줍니다. 요한일서 2장 16절은 이 세상과 이 세상에 있는 것들을 세 가지로 표현하는데, 바로 '육신의 정욕'과 '안목의 정욕' 그리고 '이생의 자랑'입니다.

그리고 15절과 17절은 이 세상에 있는 것들에 대한 부가적인 배경으로서 중요한 내용 두 가지를 언급합니다. 하나는, 예수님을 믿는 자들에게 있는 하나님 아버지의 사랑이 이 세상에는 없다는 것입니다. 이것을 일반적인 의미로 말하면, 이 세상은 하나님 없이 살아간다는 것입니다. 즉 그들의 가치관과 생활방식에 하나님이 없다는 것입니다. 또 다른 하나는, 하나님의 뜻대로 행하는 것이 없다는 것입니다. 신자는 하나님의 뜻대로 살아가지만, 이 세상은 하나님의 말씀이 없다는 것입니다. 이것이 이 세상의 특성인 세속성 또는 세속주의에 대한 요한일서 본문의 설명입니다. 그래서 조엘 비키(Joel R. Beeke)는 이러한 세속주의를 가리켜 "하나님을 떠난 인간의 본성"[1]이라고 설명했습니다.

절대적 기준의 부재

이처럼 세속주의는 하나님도 없고 그분이 계시하신 말씀도 없다는 점에서 절대적인 기준이 없다는 것을 보여 줍니다. 대신에 세속주의는 인간의 정욕으로 그 기준을 대신합니다.

우리는 이 세상의 외적인 것을 보고 자랑하는 것에 대단히 익숙해져 있습니다. 아니, 그것이 전부라고 해도 과언이 아닙니다. 사람들은 우리나라가 최첨단 메모리 반도체를 만들고 고층 빌딩을 세웠다는 사실과 세계의 이목을 끌 만한 스포츠 스타나 아이돌 스타가 등장했다는 소식을 가지고 열광하고 자랑합니다. 개인적으로는 좋은 대학에 입학하고 남들이 부러워할 만한 직장에 입사하거나, 또는 훌륭한 과학자가 되거나 큰 기업을 이루었다는 외적인 사실을 기준으로 세상을 바라보며 이해합니다. 이것이 우리가 어려서부터 가지고 있는 세상에 대한 이해입니다. 모든 것을 눈에 보이는 외적인 기준으로 말하고 이해합니다.

요한일서 본문은 그렇게 이 세상이 기뻐하고 자랑하는 것들의 기저에 있는 육신의 정욕과 안목의 정욕 그리고 이생의 자랑에 대해 말합니다. 여기서 육신의 정욕을 간단히 말하면, 인간 본성의 정욕을 의미합니다. 즉 자신의 만족을 위해 본성적인 욕구를 따라 행하는 것을 말합니다. 그리고 안목의 정욕은 외모와 겉치레의 화려함을 좇아서 사는 것을 말합니다. 이 세상은 온통 외형에 신경 쓰며 살아갑니다. 마지막으로, 이생의 자랑은 앞의 두 가지와 연결해서 적극적인 의미로 말하는데, 자신의 정욕을 자랑하고 자신의 영광을 추구하는 것을 말합니다. 즉 무엇을 하든 자신의 본성적인 욕구를 사용해 자신의 영광을 추구하며 사는 것을 의미합니다. 본문은 세상에 있는 것들이 모두 다 이런 것들이라고 진술합니다.

이 세상의 외적인 것들은 모두 이러한 범주를 벗어나지 못합니다. 하나님이 없는 인간의 본성적 욕구에는 기본적으로 인간의 영광을 구하는 특징이 있습니다. 특히 다른 사람과의 경쟁 속에서 인간의 영광을 드러내고 싶어 하는 것은 하나님과 그분의 계시가 없이 자신의 죄 된 정욕과 영광을 구하는 이 세상의 실상이요, 감출 수 없는 본성적 특성입니다.

이 세상은 이렇게 인간의 죄 된 정욕과 자신의 영광을 구하는 것에서 그치지 않고, 그것을 공통된 가치와 사고방식으로 공유하여 생활방식으로까지 만들어 살아갑니다. 그래서 이것들은 모두 우리의 문화와 관습, 유행 속에서 고스란히 드러납니다. 우리가 쏟아 내는 생각과 의견, 각종 사상과 영상 매체 속에서도 그대로 드러나고, 심지어 우리가 가진 윤리 개념과 기준에도 그대로 반영됩니다.

우리는 이 땅을 사는 동안 일상 속에서 이러한 세속성을 매일 접하게 됩니다. 지나가다가 눈에 들어오는 각종 광고를 통해서도, 우리 자녀들이 또래 아이들과 놀면서 매일 보고 듣는 사람들과 세상의 모습을 통해서도, 우리가 인식하든 인식하지 못하든 이 세상이 드러내는 육신의 정욕과 안목의 정욕 그리고 이생의 자랑으로 뒤섞인 세속성을 접합니다.

물질세계나 인간의 욕구 자체가 문제가 아니다

어떤 사람은 이 세상을 너무 부정적으로 보는 것이 아니냐고 반문할지도 모르겠습니다. 물론 하나님이 세상을 이처럼 사랑하셨다는 말씀처럼 이 세상을 사랑의 대상으로 보는 것은 맞습니다(요 3:16 참조). 성경은 하나님이 선하게 창조하신 물질세계 자체를 부정적으로 보지 않습니다. 우리는 이 부분을 오해해서는 안 됩니다. 다만 성경은 물질세계가 아니라, 이 세상을 사는 인간의 사고방식과 가치관을 보라고 말합니다. 1세기 당시나 중세 시대, 100년 전이나 지금이나 변함없이 인간이 갖고 드러내는 것을 보십시오. 그것은 요한일서 2장 말씀대로 그저 육신의 정욕과 안목의 정욕과 이생의 자랑입니다. 이것이 우리가 눈으로 보는 물질세계 이면에 있는 인간이 갖고 드러내는 세속성입니다.

물론 사람이 가진 욕구 자체는 문제가 되지 않습니다. 하나님이 우리에게 욕구를 주셨기 때문입니다. 그러나 매허니(C. J. Mahaney)가 말한 바와 같이, 인간이 가진 "욕구가 삶의 지평을 지배하게 되면 우상 숭배와 세속주의에 빠지게"[2] 됩니다. 그것을 육신의 정욕, 안목의 정욕, 이생의 자랑이라는 표현이 잘 보여 주고 있습니다. 이 세상은 바로 이러한 것들로 가득 차 있습니다. 이것이 우리가 어려서부터 보며 자랐던 세상일 뿐만 아니라 우리보다 앞선 사람들이 살았던 세상이고, 또한 우리의 뒤를 이어 살아갈 사람들의 세상입니다. 1세기에 살았던 로마 시대의 사람들도 우리와 다른 모습을 갖지 않았습니다. 그들도 우리와 똑같이 본문에서 말하는 이 세 가지 특징들을 노출하며 살았습니다.

그러나 우리가 이 세상에서 건짐 받기 전까지는 이러한 사실을 알지 못합니다. 오히려 세속성을 띤 세상을 마치 자신의 안식처럼 편안하게 여기며, 그 속에서 더 즐길 방법을 추구할 뿐입니다. 그러한 삶에 문제가 있다는 사실을 우리는 전혀 생각해 보지 못했습니다. 그래서 세속성이라는 것은 이 세상에서 건짐 받고 나서야 비로소 보이게 되는 것입니다.

여러분은 이러한 세속성이 보입니까? 만일 이 세상을 사랑하지 않고 이 세대를 본받지 않으려면 먼저 이러한 세속성부터 분별해야 합니다. 이것을 분별하지 못하면 이 세상의 영향과 압력에 조금씩 순응함으로써 결국엔 그것을 따르게 됩니다. 세속적인 가치와 사고방식, 생활방식이 우리 안에 들어오게 되는 것입니다. 그래서 교회를 다니고 있음에도 불구하고 사람들이 세속적인 모습을 드러냅니다. 세속적인 가치가 어느새 자기의 기준이 되어 모든 것을 판단하고 결정하는 것입니다.

오직 '지금', 오직 '이 세상'만 주장하는 정신

그만큼 "이 세대를 본받지 말라"는 말씀은 간단한 얘기가 아닙니다. 또 요한일서에서 말하는 신자의 모습과 삶도 결코 간단하게 말할 수 있는 얘기는 아닙니다. 신자 개인, 또는 신자들로 구성된 특정 공동체가 세속화되는 것은 아주 특별한 사건을 통해 이루어지는 것이 아닙니다. 오히려 일상 속에서 보고 듣고 수용하는 과정을 통해서 세상을 닮아 가는 것입니다. 세속화는 바로 이러한 과정을 통해 이루어집니다.

세속주의는 모든 것을 포함할 정도로 포괄적인 개념이지만, 우리는 스프라울(R. C. Sproul)이 세속주의에 대해 정의한 내용을 염두에 둘 필요가 있습니다. 그는 세속주의는 "생활의 모든 것, 인간의 모든 가치, 인간의 모든 활동이 반드시 현재 시간에 비추어 이해되어야 한다. 지금이 문제가 되는 것이 아니라, 오직 지금만 주장하기 때문에 문제가 되는 것이다.

그 위에 있는 것과 그 너머에 있는 것에 접근은 완전히 차단당했다. 이 현재 세계의 감금 상태에서부터 빠져나올 출구가 없다. 우리는 반드시 '지금 여기서'(here and now)라는 밀폐된 시간계 안에서 모든 것, 우리의 결정을 내려야만 하고, 생활해야 하며, 계획을 짜야만 한다"3)라고 했습니다.

무엇이 세속주의라는 말입니까? 우리 삶의 모든 것, 모든 가치를 현재 이 땅의 삶에서 갖고 얻고 추구하는 것이 바로 세속주의라고 말하고 있습니다. 그래서 세속주의는 사실 이 세상이 모든 것이요, 전부가 되기 때문에 육신의 정욕과 안목의 정욕, 이생의 자랑이 있는 이 세상의 삶 그 이상을 보지도 못하고 생각하지도 않는 것입니다. 그래서 데이비드 웰스(David F. Wells)는 세속주의를 다음과 같이 설명했습니다.

"세속주의는 더 이상 어떤 초월적인 질서에 뿌리를 내리고 있지 않은 전망과 가치를 말한다."4)

세속주의는 하나님에 의한 초월적인 질서를 알지 못하고, 거기에 가치를 두지 않습니다. 그러면서 지금 여기서 모든 것을 계획하고 결정하며 사는 것입니다.

교회 안에까지 미치는 세속주의의 영향

안타깝게도 예수님을 믿는 사람들 중에는 이러한 세속주의의 영향을 받아서 하나님에 의한 초월적인 질서들이 실제로는 그들의 삶에 전혀 적용이 안 되는 사람들이 의외로 많습니다. 이 세상의 문화와 유행 그리고 이 세상에서 보고 듣고 읽고 접하는 모든 것 속에 있는 세속주의를 따름으로써 말입니다.

그래서 사도 요한은 예수님을 믿는 자들에게 "이 세상과 이 세상에 있는 모든 것 속에 육신의 정욕과 안목의 정욕 그리고 이생의 자랑이 있음을 보라"고 말한 것입니다. 그것들은 이 세상의 내적인 특징입니다. 그러므로 이 세대를 본받는 것은 바로 그런 유혹과 압력에 순응하는 것이요, 오히려 세속화 또는 세속주의에 빠지는 것입니다.

예수 믿는 우리는 매일 이러한 세속주의의 유혹과 압력을 받습니다. 그래서 이 세대를 본받지 않기 위해 우리는 세상의 외형이 아니라, 그 안에 있는 세속성을 보아야 합니다. 요한일서 2장 16절에서 말하는 이 세상의 내적인 특성을 말입니다.

사도 요한은 그것을 보아야 할 뿐만 아니라 그런 세상을 사랑하지 말라고 적극적으로 말합니다. 로마서 12장 2절이 이러한 특성을 가진 세상을 본받지 말고 저항하라고 말한다면, 요한일서 2장 15절은 세상을 사랑하지 말라고 합니다. 그러면서 "누구든지 세상을 사랑하면 아버지의 사랑이 그 안에 있지 아니하니"라고 말함으로써 아버지의 사랑과 세상을 사랑하는 것을 대비시키고 있습니다. 이것은 또한 그리스도인들이 세상을 사랑하지 않을 수 있는 이유가 바로 아버지의 사랑임을 말해 주는 것이기도 합니다.

지금, 이 세상만이 전부가 아니다

우리가 어떤 것을 사랑하지 않는 최고의 방법 중 하나는 우리가 사랑하고 있는 것보다 더 사랑할 가치가 있다는 것을 알고, 그것을 얻는 것입니다. 요한은 그리스도인들이야말로 바로 그런 자들이라고 말합니다. 즉 그리스도인들은 이 세상과 이 세상에 있는 어떤 것과도 비교할 수 없는 하나님 아버지의 사랑을 알고 소유한 사람이기 때문에 세상을 사랑하지 말라고 말하는 것입니다. 그리고 17절에서는 아버지의 사랑이 있는 자는 영원히 거한다고 말하면서, 그 사람이 가진 가치가 무엇인지를 말합니다. 즉 그 사람이 가진 가치를 지금 이 세상이 전부인 것처럼 말하지 않고, 영원한 것으로 연결해서 말합니다. 그리고 이 세상과 이 세상에 있는 것은 다 지나가는 것이요, 썩고 사라지고 멸망하는 것으로 말합니다. 죽음을 통해 경험하든, 아니면 궁극적으로 하나님의 심판대 앞에서 경험하든 그것은 우리가 확인하고 경험하게 될 사실입니다.

우리는 이 땅에 살면서도 그 사실을 경험합니다. 무언가에 집중하고 열정을 태워도 결국 나중에 가면 쇠하는 것을 느끼게 됩니다. 우리는 가까운 사람이 임종하는 모습을 보게 될 때 거기서 감출 수 없는 인간의 실존을 보게 됩니다. 이 세상에서 무엇인가를 추구하고 굉장한 업적을 이루어도 이 세상에 있는 것들은 다 지나갑니다. 이러한 사실은 하나님이 이 세상 전체를 심판하실 때도 경험하게 되겠지만, 우리의 개인적인 삶 속에서도 충분히 경험하는 것입니다. 이것이 바로 성경이 말하는 이 세상, 이 세대의 결정적인 한계입니다.

우리는 아침에 눈을 떠서 잠들 때까지 그리고 이 세상을 떠날 때까지 본문이 말하는 세속성을 항상 접하며 살아야 합니다. 물론 우리 주변에 있는 모든 사람도 똑같은 조건 속에 있습니다. 그러한 조건 속에서 세속성의 유혹과 압력에 따르지 않는 것, 요한일서의 표현으로 말해서 세상을 사랑하지 않는 것은 평범한 일도 아니고, 결코 쉬운 일도 아닙니다. 그럼에도 사도 요한은 아버지의 사랑이 있고 이 세상이 사라진다는 사실을 알게 된 그리스도인은 이 세상을 사랑할 수 없고, 또 사랑해서도 안 된다고 말하고 있습니다.

성경이 제시하는 답

이런 내용을 들으면 어떤 사람들은 자신의 현실적인 조건을 말하면서 그렇게 할 수 있는 구체적인 방법과 대안을 기대합니다. 그리고 그것이 없으면 현실성이 없다고 반응합니다. 그러나 성경은 듣고자 하는 사람들에게 그 고유의 방식으로 구체적이고 충분한 답을 제시합니다. 요한일서 2장도 똑같이 성경 고유의 방식으로 우리에게 충분한 대답을 주고 있습니다. 그것은 우리가 구체적인 방법을 가질 수 있도록 근본적인 사실을 말해 주는 방식으로 대답하는 것입니다. 즉 우리가 세상을 사랑하지 않을 수 있는 이유를 말해 줌으로써 우리에게 구체적인 방법을 제시합니다. 그리고 그 가운데서 성령이 역사하시는데, 그때 성령 하나님은 그 이유를 아는 자 안에서 구체적인 방법에 대한 답을 주십니다.

예수님 당시에 바리새인들은 구체적인 규칙들을 많이 만들었습니다. 안식일에는 몇 미터 이상 가지 말아야 한다는 것에서 시작해서 구체적인 항목들이 계속 늘어났습니다. 오늘날 한국 교회 성도들은 바로 이러한 방식에 길들어 있습니다. 그래서 설교의 결론에 가서는 구체적인 지침과 항목을 말해 주기를 기대합니다. 그러나 이러한 방식은 우리를 유아적인 수준에 머물게 하고, 율법주의적인 신앙 습관으로 이어질 여지가 많습니다.

기독교 신앙생활은 그런 방식으로 하는 것이 아닙니다. 성경이 말하는 근본적인 사실이 자신에게 수용되어 그것을 기꺼이 듣고자 할 때 성령이 각 사람에게 감화, 감동하심 속에서 적합한 방식으로 대답을 주십니다. 사도행전을 보면, 베드로가 설교할 때 3천 명이 회개했습니다. 그때 베드로가 그들 각각의 다양한 조건에 따라 구체적인 방법을 제시했습니까? 아닙니다. 당시 성령 하나님은 성격도 다르고, 배경도 다른 3천 명의 사람들 안에 역사하시어 어떻게 하면 좋을지 묻고 행하고자 하는 마음을 불러일으키셨습니다. 이것이 바로 하나님이 하시는 방식입니다.

마찬가지로 요한일서 2장도 우리가 세상을 사랑하지 말아야 할 근본적인 이유를 말함으로써 우리가 세상을 어떻게 사랑하지 말아야 할지에 대한 답을 줍니다. 바꾸어 말하면, 성령 하나님은 세상을 사랑하지 말아야 할 근본적인 사실을 수용하고 이것을 믿음으로 받아들이는 사람은 이에 대한 답을 갖게 하십니다. 어떤 획일적인 행동 몇 가지가 아니라, 각자 다른 조건과 상태에서 적절하게 반응하도록 역사하신다는 것입니다.

우리는 모두 각자의 삶 속에 세상을 사랑하는 것과 관련해서 비중 있게 여기는 것들이 있습니다. 성령은 그러한 부분을 다루십니다. 만일 여러분 안에 성령이 거하시고 역사하신다면 이것은 부인할 수 없는 사실입니다. 그래서 요한일서 본문은 신자 안에 아버지의 사랑이 있다는 사실을 신자가 세상과 세상에 있는 것을 사랑하지 않을 수 있는 이유로 말하는 것입니다. 또한 로마서도 그리스도인들이 그리스도 안에서 의롭다 함을 얻고 그리스도와 연합하여 그분과 함께한 상속자라는 것과 그리스도의 사랑에서 결코 끊을 수 없는 자라는 사실을 이 세대를 본받지 말아야 할 강력한 이유로 말하고 있습니다. 이 세상을 사랑하지 않기 위해서는 그 이유를 아는 것이 먼저입니다.

정녕 하나님을 사랑하는가

그러므로 이 세상을 사랑하지 않을 수 있는 구체적인 방법과 대안을 묻기 전에, 여러분에게 아버지의 사랑이 있는지를 먼저 확인해 보십시오. 요한일서 4장 16절에서 말하는 바와 같이 하나님이 우리를 사랑하시는 사랑, 즉 자기 아들을 보내어 우리를 구원하신 그 사랑을 알고, 자신도 그러한 하나님을 사랑하고 있는지부터 먼저 확인해 보십시오. 요한일서 본문은 하나님 아버지의 사랑이 우리에게 있으면 "이 세상을 사랑하지 말라"는 것에 대한 구체적인 방법을 물을 필요가 없다는 논지를 펴고 있습니다. 중요한 것은 여러분에게 아버지의 사랑이 있는지를 먼저 확인하는 것입니다.

만일 여러분에게 아버지의 사랑이 있다면 여러분은 "이 세대를 본받지 말라"는 말씀에 조금도 거부감이 없을 것입니다. 그뿐만 아니라 이 세상이 드러내는 세속성을 분별하고 거기에 저항하는 것을 기꺼워할 것입니다. 비록 완전하지는 못하고 부족해도 이 세대에서 건짐 받은 자는 그렇게 반응할 것입니다. 왜냐하면 그 사람은 하나님 아버지의 사랑을 받았고, 그리스도의 피로 구속함을 받음으로써 자신 또한 하나님을 사랑하게 되었기 때문입니다. 그래서 이전에는 보지 못했던 이 세상의 특성을 보게 되었고, 이제는 그 세속성이 불편하여 거부 반응을 갖게 됩니다.

이처럼 아버지의 사랑이 있는 사람에게는 세속성이 불편하게 여겨집니다. 비록 세속성에서 완전히 분리되지는 않고 은근히 유혹을 받고 있지만, 그에게는 분명히 세속성을 불편하게 느끼는 반응이 있습니다. 바로 그런 사람이 "이 세대를 본받지 말라"는 말씀과 "이 세상을 사랑하지 말라"는 말씀을 조금도 불편함 없이 들을 수 있습니다. 그것은 이 세상의 실체와 유혹이 무엇인지 알게 되었기 때문입니다. 그래서 "이 세상을 사랑하지 말라"는 말씀을 긍정하며 기꺼워하는 반응을 가질 수 있습니다. 바로 이러한 반응이 이 세대에서 건짐을 받았다는 첫 번째 증거입니다.

친숙함에 길들지 말라

이것이 중요한 까닭은 오늘날 교회 안에 있는 많은 사람이 이 세상의 영향과 압력에 별다른 자각도 없이 순응하며 따르기 때문입니다. 그래서 조국 교회와 예수님을 믿는 자들이 세상과 별로 다를 바 없다는 손가락질을 받습니다. 자신과 주변의 신자들과 교회들을 한번 보십시오. 그러면 이 세상의 기준과 관점, 세속적인 태도와 사고방식을 상당히 많이 수용하고 있음을 볼 수 있습니다. 여러분의 직장에서도 교회를 다닌다는 사람들이 이 세상의 가치관과 기준으로 말하고 행동하는 것을 보지 않습니까? 이것은 이제 우리에게 흔한 모습이 되어 버렸습니다.

그러므로 지금 우리에게 절실한 것은 요한일서 2장 16절에서 말하는 바와 같이, 이 세상의 본질적 특성을 분별하고 그것의 영향과 압력에 대해 실제로 저항하는 것입니다. 이러한 영향과 압력이 일상적이고 친숙할 뿐만 아니라 너무나도 강력해서 여기에 저항하는 일이 어렵게 여겨질 수도 있습니다. 그러나 여러분에게 아버지의 사랑이 있다면 그 사랑으로 세상에 대해 반응해야 합니다. 성령은 그렇게 반응하고자 하는 자를 도우십니다. 세상의 유혹과 압력에 저항하기 힘겨울 때는 성령께 도움을 구하십시오. 그러면 성령이 반드시 우리를 도우십니다. 바로 이것이 하나님의 자녀들에게 있는 특별한 경험입니다.

중요한 것은 우리가 세속성을 분별하게 된 그 놀라운 특권과 변화에서 한 걸음 더 나아가 그것에 저항하는 것입니다. 일어나면서부터 잠들 때까지, 또 죽을 때까지 세속성을 마치 공기처럼 마시는 이 세상 속에서 우리는 그 세속성이 우리 마음으로 들어올 때 저항해야 합니다. 이 세상의 특성인 세속성과 세속주의는 결국 우리 마음으로 옮겨 싸워야 하는 문제입니다.

예를 들어, 우리는 예전에 휴대폰 없이도 살았습니다. 그러나 이제는 휴대폰 없이는 살 수 없을 정도가 되었습니다. 아니, 휴대폰이 우리 마음에 비중을 차지하면서 결국 우리를 사로잡고 매이도록 만들고 있습니다. 이런 식으로 우리 마음은 세속성과 싸우는 장(場)이 되어 버렸습니다. 다시 말해, 본문이 말하는 세상의 특성은 예수님을 믿는 자의 외부에 있지만, 그것이 결국 압력과 유혹을 통해 우리 마음에 들어와 싸우게 된 것입니다. 그러므로 세속주의가 우리 마음에 있다는 매허니의 말은 적용적인 면에서 사실입니다.[5]

세속성과 세속주의는 분명히 하나님을 반역하여 죄악 된 세상에 살고 있는 사람들의 마음과 태도에서 보이는 것이지만, 이것이 유혹과 압력의 형태로 우리에게 다가오면 결국 우리 마음에 있게 됩니다. 그래서 여기에 저항하지 않으면 우리도 이러한 세속성을 수용하며 따를 수밖에 없는 처지에 있게 됩니다. 이처럼 이 세대를 본받지 말고, 이 세대를 사랑하지 말라는 말씀은 우리 안으로 밀고 들어온 세속성과 세속주의를 아버지의 사랑으로 저항하라는 것입니다.

그러므로 세속성에 대한 분별을 넘어서 세속성에 대해 저항하고자 하는 의지와 마음이 여러분에게 있는지, 또 실제로 저항하고 있는지를 한번 돌아보십시오. 혹시 세속성을 친구처럼 좋게 여기지는 않습니까? 야고보 사도는 다음과 같이 말합니다.

"간음한 여인들아 세상과 벗 된 것이 하나님과 원수 됨을 알지 못하느냐 그런즉 누구든지 세상과 벗이 되고자 하는 자는 스스로 하나님과 원수 되는 것이니라"(약 4:4).

세상과 친구가 되는 것은 스스로 하나님과 원수가 되는 것입니다. 아버지의 사랑이 있는 자는 결코 그럴 수 없습니다.

우리에게는 더 좋고 더 강한 것이 있다

여러분, 하나님 아버지의 사랑을 기억하십시오! 그 사랑을 확인하십시오! 영원까지 지속될 그 사랑을 말입니다. 특히 그 사랑이 드러난 예수 그리스도의 십자가를 기억하십시오! 그러면 거기서 세상을 사랑할 수 없는 강력한 이유를 보고 느끼게 될 것입니다. 클라우스 보크뮤엘(Klaus Bockmuehl)은 다음과 같이 말했습니다.

"참된 기독교적 태도는 세상으로부터 물러남이 아니라, 세상과의 다름에 의해서 특징지어져야 한다. 또한 빛 비추임을 통해서 특징지어져야 하는데 그리스도인은 주 안에서 빛이기도 하지만 세상의 빛이고, 또 세상에서 그들 가운데 빛들이기 때문이다."[6]

이 세대, 이 세상에서 건짐 받아 구별된 여러분! 세상과 다름이 우리의 특징임을 기억하십시오. 아니, 우리는 죄악 된 이 세상을 비추어야 할 빛입니다. 이러한 사실이 지금은 철저히 무시되고 조롱받고 있지만, 길은 다른 곳에 있지 않습니다. 우리가 세상을 향해 특별한 행사를 하거나, 또는 사람들이 많이 모인다고 해서 되는 일이 아닙니다. 기독교는 죄악 된 이 세대를 본받지 않고 이 세상을 사랑하지 않는 구별됨과 다름을 갖는 것입니다. 그렇게 함으로써 빛 됨을 다시 갖는 것입니다. 그것이 오늘날 그리스도인들이 회복해야 할 모습입니다.

이러한 그리스도인의 모습은 1세기 로마 제국을 무너뜨릴 만큼 강력했습니다. 로마 귀족들은 스스로 예수님을 믿은 것이 아니었습니다. 그들은 자신들이 고용한 노예들에게서 자신들이 사는 세상과는 너무나도 다른 모습을 보았습니다. 그것을 계기로 그들의 모임에 가 보려고 했고, 결국 거기서 예수님을 듣게 되었습니다. 이처럼 이 세상에 사는 그리스도인의 강력함은 이 세상에서 건짐 받은 자의 구별됨과 그 빛을 비추는 모습에 있습니다. 부디 우리가 그러한 모습을 가질 수 있기를 바랍니다. 아버지의 사랑이 있다면 말입니다.

4장

이 세대의 생각과 행동의 틀 2_ 무신 사상

"너희는 이 세대를 본받지 말고 오직 마음을 새롭게 함으로 변화를 받아
하나님의 선하시고 기뻐하시고 온전하신 뜻이 무엇인지 분별하도록 하라"

롬 12:2

"어리석은 자는 그의 마음에 이르기를 하나님이 없다 하는도다
그들은 부패하고 그 행실이 가증하니 선을 행하는 자가 없도다"

시 14:1

하나님이 없다 하는 생각

이 장에서 다룰 이 세대의 생각과 틀을 이루고 있는 내용은 시편 14편 1절이 말하는 '무신 사상'(無神 思想) 또는 '무신론'(無神論)입니다.

"어리석은 자는 그의 마음에 이르기를 하나님이 없다 하는도다 그들은 부패

하고 그 행실이 가증하니 선을 행하는 자가 없도다"(시 14:1).

이 세상에는 하나님이 없다고 말하는 무신 사상 또는 무신론이 짙게 깔려 있습니다. 이러한 사상은 이 세상 사람들의 사고방식과 생활방식의 기초를 이루고 있을 뿐만 아니라 적극적으로 선전되고 있습니다. 우리는 어려서부터 하나님이 없다 하는 생각과 사고방식을 학교에서 교과서를 통해 배우거나 선생님들에게서 듣습니다. 그 후로도 친구나 직장 동료들과의 관계 속에서, 여러 가지 책들과 영상 매체를 통해 그런 영향을 지속적으로 받습니다. 물론 하나님이 없다는 생각과 주장은 시편 본문에서 보는 바와 같이 오래전부터 있었습니다. 하지만 오늘날에는 과거와는 비교가 안 될 정도로 강력하고 조직적이며 노골적입니다. 심지어 체계적인 학문으로까지 발전하여 대중에 전해지고 있습니다.

하나님이 없다 하는 자에 대한 성경의 부정적인 평가

시편 14편 1절은 하나님의 존재를 부인하며 하나님이 없는 것처럼 살아가는 사람들의 마음과 삶에 대해 말합니다. 그리고 시편 53편에도 이와 비슷한 내용이 기록되어 있는데, 시편 14편과 53편은 모두 하나님이 없다고 말하는 사람들을 '어리석은 자'라고 표현합니다.

성경이 하나님이 없다고 말하는 자들을 어리석은 자로 표현하는 것을 주목해 보십시오. 하나님이 없다고 말하는 사람들 중에 자신이 어리석다고 생각하는 사람은 없을 것입니다. 오히려 자신들은 하나님이 없다고 판단할 정도로 분별력 있고 지혜로운 자라고 생각할 것입니다. 실제로 오늘날 무신론자들 중에는 세계 최고의 지성으로 인정받으며 존경받는 사람들이 있습니다. 그래서 그들은 성경이 하나님의 존재를 부인하며 하나님이 없는 것처럼 살아가는 자들을 어리석은 자로 말하는 것에 대해 굉장히 불쾌하게 여깁니다.

그럼에도 시편 본문이 그들을 어리석은 자로 말하는 것에는 두 가지 이유가 있습니다. 그중 하나는, 시편 14편 2절에서 말하는 대로, 하나님이 그들의 인생을 보고 판단하시기 때문입니다.

"여호와께서 하늘에서 인생을 굽어살피사 지각이 있어 하나님을 찾는 자가 있는가 보려 하신즉"(시 14:2).

사람의 인생이란 길어 봐야 몇십 년에 지나지 않습니다. 아무리 탁월한 업적을 이루고 여러 가지 주장을 쏟아 놓아도 그 사람은 한낱 인생에 불과합니다. 그리고 하나님이 그들의 인생을 보고 아시며 판단하십니다.

성경이 그들을 어리석은 자로 말하는 두 번째 이유는, 그들의 생각이 부패함에서 나온 것이기 때문입니다. 하나님이 없다는 생각은 타락한 인간의 부패함에서 기인합니다. 여기서 부패했다는 말은 창세기 6장에서 홍수로 심판받기 전의 인간 상태와 창세기 19장에서 소돔과 고모라가 멸망당하기 전의 상태를 나타낼 때 사용된 말로서, 도덕적이고 영적인 부패를 말합니다. 하나님이 없다 하는 것은 절대적인 의미와 가치를 갖는 정직하고 확실한 표현과 판단이 아닙니다. 오히려 그것은 도덕적이고 영적으로 부패한 인간이 쏟아 낸 생각일 뿐입니다. 하나님의 존재를 부인하는 사상은 근본적으로 어느 시대를 막론하고 도덕적이고 영적으로 부패한 수준에서 말하는 것을 벗어나지 못합니다.

이어서 본문은 사람들의 부패함을 말한 뒤에 하나님이 없다 하는 자들의 행실이 가증하다고 말합니다. 그들의 행실은 가증하여, 그들은 선을 행하는 것과는 상관이 없다고 말합니다. 여기서 선을 행하는 자가 없다는 말은 하나님의 평가입니다. 이 세상은 하나님이 없다고 말하는 생물학적인 연구와 업적에 대해 오히려 선을 행한 것으로 평가합니다. 인류에 탁월하게 기여한 것으로 보는 것입니다. 그러나 하나님은 그것을 선을 행한 것과는 전혀 상관없는 것으로 말씀하십니다. 왜냐하면 그들의 모든 행실이 하나님의 영광과는 아무런 상관이 없기 때문입니다. 하나님이 없다 하는 모든 주장과 연구와 업적은 우리가 보기에는 탁월하고 선을 행한 것 같아도, 그들의 동기와 목적 그리고 그것의 영향과 결과를 보면 본문의 말씀처럼 하나님과 사람에게 가증하게 행하는 것에 지나지 않습니다.

나날이 거세지는 무신 사상의 유혹과 압력

그런데 시편 14편 3절은 이러한 모습을 인간의 보편적인 모습으로 말합니다.

"다 치우쳐 함께 더러운 자가 되고 선을 행하는 자가 없으니 하나도 없도다"(시 14:3).

그래서 바울도 로마서 3장에서 유대인과 헬라인이 모두 다 죄 아래 있다고 말하는 문맥 속에서 이 시편 본문을 인용합니다.

"기록된 바 의인은 없나니 하나도 없으며 깨닫는 자도 없고 하나님을 찾는 자도 없고 다 치우쳐 함께 무익하게 되고 선을 행하는 자는 없나니 하나도 없도다"(롬 3:10-12).

결국 우리는 시편 본문과 로마서를 통해 주전 1천여 년 전 다윗 시대의 사람들이나 주후 50-60년대 바울 시대의 사람들이나 똑같다는 사실을 보게 됩니다. 사람들은 시대를 막론하고 모두 다 하나님이 없다 하면서 하나님과 사람들에게 가증하게 행하고 선을 행하지 않는 모습을 드러냅니다. 지금도 우리는 하나님이 없다는 생각과 행동의 틀을 가지고 사는 사람들을 흔하게 봅니다. 그뿐만 아니라 그러한 생각과 행동의 틀을 적극적으로 가르치고 선전하는 것을 이 시대 속에서 보고 있습니다. 더욱이 오늘날 우리는 이러한 무신론적 사상과 가르침의 유혹과 압력을 그 어느 때보다도 크게 받고 있습니다.

예수님을 믿는 자들 중 많은 사람은 이러한 무신 사상과 무신론이 자신과는 전혀 상관없는 내용이라고 생각할지 모르지만, 시편 기자는 하나님을 진실하게 믿는 사람들이 살아가는 세상이 그러하다고 말합니다.

"그들이 떡 먹듯이 내 백성을 먹으면서 여호와를 부르지 아니하는도다"(시 14:4하).

이처럼 우리는 하나님을 부인하는 세상 속에서 무신 사상을 가진 자들의 끝없는 위협과 압력을 받고 있습니다. 2008년 런던의 한 시내버스에는 "하나님은 아마도 없을 것이니까 걱정하지 말고 인생을 즐기라!"라는 문구의 광고판이 붙었습니다. 무신론자들이 적극적으로 돈을 들여 광고를 한 것입니다. 그 이후에 미국 시카고에서도 대중교통을 이용한 캠페인이 있었는데, 그들이 택한 슬로건은 "태초에 인간이 신을 창조했다!"라는 것이었습니다.

이처럼 지금 우리가 사는 세상은 하나님이 없다는 것을 적극적으로 선전할 뿐만 아니라 학문적으로 주장하는 데까지 이르렀습니다. 심지어 아이들의 교육과정에서도 무신 사상에 기반한 이론이 가르쳐지고 있습니다. 우리의 자녀들이 바로 그런 교육과 세뇌를 받고 있는 것입니다. 특히 진화론은 과학이라는 이름 아래 거의 절대적인 것으로 받아들여지고 있을 만큼 오늘날 무신론의 영향과 압력은 전례가 없을 정도로 강력합니다.

예수 믿는 자들과 우리의 자녀들은 이런 무신 사상을 영상 매체와 책 속에서 너무 쉽게 접할 수 있습니다. 특히 교회에서 상처를 받고 여러 가지 이유로 마음의 어려움을 겪는 사람에게 무신론적 사상이 담긴 매체와 글은 상당한 공감력을 불러일으킵니다. 그러므로 우리는 이처럼 강력해진 이 세대의 무신 사상과 무신론을 정확하게 알아야만 합니다.

이론적인 무신론과 실천적인 무신론과 불가지론

무신 사상은 우리가 사는 세상에서 매우 다양하고 폭넓은 모습으로 나타날 수 있습니다. 무신론은 기본적으로 모든 신적인 존재를 거부하는 사상을 가리킵니다. 그러나 무신론은 특정한 신들을 거부하는 사람들을 가리키는 말로도 사용되었습니다. 예를 들면, 1세기 로마 사람들은 예수님을 믿는 자들이 로마의 신들을 거부했다는 이유로 그들을 무신론자로 불렀습니다. 한편 기독교 안에서도 다른 신들을 믿는 종교를 무신론으로 말하기도 합니다. 왜냐하면 하나님 외에 다른 신들은 모두 우상이요, 거짓 신들이기 때문입니다.

우리는 무신론을 두 가지로 구분할 수 있습니다. 하나는, 이론적으로 신이 없다는 것이 너무나 확실하다고 말하는 '이론적인 무신론'이고, 또 다른 하나는 지식적으로는 신의 존재를 인정하면서도 실제로는 하나님을 전혀 의식하지 않고 살아가는 '실천적인 무신론'입니다. 둘 중 시편 본문은 실천적인 무신론을 말하고 있습니다.

구약의 이스라엘 백성 중에도 여호와를 인정하면서 실제로는 자신의 삶 속에서 하나님을 전혀 의식하지 않고 살았던 사람들이 있었습니다. 오늘날 교회 안에도 이러한 실천적인 무신론자들은 여전히 존재합니다. 그들은 하나님에 대해 지식적으로는 많이 알고 있지만, 실제로는 무신론자로 살아갑니다.

그런데 지금으로부터 300년 전까지만 해도 사람들은 보편적으로 신의 존재를 인정했습니다. 다시 말해, 실천적인 무신론자들은 있었으나 이론적인 무신론자들은 크게 눈에 띄지 않았습니다. 300년 전까지만 해도 사람들은 각각의 종교 속에서 생겨나는 문제점들을 지적하는 수준에 머물러 있었습니다. 고대 철학 사상에도 특정한 종교가 가진 신에 대한 그릇된 이해와 태도를 지적하는 일은 있었지만, 여간해선 신의 존재 자체를 부정하지는 않았습니다. 기본적으로 신의 존재를 인정하며, 다만 신의 기원이 어디에서 왔는지를 탐구했습니다.

이처럼 무신론을 이론적으로 체계화하여 주장하는 일은 역사 속에서 그리 오래된 일이 아닙니다. 신이 존재한다는 생각은 인간이 가진 보편적인 생각이었습니다. 인간에게는 영원을 사모하는 마음, 하나님을 알 만한 지식이 기본적으로 있기 때문입니다. 다시 말해, 자신의 존재 안에 깊이 새겨진 종교심(宗敎心) 또는 신 지식(神 知識) 때문에 인간은 시대나 민족을 불문하고 다양한 형태의 종교를 만들었습니다.

지금까지 인류의 역사를 보면, 과학의 발달에도 불구하고 인간은 자신이 만들어 낸 나름의 신들을 섬기는 모습을 보여 줍니다. 비록 자신이 만든 우상을 신처럼 섬겼다고 할지라도, 인간은 보편적으로 신의 존재를 인정해 왔습니다. 그래서 이러한 인간을 가리켜 '호모 렐리기오수스'(Homo religiosus, 종교적 인간)로 표현하기도 합니다. 물론 시편 본문과 같이 하나님이 없다 하는 무신론자들도 있었지만, 보편적으로는 신의 존재를 인정해 왔다는 것은 부인할 수 없습니다.

여기서 우리가 언급해야 할 또 하나의 사실은 '불가지론'(不可知論)입니다. 불가지론은 믿을 만한 자료를 통해 신의 존재를 확신할 수 있을 때까지는 판단을 보류하면서 신의 존재에 대해서는 알 수 없다고 생각하는 태도입니다. 이것은 편협한 태도를 싫어하는 오늘날의 경향에 비추어 볼 때 많은 사람으로부터 호응을 얻고 있습니다. 놀라운 사실은 교회를 다니는 사람들 중에도 이러한 불가지론을 취하는 사람들이 많다는 것입니다. 그들은 신 존재에 대한 단서가 충분하지 않다는 것을 핑계로 신이 존재한다는 것에 대해 적극적인 태도를 취하지 않습니다. 그래서 유신론이나 무신론 중 어느 것도 자신의 입장으로 말하지 않습니다. 그러나 많은 사람은 이러한 불가지론을 무신론에 포함시킵니다. 이처럼 무신론은 굉장히 다양하고 포괄적인 모습을 갖고 있습니다.

무신론이 등장하게 된 역사적 배경

여기서 우리는 보편적으로 신의 존재를 인정해 온 인간의 역사 속에서 어떻게 무신론이 갑자기 등장하여 체계를 이루게 되었는가 하는 점을 생각해 볼 필요가 있습니다. 다시 말해, 오늘날 득세하고 있는 무신론의 역사적 배경과 계보를 아는 것은 대단히 중요합니다. 하나님이 없다는 것을 이론적으로 체계화하여 사람들에게 하나님을 믿는 신앙에서 자유로워지라고 외치는 이 시대의 적극적인 무신론에는 역사적 연결 고리가 있습니다.

앞서 언급했던 것처럼 로마 제국의 시대적 배경이 되었던 1세기만 하더라도, 사람들은 하나님을 우상으로 바꾸어 섬기는 왜곡된 모습이 있긴 했지만 신의 존재 자체를 적극적으로 부정하는 모습은 없었습니다. 고대 헬라 철학자들 중에는 당대 사람들이 대중적으로 믿고 있던 신들에 대해 잘못된 점이나 의문점을 제기하긴 했어도, 신의 존재 자체를 부정하지는 않았습니다. 이처럼 신의 존재를 인정해 온 모습은 대략 16세기까지 지속되었습니다.

그러나 17세기에 들어서면서부터 인간의 이성을 절대시 여기는 계몽주의를 시작으로 신의 존재를 부정하는 주장이 일어납니다. 그리고 이러한 풍조 속에서 모든 것을 이성으로 판단하려는 합리주의가 퍼지면서 무신론은 이론적으로 더욱 체계화되기 시작합니다. 결국 이것은 역사에 큰 전환점을 가져오게 된 사건으로서, 기독교적 측면에서 볼 때 배교의 포문이 열린 것입니다.

지금까지 각 시대에는 배교를 부추기는 사상들이 있었습니다. 17세기 계몽주의와 합리주의를 필두로, 이어서 등장한 진화론이나 여러 사상에 의해 사람들은 교회로부터 이탈하게 되었습니다. 그리고 그러한 일은 결국 배교로 이어졌습니다. 그뿐만 아니라 지금도 이러한 현상은 계속해서 일어나고 있습니다.

이론적인 이신론(理神論)의 등장과 무신론의 체계화

이러한 사상 중에 먼저 주목할 것은 '이론적인 이신론(理神論)'입니다. 이론적인 이신론은 이론적인 무신론(無神論)과 달리, 하나님의 존재는 인정하지만 하나님을 이 세상 역사와는 동떨어져 있는 분으로 이해하는 사상입니다. 영국에서 가장 먼저 일어난 이 사상적 물결은 계몽주의와 합리주의에 의해 역사 속에서 첫발을 내딛게 됩니다. 그리고 이후에는 프랑스에서 크게 일어나고, 독일에서는 논리적 체계를 세우면서 세계화되기에 이릅니다. 결국 이것은 세계의 정신사를 바꾸어 버린 사건이 됩니다.

이처럼 합리주의가 기독교를 비판하면서 영국과 프랑스, 독일로 확장해 가는 가운데 무신론적인 사상이 체계화를 이루게 됩니다. 이 일에 앞장을 섰던 18세기 합리주의자들은 종교를 오직 이성에만 근거하여 자연주의적으로 해석하면서 하나님의 존재에 대해 급진적인 비판의 문을 열었습니다. 이러한 역사적 배경 속에서 무신론을 대중화하는 데 크게 기여한 사람들이 있었고, 오늘날은 리처드 도킨스 같은 과학자들이 그들의 맥을 잇고 있습니다.

우리는 그들의 역사적 흐름과 맥락을 알아야 합니다. 그들은 논리적 기초와 내용에 있어서는 아무런 차이가 없고 그저 역사 속에서 옷만 갈아입으면서 똑같은 논지를 말하고 있습니다. 그들은 과학적으로 새로운 것을 발견했다고 하지만, 사실 그들은 이전에 합리주의자들이 주장했던 것과 똑같은 논리를 펴고 있을 뿐입니다. 다만 그들의 주장과 논리에 과학이라는 옷만 갈아입혔을 뿐입니다.

18세기 프랑스의 백과전서파

그렇다면 18세기에 무신론을 대중화하는 일에 앞장섰던 사람들은 누구일까요? 그들은 소위 프랑스의 '백과전서파'로 불리는 사람들입니다. 그들은 이성에 의해 모든 것을 판단하려는 합리주의를 따라 『백과전서』를 만들었습니다. 그런데 당시에는 기독교가 여전히 유럽의 정신을 지배하고 있었기 때문에 교회와 국가는 그들을 탄압했습니다. 그러나 그들은 이런 탄압을 받으면서도 21년에 걸쳐 17권의 『백과전서』와 그것의 도해로 11권을 더한 『백과전서』를 만들었습니다. 그런데 그들이 분명히 밝힌 한 가지 목적이 있었습니다. 그것은 그동안 종교적인 배경에서 알았던 모든 지식을 이성적으로 재해석해 사람들의 생각을 변화시키는 것이었습니다.

그동안 가톨릭을 포함한 유럽의 교회들은 갈릴레오 갈릴레이(Galileo Galilei)와 같이 과학적으로 긍정적인 발견을 한 사람들에게까지 잘못된 태도를 보였던 적이 많았습니다. 그래서 이러한 그릇된 권위적 모습 때문에 이성을 중심으로 한 사람들의 주장은 대중에게 신선하게 다가왔고, 커다란 호소력을 얻게 되었습니다. 그러한 분위기 속에서 백과전서파 사람들은 "종교가 지적 진보의 영원한 장애물이 되어 왔다"[1]라고 주장했습니다. 특별히 그들과 관련하여 주목할 만한 사람은 폴 앙리 디트리히 돌바크(Paul Henri Dietrich D'Holbach, 1723-1789)와 드니 디드로(Denis Diderot, 1713-1787)입니다. 특히 디드로는 『백과전서』를 편집하는 일에 있어서 지도적인 역할을 했습니다. 그들은 무신론을 강하게 주장하면서 스스로 하나님의 대적이라고 말했는데, 이것이 바로 그들이 가진 지식 활동의 중심이었습니다.

돌바크와 디드로의 주장

특히 백과전서파 중 한 사람인 돌바크는 이전의 철학자와 사상가들에게서는 찾아볼 수 없었던 과격한 모습을 종교와 하나님을 향해 드러내었습니다. 그가 펼친 주장은 철저히 이성을 바탕으로 한 자연과학적 관점에 근거한 것이었습니다. 그는 "하나님의 존재에 대한 보편적인 동의는 자연법칙에 대한 무지로 말미암아 자연재해 앞에서 보편적으로 공포를 느끼는 것을 의미할 따름이다"[2]라고 말했습니다. 그는 사람들이 자연재해를 두려워하기 때문에 하나님에 대한 신앙을 가지는 것으로 보았습니다. 그래서 사람들에게 자연법칙만 잘 알려 주면 그들을 하나님에 대한 신앙에서 벗어나게 해줄 수 있다고 주장했습니다.

그러나 자연법칙을 알려 준다고 해서 인간이 자연재해를 통제할 수 있을까요? 우리는 자연법칙을 안다고 해도 태풍을 멈추게 할 수는 없습니다. 그렇지만 당시에는 사람들이 무지하고 어리석었기 때문에 그의 논리와 주장은 설득력이 있었습니다. 돌바크는 하나님이 실제로 존재하는 것이 아니라, 자연현상을 두려워하는 인간의 마음 때문에 하나님이 만들어져 존재하는 것으로 생각한 것입니다.

실제로 구약 성경을 보면 돌바크가 말한 것에 대해서 긍정할 만한 부분이 있습니다. 왜냐하면 인간이 자연현상이나 전쟁을 나가기 전에 느끼는 두려움 때문에 우상을 섬기는 일이 있었기 때문입니다. 실제로 이 세상 종교에는 그런 모습들이 많이 있습니다. 그런데 그는 이러한 모습을 기독교의 하나님과 연결해서 말한 것입니다.

돌바크의 논지는 오늘날 새로운 무신론자(New Atheist)들이 주장하는 것처럼 인간이 하나님을 만들었다는 것입니다. 다시 말해, 인간이 미지의 힘 앞에서 느끼는 공포 때문에 하나님이 존재하게 되었다는 것입니다. 결국 하나님이라는 존재는 인간이 생각해서 만든 개념이라는 것입니다. 그래서 그는 "자연과학 분야의 지식이 늘어나면 그 미지의 독재자로부터 자유로워진다"[3]라고 주장했습니다. 그리고 이러한 주장은 오늘날 도킨스를 위시하여 새로운 무신론자들이 똑같이 말하는 내용이기도 합니다.

『백과전서』만드는 일을 주도했던 디드로도 돌바크와 같은 목소리를 냈습니다. 그는 자연 질서나 도덕적 체계의 원인을 설명하기 위해서는 굳이 하나님이 필요 없다고 주장했습니다. 오히려 "하나님이라는 개념은 자연 질서와 도덕적 체계를 바르게 이해하는 데 방해가 될 뿐"[4]이라고 말했습니다. 그는 하나님이라는 개념이 과학적으로 쓸모없다고 주장하면서, 대신에 자연발생 이론을 주장했습니다. 다시 말해, 하나님을 제외하면 인간이 볼 수 있는 것은 인간의 내면과 심리, 자연밖에 없으므로 이것으로 모든 것에 답을 한다는 것입니다. 이것은 결국 19세기 영국 찰스 다윈(Charles R. Darwin)의 생물학적 주장에 대한 사상적 근간이 됩니다.

특히 돌바크는 종교를 마치 세계를 휩쓰는 질병으로 여기면서 하나님에 대한 거부감을 공격적으로 드러내었습니다. 이것은 오늘날 도킨스가 말하는 논지와 조금도 다르지 않습니다. 그래서 로버트 뱅크스(Robert J. Banks)는 18세기 백과전서파의 주장과 오늘날 무신론자들이 연결되어 있다는 사실을 다음과 같이 말합니다.

"오늘날 새로운 무신론자들의 공격적인 태도, 수단과 방법을 가리지 않는 접근, 선동적인 스타일, 종교와 관련된 모든 것에 대한 경멸적인 평가, 자신들의 무신론에 대한 자랑들 모두가 돌바크의 극단적인 기독교 공격을 상기시킨다."[5]

무신론을 체계화하고 대중화한 자들

그런데 이러한 프랑스 백과전서파의 무신론을 더욱 확장시키고 세계적으로 큰 영향을 미친 사람들이 있습니다. 바로 독일의 합리주의자들입니다. 그들은 신의 존재를 완전히 부정하지는 않았던 임마누엘 칸트(Immanuel Kant)의 사상을 수정하고, 게오르크 헤겔(Georg W. F. Hegel)의 철학을 급진적으로 적용하여 무신론을 주장했습니다. 대표적으로 루드비히 포이어바흐(Ludwig Feuerbach), 칼 마르크스(Karl H. Marx), 프리드리히 니체(Friedrich W. Nietzsche)와 같은 사람들입니다. 그리고 그들의 영향을 받은 오스트리아 태생의 지그문트 프로이트(Sigmund Freud)와 영국에서는 진화론을 주장한 다윈이 나오게 됩니다. 그들은 모두 무신론을 다각적으로 체계화하고 대중화한 사람들입니다.

그런데 계몽주의의 영향을 받아 이성으로 모든 것을 판단하는 배경에서 나온 그들의 사상을 한번 보십시오. 유물론과 공산주의, 사회주의를 만들어 낸 마르크스, 정신분석과 심리학을 만든 프로이트, 진화론을 만들어 낸 다윈이 모두 이러한 역사적 배경에서 나왔습니다. 그리고 그들의 영향력은 지금까지도 미치고 있으며, 모든 사상 체계의 기초를 이루고 있습니다. 바로 무신론에 기반한 사상 체계 말입니다.

특히 포이어바흐는 "신이라는 존재는 인간이 창조한 환상"[6]이라고 비판했습니다. 신은 인간적인 소원의 산물에 지나지 않는다는 것입니다. 그는 독일에서 커다란 영향력을 미치면서 기독교의 모든 개념과 교리를 재해석하고 완전히 뒤집어 버렸습니다. 예를 들면, 그는 성부, 성자, 성령을 인간이 갈망하는 이성, 사랑, 의지로 해석했습니다. 다시 말해, 신을 뺀 인간의 세계로 삼위일체를 설명해 버렸습니다. 또한 창조 교리는 무(無)에서 무엇을 상상하고 만들어 낼 수 있는 인간의 능력과 자연을 정복하려는 인간의 욕구를 충족시키려는 관점으로 해석했습니다. 그는 기독교 교리를 모두 이런 식으로 재해석했습니다.

그런데 그러한 그의 주장은 그가 죽고 나자마자 식어 버렸습니다. 그러자 뒤이어 등장한 마르크스가 포이어바흐의 종교 비판을 활용하여 특정한 이념의 방식으로 수정하고 확장시켰습니다. 또한 프로이트도 뱅크스의 말처럼 포이어바흐의 종교 비판을 수용함과 동시에 그의 비판에 심리학적 근거를 제시하여 과학적인 기초를 제공하고자 했습니다.[7]

마르크스의 유물론이나 프로이트의 정신분석학은 이 세상에 막대한 영향력을 미쳤습니다. 마르크스의 유물론의 영향으로 사회주의와 공산주의가 일어났습니다. 지금도 러시아나 중국, 옛 소련 영토에 속한 나라들, 심지어 아프리카 민주주의 국가의 정치인과 사상가 중에는 마르크스의 영향을 그대로 받고 있는 사람들이 있습니다. 또한 프로이트의 영향은 오늘날 모든 심리학과 정신 의학에까지 미치고 있습니다. 현재 우리가 쓰고 있는 '장애'(障礙)라는 용어도 여기서 발원된 것입니다.

이러한 사상들의 기저에는 공통적으로 하나님이 없다 하는 무신론이 있습니다. 이들은 바로 무신론적인 사상과 행동의 틀을 가지고 자신의 논리와 주장을 편 것입니다. 마르크스는 "환상에 불과한 행복으로서의 종교를 폐지하는 것은 그들의 진정한 행복을 위해 반드시 요구되는 사항이다"[8]라고 말했습니다. 인간의 진정한 행복을 위해서는 종교를 폐지해야 한다는 말입니다. 그러면서 그는 사회주의에는 종교라는 매체가 더 이상 필요하지 않다고 여기면서 종교 폐지와 함께 신의 존재를 부정했습니다. 그래서 러시아에서 사회주의가 일어났을 때 종교를 진멸하려고 했던 것입니다. 이처럼 모든 종교를 끝장내려고 시도했던 것은 마르크스의 이론에 영향을 받았기 때문입니다.

또한 프로이트의 주장은 어떠합니까? 그는 정신분석학적인 관점에서 무신론을 주장했는데, 그에게 신이라는 존재는 심리학적으로 높임을 받는 아버지에 지나지 않았습니다. 또한 예수 그리스도는 그에게 실존 인물이 아닌 신화적인 인물에 불과합니다.[9]

그런데 오늘날 많은 사람이 탁월한 자로 여기고 있는 이들의 사상적 배경이 무엇인지를 잘 보십시오. 이들의 사상적 배경에는 근본적으로 무신론이 자리 잡고 있습니다. 이들은 인간의 이성을 모든 판단의 척도로 삼고자 하는 계몽주의 배경 속에서 나타나 오늘날까지 영향을 미치고 있습니다. 그래서 오늘날 대부분의 사람은 이성을 기준으로 판단하고 말하며 이들의 무신론을 그대로 답습하고 있습니다.

세상은 이러한 무신론자들을 탁월한 사람들로 생각합니다. 그러나 시편은 하나님이 없다고 하며 그분을 거스르는 자를 악인으로 말합니다. 악인은 교만한 얼굴로 그의 모든 사상에 하나님이 없다고 말합니다. 성경은 무신론을 인간의 교만한 얼굴의 표현에 지나지 않는 것으로 증언하고 있습니다.

무신론의 영향으로 일어난 파괴적인 사건들

그런데 이러한 무신론의 영향을 받아서 일어난 역사적 사건이 있습니다. 바로 20세기에 일어난 제1, 2차 세계대전과 공산주의 혁명입니다. 이러한 파괴적 사건의 배경에는 지금까지 언급해 왔던 무신 사상이 있었습니다. 그래서 존 레녹스(John C. Lennox)는 앞서 언급한 무신론자들과 관련해서 다음과 같이 말했습니다.

"미셸 옹프레(Michel Onfray)는 포이어바흐, 니체 그리고 마르크스를 칸트를 계승한 발광체로 분류한다. 발광체는 그들의 무신론 철학이 일련의 독재자들의 마음에 불을 지피고, 20세기의 지구상에 많은 부분을 덮었던 어둠으로 인도해서 결국 그 독재자들로 하여금 수백만 명을 살해하게 했던 철학자들을 묘사하는 이상한 용어다. 그때 다른 모든 시기에 벌어진 종교 전쟁에서 죽었던 사람들을 모두 합친 것보다 더 많은 사람이 죽임을 당했다."[10]

그럼에도 오늘날 새로운 무신론자들은 종교는 폐지되어야 하고 하나님이 없는 세상을 누리라고 외칩니다. 이미 그런 세상을 꿈꾸었다가 역사상 가장 끔찍한 비극을 경험했음에도 불구하고 다시 이러한 주장을 외치고 있는 것은 참으로 아이러니한 일이 아닐 수 없습니다.

우리 곁에 다가온 무신론의 적극적인 영향력

이제는 하나님이 없다고 하는 인간의 생각과 주장은 타락한 인간 개개인의 마음과 반응을 넘어서, 그것을 적극적으로 외치며 무신론에 기반해서 생각하고 행동하도록 교육 체계를 만들어 갑니다. 그리하여 이들은 사회적으로 조직적인 운동을 벌이며 사람들을 선동하여 하나님을 믿는 자들과 대립각을 세우고 있습니다. 그러면서도 하나님이 있다는 사실을 믿는 자들에게 자신들의 사상을 적극적으로 말하면서 그들을 거기서 해방시키고자 노력합니다.

물론 이러한 무신론자들의 태도에는 9·11테러와 같은 극단적인 유신론자들의 폭력적인 행동이 계기가 되기도 했습니다. 그런데 극단적인 태도를 보였던 무슬림의 행동이 계기가 되었다면 그들에게 가서 적극적으로 주장했어야 하지만, 그들은 그렇게 하지 않았습니다. 그들은 무슬림 세계에서 그러한 주장을 하게 되면 사형과 같은 일을 당한다는 사실을 알았기 때문에, 종교의 자유가 보장된 사회에서 무신 사상을 펼치고 있습니다. 결국 무슬림의 과격한 행동 때문에 불이 지펴졌지만, 무신론자들이 향하고 있는 목표는 기독교임을 드러내고 있습니다.

이처럼 무신론은 그저 이 세상의 사고방식과 생활방식에 깊이 뿌리박혀 있는 사상 정도가 아니라, 우리에게 적극적인 영향과 압력을 행하는 사상으로 다가오고 있습니다. 우리는 이러한 영향과 압력을 얼마나 인식하며 저항하고 있는지 생각해 보아야 합니다. 무신론은 하나님을 믿는 우리 옆에 조용히 다가와 있는 여러 사상 중 하나가 아닙니다. 이것은 이제 모든 사람의 생각과 행동의 틀이 되어 있을 뿐만 아니라 예수님을 믿는 우리까지 끌어들이려는 적극적인 사상이 되어 버렸습니다. 하나님은 없으니 걱정하지 말고 마음껏 인생을 즐기라는 이 세대의 생각과 행동의 논리적인 근거를 제공하면서 말입니다.

배교로 이어질 수 있는 무신론의 영향력

교회 안에 있으면서도 아직 하나님 아버지의 사랑과 예수 그리스도의 십자가 은혜를 모르는 사람들은 이러한 무신론자들의 주장에 솔깃할 수 있습니다. 그리고 이것은 배교적인 일로 이어질 수 있습니다. 그러므로 여러분, 이 세대의 생각과 행동의 틀로서 존재하는 무신 사상을 결코 가볍게 보지 말고 정확하게 분별하십시오. 무신론에 대한 바른 이해와 분별 속에서 그것에 힘써 저항하십시오.

자녀를 둔 부모나 청년들은 한 가지 사실을 더 기억해야 합니다. 그것은 앞에서 언급했던 무신 사상의 선구자들 대부분이 성경을 가르치고 배웠던 유대교나 기독교적인 배경에서 나왔다는 사실입니다. 프랑스 백과전서파나 포이어바흐의 가정은 모두 기독교적인 배경을 가지고 있었습니다. 유대인 혈통을 가진 마르크스도 개신교로 개종한 가정 배경을 가지고 있으며, 프로이트는 세속적인 유대교 환경에서 성장했습니다. 또한 다윈과 오늘날 무신론의 선두에 서 있는 리처드 도킨스도 영국 성공회 배경을 가지고 있습니다.

그런데 그들은 모두 하나님이 없다 하는 무신론을 주장했습니다. 물론 그들은 하나님을 인격적으로 만나지 못했음이 분명합니다. 그 대신 그들은 이 세대, 이 세상의 생각과 행동의 틀인 무신론의 매력에 빠졌습니다. 그들에게는 무신론이 성경보다 더 설득력 있게 다가왔던 것입니다. 그들은 오직 이성의 기준으로만 보았을 뿐, 신앙의 세계는 보지 못했습니다. 마찬가지로 지금 교회 안에 있는 사람들 중에도 하나님 아버지의 사랑과 그리스도의 십자가 은혜를 모르는 사람에게는 무신론이 더 설득력 있고 사실적인 것으로 다가올 수 있습니다. 그래서 결국 배교로 나아갈 여지를 갖는 것입니다.

최근에 세상은 팬데믹을 통해서 죽음의 위협을 가져오는 전염병에 대해 큰 경계심을 갖게 되었습니다. 그런데 대부분의 사람은 몇십 년도 안 되는 우리의 육체적 생명이 아닌 영원한 생명에서 멀어지게 하는 이 세대의 죄악 된 바이러스에 대해서는 큰 경계심을 갖지 않습니다. 우리를 영원한 사망으로 내모는 이 세대의 죄악 된 사고방식과 생활방식의 영향과 압력에 대해서는 별로 두려움을 느끼지 않는 것입니다.

영적 전염의 시대에 그리스도인들이 가진 책임

그러나 우리는 몸의 생명과 건강을 위협하는 바이러스들 못지않게 우리를 영원한 멸망으로 유혹하는 무신론의 영향력을 경계해야 합니다. 무신론의 체계적이고 나름 논리적인 주장을 분별하고 저항해야 합니다. 그리고 우리 자신은 물론이고, 우리 자녀들에게도 이 세대의 생각과 행동의 틀인 무신론의 실체를 알려 주어야 합니다. 인간의 부패한 본성에서 나온 무신론의 실체를 말입니다. 그러나 우리는 또한 자녀들이 가진 생각을 무조건 무시하지는 말아야 합니다. 오히려 우리는 자녀들이 그들이 가진 이성을 잘 사용하여 계시된 하나님의 말씀을 바르게 이해할 수 있도록 도와야 합니다. 그래서 그들이 하나님을 아는 신앙의 가치를 정확하고 바르게 알도록 이끌어 주어야 합니다.

인간의 도덕적이고 영적인 부패함 속에서 흘러나온 무신론은 우리와 우리 자녀들을 하나님으로부터 멀어지게 하는 파괴적인 바이러스입니다. 이 파괴적인 바이러스는 오늘날 우리가 어디를 가더라도 접할 수 있습니다. 학교 교실이나 직장, 우리가 보고 듣는 영상 매체와 책에서도 우리는 언제든지 이러한 바이러스를 접할 수 있습니다. 그러므로 우리는 이것들을 잘 분별하고 경계하며 저항해야 합니다. 무신론자들이 가지고 있는 체계성 못지않게, 우리도 이 세대를 구성하고 있는 것에 관해 구체적이고 체계적인 분별력을 갖추어야 합니다. 그리하여 예수 그리스도를 믿는 우리와 우리 자녀들이 이 세대 속에서 보존될 뿐만 아니라, 오히려 승리할 수 있기를 바랍니다.

그것을 위해 우리는 성경이 우리에게 밝혀 주는 이 놀라운 사실을 가지고 세상을 보아야 합니다. 이 세상에서 말하고 통용되는 논리와 현상만 보지 말고, 인류의 시작에서부터 최후의 종말까지 모든 것을 꿰뚫어 보게 하는 계시된 말씀의 시각에서 모든 것을 보아야 합니다. 그리하여 세상과 세상에 있는 것들을 정확하게 분별하여 하나님을 믿는 것의 복됨과 영원함을 아는 신앙을 지키고자 하십시오.

이 세대는 죄악 된 사상으로 우리를 전염시키려고 하지만, 기독교는 죄악 된 세상을 복음으로 치유해야 합니다. 그리고 하나님의 살아 계심을 사람들에게 알려야 합니다. 그렇게 함으로써 사람들이 무신론에서 벗어나게 하는 일에 우리가 통로가 될 수 있기를 소망합니다.

5장

이 세대의 생각과 행동의 틀 3_ 새로운 무신 사상

"너희는 이 세대를 본받지 말고 오직 마음을 새롭게 함으로 변화를 받아 하나님의 선하시고 기뻐하시고 온전하신 뜻이 무엇인지 분별하도록 하라"

롬 12:2

"어리석은 자는 그의 마음에 이르기를 하나님이 없다 하는도다 그들은 부패하고 그 행실이 가증하니 선을 행하는 자가 없도다"

시 14:1

겉모습으로 재단할 수 없는 성경의 판단

시편 본문은 무신 사상, 곧 하나님이 없다 하는 생각을 세상이 이미 오래전부터 가지고 있는 모습으로 말합니다. 여기서 시편 기자는 그것을 하나님 앞에 신실하게 살고자 하는 신자들의 삶의 환경으로 말합니다. 우리는 바로 그러한 세상 속에서 살고 있습니다. 그런데 그런 환경은 그리 특별한 것이 아닙니다. 부패한 본성을 가진 인간은 오랫동안 하나님이 없다는 생각과 행동을 삶의 틀과 방식으로 자연스럽게 갖고 드러내 왔습니다. 본문은 그러한 사실을 "하나님이 없다 하는도다 그들은 부패하고 그 행실이 가증하니 선을 행하는 자가 없도다"(시 14:1)라는 말로 표현합니다. 하나님이 없다는 생각에서 나오는 모든 것이 하나님이 보시기에 선과는 상관이 없다는 것입니다.

우리는 이러한 하나님의 판단을 우리의 현실에 적용하는 일을 어려워합니다. 우리는 하나님의 판단보다 우리가 가진 재능과 실력이라는 가치 기준을 따라 판단하는 것에 더 익숙하기 때문입니다. 또한 우리는 우리의 이성에 근거해서 모든 것을 보고 판단하는 데 익숙합니다. 그래서 오늘날 새로운 무신론자들의 주장에 대해 시편 본문을 적용하는 일을 주저합니다. 심지어 훌륭한 인격과 탁월한 실력까지 갖추고 있는 사람에 대해 그의 행실이 가증하고 선을 행하는 것이 없다는 본문 말씀을 적용하는 것은 편협하고 극단적으로 보이기까지 합니다. 하지만 본문은 하나님이 없다는 생각에서 나오는 인간의 모든 행실에 대해 판단하고 있습니다. 즉 아무리 사람이 좋아 보이고 실력을 갖추고 있어도 하나님이 없이 행하는 것은 그저 인간의 부패함에 충실한 것이기 때문에 가증한 것일 뿐만 아니라 하나님이 보시기에 선한 것이 전혀 없다는 것입니다.

우리는 성경이 말하는 이러한 판단을 현재시제 속에서 매번 객관적으로 증명하기는 어렵습니다. 그러나 성경의 이러한 판단이 옳다는 것은 인류 전체가 최후의 심판대에서 반드시 보게 될 것입니다. 그때까지 인간은 자신의 부패한 본성을 따라 하나님이 없다 하면서 어리석은 자로 계속해서 살아갈 것입니다.

바울은 로마서 3장에서 시편 본문을 인용한 뒤에, 우리는 모두 하나님의 심판 아래에 있다고 말합니다. 그러면서 그는 "모든 사람이 죄를 범하였으매 하나님의 영광에 이르지 못하더니"(롬 3:23)라고 말합니다. 바로 이것이 이 세상에 태어나는 모든 인간이 하나님을 믿기 전까지 가지고 있는 조건입니다.

예나 지금이나 하나님이 없다는 주장과 사상과 삶의 모습은 예외 없이 하나님의 존재에 대한 정확한 지식이나 조사에 근거한 것이 아닙니다. 특히 그것은 하나님의 계시에 근거한 것도 아닙니다. 순전히 자신의 부패한 본성에 따라서 그렇게 하는 것입니다. 설사 하나님이 없다는 주장과 사상 및 그에 따른 행동들에 아무리 새로운 옷을 입힌다고 해도 그것은 새로운 것이 될 수 없습니다. 과학과 학문적인 체계를 가지고 말한다고 해도 그것은 전혀 새로운 것이 아닌, 그저 부패한 인간 본성에 따라 행하는 것일 뿐입니다.

새 옷을 입은 무신론

그럼에도 무신론은 오늘날 다시 또 새로운 옷을 입고 하나님이 없다는 주장을 펼치고 있습니다. 17세기 계몽주의 배경 속에서 등장한 무신론이 오늘날 새로운 무신론(New Atheism)으로 사람들에게 영향을 미치고 있는 것입니다. 그들은 과거 무신론자들이 이미 주장했던 것에 새로운 옷을 입혀 이 시대에 영향을 미치고 있습니다.

우리가 사는 이 시대의 무신 사상은 지금까지 역사에 전례가 없을 만큼 특별한 면이 있습니다. 그것은 이전까지는 전혀 없었던 주장을 하기 때문이 아니라, 이전보다 더욱 강력하고 적극적인 성격을 띤다는 점에서 특별합니다. 오늘날에는 그러한 일을 더욱 효과적으로 할 수 있는 대중매체가 발달해 있고, 인터넷을 통해 이러한 사상을 세계적으로 유포할 수 있는 네트워크가 있습니다. 그렇기 때문에 온 세계가 하나로 연합하여 무신 사상을 분출할 수 있는 시기를 맞이했습니다. 그래서 우리는 이전과는 비교할 수 없을 정도로 강력하게 외치는 무신 사상의 영향과 압박 아래에 있습니다.

요즘 대형 서점에 가 보면 베스트셀러와 스테디셀러들은 모두 다 이러한 무신 사상을 기반으로 한 것임을 알 수 있습니다. 바로 이러한 책들이 요즘 젊은이들과 대중에게 인기를 얻고 있습니다. 그런데 이러한 현상들을 조금씩 보다 보니까 우리는 어느새 이러한 현상에 익숙해져 있습니다. 과거에 사람들이 동성애를 커밍아웃하기 전에는 누구도 그것을 시도하지 못했습니다. 그런데 여론을 타고, 영화도 나오고, 사람들의 인식 속에 축적되어 가면서 이제는 동성애에 대해 사람들이 별로 놀라지도 않습니다. 이처럼 우리는 무신 사상이 사람들에게 강력한 영향을 미치고 있는 현상에 대해 익숙해져 버린 나머지 그것을 그다지 심각하게 생각하지 않습니다.

우리는 하나님이 없다는 생각과 행동방식을 가지고 살라고 외치는 이 세대의 외침에 대해 생각해 보아야 합니다. 혹시 여러분은 그들 가운데 무신론의 전도자요, 선지자처럼 외치고 있는 사람들을 알고 있습니까? 그들 중 리처드 도킨스는 진화론적인 입장에서 『이기적 유전자』라는 책과 기독교와 일반 종교에 공격을 가한 『만들어진 신』(원제는 『망상의 신』)이라는 책을 출판해서 세계적인 베스트셀러 작가가 되었습니다. 세계 석학 100인 중에 포함되기도 했던 그는 오늘날 무신 사상에 결정적인 영향을 미친 핵심 인물일 뿐만 아니라 많은 책을 출판하여 대중에게 호응을 얻고 있습니다. 그렇기 때문에 이 장에서는 그를 중심으로 한 새로운 무신 사상을 언급하려고 합니다.

나이 든 분들 중에는 도킨스에 대해 잘 모르거나 관심이 없는 사람이 있을지도 모르겠습니다. 그러나 그의 영향력만큼은 우리 주변에서 쉽게 볼 수 있기 때문에, 예수 믿는 우리는 그에 대해 알 필요가 있습니다. 특히 그는 이 시대 젊은이들이나 오늘날 시대정신과 관련하여 우리가 반드시 알아야 할 인물들 중 하나입니다. 또한 우리 자녀들을 생각할 때, 우리는 도킨스와 함께하는 새로운 무신론자들에 대해서도 알아야 합니다.

앞 장에서 언급했던 바와 같이 무신론자들은 각자의 논리를 가지고 다양한 주장을 펼치는 것처럼 보이지만, 그들이 무신론자로서 외치는 내용은 사실상 똑같습니다. 영국 시내버스 광고에 게재되었던 문구처럼, 그들은 "하나님이 없다"는 주장을 똑같이 합니다. 다시 말해, 시편 본문이 말하는 바와 같이 "하나님이 없다"는 바로 이 한 가지 요점을 다각적으로 얘기하는 것입니다. 그들은 그것을 힘써 외치며 일종의 전도 행위처럼 하고 있습니다.

그런데 그들의 전도 행위는 놀랍게도 상당한 효과를 거두고 있어서 이 세대의 생각과 행동의 틀을 더욱 견고하게 만들고 있습니다. 또한 예수님을 믿는 자들과 그들의 자녀들까지 그들의 영향과 압력을 그대로 받고 있습니다. 그러므로 우리는 새로운 무신론의 압박이 있는 이 세대를 단순히 하나의 현상으로 볼 것이 아니라, 로마서 말씀대로 분별해야 합니다. 그리고 그것을 위해 우리는 새로운 무신론자들을 살펴서 알 필요가 있습니다. 로버트 뱅크스는 오늘날 이 세계에 일어나는 현상에 대해, "새로운 문화 현상이 나타나고 있다. 종교를 의심하거나 거부하는 사람들의 목소리가 더욱 커지고 있다"[1]라고 정리했습니다. 또한 영국의 크리스천 과학자인 존 레녹스도 다음과 같이 말했습니다.

"서구에서는 무신론이 유행하고 있다. 그것도 아주 요란하게 말이다. 지금도 무신론자들은 결집하고 그들로 하여금 무신론을 부끄러워하지 말고 일어서서 하나의 단합된 군대로서 싸우도록 격려하기 위한 노력이 조율되고 있다. 그들의 적은 하나님이다. 그들은 하나님을 향해 총을 겨누고 있다. 가장 큰 총은 대중에게 과학을 이해하기 쉽게 설명하는 잘 알려진 전 옥스퍼드 교수 리처드 도킨스이다."[2]

그러면서 그는 똑같이 총을 겨누는 소총수들을 계속해서 덧붙이고 있는데, 바로 크리스토퍼 히친스(Christopher E. Hitchens), 대니얼 데닛(Daniel C. Dennett), 샘 해리스(Samuel B. Harris)입니다. 이들은 도킨스와 함께 신무신론자 4인방으로 거론되는데, 자신들의 책을 통해 신무신론을 외치고 선전하는 대표적인 인물들입니다.[3]

그러면서 레녹스는 현재까지 무신론자 버스의 주된 운전자를 도킨스로 언급합니다. 그런데 흥미로운 사실은, 앞서 말한 사람들을 대표로 하는 신무신론자들이 자신들을 계몽운동의 후예로 여기면서 지금까지 무신론에 대한 부정적인 이미지를 벗어버리기 위해 스스로를 "더 브라이츠"(The Brights)라고 부르며 자신들은 이전의 무신론과는 다르다고 주장한다는 점입니다. 그러나 필립 존슨(Phillip E. Johnson)은 이들을 가리켜 그저 "새로운 유형의 공격적인 과학적 무신론자들"[4]이라고 평가합니다. 즉 과학을 빌려서 과격함을 드러내는 것에 지나지 않는다는 말입니다.

이전보다 더 적극적이고 공격적인 신무신론(新無神論)

18세기 합리주의를 배경으로 등장했던 과거의 무신론자들은 종교를 악으로, 신을 사악한 존재로 규정하면서까지 노골적으로 대적하는 모습은 보이지 않았습니다. 그저 이성을 기준으로 신의 존재를 부정하고 대적하는 모습을 보이는 정도였습니다. 그러나 이 시대에 등장한 새로운 무신론자들은 종교를 악의 뿌리로 규정하고 하나님을 부정하면서 종교를 없애기 위한 노력을 기울이고 있습니다. 여기에는 도킨스와 함께 앞서 언급한 세 사람이 크게 영향력을 행사하고 있습니다.

여기서 한 가지 궁금한 것은, 신무신론자들이 어떻게 갑자기 등장하여 무신론을 적극적으로 전파하게 되었을까 하는 점입니다. 왜 갑자기 무신론을 주장하는 사람들이 많아지고 그들의 책이 소개되면서 공개적으로 그런 주장을 나누고 토론하는 모임이나 단체가 결성되었을까요? 심지어 하나님은 없으니 걱정하지 말고 마음껏 살라는 식으로 광고까지 하면서 티셔츠를 만들어 유포하는 적극적인 활동까지 하게 되었을까요?

우리는 과거에 이 정도로 적극적이고 공격적인 무신론은 경험해 보지 못했습니다. 이것은 약 20여 년 전만 해도 보지 못했던 사실입니다. 과거에는 과학자들 중에 그리스도인들이 많았고, 신의 존재를 쉽게 단정하지도 않았습니다. 도킨스가 존경하는 아인슈타인도 그렇게까지 하지는 않았습니다. 비록 아인슈타인이 하나님을 믿지는 않았지만, 그는 자신이 연구한 자연 세계, 즉 물리학적인 세계에는 과학으로 다 설명하지 못할 사실이 있음을 인정했습니다.

"나는 무신론자가 아니며 또한 나 자신을 범신론자라고 부를 수 있다고 생각하지도 않는다. 우리의 처지는 여러 언어로 쓰인 책들이 가득한 거대한 도서관에 들어가는 어린아이와 같다. 아이는 누군가가 그 책을 썼을 거라는 사실은 알지만 어떻게 썼는지는 모른다. …내가 볼 때 지적으로 가장 뛰어난 인간의 경우에도 신을 향한 태도는 이 아이와 같다. 우리는 우주가 놀랍게 조정되어 있고 또 어떤 법칙들을 따르는 것과 그 법칙들을 희미하게 이해할 따름이다. 우리의 제한된 정신은 전체를 움직이는 신비한 힘을 파악한다."[5]

그는 신이 없다고 규정하기 어려울 정도로 우주가 정교하게 조율되어 있기 때문에 이 공간이 조금만 뒤틀려도 우주가 돌아갈 수 없다고 생각했습니다. 이러한 생각이 과학적으로 생각한다고 한 아인슈타인에게 있었던 것입니다. 그는 하나님을 마치 신비한 힘과 같은 것으로 말했지만, 하나님의 존재를 부정하기는 어렵다는 뜻을 표현했습니다. 그래서 그는 "종교 없는 과학은 불구이며, 과학 없는 종교는 장님이다"[6]라고 하면서 종교와 과학은 적대적인 관계가 아니라고 말했습니다.

그러나 새로운 무신론자들은 이와는 전혀 다른 태도를 보입니다. 아인슈타인을 무신론자라고 하면서 신이 없는 세상, 종교 없는 세상을 적극적으로 주장합니다. 이러한 신무신론자들의 적극적인 주장과 행보에 대해서 일부 무신론 과학자들은 의문을 제기하면서 자신들을 그들과 구분하기도 합니다.

신무신론자들의 편견

더 흥미로운 사실은 대중이 이러한 신무신론자들을 지지하면서 따른다는 것입니다. 그렇다면 왜 갑자기 신무신론자들이 득세하여 하나님이 없다는 사상을 적극적으로 전파하는 일이 있게 되었을까요? 여기에는 신무신론의 운전자인 도킨스가 있습니다. 이 사람의 기저에는 피해 의식과 편견과 선입견이 있는데, 특별히 종교적인 편견이 강하게 자리 잡고 있습니다. 무신론을 직극적으로 주상하면서 하나님을 적대하는 사람들은 이처럼 모두 다 기독교에 대한 편견을 갖고 있습니다. 지금까지 등장했던 무신론자들을 조사해 보면 예외가 없습니다. 도킨스의 학문은 바로 이러한 사실을 강력하게 드러냅니다.

독일의 주간지 「슈피겔」(Spiegel)은 신무신론의 탄생 연도를 9·11테러로 인해 뉴욕의 쌍둥이 빌딩이 무너졌던 2001년도로 말합니다. 그 주간지는 "모든 것이 하나님의 책임이다"라는 주제 아래 "뉴욕과 워싱턴에 대한 공격이 없었다면 신무신론도 없었을 것이다"[7]라고 썼습니다. 실제로 훗날 인터뷰에서 도킨스는 9·11테러가 자신을 급진주의자로 만들었다고 말했는데, 그것은 그때 받았던 충격적인 경험과 편견이 바탕이 되었음을 스스로 시인한 것입니다.

우리는 신무신론이 도킨스가 목격한 그런 끔찍한 사건에서 기인했다는 사실을 주목할 필요가 있습니다. 결국 신무신론은 9·11테러와 같은 비극의 원인을 종교로 단정 짓습니다. 그러면서 종교에 대한 반발과 편견을 품은 가운데 무신론을 적극적으로 주장합니다.

9·11테러와 같은 사건에는 무슬림과 같은 극단적인 유신론자들의 종교와 신앙이 관련되어 있습니다. 그러나 한편으로는 정치적인 요소도 개입되어 있습니다. 특히 중동의 종교 지도자들은 소위 1세계로 불리는 서구 사회에 대해 갖고 있는 불만과 응어리를 정치적으로 이용하여 9·11테러와 같은 사건을 일으켰습니다. 그럼에도 신무신론자들은 그러한 정치적인 요소는 전혀 고려하지 않은 채 종교가 모든 것의 근본 원인이라고 단정 지으며 자신들의 논리를 전개합니다. 예를 들면, 도킨스는 『만들어진 신』이라는 책에서 이러한 생각을 그대로 드러냅니다.

"존 레논(John Lennon)의 노랫말처럼 '상상해 보라, 종교 없는 세상을.' 자살 폭파범도 없고, 9·11도, 런던 폭탄 테러도, 십자군도, 마녀사냥도, 화약 음모 사건도, 인도의 분할도, 이스라엘과 팔레스타인의 전쟁도, 세르비아와 크로아티아와 보스니아에서 벌어진 대량 학살도, 유대인을 '예수 살인자'라고 박해하는 것도, 북아일랜드의 분쟁도, 명예 살인도, 머리에 기름을 바르고 번들거리는 양복을 빼입은 채 텔레비전에 나와 순진한 사람들의 돈을 우려먹는 복음 전도사도 없다고 상상해 보라. 고대 성상을 폭파하는 탈레반도, 신성 모독자에 대한 공개 처형도, 속살을 살짝 보였다는 죄로 여성에게 채찍질을 가하는 행위도 없다고 상상해 보라."[8]

이처럼 도킨스는 정치적인 내용은 완전히 배제한 채 오직 종교적인 것으로만 얘기합니다. 이러한 도킨스의 말은 9·11테러를 자행한 자들과 자살 폭탄 테러를 하는 자들과 같은 극단주의자들이 날뛰는 세상을 보고 경험한 사람들, 그것에 더하여 종교적으로 타락한 실상을 봐 왔던 사람들에게 큰 공감과 호응을 불러일으켰습니다. 그래서 그는 종교 없는 세상, 하나님 없는 세상을 꿈꾸고 싶은 충동을 많은 사람에게 불러일으켰고, 그가 강의할 때마다 그 강의실에 있는 사람들은 모두 그에게 열광했습니다.

안타까운 것은 그가 말하는 종교의 모습은 온통 극단적인 모습과 성경을 벗어난 치우친 자료를 근거로 했다는 점입니다. 그리고 종교는 파괴적이고, 과학은 유익하다는 이분법적인 논리를 진개합니다. 그는 이런 잘못된 이분법적 사고를 통해서 종교는 이 세상의 큰 문젯거리이기 때문에 없어져야 한다고 주장합니다.

마찬가지로 크리스토퍼 히친스도 "종교는 모든 것을 해한다"[9]라는 논지를 펼칩니다. 그리고 거기에 찬성한다는 의미에서 토론토 대학에 가득 찬 청중은 우레와 같은 박수를 보내며 열광했습니다. 그는 이러한 반응에 대해 "나는 종교를 조롱, 증오, 경멸로 대해야 한다고 생각하며 그 권리를 주장합니다"[10]라고 말했습니다. 실제로 온라인상에는 그를 따르는 지지자들의 글이 늘어나고 있고, 오프라인 모임도 계속해서 늘어났습니다.

기독교를 향한 신무신론의 공격

그런데 중요한 것은 이들이 말하는 종교와 신은 주로 기독교를 대상으로 한다는 것입니다. 처음에 이들은 무슬림의 과격한 행동을 계기로 삼았지만, 결국 이들의 공격은 기독교와 기독교의 하나님을 향하고 있습니다. 그래서 신무신론자 4인방 중 하나인 샘 해리스는 "기독교라는 가장 헌신된 형태의 지적, 도덕적 허세를 파괴"[11]하는 것에 대해 말합니다. 그는 기독교와 무신론 중에 "어느 한쪽이 옳으면 다른 쪽은 그르다"[12]라고 말하면서, 하나님의 존재와 기독교의 핵심 진리들을 부정하고 무신론이 옳다고 증거합니다. 그렇습니다. 그가 말한 것처럼 무신론이 맞으면 기독교는 틀린 것이 됩니다. 그렇기 때문에 그는 결국 무신론을 확신하면서 기독교의 모든 것은 가짜라고 단정 짓습니다. 지금 우리나라에서도 이러한 무신 사상은 종교와 기독교에 대한 반감을 증폭시키고 있습니다.

우리가 주목할 것은 오늘날 무신 사상이 굉장히 공격적이라는 것입니다. 도킨스가 쓴 『만들어진 신』도 사실상 기독교의 하나님을 공격합니다. 데이비드 로버트슨(David A. Robertson)이라는 사람이 도킨스에게 보낸 공개서한이 출판되었는데, 그 책에서 그는 다음과 같이 말했습니다.

"저는 당신의 미국 여행이 대단히 흥미로웠습니다. 당신의 여행은 일부 TV 부흥사의 집회와 거의 흡사하더군요. 당신은 무신론자로 개종한 이들을 위해 대규모 집회를 열고, 당신의 의견에 반대하는 사람들을 조롱하고, 그들과는 어떠한 대화도 거절해 버립니다. 오히려 그들을 악마라 여기며 철저히 배척해 버립니다."[13]

그러면서 그는 도킨스를 지지하는 사람들이 도킨스에게 반대 의견을 낼 때 보이는 반응과 관련해서 이렇게 말했습니다.

"마치 자신의 신성한 경전이 모독을 당해 분노를 터트리는 극단적 종교인들과 같았습니다. 일부 당신의 추종자들은 다소 어리석은 질문을 하면서 과학과 기독교를 대조하려고 시도하더군요. '과학은 우리에게 차, 토스터, 우주선 등을 주었다. 그런데 종교는 우리에게 준 것이 무엇이냐?' …마치 과학과 종교는 다른 신앙 체계인 것처럼 그릇된 이분법으로 나누다니…. 당신의 생각이 위험한 이유는 자신의 철학을 기준으로 과학과 종교를 이간시키려고 한다는 것입니다. (이런 점에서 당신은 몇몇 종교적 근본주의자들과 대동소이합니다.) 당신의 입장은 철학적이지 과학적인 것이 아닙니다. 좀 더 쉽게 말하면 당신이 무신론자인 까닭은 과학적인 사실들에 연유한 것이 아니라, 무신론이 당신의 철학이기 때문입니다. 당신은 그것을 정당화하고자 과학을 이용하고 있습니다. …그의 문제는 과학이 아니라 과학과 결부시키는 추측과 가설들이고 그것을 짜 맞추려는 의지입니다."[14]

이것은 정확한 지적입니다. 로버트슨은 도킨스의 주장과 행보에 대해 잘 파악했습니다. 도킨스의 책을 읽어 보면 이것이 사실임을 금방 알 수 있습니다. 로버트슨이 언급한 바와 같이, 도킨스를 위시한 신무신론자들은 이런 식으로 과학을 빌려서 하나님이 없다는 철학적 입장을 견지합니다.

과거에 우리나라는 성직자나 교육계 또는 법학계 인물들이 말한 내용을 신뢰했습니다. 그러나 지금은 과학자를 가장 많이 신뢰합니다. 과학자들이 어떤 동기를 가지고 말했든 간에 과학자가 말하는 것을 무조건 믿는 세상이 되었습니다. 그래서 이런 식으로 발전한다면 그들은 이제 거의 사제 수준으로 발전할 여지가 있습니다.

신무신론자들이 가진 종교적 신념과 목표

우리는 신무신론자들이 종교의 극단적인 모습만 꼬집어 말하면서도, 그들도 마치 종교적인 교리와 같은 것을 말하는 것을 보게 됩니다. 그들은 종교가 이 세상에 해악을 끼치는 큰 문젯거리이며 위험한 망상으로서 폭력과 전쟁으로 이어진다는 논리를 갖고 있습니다. "그토록 종교가 문제라면 해법은 종교를 없애면 된다. 바로 그 일을 과학이 할 것이다"[15]라는 식의 논리입니다. 그리고 거기에 덧붙여서 "하나님 없이도 선해질 수 있다. 무신론은 완벽하게 적절한 윤리의 토대를 제공할 수 있다"[16]라고 말합니다.

이것은 과학적으로 말할 수 없는 굉장히 교만하고 무서운 말입니다. 그러나 그들은 과학이 마치 이 세상에 완벽하고 적절한 윤리의 토대를 제공할 수 있는 것처럼 말합니다. 이것이 바로 신무신론자들이 갖고 있는 전제된 논리요, 의지이며, 목표입니다. 그들은 이것을 마치 종교적인 교리처럼 확고히 믿고, 심지어 신을 믿는 사람들에게까지 전하는 데 힘을 쏟고 있습니다. 이러한 신념과 목표를 마치 신앙처럼 갖고 있는 스티븐 와인버그(S. Weinberg)는 종교에 대해 이렇게 말합니다.

"세상이 종교라는 오래된 악몽으로부터 깨어날 필요가 있다. 종교의 세력을 약화시키기 위해 우리 과학자들이 할 수 있는 모든 것을 해야 한다. 그리고 그것은 사실 문명화에 대한 우리의 가장 큰 기여가 될 수도 있다."[17]

여기서 '할 수 있는 모든 것'을 해야 한다는 말은 전체주의자들이 하는 말 중의 하나입니다. 그런데 오늘날 신무신론자들은 할 수 있는 모든 것을 해서라도 종교의 세력을 약화시켜 무신론으로 개심시키려는 일을 하고 있습니다. 이처럼 우리가 사는 세대의 생각과 행동의 틀은 우리를 적극적으로 압박합니다.

여러분은 이것을 간파하고 있습니까? 도킨스는 『만들어진 신』이라는 책을 출판한 후에 우리나라의 대표적인 일간 신문과 인터뷰를 하면서 다음과 같이 말했습니다.

"나는 세상을 바꾸고 싶어서 이 책을 썼습니다. 신 혹은 신들이 존재한다는 믿음은 우주에 대한 매우 중요한 과학적인 가설이라고 생각합니다. 나는 그것이 오류라고 봅니다. 내가 왜 그렇게 생각하는지 책을 써서 설명할 필요를 느꼈습니다."[18]

그리고 그는 『만들어진 신』이라는 책에서 자신의 목표를 분명히 밝힙니다.

"이 책이 내가 의도한 효과를 발휘한다면, 책을 펼칠 때 종교를 가졌던 독자들은 책을 덮을 때면 무신론자가 되어 있을 것이다."[19]

우리 중 누가 자신이 쓴 책을 읽은 사람들이 반드시 기독교로 회심할 것이라고 확신 있게 말할 수 있을까요? 이것은 시편 본문이 말하는 것처럼, 하나님이 없다 하는 자가 보이는 교만함과 어리석음의 극치입니다. 도킨스는 자신의 책을 통해 종교를 가진 자들, 특별히 하나님을 믿는 자들이 무신론으로 개심하게 될 것이라고 확신하고 있습니다. 이처럼 노골적으로 드러내는 그의 의도는 그가 가진 무신론이 단순한 사상이 아니라, 사실상 종교적인 주장임을 보여 주는 것입니다.

더 흥미로운 사실은 도킨스가 신의 존재를 믿는 믿음을 과학적 가설이라고 말하면서 그것을 오류라고 말했지만, 그 가설을 반증하여 신이 없다는 사실을 증명하지는 않는다는 것입니다. 왜냐하면 그것은 증명할 수 없는 것이기 때문입니다. 그는 그저 선동적인 얘기만 하고 있을 뿐입니다. 그는 자신의 책 전체에서 다음과 같은 가설만 말할 뿐입니다.

"신 가설에는 오류가 있음이 입증되고 말았다. 유레카! 신은 일종의 망상이다. 인류는 더 높은 수준의 의식을 향해 가고 있다. 이제 남은 일은 사람들에게 사실을 말하는 책을 쓰는 것이다. 그리고 종교라는 바이러스와 해묵은 방식들이 다시는 이용될 수 없도록 교화된 이들에게 '정체성을 드러내라, 정치적으로 단결하라'라고 말할 것이다. 세계는 구원을 얻게 될 것이다."[20]

여러분, 신은 없다고 하면서 그 없는 신에 대해서 그토록 적극적으로 공격하는 모습이 모순되어 보이지 않습니까? 신이 없다고 말하면서도 왜 그토록 신을 공격하고 있을까요? 특별히 기독교의 신을 말입니다.

이처럼 도킨스는 논리 비약이 심하고, 독선적이며, 감정이 깃든 글을 썼기 때문에 그에 대해서 대체적으로 동조했던 「프로스펙스」라는 잡지도 도킨스의 책 『만들어진 신』에 대해서는 함량 미달이라고 평가했습니다. 그러면서 "재미없고, 독선적이며, 일관성도 없고, 자기모순에 빠져 있다"[21]라고 덧붙였습니다.

신무신론자들이 펼치는 주장의 허구성

그렇다면 신무신론자들의 말처럼 종교를 없애면 과연 행복한 세상이 될까요? 그렇지 않다는 것을 우리는 이미 역사적인 사건들을 통해 확인했습니다. 예를 들어, 스탈린이 마르크스의 유물론을 따라 종교 없는 세계를 꿈꾸면서 공산주의 체제와 사회주의 국가를 만들려고 했을 때, 그것의 실상은 어떠했습니까? 지금도 우리는 중국이나 러시아, 북한과 같은 사회주의 국가의 실상이 무엇인지 보고 있습니다.

또한 도킨스는 인류가 더 높은 수준의 의식을 향해 가고 있다고 말합니다. 그러나 진화론적인 이상을 품고 온 인류의 역사는 어떠했습니까? 인류 역사상 가장 끔찍한 제1, 2차 세계대전과 공산주의 혁명을 겪었습니다. 바로 이것이 인류가 더 높은 수준의 의식으로 진화할 것이라고 그들이 외쳤던 결과였습니다. 그래서 인류는 제1, 2차 세계대전 이후 진화론이 꿈꾸어 왔던 이상이 잘못되었음을 깨닫고 반성하게 되었습니다.

하나님과 종교를 없앤 세상을 꿈꾸었던 스탈린과 모택동, 캄보디아의 폴 포트나 김일성과 같은 사람들이 보여 준 세상은 결코 행복한 세상이 아니었습니다. 오히려 개인의 행복과 가치를 무시하고 말살하는 세상이었고, 지금도 그러하고 있습니다. 현재 중국의 통제가 얼마나 심한지 한번 생각해 보십시오. 이것은 행복한 세상이 아니라, 사람을 경제적인 부로 통제하는 것입니다.

그럼에도 신무신론자들은 인간의 부패함을 모른 채 인간은 더 높은 수준의 의식을 향해 나아갈 것이라는 이상을 꿈꾸고 있습니다. 그들은 인간이 부패한 본성을 갖고 사는 것은 예나 지금이나 똑같다는 사실을 인정하지 않습니다.

왜냐하면 그러한 인간이 어디에서 왔는지를 모르기 때문입니다. 그래서 인간을 막연히 진화의 산물로 여기면서 우리 안에 있는 유전자의 움직임을 따라 사는 존재로 규정합니다. 인간을 아무런 의미나 목적도 없이 우주에 살고 있는 존재로 보는 것입니다. 그래서 로버트슨은 그들의 이런 존재 인식과 삶 인식을 "맥 빠지고, 냉소적이며, 우울한 믿음"[22]을 가진 것으로 묘사했습니다.

그렇습니다. 신무신론자들은 인간을 그저 DNA가 춤추는 것에 따라서 살아가는 존재로 규정합니다. 이것이 얼마나 냉소적이고 우울한 믿음입니까? 이처럼 그들은 학문의 이름 아래 이러한 믿음을 전파합니다.

하나님을 낮추고 인간을 높이는 무신론

그럼에도 세상은 그런 것을 전하는 신무신론자들의 지식과 사상을 높이고 있습니다. 그리고 이런 괴이한 가르침으로 그들은 인간 존재를 최고로 높이고 있습니다. 신 같은 것은 없다고 하면서 말입니다. 우리는 인간의 도덕성, 선악에 대한 이해나 반응을 개개인 안에 있는 유전자 정보인 DNA의 움직임으로 설명하는 이들의 괴이한 사상을 어떻게 이해해야 할까요? 또한 이런 세상을 좋게 여기며 호응하는 이 세대를 우리는 어떻게 바라봐야 할까요?

이러한 현실이 우리를 혼란스럽게 하지만, 성경은 이에 대해 간단명료하게 답하고 있습니다. 모두 다 죄 아래 있고, 부패한 본성을 가지고 있으며, 행실이 가증하기 때문이라고 말입니다. 로마서 1장 28절 말씀대로 그들이 마음에 하나님 두기를 싫어하기 때문이라고 명확하게 규정합니다. 그래서 그들은 하나님뿐만 아니라 하나님을 믿는 자들도 함께 싫어합니다.

그런 예를 하나 들어 보겠습니다. 미국의 한 모임에서 어떤 사람이 도킨스에게 하나님을 믿는 자에게 어떻게 반응해야 하는지를 질문했을 때, 그가 대답한 것은 "그들을 조롱하라! 그들을 비웃어라!"[23]였다고 합니다. 그리고 「인디펜던트」지와의 인터뷰에서도(2016년 5월 23일) 도킨스는 "나는 인간들이 종교를 공격하는 일에 적극적으로 찬성합니다. 종교는 가능한 모든 기회를 이용해서 공격해야 합니다"[24]라고 말했습니다.

여기에 대해 재커라이어스(R. Jacharias)는 "무관용, 선입견, 무례함, 증오 그리고 공격은 전부 도킨스의 철학이 낳은 열매들이다. 신조 형태로 말한다면 그의 철학은 '미워하라, 차별하라, 비판하라, 조롱하라, 혹평하라, 제거하라, 제지하라 등 신에 대한 믿음을 종결시키는 데 필요한 것은 무엇이든지 하라!'이다"[25]라고 했습니다.

도킨스의 철학이 신에 대한 믿음을 종결시키기 위해서라면 필요한 것은 무엇이든지 하라고 말할 정도로 무례하고 증오와 선입견으로 가득 차 있는 것을 보게 됩니다.

무신론적 신앙의 그늘

여러분은 이러한 신무신론의 적극적인 유혹과 압박을 알고 있습니까? 2천 년대부터 시작되어 지금까지도 계속 확장되고 있는 신무신론의 영향을 말입니다. 오늘날 이 새로운 무신론은 그냥 우리 주변에 존재하는 하나의 사상이 아닙니다. 이것은 우리가 믿는 하나님을 그저 허구와 망상이라고 외치면서 우리의 믿음을 종결시키기 위해 필요한 것은 무엇이든지 하라고 말하는 적극적인 사상입니다.

도킨스가 자신의 편으로 생각했던 바지니라는 사람은 「자유사상」(Fri Tanke, 노르웨이)이라는 월간지(2009년 3월호)에서 "새로운 무신론 운동은 파괴적이다!"라는 제목의 글을 실었습니다. 또한 도킨스와 인터뷰했던 우리나라 일간지 기자는 그런 우려를 감지하고 그의 주장이 선동적이라고 말했습니다. 그에 대하여 도킨스는 "선동적이라는 말을 들으면 기분 나쁘냐고요? 아니요. 내 책에는 정치적 메시지가 있으니까요"라고 말했습니다. 일간지 기자는 도킨스와의 인터뷰 마지막에서 다음과 같이 정리했습니다.

"무신론은 그에게 과학적 가설을 넘어 정치적 신념에 가깝다. 그는 홈페이지를 통해 무신론자들에게 신을 믿지 않는다고 당당히 발언하라고 권하는 캠페인을 벌이고 있다. 무신론자(Atheist)의 영어 첫 글자인 A가 선명한 주홍색으로 적힌 티셔츠도 판다. 고전 『주홍글씨』에서 따온 아이디어이다. 그러나 인류는 종교적 광신으로 고통받는 것만큼 반종교적 억압에서 신음해 왔다. 도킨스 자신이 반종교적인 신념을 신앙의 수준으로 신봉하는 게 아닐까?"[26]

저는 일간지 기자의 말에 깜짝 놀랐습니다. 일반적인 기자의 눈에도 도킨스의 무신론은 신앙의 수준으로 비쳤다는 사실 때문입니다. 사실 기자가 한 말은 매우 중요한 지적입니다. 우리가 앞으로 살피게 될 진화론의 다윈주의에서도 이러한 점을 보게 될 것이지만, 무신론의 다양한 얼굴 이면에는 하나님을 두기 싫어하고 하나님 대신에 자신들이 주장하는 것을 신앙의 수준으로 신봉하는 모습이 있습니다. 우리는 우리의 자녀들이 어려서부터 무신론에 기초한 다양한 지식, 특히 진화론을 신앙 수준으로 신봉하라고 강요받고 있다는 사실을 알아야 합니다. 아이들이 진화론을 수용하게 되면 그것은 그들에게 거의 신앙 수준이 되고 말 것입니다. 물론 무신론적인 신앙의 강요는 어른들에게도 계속되고 있지만 말입니다.

무신론의 거짓으로 감추어질 수 없는 하나님의 참되심

여러분, 이것이 바로 우리가 사는 이 세대의 모습이요, 이 세대를 살면서 우리가 경험하는 것입니다. 그러므로 우리는 이런 무신 사상이 앞으로 더욱 확장되어 나타날 것이라는 사실을 알고, 이것을 분별하고 저항해야 합니다. 그러나 우리는 지금까지 말한 것 정도만 분별하는 수준을 넘어 더 적극적인 모습을 가져야 합니다. 그것은 그들이 말하는 대로 하나님은 과연 만들어진 신인지, 비인격적이고 파괴적인 존재인지를 정확히 살펴서 아는 것입니다.

성경은 인간이 역사 속에서 만들어 낸 신과 우상에 대해 많이 말합니다. 그것들은 예측 불가능하고, 일관성도 없으며, 공의와 도덕성을 결여한 가짜 신과 우상들이라고 말합니다. 그와 동시에 성경은 인간의 죄악과 타락에도 불구하고 그들을 공의로 다스리고 구원하시는 하나님의 역사적인 행보와 증거에 대해서도 상세히 말합니다. 무엇보다도 하나님은 인간의 제한된 이성과 눈으로는 보고 만질 수 없으며, 시공간의 제약을 받지도 않으시는, 영이시고 인격적이신 절대자로 말합니다.

만일 하나님이 인간의 이성과 시력의 한계에 갇히는 존재라면 그는 참된 신일 수 없습니다. 그저 인간 수준의 탁월한 존재에 지나지 않는 것입니다. 만일 하나님이 과학의 법칙을 만들었지만 그 법칙에 갇히는 존재라면 그는 참 신이 될 수 없습니다. 그러나 하나님은 영으로서 우리가 볼 수 없음에도 불구하고 우리와 인격적인 교통을 하심으로써 자신을 계시하고 증거하십니다. 그리고 죄에 대해서는 자신의 거룩함과 공의를 나타내십니다.

무신론자들이 이해하지 못하는 하나님의 공의

신무신론자들은 인간의 죄(罪)와 하나님의 의(義)에 대한 개념을 이해하지 못합니다. 죄와 의에 대한 개념을 생각할 때 하나님이 기준이 되신다는 사실을 모르기 때문에 구약의 하나님을 폭력적이라고 생각하면서 "그런 신을 어떻게 믿을 수 있느냐"고 말합니다. 그러나 구약에서 하나님은 가나안 주민을 무조건 심판하신 것이 아닙니다. 하나님은 그들을 430년이나 기다려 주셨습니다. 그럼에도 그들의 죄악이 극에 달했기 때문에 심판하신 것입니다.

신무신론자들은 모든 인간이 죄로 인해 멸망할 수밖에 없는 조건에 있다는 사실을 모릅니다. 또한 그런 조건을 가진 인간이 하나님으로부터 구원을 받고 의롭다 함을 얻는 기준도 모릅니다. 바로 믿음으로 의를 얻는다는 사실 말입니다. 이스라엘 백성이 그들의 불의함에도 불구하고 의로운 백성이 될 수 있었던 것은 바로 하나님과의 언약 관계로 연합되어 있었기 때문입니다.

이처럼 하나님은 자신이 창조한 이 세상을 공의로 다스리십니다. 또한 말씀하시고, 말씀하신 바를 역사 속에서 실행하시는 분입니다. 그런 가운데 자신의 백성에게 사랑과 긍휼과 자비를 베푸시며, 그들과의 관계에 충실한 차원에서 자신을 질투하는 분으로 말씀하십니다. 그렇기 때문에 하나님은 자기 백성을 심판하기도 하시며, 전염병이 돌게 하시며, 재앙을 내리기도 하십니다. 자신의 아내가 다른 남자와 잠자리를 했을 때 남편이 그것에 대해 무관심한 것은 정상적인 반응이 아닌 것처럼, 하나님은 그러한 관계 차원에서 질투하시며 자신의 백성을 징계하십니다. 하지만 무신론자들은 이러한 성경적인 이해가 없기 때문에, 그저 성경에 나오는 특정한 단어나 사건만 가지고 시비를 겁니다.

무신론자들의 허수아비 논법

도킨스가 말하는 신은 성경이 말하는 하나님이 아니라, 그저 상상의 신에 불과합니다. 다시 말해, 이 세상 역사 속에서 자신을 계시하고 나타내신 그러한 하나님이 아니라는 말입니다.

그래서 로버트슨은 도킨스에게 보낸 공개편지에서 다음과 같이 말했습니다.

"신이 존재하지도 않는다면 구약의 신이 선한지 악한지는 상관없는 일입니다. 왜 우리는 상상의 존재에 대해 논쟁하느라 힘을 빼는 것일까요? 그리고 왜 당신은 상상의 존재에 불과한 누군가에 대해 그렇게 악의에 찬 공격을 퍼부으며 글을 쓰고 있는 것일까요? 정말 왜 존재 가능성이 희박한 상대에게 증오심에 불타는 총을 겨누는 비열한 공격을 퍼붓는 것일까요?"[27]

정말 우스꽝스럽지 않습니까? 무신론자들의 이런 모습은 그들의 생각과 주장이 선입견과 편견으로 가득 차 있음을 그대로 보여 줍니다. 아니, 하나님을 마음에 두기 싫어하는 것을 표현하고 있습니다. 그저 하나님이 싫은 것이고, 자신의 부패한 본성을 드러낼 뿐입니다. 그들은 바로 그와 같은 마음으로 돈을 들여 가면서까지 하나님을 믿는 우리를 무신론으로 개심시키려고 애를 씁니다.

성경의 하나님을 알자. 우리 하나님을 정확하고 체험적으로 알자!

여러분, 이것이 바로 이 세대의 생각과 행동의 틀입니다. 그러므로 이 세대를 분별하십시오. 신무신론자들이 영향을 미치고 있는 이 세대를 아무런 생각도 없이, 그저 '그런 것이 있나 보다' 생각해서는 안 됩니다. 오히려 우리는 그들의 영향과 압박을 계기로 우리가 믿는 하나님이 어떤 분이신지를 더욱 정확하게 알아야 합니다. 우리가 믿는 하나님이 과연 그들이 말하는 수준의 하나님인지를 말입니다. 여러분이 만일 성경이 말하는 하나님을 정확하게 알지 못한다면 신무신론자들의 말이 여러분에게는 와닿을 수밖에 없을 것입니다.

그러므로 성경의 하나님을 정확히 아십시오. 그분은 역사 속에서 자신을 계시하실 뿐만 아니라 친히 육신을 입고 오셔서 죽으시고 부활하심으로써 우리의 죄를 해결하신 하나님이요, 그리하여 우리에게 참 생명과 구원을 주신 하나님입니다. 이 세상의 창조주요, 주권자요, 구원자이실 뿐만 아니라 우리와의 인격적인 관계 속에서 말씀하시고, 그 말씀을 지키시는 바로 그 하나님을 정확히 알기를 바랍니다.

호세아 선지자가 활동하던 당시 이스라엘 백성은 하나님을 피상적으로 알았습니다. 그래서 그들에게는 하나님보다 우상들이 더 실제적으로 다가왔습니다. 이에 그들은 주변에 있는 우상을 자신의 신으로 섬겼습니다. 이것을 본 호세아 선지자는 이스라엘 백성을 향해 하나님을 아는 지식이 없어서 망한다고 말했습니다(호 4:6). 이것은 하나님을 아는 지식이 없거나 정확하지 않은 사람은 하나님이 없다고 말하는 무신론에 귀를 기울이다가 망할 수 있음을 보여 줍니다.

그런데 이러한 위험성에 대해 호세아 선지자가 내놓은 해결책은 다른 것이 아니었습니다. 그는 "그러므로 우리가 여호와를 알자 힘써 여호와를 알자"(호 6:3)라고 외쳤습니다. 사도 베드로 역시 당시 미혹을 받는 그리스도인들에게 "구주 예수 그리스도의 은혜와 그를 아는 지식에서 자라가라"(벧후 3:18)고 했습니다. 바로 이것이 미혹이 있는 조건에서 해결책으로 말한 것이고, 하나님이 없다고 하는 이 세대에서 우리가 가져야 할 답입니다.

시편 103편 기자는 구약 시대에 이스라엘이 보고 경험한 하나님에 대해 다음과 같이 말합니다.

"여호와께서 공의로운 일을 행하시며 억압당하는 모든 자를 위하여 심판하시는도다 그의 행위를 모세에게, 그의 행사를 이스라엘 자손에게 알리셨도다 여호와는 긍휼이 많으시고 은혜로우시며 노하기를 더디 하시고 인자하심이 풍부하시도다"(시 103:6-8).

그러므로 이러하신 하나님을 단순한 지식 차원이 아닌, 체험적으로 알기를 바랍니다. 그것이야말로 이 세대의 생각과 행동의 틀로 다가오는 무신론을 분별하고 저항할 수 있는 방법입니다.

우리는 "이 세대를 본받지 말라"는 말씀이 쉽게 지킬 수 있는 것이 아님을 알아야 합니다. 이 세대 속에서 아무런 생각도 없이 살아가는 사람은 이 세대의 영향을 그대로 받을 수밖에 없습니다. 그러나 여러분이 만일 이 세대에 속하지 않은 사람이라면 이 세대가 어떠한지 알고 분별하여 거기에 저항하는 것이 마땅합니다. 우리가 믿는 하나님과 구주 예수 그리스도를 정확하고 풍성하게 그리고 체험적으로 아는 것 속에서 말입니다.

3부

이 세대의 사상,
진화론을 아십니까

6장

진화론적인 기원 사상

"너희는 이 세대를 본받지 말고 오직 마음을 새롭게 함으로 변화를 받아 하나님의 선하시고 기뻐하시고 온전하신 뜻이 무엇인지 분별하도록 하라"

롬 12:2

"태초에 하나님이 천지를 창조하시니라"

창 1:1

이 세대에 대한 이해와 복음의 적실성

"이 세대를 본받지 말라"는 로마서 12장의 명령은 복음을 알고 소유한 자들이 마땅히 따르고, 또한 복음 안에서 확고히 해야 할 말씀입니다. 그리고 이 말씀을 따라 이 세대를 본받지 않기 위해서는 이 세대의 실체에 대한 이해와 분별이 필요합니다.

그러나 이 세대의 실체가 무엇인지 알고 그것을 분별하며 사는 일은 복음을 안다고 해서 자동적으로 되는 일은 아닙니다. 어떤 사역자는 "복음 자체를 말하면 신앙에 대한 대답이 될 텐데 이 세대의 실체를 굳이 학문적으로 다룰 필요가 있는가?"라는 의문을 제기한 적이 있습니다. 어느 정도 일리가 있는 말입니다.

그러나 우리가 항상 생각해야 할 것은 문제에 대한 '답' 자체만 아니라 '그 답을 어떻게 말하는가' 역시 중요하다는 것입니다. 예를 들면, 우리는 바울이 아테네 사람들에게 복음을 전할 때 그들이 가지고 있었던 관심과 생각을 접촉점으로 삼았던 것과, 또한 바울이 각 지역 교회가 갖고 있었던 문제와 상황을 살펴서 거기에 적절한 복음의 진리를 말했던 점을 주목해야 합니다.

오늘날 조국 교회 성도들이 복음에 대해 충분히 알지 못하는 것도 문제이지만, 복음이 전해져야 할 세상에 대한 이해의 결여와 그로 인해 복음이 적실성 있게 전파되지 못하는 것도 문제가 됩니다. 그래서 옳은 것을 말하지만 공감력이 없고, 그로 인한 변화가 없는 것입니다.

이 세대의 실체에 대한 인식과 분별 없이 복음만 말하는 것은 바울이 각 교회에 보낸 편지에서 분별과 함께 복음 진리를 말한 것 중 반절만 말하는 것이 될 수 있습니다. 그러므로 복음을 말하되 우리는 그 상황과 배경을 함께 엮어서 적실성 있게 말해야 합니다.

우리 가까이에 있는 진화 사상

이 장에서 우리가 다룰 내용은 창세기 1장 1절이 말하는 바, 우주와 생명의 기원을 하나님이 아닌 자연에서 우연히 일어난 진화의 결과라고 주장하는 '진화 사상'입니다. 이것은 예수님을 믿는 사람들에게는 하나의 사상이고 무시할 내용이 될 수도 있지만, 오늘날 현실 속에서 그것은 그렇게 쉽게 무시할 내용이 아닙니다. 왜냐하면 모든 것의 시작과 기원에 대해 이것은 결국 우리의 근본을 다르게 보게 하고, 현 세상까지도 전혀 다르게 보게 하는 내용이기 때문입니다. 그리고 이것은 우리 주위에서 계속 들려오는 소리이며, 나름의 논리와 과학이라는 이름으로 사람들에게 계속적인 영향을 미치고 있기 때문입니다. 이것은 또한 우리가 앞에서 살폈던 무신 사상과도 깊은 관련이 있습니다.

우리 중에 진화 사상을 들어 보지 못한 사람은 아무도 없을 것입니다. 이것은 우리가 어려서부터 교과서나 TV, 신문 등 다양한 매체를 통해 자연스럽게 보고 들어 온 내용입니다. 믿음이 견고하지 않은 사람은 진화론이 말하는 것과 성경이 말하는 하나님의 창조 사이에서 아직도 갈등하고 있을지도 모릅니다. 그래서 요즘 유행하는 '유신진화론'(有神進化論, Theistic Evolution)이 나오기도 했습니다.

저는 도킨스가 쓴 『이기적 유전자』의 영향을 생각해 볼 때 진화 사상은 예수를 믿는 사람들을 유신진화론의 방식으로라도 전향시킬 수 있는 여지가 있다고 봅니다. 실제로 그 영향을 받고 유신진화론으로 흘러가는 사람들도 있습니다. 특히 청년들과 자라나는 아이들은 진화론의 압박과 함께 그런 유혹을 받고 있습니다. 학교 다니는 우리 자녀들은 주변에 있는 친구들로부터 아직도 하나님이 세상을 창조했다고 믿느냐는 빈정거리는 말을 듣습니다. 그들은 100% 확신을 갖고 얘기하기 때문에 하나님의 창조를 믿는 자녀들을 바보처럼 여깁니다. 바로 이것이 우리가 사는 세상의 현실입니다. 그래서 우리는 이러한 현실을 나와는 별로 상관없다고 가볍게 여길 수 없습니다.

진화론에 대해 가져야 할 문제의식

우리에게는 이러한 현실에 대한 책임의식이 필요합니다. 우리 자녀들에게 무조건 하나님을 믿으라고 말만 해서 될 일이 아니라, 이 세대의 실체가 무엇인지 알고 그것을 자녀들에게 적극적으로 말해 줄 수 있어야 합니다. 진화론은 단순히 학문적인 이론이 아닙니다. 인간이란 어떤 존재이며, 어떻게 여기에 살고 있는지 그리고 이 세상과 우주와 어떻게 연관되어 있는지를 성경과는 전혀 다르게 말함으로써 성경과는 다른 사고방식과 생활방식을 갖고 살게 합니다. 그래서 진화 사상은 우리가 본받지 말아야 할 이 세대의 생각과 행동의 틀을 이루고 있는 내용으로서 반드시 알아야 할 내용입니다.

현재 교회 안에 있는 청년들과 어린 자녀들은 진화론으로 인해 하나님이 만물을 창조하셨다는 사실을 믿는 데 많은 어려움을 겪고 있습니다. 심지어 대학 과정을 거친 지성적인 사람들 중에도 진화론에 무게를 두면서 하나님의 창조에 대해서는 막연하게 생각하는 사람이 제법 있습니다. 그러나 창세기 1장 1절은 태초에 하나님이 천지를 창조하셨다고 분명히 말하고 있습니다. 이에 대해 여러분은 확고하십니까? 창세기 본문이 말하는 것과 진화론 사이에서 여러분은 어떤 대답을 갖고 있습니까? 하나님이 우주와 생명의 시작자이심을 확실한 근거를 가지고 믿고 있습니까? 오늘날 교회 안에는 하나님이 물질을 창조하셨고, 그것에 의해 진화가 진행되도록 하셨다는 유신진화론이 인기를 끌고 있습니다.

"하나님이…"

그러나 창세기 1장 1절부터 이어지는 내용은 하나님이 온 우주 만물을 창조하셨고, 그 안에 있는 모든 것도 창조하셨다고 말합니다. 여기서 중요한 것은 창세기 1장 1절의 주어가 '하나님'이라는 사실입니다. 그러나 세상 정신은 "하나님이…"라고 시작하는 창세기 1장 1절의 내용을 무너트리고 있습니다. 하나님이 아닌 사람이나 자연을 주어로 바꾸어, 이 모든 일은 우연히 일어난 것이라고 주장하는 사상이 널려 있습니다.

성경은 진화론과는 완전히 다른 중요한 한 가지 사실을 말합니다. 바로 하나님이 모든 생물을 그 종류대로 창조하셨다는 내용입니다. 여기서 '종류대로'라는 것은 진화론에서 말하는 '종'(種)과 같은 단어입니다. 그런데 하나님이 종류대로 창조하셨다는 사실을 반복적으로 언급하고 있는 성경의 사실은 이 땅에 존재하는 각종 생물을 이해하는 데 매우 중요한 증거입니다. 이러한 기록을 담고 있는 창세기는 문자가 발달하기 시작한 주전 1400년대에 기록되었음에도, 이미 성경은 하나님이 모든 피조 세계를 종류대로 창조하셨음을 말하고 있습니다. 그러나 진화론은 '종류대로' 존재하는 수많은 생명의 기원을 제대로 증명하지 못하면서 성경과는 반대 주장을 하고 있습니다.

성경은 진화론이 보지 못하는 또 다른 한 가지 사실을 말합니다. 그것은 하나님이 모든 피조물을 창조하신 것으로 끝난 것이 아니라, 자신이 창조한 세계를 계속해서 다스리고 섭리하신다는 사실입니다. 대표적으로 시편 104편의 기자는 다음과 같이 기록합니다.

"여호와여 주께서 하신 일이 어찌 그리 많은지요 주께서 지혜로 그들을 다 지으셨으니 주께서 지으신 것들이 땅에 가득하니이다 거기에는 크고 넓은 바다가 있고 그 속에는 생물 곧 크고 작은 동물들이 무수하니이다…이것들은 다 주께서 때를 따라 먹을 것을 주시기를 바라나이다"(시 104:24-25, 27).

이것은 피조 세계가 그저 우연히 유지되는 것이 아니라, 하나님의 돌보심과 그분의 통치 속에서 보존되고 유지됨을 말해 줍니다. 우리가 살고 있는 지구는 우주라는 공간에 떠 있습니다. 그럼에도 우주 공간을 마음대로 돌아다니거나 어느 공간으로 추락하지도 않고, 중력과 인력의 법칙을 따라 현재의 모습대로 유지되고 있는 것은 바로 하나님의 섭리 때문입니다. 이처럼 성경은 하나님이 하늘을 펴셨고, 이 땅을 공중에 두셨다고 말합니다.[1]

이것이 얼마나 놀라운 사실입니까? 지구와 태양이 조금만 가까워지거나 멀어져도 지구에는 생명체가 살 수 없습니다. 그러나 지구와 태양이 정확하게 그 자리에 있기 때문에 현재와 같은 상태를 유지할 수 있는 것입니다. 성경은 바로 이러한 사실을 모두 하나님이 섭리로 다스리시기 때문이라고 말합니다.

이처럼 성경은 하나님의 창조를 모든 인간이 알아야 할 기초적인 사실로서 말할 뿐만 아니라 기독교 신앙의 기초로 말하고 있습니다. 바로 이것을 말해 주는 핵심 본문이 창세기 1장 1절 "태초에 하나님이 천지를 창조하시니라"라는 말씀입니다. 즉 하나님이 만물의 창조자요, 생명의 시작자이심을 선언하고 있는 것입니다.

하나님의 창조를 부정하고 조롱하는 진화론

그러나 진화론은 우주와 생명의 시작은 하나님이 아니라, 우연히 자연에서 시작되었다고 주장합니다. 그리고 그것을 과학적으로 설명할 수 있다고 말하면서, 하나님의 창조를 믿는 자들을 어리석고, 비과학적이며, 미신적인 자들로 여깁니다. 그런데 이러한 모습은 앞에서 살핀 것처럼 새로운 무신론자들에게서 더 강력하게 나타납니다.

이처럼 우리가 사는 이 세대는 진화론에 따라서 세상과 우주 그리고 인간 자신을 보는 진화론적 사고방식과 행동방식을 구축하여 모든 것을 그 관점으로 이해하며 살아갑니다. 그뿐만 아니라 그러한 사상과 행동방식을 적극적으로 전파하고 있습니다. 그 가운데 우리는 그러한 영향과 압박을 어려서부터 교육과정을 통해 받고 있습니다. 그래서 한윤봉 교수는 다음과 같이 말합니다.

"어려서부터 학교에서 과학 시간에 받은 진화론 교육의 영향으로 사람들은 진화론적인 세계관으로 세상을 판단하곤 합니다. 어린이들을 위한 교육 매체와 TV 프로그램부터 청소년과 어른들을 위한 다양한 교육과 대중 매체에 이르기까지 모든 것이 진화론 일색입니다. 따라서 사람들은 진화론은 곧 과학이라고 믿는 반면, 하나님의 전지전능하심과 창조주 되심은 믿지 않습니다. 이런 이유로 많은 사람이 신앙을 버리고 떠나고 있습니다."[2]

우리는 이 세대의 생각과 행동의 틀을 이루고 있는 진화론의 도전에 대해 무조건 방어적인 태도를 보여서는 안 됩니다. 신앙에 도움이 되지 않는다고 단정 지으며 무시할 것이 아니라, 진화론의 핵심과 그 기저에 깔려 있는 내용 정도는 정확히 알고 있어야 합니다.

진화론은 오랫동안 학문적인 작업을 축적하며 발전해 왔습니다. 또한 진화론과 더불어 과학을 발전시킨 사람들이 헤아릴 수 없이 많습니다. 지금도 진화론은 과학의 모든 분야, 심지어 심리학과 사회체계, 정신세계까지 연관되어 있습니다. 그래서 진화론을 부정하면 학문의 세계뿐만 아니라 이 세상의 모든 분야에서 살아남기 어려울 정도가 되었습니다. 2019년에 우리나라에서 어느 장관 후보가 창조론을 믿는다는 이유로 여론의 집중 공격을 받다가 결국 자진해서 사퇴하는 일까지 있었습니다.

또한 세계의 진화론 진영에서는 이미 조작되었다고 판명된 헤켈(Haeckel)의 '배아발생도'가 우리나라 교과서에는 실렸습니다. 그래서 우리나라 크리스천 과학자들과 교사들이 교과서 출판사들에게 세계의 학계가 헤켈의 배아발생도를 철회했다는 자료를 보내기도 했습니다. 그러나 이러한 내용이 9시 뉴스를 통해 보도되자 여론의 집중 공격을 받고 없던 일이 되어 버렸습니다. 결국 진화론이 과학이라는 이름 아래 확고한 사실처럼 가르쳐지는 체계가 된 것입니다.

진화론이 주장하는 생명의 기원

진화론이 말하는 요점은 생명의 기원이 자연 자체에 있다는 것입니다. 그들은 이것을 '자연선택 이론'이라고 부르는데, 이것이 그들이 갖고 있는 핵심입니다. 그들은 자연에서 생명의 시작이 될 만한 어떤 변화, 소위 화학적 융합이 우연히 일어났고 그 가운데에서 원시 생명체가 생겨났다고 주장합니다. 그래서 원시 생명체가 생물로 진화하여 마침내 지금 우리와 같은 인간으로까지 진화되었다고 말합니다.

그리고 이것은 교과서에 나오는 소위 '생물진화계통수'라는 나무 모양의 그림을 통해 설명되고 있습니다. 이 그림의 가장 밑에는 세포와 같은 물질이 있고, 거기서부터 가지를 뻗어서 진화되어 나온 어류, 양서류, 파충류, 조류, 포유류가 그려져 있습니다. 이것은 모든 생물이 결국 화학적인 융합을 통해 생겨난 어떤 세포로부터 진화했음을 설명합니다. 그래서 이 세상에 존재하는 모든 생물은 최초의 단세포라는 공통 조상 아래서 나온 것이라고 말합니다.

이것은 너무나도 황당한 설명이지 않습니까? 물질들이 규합해서 세포를 하나 만들었는데, 이것이 존재하는 모든 것의 조상이라는 주장 말입니다. 심지어 고등한 두뇌를 가진 인간조차 모두 여기서 나왔다는 이 황당한 주장이 바로 진화론의 체계입니다. 현재 인간과 같은 고등한 지적 존재, 특별히 원숭이도 갖지 못한 고유한 인격성을 가진 우리를 화학 물질과 단세포로부터 진화된 존재라고 주장하는 것을 다름 아닌 과학 이론으로 말하는 것이 오늘날 우리의 현실입니다.

진화론의 기원

그렇다면 진화론은 이 세상에 어떻게 등장하게 되었을까요? 어떤 사상이든지 그 시작을 살펴보는 일은 매우 중요한데, 오늘날 체계화된 진화의 개념은 19세기에 이르러 여러 사람에 의해 주장된 것입니다. 특히 1858년 다윈이 쓴 『종(種)의 기원』이라는 책을 통해 체계화된 진화 개념이 널리 퍼지게 되었습니다.

진화론에서 가장 중요한 개념인 '자연선택'은 사실 다윈의 『종의 기원』보다 27년이나 앞선 패트릭 매튜(P. Matthew)에 의해 언급되었습니다. 물론 다윈도 자연선택 개념에 관한 생각을 나름대로 가지고 있었습니다. 그러나 나무에 관한 책을 쓴 매튜가 다윈보다 먼저 자연선택 개념을 언급했습니다. 다윈은 매튜가 출판한 책을 읽고 나서, 그가 자신이 생각한 바를 먼저 예견했다고 말했습니다. 그러나 그는 매튜의 내용이 빈약하다면서, 그것과는 비교도 안 될 정도로 체계화하여 구체적인 이론을 제시합니다.

다윈의 진화 개념에서 가장 중요한 자연선택이라는 개념은 20세기 초 신다윈주의와 오늘날 모든 신진화론자 및 도킨스 같은 사람의 주장에 근간이 되고 있습니다. 신다윈주의자 에른스트 마이어(E. Mayr)는 다음과 같이 말합니다.

> "다윈주의의 진짜 핵심은 자연선택 이론이다. 이 이론은 다윈주의자들에게는 매우 중요하다. 왜냐하면 이 이론을 통해 적응을 설명할 수 있고, 자연신학에서 말하는 '설계', 즉 신의 간섭이 아닌 자연의 수단에 의한 설계를 설명할 수 있기 때문이다."[3]

진화론은 자연선택에 '돌연변이'라는 개념을 추가하고 발전시켜 자연선택을 가장 중요한 이론으로 주장하게 됩니다. 그러면서 나중에는 '자연선택 메커니즘'이라는 용어를 흔하게 사용합니다.

자연선택 이론은 다윈이 갈라파고스 제도의 진기한 동식물들을 관찰하면서 착안한 이론입니다. 거기서 그는 같은 동식물임에도 불구하고 바다로 인해 고립된 섬마다 생김새가 조금씩 다른 것을 보았습니다. 그는 이러한 차이점이 번식할 때마다 조금씩 그리고 꾸준히 발생하는 변이와 더불어 섬마다 다른 환경에 적응하는 과정에서 생겨나는 것으로 보았습니다. 그러면서 상대적으로 유리한 생물학적 특성을 가진 존재가 살아남을 것이라고 보았습니다. 나중에 그는 이러한 자신의 생각에 허버트 스펜서(H. Spencer)의 '적자생존' 개념을 더하기도 합니다.

그러나 변이는 환경이 변할 때 종류가 같은 생물 안에서 얼마든지 나타날 수 있습니다. 새는 새로서, 원숭이는 원숭이로서, 사자는 사자로서 각자가 생물의 종(種) 안에서 얼마든지 나타날 수 있는 것임에도 불구하고, 다윈은 환경의 변화에 잘 적응해서 살아남음으로써 아예 다른 종으로 진화할 수 있다고 단정했습니다. 그리고 이런 부분적인 관찰 자료를 기반으로 해서 오늘날 우리가 말하는 진화론을 주장했습니다. 즉 물질에서 진화하여 최초의 생명체인 세포가 생겨나고, 거기서 모든 생물 간의 종의 진화를 통해 결국 사람으로까지 진화하게 되었다고 주장함으로써 오늘날 교과서에 실린 생물진화계통수의 초안을 제시했습니다.

우리는 이러한 진화론의 출발을 잘 살펴보아야 합니다. 다윈은 1837년 자신의 노트에 최초의 진화계통수를 그렸는데, 이것은 결국 이후의 진화론자들에 의해 더욱 다양한 내용으로 체계화됩니다. 그는 이 그림을 자신의 친필 노트에 'I think'라는 글자 옆에다 조그맣게 그려 놓았습니다. 이 그림은 결국 그가 '모든 생물이 공통 조상에서 나온 것은 아닐까?'라고 상상한 것임을 시사합니다. 그리고 이러한 그의 상상은 세계의 정신을 바꾸어 버렸습니다.

다시 말해, 우주와 생명의 기원에 대한 아이디어가 여기서 나온 셈입니다. 그리고 이것은 우주와 생명의 기원에 대한 합리적이고 과학적인 대답처럼 여겨졌고, 결국 이 세상과 온 우주 그리고 모든 생물과 인간 자신을 바라보는 눈을 바꾸어 버린 대전환이 되었습니다.

상상 위에 세워진 진화론

그래서 진화론의 영향을 받은 고생물학자 조지 심슨(George G. Simpson) 교수는 다음과 같이 말했습니다.

"인간은 그의 생성을 염두에 두지 않은, 목적이 없는 자연적 과정의 결과물이다. 그는 계획되지 않았다. 그는 물질의 한 형태이다. 어떤 유(類)의 짐승이며, 영장류 목(目)에 속한 한 종(種)이다."[4]

이것은 인간을 물질 수준으로 보는 견해입니다. 그리고 신다윈주의자들이 주장하는 체계화된 이론이기도 합니다. 도킨스도 인간은 유전자를 전달하는 운반자라고 말하면서, 인간은 물질 이상의 아무것도 아닌 존재라고 말합니다. 다시 말해, 인간을 DNA에 의해 춤추는 존재로 보면서 물질적인 수준으로 전락시킨 것입니다. 바로 이것이 오늘날 첨단 사상이라고 말하는 진화론의 주장입니다.

그런데 진화론의 역사와 관련해서 안타까운 사실은 다윈의 『종의 기원』을 부정할 수 있는 그레고어 멘델(G. Mendel)의 유전법칙이 7-8년 뒤에 나오지만 세상에서 크게 주목받지 못했다는 것입니다. 만일 멘델의 유전법칙이 영국에서만 발표되었어도 다윈은 한 종에서 다른 종으로 진화한다는 것에 대해 다르게 생각했을지도 모르겠습니다. 왜냐하면 다윈의 진화론은 이론에 불과하지만, 멘델의 유전법칙은 아무리 실험을 반복해도 다른 종 사이의 이동을 말할 수 없는 동일한 결론이 나온다는 것을 반복된 실험 결과를 가지고 말했기 때문입니다.

멘델의 법칙은 20세기 초에 이르러서 다시 주목받게 되었지만, 진화론이 이미 세계로 퍼져나가 정신세계에 혁명을 가져온 상태였습니다. 멘델의 발견은 종 간의 이동을 설명할 수 없다는 결정적인 설명이 될 수 있었지만, 안타깝게도 진화론 이후 몇십 년이 지나감으로써 더 이상은 진화론의 세계에 수용되지 않았습니다. 이미 세상은 모든 학문의 영역과 인간에 대한 이해, 심지어 사회에 대한 이해까지 진화론적 관점에서 보게 되었기 때문입니다.

우리가 진화론에 대해 가장 중요하게 생각해야 할 사실은 진화론의 근원과 기초입니다. 그것은 오늘날 진화론의 포문을 열었던 다윈의 최초 이론입니다. 그는 자신이 관찰한 부분적인 지식을 가지고 생명의 시작과 종의 진화를 말했습니다. 다윈의 핵심적인 주장은 자신이 조사한 동식물의 미세한 변이를 보면서, 그런 변이를 가진 개체와 집단이 환경에 의해 자연선택이 되고, 그 일이 오랜 시간 지속되면 새로운 종이 발생할 수 있다는 것이었습니다. 그러나 이것은 사실상 상상에 기반한 이론입니다. 왜냐하면 거기에는 입증되지도 않고, 입증할 수도 없는 것이 있기 때문입니다. 그것은 다윈이 상상으로 세웠던 최초의 가설(假設)이었습니다.

물론 그가 처음 세웠던 가설은 실험을 통해 증명하면 되지만, 그는 증명이 안 되는 가정을 세웠습니다. 그래서 새로운 종의 발생, 곧 진화의 증거도 이러한 가정 아래 짜 맞추는 수준이었습니다. 다시 말해, 변이 안에서 설명될 수 있는 것을 진화로만 설명하려고 했던 것입니다.

진화론은 최초가 어떠했을 것이라는 가정 아래 오랜 시간의 흐름을 전제하면서 생명의 시작에 관한 질문을 이론화한 것입니다. 그래서 진화론은 변이의 축적 속에서 자연선택에 의한 종의 진화가 있게 되었다는 것을 핵심 이론으로 제시합니다. 그리고 이러한 진화의 과정에 소요된 오랜 시간이라는 전제 아래 지구와 우주의 나이까지 계산합니다. 결국 물질적인 진화로부터 시작해서 생물과 인간의 진화뿐만 아니라 나중에는 우주의 진화까지 연결해서 설명합니다. 그리고 이런 식으로 발전된 이론은 지구 연대를 측정하는 방법으로 제공되고, 지질학과 천문학 및 다양한 과학 분야에까지 동원되고 있습니다.

여전히 입증되지 못한 진화론의 가설

다윈은 자신이 주장한 점진적 변이의 증거들이 지질학적인 발견, 곧 화석의 발견을 통해 입증되기를 희망했습니다. 그러나 진화론은 현재 발견된 수많은 화석을 자신의 관점으로만 해석할 뿐이지, 다윈이 예상했던 점진적 변화의 패턴은 찾지 못하고 있습니다. 오히려 현재 발견되는 화석들은 창세기 1장이 말하는 것과 같이 '종류대로'임을 보여 줍니다. 즉 그것들은 모두 같은 종 안에서 다양한 화석들임을 보여 주는 것입니다. 그래서 무척추동물 고생물학자로서 진화론자인 데이비드 라우프(David

Raup) 교수는 화석 기록에서 나오는 일관된 신호를 다음과 같이 요약했습니다.

"우리는 지금 다윈보다 약 120년 후에 있으며 화석 기록에 대한 지식이 크게 확장되었다. 우리는 지금 25만 가지 화석의 종을 가지고 있으나, 상황은 별로 달라지지 않았다. 진화의 기록은 아직도 놀라울 정도로 단속적(斷續的)이고, 우리는 다윈 시대에 가졌던 것보다 오히려 더 적은 진화 전이의 예를 가지고 있다. 비교적 적은 자료가 있었을 때는 단순한 연속적 변화로 보던 것이 지금은 훨씬 복잡하고 훨씬 덜 점진적인 것으로 보인다. 그러므로 다윈의 문제는 지난 120년 동안 줄어들지 않았다."[5]

그러나 동료 화석 연구가로서 가장 최근인 2017년도에 책을 낸 도널드 프로세로(Donald R. Prothero)는 계속 발견되는 화석 연구를 통해서 화석이 진화론을 충분히 증거한다고 주장하고 있습니다. 그는 과학자는 하나님의 창조를 믿는 사람들처럼 알지 못하는 영역을 쉽게 하나님의 영역으로 넘기지 말고 끝까지 과학적으로 답을 얻어야 한다고 말하면서, 하나님을 배제한 과학을 통해서 진화의 증명을 주장합니다. 그는 그런 논지로 지금까지의 과학적인 발전을 말하면서 진화론의 한계와 문제인 생명의 기원도 언젠가는 과학이 연구를 통해서 밝혀낼 수 있을 것이라는 믿음을 가지고 다음과 같이 말합니다.

"생명의 기원 문제가 결코 풀어낼 수 없는 문제라고 주장하면서 시험이 불가능하고 비과학적인 빈틈을 메우는 신(神) 논증에 의존하는 대신, 이제까지 과학자들은 생명이 어떻게 생겨났는지를 보여 주는 일에 어마어마한 진전을 이루어 냈다. 비생명에서 생명이 진화하는 모습을 시험관 안에서 눈으로 결코 볼 수 없을지도 모르지만, 생명 발생의 거의 모든 단계가 일어나는 방식에 대한 훌륭한 실험적 증거가 있음을 확신한다. 그래서 생명 기원 문제를 푸는 일에 무슨 초자연적인 간섭을 끌어들일 필요가 없고, 손 떼고 포기할 필요도 없다."[6]

과학자로서 이런 열의는 칭찬할 만합니다. 또한 과학에는 유용한 면이 많이 있습니다. 그러나 과학으로 모든 것을 답할 수 있다는 '과학주의'는 정상적인 과학이라고 할 수 없습니다. 그것은 편견을 가진, 치우친 과학 이론이기 때문입니다.

진화론의 예정된 한계

지금 진화론자들은 생명의 기원, 곧 다윈이 말한 원시 조건을 밝히기 위해 DNA와 그것의 유전정보를 복사해서 단백질로 합성시키는 RNA에 집중하고 있습니다. 사실 DNA에는 엄청난 분량의 자료와 상상할 수 없는 신비가 담겨 있습니다. 그래서 여기에 모든 첨단 과학이 집중되어 있고, 진화론자들도 이것을 통해 생명의 최초 자기 복제를 밝힐 수 있다고 믿고 있습니다. 그러나 아무리 최초의 생명이 생길 수 있는 조건을 연구해 보아도, 진화론은 예정된 한계를 갖고 있습니다. 우리는 다윈이 다른 사람에게 편지한 내용을 통해 그것을 알 수 있습니다.

"만일(진짜 만일)에 암모니아, 인산염, 빛, 열, 전기 등 온갖 것이 다 갖추어져서 단백질 화합물이 화학적으로 형성되고, 그 화합물이 한층 더 복잡한 변화가 쉽게 일어날 그런 작고 따뜻한 연못이 있다고 상상해 보면 어떨까?"[7]

그는 최초에 어떠한 물질들이 있었고, 그 물질들에 의해서 세포가 만들어질 수 있는 따뜻한 연못이 있다고 상상하는 것으로 시작했습니다. 다시 말해, 생명이 시작될 만한 특정한 조건, 특히 그 조건 안에 어떤 화학 물질이 있을 것이라고 가정한 것입니다. 이와 비슷하게 도킨스도 번개가 쳐서 그런 것들이 합성되었을 것이라고 얘기합니다.

그러나 다윈이 말한 최초의 조건이나 그 뒤로 스탠리 밀러(Stanley Miller)가 실험실에서 화학 물질의 결합을 통해 얻은 것이나, 또는 DNA나 RNA든 이러한 얘기들은 모두 이미 존재하는 것을 전제하고 있습니다. 한번 생각해 보십시오. 다윈이 최초의 생명 물질로 말한 암모니아나 인산염, 빛과 열이 있는 연못은 과연 어떻게 있게 된다는 것입니까? 그리고 현재 최첨단의 연구 대상인 RNA나 DNA는 어디서 온 것이라는 말입니까? 또한 그런 것들이 만들어지는 최초의 상태는 어떻게 있게 된다는 것입니까?

이에 대한 답을 말하기 위해 사람들은 결국 우주까지 논의를 확장합니다. 그래서 빅뱅에 의해 어떤 입자가 생성되었고, 그렇게 해서 태양도 생겨났으며, 지구도 태양에서 떨어져 나와 지금처럼 정확한 거리에 있게 되었다고 가정합니다. 그렇다면 이 광활한 우주가 시작될 정도의 최초의 빅뱅은 어떻게 있게 된다는 말일까요? 도대체 누가 어떻게 빅뱅을 일으켰느냐는 것입니다. 결국엔 그것 또한 우연으로 돌리게 되는 것입니다. 그러면서도 초자연적인 것과 하나님은 제외하고 말해야만 과학적이고 합리적인 주장이라고 하면서 진화론을 고집합니다. 결국 그들은 우연히 시작된 것 이후에 존재하는 것을 가지고 그것의 기원을 밝힐 수 있다고 생각하는 것입니다.

그러나 이러한 그들의 생각은 영원히 이루어질 수 없습니다. 설사 어떠한 사실을 규명한다고 해도 진화론은 가장 비과학적인 우연에 기대어 과학적으로 모든 것을 설명하겠다고 시도하는 것입니다. 앞으로 과학을 통해 DNA와 그것을 복제한다는 RNA 안에서 신비한 기능을 발견한다고 해도, 어떻게 그런 신비한 실체가 아무것도 없는 조건에서 나올 수 있는지에 관해서는 영원히 말하지 못하고 그저 가정에만 계속 의존하게 될 것입니다.

이런 사실 때문에 자연이 생명을 위해 스스로 선택할 능력이 있고, 심지어 스스로 생명을 창조해 낼 수 있는 능력까지 있다고 설명하는 진화론은 가상적인 이야기를 과학이라는 이름으로 그럴듯하게 포장하는 것에 지나지 않습니다. 오늘날에는 '자연선택 메커니즘'이라는 용어까지 사용하고 있지만, 그것은 결국 우리를 속이는 것입니다.

도킨스는 『이기적 유전자』에서 마치 DNA가 생명을 창조하는 능력이 있고, 심지어 어떤 면에서는 인격의 기능을 가진 것처럼 말합니다. 그러나 다시 말하지만 진화론은 처음부터 입증 불가능한 가정을 전제한 후에 모든 주장을 펼치고 있으며, 또한 그 주장을 증명하려는 시도를 하고 있습니다.

과학적 사실인가, 도그마인가

생명의 기원을 밝혀 줄 최초의 상태에 대한 실험에 성공했다는 밀러의 실험이 교과서에 실려 있습니다. 이 실험을 통해 생명의 기원을 밝힐 수 있는 최초의 상태가 규명되었다고 진화론계는 난리입니다. 그들은 이 기초를 지금도 굉장히 중요하게 생각합니다. 그런데 밀러의 실험을 한 장본인은 실제로 최초의 환경에 대해 다음과 같은 의문을 제기했습니다.

"생물학적으로 관심이 있는 화학 물질들의 합성은 환원성 조건에서만 가능하므로 지구의 대기가 환원성이었던 때가 있었을 것으로 믿으며 약간의 지질학적 및 지구 물리학적인 증거들이 실제로 그리했을 가능성을 암시하기도 한다. 그러나 결정적인 증거는 하나도 없다."[8]

밀러의 실험은 진화론에서 굉장히 중요한 실험으로 여겨지는데, 이 실험을 했던 본인이 이러한 한계를 말한 것입니다. 그런데 가장 최근에 화석에 의한 진화의 증명을 주장하는 프로세로는 밀러의 실험을 포함해서 진화론이 생명의 기원에 대해 "어마어마한 진전을 이루었다"면서 생명의

기원에 대한 진화론적인 확신과 연구를 포기하지 말자고 말했습니다.[9]

그러나 클레미(H. Clemmey)는 밀러가 실험한 최초의 물질들이 생명의 시초를 위해 가져야 할 조건, 즉 원시 지구 대기가 환원성이라고 말한 것은 '도그마'(dogma, 독단적인 신념이나 학설)라고 지적했습니다. 즉 진화론자들의 진화는 과학적 사실이라기보다는 도그마라는 것입니다. 그는 이렇게 말했습니다.

"과거 50년 이상 상상과 실험이, 초기 지구는 비산소성이며 환원성일 가능성이 있다는 생각에 기름을 부었다. 이러한 생각은 생명의 기원에 대한 논의와 결탁하였다. 지질학적 증거는 이러한 생각을 뒷받침하도록 예정되었고, 우아한 모델이 생겨났다. 이러한 모델이 일반적으로 받아들여져서 그러한 생각을 도그마 수준으로 끌어올렸으며 지구에 관한 사고에 깊이 스며들게 되었다. 그러나 많은 분야에서 최초의 연구들과 생명의 기원에 대한 새로운 생각들이 비산소성 모델에 심각한 의문을 던져 주고 있고, 아마도 그러한 모델의 필요성을 없앨 것이다."[10]

그들이 가정하고 있는 비산소성 모델은 정확한 실체를 가질 수 없는 의문스러운 것입니다. 왜냐하면 생명의 기원을 증명하기 위해 인위적인 조건을 만들고, 최초의 대기 조건이 어떠했을 것이라고 가정하면서 과학적인 실험을 하기 때문입니다. 그들은 과학이 할 수 없는 것을 시도하는 것입니다. 그것은 진화론의 최초 가정, 곧 상상의 가정 안에서 하는 것이기 때문입니다.

우주와 생명의 기원에 관한 서로 다른 관점과 성경

우주와 생명의 기원은 실험을 통해서는 증명할 수 없기 때문에 실험과학적인 기준과 방법 안에서는 결코 답을 얻을 수 없습니다. 그래서 지구의 나이가 45억 년이고, 생명의 시작은 38억 년 전이며, 우주의 나이는 150억 년이라는 이론만 끝없이 만들어 낼 뿐입니다.

지금 이 세상은 우주와 생명의 기원 문제와 관련해서 결국 두 개의 견해로 나뉘어 있습니다. 하나는 자연에서 진화했다는 주장이고, 또 다른 하나는 하나님이 창조하셨다는 견해입니다. 그런데 우주와 생명의 기원은 실험으로 증명할 수 없기 때문에 결국 이 두 견해는 현재 존재하고 있는 것, 즉 관찰되거나 발견되는 자료를 증거로 삼아서 각각의 주장을 하고 있습니다. 이것을 우리가 흔히 '기원과학'이라고 말하는데, 기원과학은 주로 과거에 일어났던 역사적인 자료에 의존합니다. 그래서 이 두 견해가 모두 화석과 지질학을 연구하며 거기에 많이 집중하고 있습니다.

그런데 두 진영은 동일한 자료를 가지고 서로 다른 해석과 결론을 말합니다. 진화론은 다윈이 전제한 가정에 따라 오랜 시간의 흐름에 맞추어서 모든 것을 보고, 하나님의 창조를 믿는 사람들은 성경이 말하는 배경 속에서 역사적인 기록과 연관 지어 주장합니다.

우리는 진화론자들이 말하는 것처럼 하나님이 우주와 생명을 창조하신 것을 직접 보지 못했고, 또 그 사실을 증명해 낼 수도 없습니다. 하지만 우리는 그들보다 더 많은 증거 자료를 갖고 있습니다. 진화론자들은 자신들이 우리보다 더 많은 증거 자료를 가진 것처럼 생각하지만, 우리는 그들이 배제하고 있는 자료까지 가지고 있기 때문에 사실상 더 많은 역사적 자료를 가지고 있습니다. 그 자료가 바로 성경입니다.

성경은 지금으로부터 무려 3400년 전부터 2천 년 전까지 기록된 역사적 증거물입니다. 그러한 성경이 창조와 생명에 관해 증거하고 있습니다. 즉 하나님이 모든 만물을 창조하셨고, 우리가 현재 보고 있는 모든 것도 사실 그대로임을 말하고 있습니다. 또한 성경은 인간이 어떻게 만들어졌고, 그가 얼마나 영광스러운 존재인지도 말합니다. 그리고 모든 생물이 종류대로 창조되었다는 사실도 분명히 기록하고 있습니다.

한편 오늘날 우리가 보고 발견하는 지질학적인 조건 및 우주의 조건과 관련해서는 두 가지 견해가 있습니다. 하나는, 하나님이 우리가 사는 땅을 창조하실 때 땅과 물을 나누시면서 지형의 변화가 있었다는 견해이고, 다른 하나는 타락으로 인해 최초의 지형으로부터 파괴되고 상한 조건을 가지게 되었다는 견해입니다.

후자의 견해는 무엇보다도 하나님이 땅의 깊은 샘물까지 터트리면서 물로 전 세계를 심판하셨던 노아 홍수 사건을 통해 지형이 크게 변화되었음을 중요하게 생각합니다. 그래서 이것은 현재 우리가 조사하고 연구하는 조건은 최초의 상태를 이해하는 데 있어서 절대적인 판단 기준이 될 수 없다고 말합니다. 즉 최초의 창조 상태로부터 이미 파괴되고 굴절되며 혼돈된 지질 조건을 가지고 있기 때문입니다. 그래서 방사성 동위원소를 가지고 말하든, 지질학을 가지고 말하든 우리는 모두 최초의 창조 상태로부터 상하고 파괴된 조건 속에서 말하는 것이기 때문에 그것으로는 절대적인 판단 기준을 삼을 수 없다는 것입니다.

창조의 증인

그런데 성경이 우주와 생명의 시작과 관련하여 말하는 더 놀라운 사실은 우주가 창조되는 시점, 즉 역사의 시작 시점에 그것을 목격한 증인이 있었다는 것입니다. 물론 진화론자들은 이 사실을 부인하지만, 성경은 태초의 창조 현장에 함께 있었을 뿐만 아니라 그 현장을 직접 목격한 증인에 대해 말합니다.

"태초에 말씀[하나님의 아들]이 계시니라 이 말씀이 하나님과 함께 계셨으니…만물이 그로 말미암아 지은 바 되었으니 지은 것이 하나도 그가 없이는 된 것이 없느니라"(요 1:1-3).

즉 성경은 창조의 기원에 대한 유일한 증인이신 하나님의 아들을 말하고 있습니다. 뿐만 아니라 그분이 친히 이 땅에 오셔서 말씀하셨다고 증거합니다. 이처럼 성경은 기원과학이 말하는 중요한 증인의 증언을 기록하고 있습니다. 예를 들면, 히브리서 11장 3절은 하나님의 아들이 모든 세계를 지으셨다고 기록하고 있고, 골로새서 1장 16-17절은 "만물이 그에게서 창조되되 하늘과 땅에서 보이는 것들과 보이지 않는 것들과 혹은 왕권들이나 주권들이나 통치자들이나 권세들이나 만물이 다 그로 말미암고 그를 위하여 창조되었고 또한 그가 만물보다 먼저 계시고 만물이 그 안에 함께 섰느니라"라고 말합니다.

그렇습니다. 예수 그리스도가 창조의 증인이십니다. 그분이 이 땅에 육신을 입고 오셔서 우주와 생명의 시작은 우연이 아니라, 하나님이 친히 창조하셨음을 말씀하셨습니다. 물론 진화론자들은 이 증인을 과학적으로 검증할 수 없다고 배제합니다. 그러면서 현재 자신들이 가지고 있는 자료를 근거로 해서 우주와 생명의 기원에 관해 주장하는 수준입니다. 그들은 자신들이 가지고 있는 자료의 한계를 인정하지 않습니다.

결국 믿음의 문제다

우리가 생명과 우주의 시작에 관해 선택할 수 있는 견해는 결국 두 가지입니다. 유신진화론은 이 두 가지를 혼합한 견해이기 때문에 독자적인 견해로 볼 수 없습니다. 그런데 우주와 생명의 기원에 대한 이 두 견해는 결국 두 믿음의 양태로 나타납니다. 아니, 그것은 두 견해가 처음부터 가지고 있는 믿음입니다. 그래서 생명과 우주의 기원에 관한 문제에 있어서는 세상에 두 믿음이 있습니다.

진화론의 아버지요, 진화론의 이론적 사상과 기초를 세운 다윈은 자신을 따르는 모든 진화론자가 갖게 될 믿음을 처음부터 드러냈습니다. 즉 하나님과 같은 초자연적인 내용을 배제하고 철저하게 자연에서 생명의 기원에 대한 대답을 가질 수 있다는 상상과 희망을 품고 그것이 사실일 것이라고 믿었습니다. 오늘날 도킨스를 포함해서 그 이후의 모든 진화론자 역시 다윈과 똑같은 믿음을 가지고 있습니다. 그러므로 최초의 진화 사상으로부터 시작하여 오늘날의 진화론에 이르기까지 그들은 모두 과학이라는 옷을 입은 것처럼 보여도, 실상은 그 기저에 오래된 자연주의 철학에 기초한 믿음을 가지고 있는 것입니다.

그렇다면 그들이 믿음의 기초로 두고 있는 자연주의 철학은 무엇일까요? 자연주의 철학은 사전적 의미로는 과학의 영향으로 나타난 철학 사상을 말합니다. 그러나 그것은 사실상 과학이 발달하기 이전부터 있었고, 헬라 철학에도 있었습니다. 그런데 이것이 니콜라스 코페르니쿠스(Nicolaus Copernicus)의 발견과 아이작 뉴턴(Isaac Newton)의 만유인력 법칙 이후 계몽주의에 힘입어 보편화되었습니다.

이러한 자연주의는 모든 것을 자연 세계의 범위 안에서 보면서 하나님과 같은 초자연적인 존재나 힘은 신뢰할 수 없다고 생각합니다. 하나님은 무조건 배제하는 입장을 취하면서 자연 안에서 모든 답을 얻을 수 있다고 생각하는 것입니다. 그래서 다윈은 찰스 라엘에게 쓴 편지에서 자신과 당대에 진화 개념을 말한 사람들을 '자연주의자'로 칭했습니다. 그러므로 우리는 진화론의 출발 자체가 하나님과 같은 초자연적인 존재를 배제하는 자연주의 철학에 기반한 것임을 놓쳐서는 안 됩니다.

진화론은 하나님의 창조에 대응한 이론으로서 그 기초가 일종의 신념이요, 믿음이기 때문에 주님이 오실 때까지 창조론과 평행선을 갈 것입니다. 설사 진화론이라는 단어는 안 쓸지 모르지만, 그들이 가진 철학은 하나님을 제외한 채 창조 세계를 설명하고 모든 답을 얻을 수 있다고 확신할 것입니다. 그래서 이 세상은 보이는 창조 세계를 놓고 이러한 두 믿음으로 계속 가게 될 것입니다.

우리가 가진 믿음의 근거

여러분은 우주와 생명의 기원에 대해 어떤 믿음을 가지고 있습니까? 만일 하나님이 창조하셨다는 사실을 믿는다면, 그러한 여러분의 믿음은 어떤 내용과 근거에 바탕을 두고 있습니까? 이것은 교회를 다니니까 당연히 하나님이 창조하신 것을 믿는다고 생각할 문제가 아닙니다. 우리는 이 부분을 막연하게 생각하지 말고, 진화론자들 못지않게 정확한 증거와 사실에 근거해서 알고 믿어야 합니다.

우리 중 누구도 이 세상이 창조되는 시점을 보지 못했지만, 우리는 그것에 대한 과학적인 자료뿐만 아니라 역사적인 증거인 성경을 가지고 있습니다. 우리는 이것을 통해 하나님이 창조하신 실체에 대해 분명하고 확실하게 알아야 합니다. 생명과 우주의 기원은 실험을 통하여 증명할 수는 없어도, 우리에게 남겨진 증거를 통해 충분히 알 수 있습니다.

진화론은 최초의 기원을 상상하여 가정하지만, 성경은 하나님이 창조하셨기 때문에 모든 종이 존재하고 우주가 미세 조율되어 있다고 명확하게 말합니다. 또한 인간은 하나님이 창조하셨기 때문에 놀라운 지적 능력과 인격성까지 가지고 있습니다.

우리는 현재 보고 있는 것들을 약 3400년 전부터 기록된 성경의 증거들과 연결해서 보아야 합니다. 무엇보다도 우리는 창조에 함께하신 예수 그리스도의 증거를 가지고 있습니다. 그분은 하나님이 태초에 천지를 창조하셨을 뿐만 아니라 최초의 인간인 아담과 하와까지 직접 창조하셨다고 말씀하셨습니다. 그러므로 우리는 성경이 증거하는 대로 알고 믿으며, 그것에 비추어 존재하는 모든 세계를 바라보아야 합니다. 그리고 이 땅에 남겨져 있는 창조의 증거들을 확인해야 합니다. 우리는 진화론이 자연주의 철학에 갇혀서 보지 못하는 사실들을 성경과 자연에 있는 자료들을 통해 더욱 풍성히 볼 수 있습니다. 심지어 성경은 예수 그리스도를 통해 피조 세계가 궁극적으로 완전하게 회복될 것까지 우리에게 말하고 있습니다.

우리의 믿음의 특별함

여기서 우리가 한 가지 생각해야 할 사실이 있습니다. 그것은 하나님이 태초에 모든 것을 창조하셨고, 존재하는 모든 것의 시작자이시며, 우리 인간을 창조하신 분이라는 사실을 믿는 것은 결코 일반적인 일이 아니라는 것입니다. 이것은 매우 특별한 일입니다. 왜냐하면 하나님이 창조하셨다는 사실을 알기 위해서는 우리의 지식과 이성의 영역을 넘어서는 신앙이 있어야 하기 때문입니다.

과학은 지식과 이성의 영역이 전부이지만, 하나님이 창조하셨다는 사실을 믿는 것은 학문과 지식의 수준에서는 불가능한 일입니다. 그것은 아무도 보지 못한 창조를 친히 행하신 바로 그 하나님을 알고 믿음으로써만 가질 수 있습니다.

그래서 만물을 창조하신 창조주 하나님을 알고 믿지 않는 사람은 하나님이 창조하신 창조 세계를 정확하고 균형 있게 이해할 수 없습니다. 그뿐만 아니라 창조의 혜택과 복도 풍성하게 경험하지 못합니다.

이러한 믿음은 진화론이 가진 믿음과는 다릅니다. 그것은 만물을 창조하신 하나님과의 인격적인 관계 속에서 갖는 믿음이기 때문입니다. 우리는 이러한 믿음을 통해 물질세계만 보는 것이 아니라, 그것을 창조하신 하나님을 통해서 모든 것을 봅니다. 이것이 있기 전에는 진화론이 상당한 영향력을 행사할 수 있습니다.

하나님이 만물을 창조하셨다는 사실은 과학적인 지식만으로는 알 수 없습니다. 과학은 경험의 영역에 있는 것, 눈에 보이는 세계만 다루기 때문입니다. 그래서 과학은 하나님이 만물을 창조하셨다는 사실을 증명할 수도 없고, 말할 수도 없습니다.

이것이 과학이 가진 한계입니다. 과학이 우주와 생명의 기원에 대해서 아무리 많은 과학적 자료를 가지고 말해도 그것만으로 객관적이거나 중립적이라고 말할 수는 없습니다. 자기들은 과학적이라는 테두리 안에 갇혀서 이것이 있어야만 객관적이라고 봅니다. 이것만으로도 그들은 이미 객관성을 상실한 것입니다.

하나님이 만물을 창조하셨다는 사실은 인간이 가진 모든 능력이나 과학적 지식보다도 더 큰 사실입니다. 그래서 만물을 창조하신 지극히 크신 하나님을 보지 못하면 창조 세계를 정확히 알지도 못하고, 믿지도 못하게 됩니다. 우리는 모든 지식과 함께 창조주 하나님을 믿음으로 보아야 합니다.

창조하신 하나님을 알고 그분이 창조하신 세계를 본 시편 기자의 기록과 욥기에 나오는 내용을 한번 보십시오. 그들은 창조 세계의 신비만 본

것이 아니라 그 속에서 하나님의 손길을 보았습니다. 그것은 우리가 모든 과학적 지식을 동원해도 규명하기 어려운 비밀스럽고 놀라우며 광대한 실체입니다. 그래서 그들은 모두 창조 세계를 보면서 하나님을 찬양했습니다.

진화론자들이 인간을 DNA를 운반하고 전달하는 한낱 기계로 보거나, 또는 목적이나 의미도 없이 살아가는 허무한 존재로 보는 것과는 달리, 그들은 모든 것에서 하나님의 목적과 섭리 그리고 돌보시고 이끄시는 그분의 손길을 보았던 것입니다. 그리고 피조 세계에 '나'라는 고유한 인격체를 두시고 그러한 우리와 교통하시면서 피조 세계의 복을 누리게 하시는 하나님을 보았습니다.

그래서 시편 8편 기자는 "주의 손가락으로 만드신 주의 하늘과 주께서 베풀어 두신 달과 별들을 내가 보오니 사람이 무엇이기에 주께서 그를 생각하시며 인자가 무엇이기에 주께서 그를 돌보시나이까"(시 8:3-4)라고 고백했으며, 시편 103편 기자는 "여호와의 지으심을 받고 그가 다스리시는 모든 곳에 있는 너희여"라고 말한 뒤에 "여호와를 송축하라 내 영혼아 여호와를 송축하라"(시 103:22)라고 찬양했습니다. 바로 이것이 하나님이 창조하신 세계에 존재하는 우리가 가져야 할 반응입니다.

우리는 다윈이 세운 어설픈 조각 지식과 파편적인 것으로부터 나온 이론으로 마치 우리 자신을 다 아는 것처럼 생각해서는 안 됩니다. 그것은 마치 내 몸에 있는 숨구멍 하나를 눈으로 관찰한 것만 가지고 나의 몸 전체를 다 아는 듯 말하는 것과 같은 어리석은 모습입니다.

우리는 과학적 지식이라는 이름 아래 갇혀서 그것보다 더 커다란 실체를 보지 못하는 일이 있어서는 안 됩니다. 우리는 하나님의 창조를 보아야 합니다. 그리고 그것을 통해서 이 모든 것을 지으신 하나님을 보아야만 합니다. 그리하여 그 하나님을 기꺼이 송축하기에 이르러야 합니다.

7장

진화론이 기독교에 미친 영향

"너희는 이 세대를 본받지 말고 오직 마음을 새롭게 함으로 변화를 받아
하나님의 선하시고 기뻐하시고 온전하신 뜻이 무엇인지 분별하도록 하라"

롬 12:2

"태초에 하나님이 천지를 창조하시니라"

창 1:1

"하나님이 이르시되 땅은 생물을 그 종류대로 내되
가축과 기는 것과 땅의 짐승을 종류대로 내라 하시니 그대로 되니라
하나님이 땅의 짐승을 그 종류대로, 가축을 그 종류대로,
땅에 기는 모든 것을 그 종류대로 만드시니 하나님이 보시기에 좋았더라
하나님이 이르시되 우리의 형상을 따라 우리의 모양대로 우리가 사람을 만들고
그들로 바다의 물고기와 하늘의 새와 가축과 온 땅과 땅에 기는 모든 것을
다스리게 하자 하시고 하나님이 자기 형상 곧 하나님의 형상대로 사람을 창조하시되
남자와 여자를 창조하시고 하나님이 그들에게 복을 주시며
하나님이 그들에게 이르시되 생육하고 번성하여 땅에 충만하라, 땅을 정복하라,
바다의 물고기와 하늘의 새와 땅에 움직이는 모든 생물을 다스리라 하시니라…
하나님이 지으신 그 모든 것을 보시니 보시기에 심히 좋았더라
저녁이 되고 아침이 되니 이는 여섯째 날이니라"

창 1:24-28, 31

"여호와 하나님이 땅의 흙으로 사람을 지으시고 생기를 그 코에 불어넣으시니
사람이 생령이 되니라…여호와 하나님이 아담을 깊이 잠들게 하시니 잠들매

> 그가 그 갈빗대 하나를 취하고 살로 대신 채우시고 여호와 하나님이 아담에게서 취하신
> 그 갈빗대로 여자를 만드시고 그를 아담에게로 이끌어 오시니
> 아담이 이르되 이는 내 뼈 중의 뼈요 살 중의 살이라
> 이것을 남자에게서 취하였은즉 여자라 부르리라 하니라
> 이러므로 남자가 부모를 떠나 그의 아내와 합하여 둘이 한 몸을 이룰지로다
> 아담과 그의 아내 두 사람이 벌거벗었으나 부끄러워하지 아니하니라"
>
> 창 2:7, 21-25

창세기가 말하는 우주와 생명의 기원

다윈의 진화론 이후 교회는 지금까지 진화론과 성경 사이에서 많은 갈등과 혼란을 겪었습니다. 특히 창세기 1-3장의 해석에서 서로 나뉘기도 했고, 지금도 그러한 일은 계속 진행되고 있습니다. 그래서 이 장에서는 창세기 1-3장과 관련하여 진화론을 어떻게 이해하고 대해야 할지를 다루고자 합니다. 사실 이 문제는 간단히 말할 수 있는 내용은 아닙니다. 왜냐하면 지금까지 이 부분에 대해 수많은 논쟁과 주장이 계속되고 있기 때문입니다. 여기서는 이 논쟁의 대략적인 흐름과 결론 정도만 간단히 살펴보겠습니다.

앞에서 살펴본 것처럼, 진화론이 아무리 과학적인 자료와 방법을 가지고 우주와 생명의 기원에 대해 설명한다고 해도, 그들이 가진 가정은 지나친 상상에서 출발했다는 점에서 우리는 그것을 거부할 수밖에 없습니다. 확실하게 증명된 것이 아니라, 단지 가설에 불과한 내용이기 때문입니다. 특히 진화론은 창세기 1-3장에 기록된 우주와 생명의 기원에 관한 내용에 반하는 주장을 합니다. 특히 창세기 1-2장의 말씀은 우주 안에 존재하는 모든 것, 곧 우주 공간의 별들과 땅의 모든 동식물, 바다의 물고기와 인간을 지으신 분이 하나님이심을 분명히 밝힙니다. 그런데 여기서 가장 중요한 내용은 창세기 1장을 시작하는 "태초에 하나님이 천지를 창조하시니라"(창 1:1)라는 말씀입니다. 여기서 우리는 '하나님'이라는 주어에 특별히 주목해야 합니다.

성경은 하나님이 온 우주와 이 땅의 모든 생명체를 어떻게 창조하셨는지를 구체적으로 기술합니다. 첫째 날에 빛을 창조하시고, 그다음에 윗물과 아랫물을 창조하시며, 물을 한곳으로 모으심으로써 땅을 드러내시고 거기에 온갖 식물을 두셨습니다. 우주 공간에는 생명체가 살 수 있는 지구를 비롯하여 해와 달과 같은 광명체를 창조하셨습니다. 그리고 공중에 나는 새와 물에 사는 물고기들을 만드신 후, 마지막으로 땅의 모든 동물과 사람을 창조하셨습니다. 특히 생물들은 종(種)과 종(種) 사이를 전이하면서 진화하는 것이 아니라, 현재 우리가 보고 있는 모습 그대로 '종류대로' 창조하셨다고 말합니다.

그중에서 하나님은 인간을 매우 특별한 존재로 지으셨다고 말합니다. "하나님이 자기 형상 곧 하나님의 형상대로 사람을 창조"(창 1:27)하셨다고 말하고, 이어서 하나님이 사람을 어떻게 지으셨는지를 좀 더 구체적으로 말하고 있습니다.

"여호와 하나님이 땅의 흙으로 사람을 지으시고 생기를 그 코에 불어넣으시니 사람이 생령이 되니라"(창 2:7).

이것은 생령이 빠져나가게 되면 인간은 다시 흙으로 돌아갈 수밖에 없는 존재임을 보여 줍니다. 하나님은 또한 아담을 깊이 잠들게 하신 후 그의 갈빗대를 취하셔서 여자, 곧 하와를 만드셨습니다(창 2:21-22). 이때 아담과 하와는 벗었음에도 불구하고 부끄러움을 모르는 상태에 있었습니다(창 2:25). 이것은 인간이 죄로 인한 내면의 굴절과 악이 없는 상태에 있었음을 말해 줍니다. 바로 이것이 우주와 생명의 기원에 대해 성경이 말하는 내용입니다.

우연일 수 없는 우주와 자연의 법칙들

우리는 이렇게 성경이 말하는 바를 따라, 지금 우리가 보고 있는 우주와 생명의 기원이 바로 하나님의 창조에 의해 있게 되었음을 알고 믿습니다. 지구에 생명체가 살기 위해서는 태양과 달과 지구가 가장 적절한 위치를 유지해야 하고 지구의 자전축은 정확하게 23.5도로 기울어져 있어야 합니다. 이런 것들은 결코 우연히 이루어진 일이 아닙니다.

그럼에도 진화론은 증명할 수도 없는 가정을 앞세워 이 모든 일을 그저 우연이라고 믿습니다. 또한 진화론과 그 밖의 다른 모든 과학적 이론은 이미 존재하고 있는 자연 조건이나 나타나는 현상과 법칙만 발견할 뿐입니다. 지금까지 누구도 스스로 법칙을 만들어 내거나 지금과 같은 생명의 조건을 갖게 하지는 못했습니다.

빛 속에 입자와 파동이 있다는 사실, 우주가 고도로 미세 조정되어 있어서 이것을 임의로 바꾸면 우주가 흔들리게 된다는 사실, 지구와 태양 사이에는 인력(引力)이나 자기장과 같은 요소들이 영향을 미친다는 사실 등과 같은 수많은 우주와 자연의 법칙들은 모두 이미 존재하고 있는 것들을 발견한 것들입니다. 그래서 이 모든 것은 그저 우연히 생겨난 것이라고 할 수 없습니다.

성경은 이처럼 신비로운 생명과 물질의 세계를 전능하고 참되신 하나님, 이 모든 피조물을 창조할 수 있는 지혜와 능력을 가지신 하나님이 직접 창조하셨다고 말합니다. 우리는 이것이 사실임을 실제로 확인하고 있습니다. 다만 최초의 창조 때와 달라진 것이 있다면 인간의 타락으로 자연 세계에 균열과 혼돈이 생겼다는 사실입니다. 추위를 느낄 수 없게 해 주었던 지구의 보호막도 지금은 사라졌고, 짐승들이 사람의 다스림을 고스란히 받는 상태도 사라졌습니다. 그래서 지금은 동물이 사람을 공격하는 일이 있기도 하며, 창조 때의 질서들이 많이 흐트러졌습니다. 또한 노아 홍수 이전에는 사람들의 수명이 보통 800-900년 정도 되었으나, 홍수 이후에는 점점 줄어들게 되었습니다. 혹자는 이러한 수명의 변화 원인을 하나님의 심판으로 생긴 변화, 즉 지구의 자기장이 줄어든 것으로 설명하기도 하고, 홍수 이전과는 달라진 기후와 환경으로 설명하는 사람도 있습니다.

과학은 진화론자들의 전유물이 아니다

그러나 우주와 생명의 기원에 대한 이런 성경의 증언을 뒤엎는 주장이 찰스 다윈의 책 『종의 기원』을 통해 있게 되었습니다. 이것을 통해 대부분의 사람은 우주와 생명의 기원 및 현재의 자연 조건과 인간에 대해서까지 다윈의 관점으로 바라보는 전환이 생겼습니다. 그리고 이러한 반(反)하나님적인 사상은 결국 교회에까지 영향을 미치게 되어, 오늘날 교회 안에 창세기 1-3장의 내용을 진화론과 연결 지어 주장하는 사람들까지 있게 된 것입니다. 그러므로 우리는 진화론이 교회에 끼친 영향과 교회에 유입되어 생겨난 변화에 대해 주지할 필요가 있습니다.

이미 언급한 대로 진화론은 계몽주의와 과학의 발달 속에서 우리가 보고 경험하는 모든 것, 심지어 생명과 우주의 기원까지 하나님을 제외한 채 자연에서 답을 찾고자 했습니다. 진화론은 철저히 인간의 이성에 근거하여 세운 이론을 제시합니다. 그러나 앞서 말한 것처럼 진화론의 결정적인 문제는 전혀 과학적이지 않은 최초의 가정 또는 상상에 의존한 이론이라는 것입니다. 그래서 진화론은 사실상 일종의 믿음 체계입니다.

지금 이 세상은 진화론을 모두 사실처럼 받아들이고 있습니다. 그리고 그 관점에서 모든 것을 보고 말하고 있습니다. 심지어 성경에 근거하여 진화론과는 다른 주장을 하는 우리를 어리석다고 여깁니다. 법칙도 아닌 이론에 불과한 진화론이 단시간에 사람들의 생각을 지배하게 된 것입니다. 우리는 하나님이 우주 만물과 사람을 창조하셨다는 사실을 하나의 이론으로 완전히 뒤엎고 있는 진화론에 대해 정확하게 간파하고 있어야 합니다.

그렇다고 해서 무조건 과학을 신앙과 대척점에 놓으라는 말은 아닙니다. 그렇게 해서는 안 됩니다. 과거에는 과학을 마치 신앙과 반대되는 것처럼 생각하는 그리스도인들 때문에 많은 비난을 받기도 했습니다. 그러나 과학을 무조건 신앙과 반대된 것으로 여기며 경시해서는 안 됩니다. 또한 과학이 마치 진화론의 전유물인 것처럼 생각해서도 안 됩니다.

진화론자들은 하나님의 창조를 믿는 사람들에게 "너희는 과학의 혜택을 받으면서 왜 진화론을 경시하느냐?"라고 묻습니다. 그러나 그것은 마치 진화론은 과학이고, 과학은 곧 진화론인 것처럼 착각하는 태도입니다. 진화론이 아무리 과학적인 결과물을 제시하더라도 그것은 이미 존재하는 것을 연구한 결과일 뿐이지, 과학이 진화론의 전유물임을 말해 주는 증거는 아닙니다.

진화론의 '믿음의 체계'

'지적설계론'을 주장하는 필립 존슨은 『심판대의 다윈: 지적설계 논쟁』에서 진화론의 결정적인 한계를 자연주의적인 가정으로 말합니다. 그러면서 그는 이러한 진화론의 기저에 일종의 '믿음의 체계'가 있음을 지적합니다. 그는 지적설계론을 주장하면서 하나님의 창조를 믿는 사람들의 논리를 방어할 만한 논리를 많이 펼쳤기 때문에 진화론자들의 거센 공격을 받았습니다. 자신들의 아픈 약점과 핵심을 찌르는 그를 가리켜 진화론자들은 과학자나 신학자도 아닌 법학자가 초자연을 배제한 과학의 한계를 말한다고 공격했습니다.

그러나 진화론자들이 자신들을 방법론적인 자연주의로 말하면서 철저히 증거에 따른 증명을 제시한다고 해도, 그들은 최초의 가정(假定)에 대한 일종의 믿음을 갖고 모든 것을 설명하고 있음을 부정할 수 없습니다. 안타까운 사실은 대부분의 사람이 진화론이 전제하는 최초의 가정을 마치 입증된 사실처럼 쉽게 받아들이고 있다는 것입니다. 그러나 조금만 생각해 보면 그들이 세운 가정은 자신들이 못 믿겠다고 말하는 하나님의 창조보다도 오히려 더 역사성이 없고 비과학적인 것임을 알 수 있습니다.

그렇다면 진화론자들이 과학적인 연구를 통해 제시하는 증거와 실험의 결과들은 무엇일까요? 그것은 생명과 우주의 기원에 대해 증명하고 있는 것이 아닌, 이미 있는 사실의 일부분을 발견한 것이고 그것을 과학적으로 설명하고 논증한 것입니다. 그것은 생명과 우주의 기원을 밝힘으로써 하나님의 창조를 뒤엎을 만한 사실을 발견한 것이 아니라, 오히려 과학적인 실험을 통해 하나님이 창조하신 조건들을 더듬고 있을 뿐입니다. 그래서 그들이 지금까지 발견한 것과 실험을 통한 결과물들은 다윈이 세운 최초의 가설에 묶여 있고, 거기서 영원히 못 벗어나고 있습니다.

우리는 진화론이 일종의 믿음을 가지고 과학을 활용하고 있음을 보아야 합니다. 그들은 자신들을 '형이상학적인 자연주의'와 구분하여 '방법론적인 자연주의'라고 말하지만, 실상 그들은 다음과 같이 말하고 있는 셈입니다. "과학을 하려면 초자연적인 존재를 빼고 해야 하기에, 아니 그것을 배제한 채 자연 안에서 모든 답을 얻을 수 있다는 믿음을 가지고 해야 하기에 우리는 그 믿음을 가지고 과학을 한다!" 무슨 뜻입니까? 이것은 결국 그들이 취하고 있는 방법론적 자연주의가 다름 아닌 '믿음'에 따른 것임을 보여 주는 것입니다.

과학의 한계

진화론자 도널드 프로세로는 필립 존슨의 주장을 비판하면서 과학이 일단 초자연적인 것을 포함하게 되면 그 가설은 반증하거나 시험할 길이 없기 때문에 사실상 과학이라고 할 수 없다고 말하고는, 과학적 방법으로 초자연적인 것을 조사하고 시험했을 때 그것은 통과하지 못하기 때문에 고려할 수 없다고 주장했습니다.[1] 이런 주장은 과학을 통과해야만 모든 것이 사실일 수 있다는 일종의 '과학만능주의' 또는 '과학주의'를 말하는 것으로 초자연적인 것은 있을 수도 없고, 믿을 수도 없다는 주장입니다.

그러나 과학이 증명하지 못하는 것들이 얼마나 많습니까? 그런데도 방법론적인 자연주의에 따라 생명과 우주의 기원을 규명하고자 하는 그들의 태도 속에는 과학의 한계를 인정하지 않으려는 고집이 있습니다. 뿐만 아니라 거기에는 초자연적인 존재이신 하나님을 배제하고 자신들이 세운 가정에만 집착하는 강한 믿음도 있습니다.

그래서 리처드 도킨스가 "자연선택은 삶 전체를 설명해 줄 뿐만 아니라 어떻게 조직화된 이 복잡성이…단순한 출발점으로부터 생겨날 수 있는지를 설명해 주는 과학의 위력을 깨닫도록 우리의 의식을 고양시켜 주기도 한다"[2]라고 말한 것에 대해서 필립 존슨은 다음과 같이 말했습니다. "이 진술이 전제하는 것은 생물학 이론에 대한 믿음이다." 곧 "먼저 그 이론에 대한 믿음이 오고, 그 후에 수정된 인식을 지닌 고양된 의식이 온다는 말이다." 하지만 "그 순서가 거꾸로 될 수도 있다는 것을 생각하면 더 큰 깨달음이 오는 것 같다."[3]

이것은 진화론자들이 믿는 것과는 반대로, 필립 존슨이 말하는 '지적인 존재'에 대한 믿음을 갖고 생물학을 보게 되면 오히려 더 큰 깨달음이 오게 된다는 말입니다.

그렇습니다. 존슨이 표현한 '지적인 존재'를 성경의 '하나님'으로 바꾸어서 하나님이 창조하신 것에 대해 믿음을 갖고 보게 되면 모든 것을 바르게 판단할 수 있습니다. 뿐만 아니라 그것을 입증해 주는 과학적 자료들도 제자리를 찾게 됩니다. 실제로 크리스천 과학자들은 지금까지 자신들이 발견하고 연구한 것들을 이러한 믿음을 가지고 설명하고 증명했습니다.

모든 것을 녹여 버리는 '만능 산'(universal acid)

그러나 일단 진화론을 받아들이게 되면 그다음부터는 모든 것이 진화론의 시각으로 바뀌게 됩니다. 소위 진화론적인 세계관을 가지고 모든 것을 보게 되는 것입니다. 그래서 이제부터 우리가 주목해야 할 것은 바로 그러한 일이 역사 속에 실제로 있었을 뿐만 아니라, 심지어 교회 안에 있는 사람들에게도 있게 되었다는 사실입니다.

오늘날 대부분의 사람은 학교 교육을 통해 진화론적인 관점으로 모든 것을 보고 이해하는 세계관을 갖고 있습니다. 진화론으로 인한 이러한 변화와 관련하여 대니얼 데닛은 다윈의 이론을 '만능 산'(universal acid)에 비유했습니다. 그는 진화론이 마치 무엇이든지 녹여 버리는 산(acid)과 같다는 의미에서 다음과 같이 말합니다.

"다윈의 생각은 거의 모든 전통적 개념을 부식시키면서 혁신적 세계관을 남긴다. 물론 오래된 개념이나 세계관의 형체는 여전히 알아볼 수 있으나, 근본적으로 완전히 바뀌었다. 다윈의 생각은 생물학에서 제기된 문제에 대한 답이었다. 하지만 다윈의 생각은 위험하게도 다른 곳에도 번져 나가려 했다. 다윈의 생각은 한편으로 우주론의 질문에 답하면서 다른 한편으로 심리학의 질문에도 답한다."[4]

그런데 이러한 내용과 관련하여 필립 존슨과 마크 레이놀즈는 "부식성이 강한 다윈주의 방법론이 절대로 적용되지 않는 분야가 하나 있는데,

그것은 바로 다윈주의 자체이다"[5]라고 말했습니다.

만능 산과 같은 다윈의 이론이 지난 역사를 거쳐 오면서 어떤 결과를 일으켰는지 보십시오. 그것은 다양한 영역에 반영되어 파괴적인 결과를 가져오기도 했고, 심지어 성경이 말하는 대로 하나님의 창조를 믿었던 사람들로 하여금 진화론으로 돌아서게도 했습니다. 또한 진화론과 하나님의 창조를 혼합하여 믿도록 만드는 데까지 부식 현상을 일으켰습니다. 우리는 이것을 실제로 보고 있습니다. 그래서 존슨과 레이놀즈는 "일단 이 이론(다윈주의 진화론)을 완전히 받아들이면, 그것은 모든 것을 새로운 빛에 비추어 이해할 수 있도록 지성을 해방시켜 준다"라고 말하고는 다음과 같이 덧붙였습니다.

"이러한 가르침이 유물론 신자에게 미치는 영향은 종교적인 회심과 비슷하고, 프로이트주의나 마르크스주의가 과학으로 간주되던 시대에는 그것으로 전향한 경우와도 유사하다. 그리고 그리스도인이 다윈주의 인식론을 받아들일 경우, 곧바로 무신론으로 전향할 가능성도 없지 않다. 또 어떤 경우에는 그리스도인이 유신론적인 진화론이 정통 기독교 신앙과 완전히 조화될 수 있다고 주장할 수 있다. 심지어는 인간을 비롯한 모든 종이 하나님의 지도 없이 순전히 자연적인 작용에 의해서 진화되었음을 부인하는 그리스도인을 이단으로 취급하거나 '신성 모독적'이라고 비난할 수도 있다."[6]

이러한 일은 지금도 일어나고 있습니다. 인터넷과 유튜브 등에서 진화론을 거부하고 성경대로 믿는 사람들을 빈정대며 무시하는 주장들을 보는 것은 아주 흔합니다. 존슨이 말한 것과 같은 현상이 그대로 벌어지고 있는 것입니다. 이처럼 진화론은 만능 산이 되어 하나님의 창조를 믿는 자들까지 서로를 판단하고 정죄하며 분열하게 했습니다.

이처럼 이 세대의 생각과 행동의 틀을 이루는 진화 사상의 영향력은 결국 예수를 믿는 우리에게까지 파고들어 와 매우 강력한 압력과 유혹을 드러내고 있습니다. 이러한 현상은 앞으로도 멈추지 않고 계속될 것으로 보입니다.

진화론이 사회와 국가에 미친 파괴적인 영향

무엇보다도 진화 사상의 가장 결정적인 영향은 성경의 모판과도 같은 창세기 1-3장의 내용을 완전히 다르게 이해하도록 만든 것입니다. 이로 인해 예수를 믿는 사람들 사이에 혼란과 갈등이 야기되고 있습니다. 그러나 우리는 진화론으로 인해 생겨난 이러한 혼란과 갈등을 다루기에 앞서 진화론의 파괴적인 영향이 사회와 국가에 미쳤다는 사실을 먼저 살펴볼 필요가 있습니다.

진화론은 만능 산이 되어 기존의 생각들을 부식시켰습니다. 다윈의 『종의 기원』이 출간된 뒤로, 진화론은 사람들이 기존에 갖고 있던 생각들과 사회 사상까지도 부식시켜 버렸습니다. 하나님에 의해 창조된 우주 만물과 자연 현상 및 인간 존재를 자연에서 우연히 진화한 것으로 봄으로써 그 모든 근원을 한낱 화학 원소로 돌려 버리고 만 것입니다. 그래서 인간이란 존재도 세상을 지배하는 고유한 인격성을 가진 존재가 아닌 그저 물질에 지나지 않는 것으로 봅니다.

이러한 생각은 인간이 가지고 있었던 도덕 개념들을 허물어뜨렸습니다. 사람들은 신의 존재와 그분의 섭리에 의존하지 않은 채 자연을 설명하고자 했습니다. 그리고 신의 존재를 부정하는 세계에 어울리는 새로운 도덕적 가치를 만들고자 했습니다. 그러면서 스펜서의 '적자생존'(適者生存) 개념이 새로운 도덕 원칙에 활용되기도 했습니다. 이처럼 적자생존 개념을 추가한 진화론의 원리는 생명의 세계뿐만 아니라 물질세계와 우주, 심지어 인간 사회에까지 적용되었습니다.

흥미로운 사실은 다윈이 『종의 기원』을 발표하기 전인 1838년에 토마스 맬서스(Thomas R. Malthus)의 『인구론』을 읽고 '생존 경쟁' 개념을 받아들여 자신의 진화 이론을 확립하는 데 통찰을 얻은 것입니다. 물론 나중에 스펜서의 적자생존 개념을 추가하기도 하지만, 다윈은 그의 자서전에 다음과 같이 기록했습니다.

"동물과 식물의 습성을 오랫동안 관찰하면서 어디에나 생존 투쟁이 일어나고 있다는 사실을 확신했다. 이 책(『인구론』)을 읽으며 생존 투쟁이 일어날 때, 생존 투쟁에 유리한 변이형이 보존되고 불리한 변이 형태는 없어지는 경향이 있다는 생각이 들었다. 이런 일이 일어나면 결국 새로운 종(種)이 생겨날 것이다. 비로소 나는 내 생각을 발전시킬 이론을 가지게 되었다."[71]

이것은 결국 자연의 모든 생물에게는 격렬한 경쟁과 투쟁이 생존에 필연적이라는 맬서스의 주장을 통해 다윈의 자연선택 이론이 더욱 확고하게 자리매김하게 되었음을 시사합니다. 문제는 이러한 진화론으로 인해 신의 존재와 물질의 세계, 우주 및 인간 사회를 바라보는 시각에까지 파격적인 변화가 있게 되었다는 것입니다. 진화론은 그동안 중세 사회부터 계속되어 왔던 기독교의 오랜 가치관을 깨뜨렸습니다. 그래서 결국 새로운 도덕 개념을 만들어 냈고, 그로 인해 인간과 사회를 극단적인 시각으로 바라보는 일이 있게 되었습니다.

'사회다윈주의'와 '우생학'의 출현

이러한 진화론의 영향으로 생존 경쟁설이 사회 사상으로 수용되면서 그에 따른 인종 차별이 있게 되었고, 국가와 사회는 약육강식을 합리화하여 강대국이 약소국을 침탈하고 식민 정책을 펴는 일이 있게 되었습니다. 강대국들은 자신의 침탈 행위를 이러한 가치관으로 정당화했습니다. 우리는 이것을 '사회다윈주의'(Social Darwinism)라고 말하는데, 이것으로 인해 사회적인 약자와 부적응자들을 격리하고 거세해야 한다는 '우생학'(優生學)이 나오게 되었습니다.

우생학이 극단적으로 적용된 사례는 바로 나치에 의해 행해진 '홀로코스트'(유대인 대학살)입니다. 이것은 무능한 사람들의 후손이 나오지 않도록 해야 한다는 생각에서 자행된 일이었습니다. 결국 창조 세계는 물질로부터 진화한 것이고, 인간 역시도 물질에서 진화한 존재로 보는 것에서 야기된 사건이었습니다. 이것은 생존 경쟁에서 살아남은 것이 진화되는 것으로 보는 생각의 극단적인 결과였던 것입니다.

우리 사회에는 이러한 적자생존의 진화 메커니즘이 작용하고 있다고 믿는 사람들이 아직도 많이 있습니다. 다른 사람들을 짓밟고 먼저 올라감으로써 경쟁에서 이겨야 하고, 또 그런 자만이 살아남는다고 생각하는 것입니다. 바로 이것이 사회다원주의의 잔재입니다. 사람들은 제1, 2차 세계대전이나 공산주의 혁명과 같은 파괴적인 사건을 통해서 진화론이 사회다원주의로 발전하면서 인간과 사회를 해체하는 극단적인 모습을 지켜보았습니다. 그러면서 서구 세계는 홀로코스트와 같이 수백만 명의 사람들을 죽인 사건에 대해 경악하면서 자신들이 가진 진화론적인 가치관과 진보 사상에 대해 반성하게 되었습니다. 그러나 사람들은 잠시 진화론의 환상에서 깨어나고 주춤했을 뿐, 진화론은 여전히 만능 산이 되어 모든 것을 녹이는 일을 멈추지 않고 지속해 나갔습니다.

진화론이 기독교에 미친 영향

이제 우리가 주목해야 할 사실은 진화론이라는 만능 산이 기독교에까지 영향을 미쳐 교회가 그동안 믿어 왔던 창조 신앙까지 부식시켰다는 것입니다. 그 결과 오늘날 기독교회는 창세기 1-3장의 내용과 관련하여 두 그룹으로 나뉘게 되었습니다. 하나의 그룹은 창세기 1-3장을 있는 그대로 믿는 '창조론'이고, 또 다른 그룹은 하나님의 창조에 진화론을 반영한 '유신진화론'입니다.

　이 두 견해의 역사와 관계 및 그들 각각의 주장들은 몇 번의 내용으로 다루어야 할 정도로 다양하고 많습니다. 그 정도로 교회 안에서 혼란과 갈등이 많이 야기되었습니다. 뿐만 아니라 이제는 창조론을 얘기하면 반발심부터 갖는 일까지 생겼습니다. 이것은 모두 만능 산이 들어와 생겨난 현상들입니다. 특히 유신진화론은 별도의 시간을 들여서 다룰 필요가 있을 만큼 오늘날 교회 안에서 많은 사람, 특히 젊은이들이 관심을 갖고 있는 견해입니다.

　저는 이 세대의 생각과 행동의 틀을 이루고 있는 진화론의 영향 차원에서 창조론과 유신진화론에 대해 말하고자 합니다. 이 두 견해는 우리가 기독교 안에서 쉽게 들을 수 있는 내용이므로 여기서 최소한의 내용으로라도 정리하여 분별할 수 있기를 바랍니다.

　우리는 먼저 창세기 1–3장의 내용을 다르게 해석하고 주장하는 일이 진화론으로부터 제기되었다는 사실을 주지할 필요가 있습니다. 그 이전까지 교회 안에는 하나님의 창조를 믿는 것 속에서 해석상의 차이만 조금 있었을 뿐, 교회는 창세기 1–3장이 말하는 바를 그대로 믿어 왔습니다. 그런데 진화론의 영향으로 교회는 마치 자신들이 이전에는 몰랐던 것을 과학이 새롭게 발견하기라도 한 것처럼, 창세기 1–3장 전체를 진화론을 반영하여 해석하게 되었습니다. 그래서 우리는 창세기 1–3장에 대한 진화론자들의 이해와 주장을 먼저 파악할 필요가 있습니다.

성경은 신화(神話)인가

진화론자들에게 창세기 1-3장의 내용은 이 세상에 존재하는 신화(神話)들 중 하나입니다. 그들은 창세기 1-3장의 내용을 사실로 받아들일 의향이 전혀 없습니다. 실제로 진화론을 받아들이면 창세기의 내용은 신화로 보일 뿐, 이것을 믿지 않게 됩니다. 그래서 진화론으로 인해 교회를 떠나는 사람들이 많이 생긴 것입니다.

진화론자들은 메소포타미아 지역의 '에누마 엘리시 창조 서사시'나 노아 홍수와 유사한 내용을 담고 있는 '길가메시 서사시'가 창세기보다 천 몇백 년 앞서 기록된 것이라고 주장합니다. 그들은 히브리 사람들이 고대 근동에 있었던 신화들을 가지고 창세기 1-3장의 내용을 기록했다고 말합니다. 또한 과거 자유주의 신학자들이 말했던 것처럼, 모세오경도 여러 문서를 조합한 것이라며 성경의 역사성을 부정합니다. 그러나 과거 자유주의자들이 말했던 내용들은 이미 기독교 안에서 반박되었습니다.

여기서 우리가 알아야 할 한 가지 사실은, 고대 근동의 모든 신화는 노아 홍수를 경험한 노아의 후손들이 이미 갖고 있었던 지식이었다는 것입니다. 그들은 하나님이 인간을 어떻게 창조하셨고, 홍수 심판은 어떻게 해서 일어나게 되었는지에 대해 자신의 조상들로부터 들어 왔습니다. 그래서 고대 근동 사람들은 기본적으로 성경에서 말하는 내용을 모두 가지고 있었고, 그것을 신화로 만든 것입니다.

그렇다면 고대 근동의 서사시들은 어떻게 성경보다 먼저 기록될 수 있었을까요? 그것은 하나님이 아브라함을 통해 이루시는 구속의 역사가 먼저 있었지만, 그것을 이스라엘 민족이 나중에 기록했기 때문입니다. 그래서 고대 근동 사람들은 신화를 역사화(歷史化)한 것이 아니라, 오히려 역사를 신화화(神話化)한 것입니다. 다시 말해, 그들은 실제로 있었던 역사적 사건과 인물들을 신화로 만들어서 기념하려고 했던 것입니다. 그들은 바로 그러한 신화적 내용을 성경보다 오래된 자료로 갖고 있었습니다. 그러한 점에서 고대 근동 신화들은 이미 일어났던 역사적 사실에 대한 나름의 표현 방식이라고 할 수 있습니다. 고대 근동 전문가들은 그들의 신화 속에 성경과 유사한 내용이 있는 이유는 이미 있었던 역사적 사건들을 자신들의 삶과 환경에 반영하여 신화로 만들었기 때문이라고 말합니다.

그러나 프로세로는 자유주의자들이 말했던 것처럼, 하나님의 창조를 믿는 자들을 마치 미신이나 신화를 믿는 비과학적인 자들이라고 말합니다. 그는 하나님의 창조를 믿는 자들을 향해, 고작 신화에 기초한 내용을 믿으면서 자신들을 과학적이라고 말하면 안 된다고 비판합니다. 그러면서 '창조과학'이라는 단어를 사용하는 것은 과학을 모독하는 것이라고 말합니다. 지질학을 이용하여 하나님의 창조를 말하는 사람들에게 그것은 과학이 될 수 없다고 주장하는 것입니다.

이처럼 진화론자들은 창조론자들을 마치 과학적인 증거도 없는 비전문가들처럼 여깁니다. 그러면서 진화론이 주장하는 과학적 사실들을 어설프게 반박하는 사이비 과학에 지나지 않는다고 창조론자들을 비판합니다.

창조론자들의 등장[8]

이처럼 진화론자들이 창세기 1-3장의 내용을 신화적인 것으로 여기면서 생명의 기원이 최초의 어떤 물질로부터 진화되었음을 증명하려고 했기 때문에, 이에 대응하여 소위 창조론자들로 불리는 크리스천 과학자들이 등장하게 되었습니다.

다윈의 진화론이 처음 나왔을 때만 해도 교회는 창세기 1-3장의 내용을 기존에 믿어 왔던 그대로 믿고 있었습니다. 그러나 진화론이 계속해서 기독교에 영향을 미치고, 특히 창세기 1-3장에 대한 의문과 혼란이 야기되면서부터 19세기 후반에 미국에서는 과학적 창조론자들이 나타났습니다.

그들 중 우리가 먼저 주목해야 할 인물은 프라이스(G. M. Price)입니다. 그는 1920년대 제7일안식일예수재림교회에 속한 인물로서, 진화론을 반대하고 하나님의 창조를 강조하기 위해 노아 홍수 사건을 지질학과 관련해서 주장합니다. 그는 창조 기간을 24시간을 단위로 한 6일의 기간으로 보면서, 노아 대홍수 사건을 창조 이후 지질학적 변화의 원인으로 주장합니다.

그리고 1940년대에 들어서면서부터 미국 복음주의 과학자들은 제7일 안식교도들이 주장한 엄격한 창조론이 틀렸다고 판단합니다. 그래서 그들은 엄격한 창조론으로부터 점진적인 창조론으로 그리고 거기서 한 걸음 더 나아가 유신론적인 진화론으로 옮겨 가는 일에 기여합니다. 이러한 과정에서 복음주의 진영에 있던 사람들이 진화론 쪽으로 움직이게 되었는데, 이때 유명한 신학자 버나드 램(Bernard L. Ramm)이 학문적인 기여를 했습니다. 그는 자신을 미국의 근본주의자들과 구분하면서 '신복음주의자'들과 연대하여 전형적인 창조론자들을 편협한 "성경 숭배"로부터 끌어내어 점진적인 창조론으로 이끌고자 했습니다.[9] 그가 자신의 책에서 말한 점진적 창조론은 "젊은 지구, 보편적인 홍수 그리고 인류의 최근 등장의 필요성"을 폐기하는 주장이었습니다.[10]

그런데 램이 성경의 권위와 내용을 모두 부정한다고 여기면서 그의 주장에 반발하는 자들이 등장합니다. 그들 중 존 휘트콤(John C. Whitcomb)과 헨리 모리스(Henry M. Morris)가 쓴 노아의 홍수와 창세기에 관한 책은 우리나라에도 번역되어 많은 영향을 미쳤습니다. 모리스는 홍수 지질학을 제7일안식교가 주장했지만, 성경의 6일 창조와 범세계적인 홍수는 사실이기 때문에 그들의 주장을 수용해야 한다고 주장했습니다. 그래서 그는 휘트콤 교수와 함께 프라이스가 주장한 젊은 지구론을 받아들여서 노아 홍수에 관해 연구했습니다.

그러나 모리스는 자신을 제7일안식교와 구분하여 '창조론적 지질학' 또는 '성경적 지질학'이라는 차별화된 용어를 사용합니다. 그리고 1961년에 휘트콤과 함께 『창세기의 홍수』라는 책을 통해 성경의 축자영감설에 기초한 지질학적 연구를 발표합니다. 그들의 책은 20만 부 이상 판매될 정도로 미국 교회에 많은 영향을 미쳤습니다. 그리고 1970년대에 이르러 모리스가 창조연구회의 회장을 역임하면서, 홍수 지질학을 옹호하는 사람들과 함께 '창조과학' 또는 '과학적 창조론'이라는 이름으로 자신들의 주장을 펼치는 소위 '과학적 창조론자'들이 등장했습니다.

그들은 진화는 과학이 아니라 가설이기 때문에 교과서에서 빼야 한다고 주장했지만, 아이러니하게도 그러한 과정에서 창조론과 진화론 모두에게 과학적 지위를 부여하는 일을 했습니다. 로널드 넘버스(Ronald L. Numbers)는 이때부터 창조론의 과학적 측면이 크게 강조되었고, 창조론은 종교에서 과학으로 변경되기 시작했으며, 이것이 창조론을 공립학교 과학 시간 안으로 들여오려는 전략적인 수정이었다고 말합니다.[11]

그런데 이러한 과정에서 창조과학 진영에서는 증거를 조작하고 왜곡하는 일로 비판을 받았습니다. 또한 창조론 비판에 더욱 열정적으로 대응했던 제7일안식일예수재림교와 여호와의증인, 하나님의교회 등이 엄격한 창조론을 믿고 주장함으로써 여기에 부정적 인식이 더해지고 확산되었습니다.

이러한 역사적 배경 때문에 우리나라에서도 창조론을 부정적으로 인식하는 사람들이 교회 안에 많이 있습니다. 그러나 창세기 1-3장을 문자적으로 받아들이는 창조론은 거기에 지질학을 더하면서 더욱 자리매김하게 되었고 세계로 확장되어 나갔습니다.

지적설계론

그러다가 1990년대에 이르러 '지적설계'(Intelligent Design)라는 개념으로 반(反)진화론을 주장하는 일이 있게 됩니다. 물론 개념적인 지적설계론은 18세기 말 영국에서 자연신학을 말하는 사람들 가운데 있었지만, 구체적인 지적설계론을 통해 반진화론을 주장한 사람은 1990년대 필립 존슨입니다. 그는 진화론이 과학적인 근거에 기초한 것이 아닌 자연주의 철학에 근거한 것이라고 말하면서, "다윈 이후 150년 이상 지속되어 온 창조론 대 진화론 논쟁의 본질이 과학적 증거로는 해결될 수 있는 문제가 아니라, 무신론 대 유신론이라는 두 개의 상충되는 세계관 사이의 대결"[12]이라고 주장했습니다.

그렇다면 '창조론'과 존슨이 주장한 '지적설계론' 사이에는 어떤 차이가 있을까요? 창조론은 하나님이 세상을 창조하셨다고 말하지만, 지적설계론은 하나님 대신에 '지적설계자'라는 신적 존재를 말합니다. 이것은 같은 내용을 표현만 달리한 것처럼 보이지만, 사실 세부적인 내용에서는 분명한 차이가 있습니다.

창조론은 성경 말씀대로 창조의 주체이신 하나님과 하나님의 속성 및 하나님의 창조 목적과 의도를 함께 강조합니다. 그러나 지적설계론은 지적 존재가 누구이며, 어떤 인격을 가졌는지 그리고 그의 의도와 목적이 무엇인지에는 관심을 두지 않습니다. 그럼에도 지적설계론이 신적인 존재를 인정하면서 진화론을 설득력 있게 부정했기 때문에 사람들에게 유용한 것으로 받아들여졌습니다. 이러한 이유로 불신자들 중에도 지적설계론을 받아들이는 사람들이 있을 뿐만 아니라 교회 안에도 제법 있습니다. 창조론과 진화론 모두 증거 부족이라는 한계를 가지고 있기 때문에 지적설계론이 더 낫다고 생각한 것입니다.

유신진화론

그런데 창조론이나 지적설계론과는 달리 창조와 진화를 함께 수용하는 자들이 일어나게 되는데, 바로 '유신진화론자들'입니다. 앞서 말한 것처럼 창조론의 역사적 배경에는 크게 두 견해로 나뉘는 일이 있었습니다. 하나는 창세기 1장의 창조 기사를 24시간 6일 창조로 해석하면서 그것을 토대로 지구 나이를 대략 6천여 년으로 보는 '젊은 지구 창조론'이고, 다른 하나는 창세기 1장에서 말하는 '날'이 오랜 기간이었을 것으로 생각하면서 현재까지 알려진 지질학과 물리학 및 천문학적인 발견들을 고려한 '오랜 지구 창조론'입니다.

그런데 이 두 견해의 공통점은 진화론을 부정하고 하나님이 만물을 창조하셨다는 사실을 강조하는 것입니다. 이에 반해 유신진화론은 하나님의 창조를 말하긴 하지만, 진화론에 입각해서 말합니다. 그들은 진화론이 가진 강력한 과학적 자료 때문에 진화론을 무시할 수가 없고, 또 무시해서도 안 된다고 말하면서 진화론을 수용합니다.

유신진화론이 처음 등장했을 때만 해도 지금과는 달랐습니다. 처음에는 하나님이 생물을 진화의 방식으로 창조하시되, 어떤 특별한 단계에서는 초자연적으로 개입하신다고 주장했습니다. 그러나 오늘날의 유신진화론은 그렇게 생각하지 않습니다. 진화론이 답하지 못하는 최초 단계의 물질은 하나님이 창조하셨고, 그 이후의 모든 생명체는 자연 과정을 통해 진화하도록 만드셨다고 주장합니다. 그들은 이러한 내용을 기초로 하여 대부분을 진화론의 입장에서 설명합니다. 그래서 유신진화론은 진화론이 말하는 생명의 진화를 과학적 사실로 받아들이면서 하나님의 창조를 진화론적인 관점으로 이해합니다.

이러한 유신진화론이 구체적으로 제기되어 기독교회 안으로 들어오는 데 큰 기여를 한 사람은 20세기 중반, 가톨릭의 사제이자 신학자이며 고생물학자인 샤르뎅(Pierre Teilhard de Chardin)입니다. 그는 북경 원인을 조사하는 일에도 참여하면서 인류가 유인원에서 진화했다는 주장과 함께 유신론적인 진화론의 기틀을 놓았습니다.

가톨릭은 그의 주장을 처음에는 비판했으나, 머지않아 수용하게 됩니다. 그래서 교황 요한 바오로 2세는 "새로운 사실이 발견됨에 따라 진화를 가설 이상의 것으로 인정해야 한다. 인간의 육체가 예전부터 존재했던 생물체에서 나왔다면 정신적 영혼만큼은 하나님에 의해 직접 창조되었다"[13]라고 말했습니다. 결국 인간의 몸은 원숭이에서 진화되었고, 영혼만 하나님에 의해 창조되었다는 말입니다. 그리하여 로마 가톨릭은 교황 요한 바오로 2세의 말에 따라 유신진화론을 체계화합니다. 즉 진화에서 나온 선행(先行) 인류가 있었고, 그들 가운데 아담과 하와라는 존재가 있었으며, 하나님이 그들에게 특별히 개입하셔서 영혼을 창조하셨다는 것입니다.

유신진화론의 교회 유입

이러한 유신진화론의 관점은 개신교 안으로 들어와 개신교 안에서도 성경을 이해하는 관점이 되었습니다. 그런 관점으로 성경을 이해하여 말하는 유명 저자들이 있어서 그 영향과 파급력은 더욱 거세어지고 있습니다.[14] 지금 한국 교회 안에서도 '젊은 지구론'이나 '오랜 지구론'처럼 하나님이 창조하셨다는 것을 믿는 그룹과 유신진화론을 믿는 그룹이 나뉘어 있습니다. 여기에는 신학교와 기독교 학자들뿐만 아니라 기독교 과학자들과 성도들까지 포함되어 있습니다.

유신진화론자들은 "진화론이 창조론에 도전이 되는 것처럼 보이지만, 기독교 신앙과 조화되지 못할 이유가 없다"[15]라고 말합니다. 그러면서 진화론과 하나님의 창조를 극단적으로 나눌 필요가 없으며, 오히려 그런 생각은 극단적인 생각이라고 주장합니다. 그러면서 그들은 하나님의 창조를 성경 그대로 믿는 사람들을 '문자주의'로 부르면서 극단적이라고 말합니다. 커닝햄은 하나님이 모든 것을 창조하셨다고 믿는 창조론자들을 "신학적 영지주의자"[16]라고 말하기도 했습니다.

유신진화론의 뒤틀린 성경 해석

물론 유신진화론이 교회 안에 수용되는 과정에는 그동안 창조론자들이 과학적으로 빈약한 자료를 가지고 진화론에 대항했던 모습과 미국 교회가 진화론을 빼고 창조론을 집어넣으려는 과정에서 범했던 부정적인 모습이 있었습니다. 그러나 유신진화론이 성경의 내용을 말하고 있다고 볼 수는 없습니다. 왜냐하면 유신진화론은 진화론 진영에서 내놓은 과학적 자료를 무시할 수 없다는 것과 창세기 1-3장을 문자적으로 믿는 것은 비합리적이고 비과학적이라는 이유로 창세기 1-3장의 내용을 진화론으로 재해석한 것이기 때문입니다.

그래서 유신진화론은 사실 이것도 저것도 아닌 것입니다. 왜냐하면 창세기 1-3장의 내용을 진화론으로 재해석하면 구약의 나머지 내용은 모두 뒤틀려 버리기 때문입니다. 또한 창세기와 연관된 신약의 본문들도 왜곡되어 버립니다. 그럼에도 성경을 뒤틀어서라도 진화론을 수용하려고 하는 것은 결국 성경보다 진화론에 더 무게를 두는 것입니다. 그리고 이러한 그들의 해석은 어떤 면에서 성경의 사실성에 대한 편견을 갖고 진화론의 입장에서 짜 맞춘 것에 지나지 않습니다. 웨인 그루뎀(Wayne Grudem)은 창세기 1-3장에 관한 유신진화론의 주장을 다음과 같이 요약했습니다.

"하나님은 물질의 초기 창조자이지만 개별적인 생명체들의 창조자는 아니다. 인류는 단지 둘뿐인 최초의 부모에게서가 아니라, 대략 만 명의 조상들에게서 유래했다. 하나님은 지구에 있는 수만 명 가운데 한 사람 한 여자를 선택하시고, 이들을 아담과 하와로 명명하시고, 인류를 대표하도록 하셨다. 그러나 이 아담과 하와는 최초의 사람들이 아니며, 또한 사람의 죄나 죽음이 이들에게서 비롯되지도 않았다."[17]

결국 유신진화론은 하나님을 생명 있는 모든 피조물의 창조자가 아니라, 단지 물질의 창조자로만 제한합니다. 그리고 인류의 조상은 두 명이 아니라 수만 명일 수 있다고 말하면서, 아담과 하와는 원숭이로부터 진화한 선행 인류에서 선택된 두 사람이라고 해석합니다.

그러나 이것은 창세기 1-3장을 진화론적인 관점에서 이해한 것일 뿐, 창세기 1-3장에 기록된 내용은 아닙니다. 그들의 주장은 과도한 상상을 해야만 가능한 것입니다. 그들은 창세기 1-3장을 역사적인 기록이 아닌 시적이고 비유적이며 풍유적인 기록으로 해석해야 한다고 주장합니다. 그러면서 창세기 1-3장의 내용을 기록된 문자 그대로 이해하는 사람들을 "구시대적인 문자주의"에 사로잡힌 근본주의자로 취급하고, 대신에 진화론을 수용하여 창조를 이해하는 것이 균형을 갖춘 기독교의 바른 지성인 것처럼 말합니다.[18]

그들의 주장이 성경 전체와 일치하지 않는다는 사실을 지면상 상세히 다룰 수는 없어서 간략하게만 설명하겠습니다. 누가복음은 예수 그리스도의 탄생으로부터 아담까지 거슬러 올라가는 족보를 기록하고 있습니다. 그러면서 아담 위에 있는 존재를 하나님으로 말합니다. 그런데 유신진화론을 주장하려면 이러한 성경적인 사실을 모두 깨뜨려야 합니다. 그리고 누가복음이 말하는 족보는 그저 의미 부여 차원에서 조상으로 명명한 것일 뿐, 실제는 아닌 것으로 상상해야만 합니다.

또한 로마서에서 말한 것처럼 '아담의 범죄 안에서 모든 사람이 사망했고, 둘째 아담이신 예수 그리스도 안에서 생명에 이르게 되었다'는 기독교의 속죄 교리도 왜곡해야만 합니다. 유신진화론은 아담 이전에 물질로부터 진화한 유인원 또는 선행 인류에게 죽음이 있었기 때문에, 죽음이 아담에 의해 시작된 것은 아니라고 합니다. 그래서 하나님이 아담에게 말씀하신 것은 영적인 죽음이라는 과도한 해석을 합니다.

앞으로 우리가 신앙생활을 함에 있어서 어려운 점은 성경을 이처럼 다르게 해석하면서 곁길로 가게 만드는 주장들을 분별하고 저항해야 한다는 것입니다. 사실 유신진화론과 창조론의 주장을 살펴보면 유신진화론이 더 매력적으로 보일 수 있습니다. 특히 유신진화론자들은 진화론과 창조론 모두를 수용하면서 나름 균형을 갖기 때문에 합리적이라고 생각할 수 있습니다. 더욱이 관용과 포용을 중요하게 여기는 포스트모더니즘 세대는 이러한 유신진화론자들의 태도를 긍정적으로 여깁니다. 그러나 중요한 것은, 유신진화론은 진화론이 세운 최초의 가정을 성경으로 바꾸어서 말하고 있을 뿐, 성경 전체의 내용과는 일치되지 않는다는 것입니다.

유신진화론은 창조와 진화를 조화시킬 수 있는가

이러한 현실 속에서, 우리는 창세기 1-3장을 어떻게 이해하면서 창조에 대한 신앙을 가져야만 할까요? 요즘 득세하는 유신진화론은 진화론의 주장이 과학적으로 많은 증거와 설득력을 갖고 있다고 생각합니다. 그래서 창조론을 진화론과 조화시키려는 시도를 하지만, 우리는 진화론 자체가 하나님과 그분의 창조를 배제한다는 점을 결코 잊어서는 안 됩니다. 그래서 진화론자들 중에 많은 사람이 유신론자들을 비웃습니다. 왜냐하면 진화론자들은 처음부터 초자연적인 존재를 배제한 방법론적인 자연주의만 인정하기 때문입니다. 그래서 필립 존슨과 레이놀즈는 유신진화론에 대해 다음과 같이 말했습니다.

"유신진화론자들은 그들의 입장이 자가당착이라는 것을 보지 못한다. 그들은 스스로 '좋은 과학'을 수용하고 있다고 생각하고, 다윈주의 인식론을 그 고유한 분야인 생물학과 같이 적용하는 것은 거부한다. 하지만 다음 세대가 다윈주의를 공부하게 되면 다음과 같은 핵심 사항을 파악하게 될 것이다. 만일 과학의 연구 대상인 생물학 세계에 하나님이 들어설 자리가 없다면, 현실 속에 하나님이 들어설 자리는 없는 셈이라고 말이다."[19]

결국 유신진화론은 하나님이 들어설 자리가 없도록 만들고 있는 셈입니다. 그럼에도 기독교 진영은 진화론을 성경과 연결해 보려고 애를 씁니다. 그러나 이미 말한 대로 진화론과 창조론은 각각의 믿음 체계를 가지고 있습니다. 그래서 이 둘은 함께할 수가 없습니다. 이 두 믿음 체계가 함께할 수 있다고 말하는 것은 마치 교회 역사 속에 있었던 혼합주의 신앙과 같은 태도입니다. 이은열 교수는 진화론에 대해 다음과 같이 말합니다.

"진화론은 과학적 이론이라고 주장하지만, 진화론이 사실이라면 성경에 기록된 창조는 거짓이 될 수밖에 없다. 따라서 진화론은 과학적 이론이면서 동시에 매우 종교적이다. 기독교 진리를 부정한다는 측면에서도 종교적이지만, 그 자체가 실험적 과학이 아닌 믿음의 과학이기 때문이다."[20]

이처럼 창조론과 진화론은 각각의 믿음을 갖고 있기 때문에, 이 둘을 혼합하는 것은 지성적인 위안을 줄 수 있을지는 몰라도 하나님의 말씀과는 동떨어져 있습니다.

그렇다면 우리는 유신진화론이 긍정적으로 수용하는 진화론의 유용한 과학적 자료들을 어떻게 받아들여야 할까요? 우리는 그것들을 무조건 무시해서는 안 됩니다. 오히려 그것들을 하나님이 창조하시고 섭리하시는 창조 세계 속에 두신 법칙과 현상들을 설명해 주는 유용한 자료로 받아들이면 될 것입니다. 왜냐하면 그 자료들은 이미 있는 것을 발견하고 규명한 것이기 때문입니다. 실제로 크리스천 과학자들 중에는 자신의 과학적 탐구 자료를 그렇게 이해하는 사람들이 많이 있습니다.

창세기의 창조 기사가 강조하는 사실

여기서 우리가 한 가지 더 생각해 볼 사실은 창세기 1장이 말하는 6일의 창조 기간을 해석하는 문제입니다. 여기에 대해서는 소위 '젊은 지구 창조론'과 '오래된 지구 창조론'이 있습니다. 저는 이 부분에 대해서는 얼마든지 열린 마음을 가져도 된다고 생각합니다. 창세기 1-2장의 창조 기사에서 강조하는 내용에 더 집중하면서 6일의 창조 기간에 대한 해석 문제는 부가적인 것으로 여겨도 된다고 생각합니다.

그렇다면 창세기 1-2장의 창조에서 강조하는 것은 무엇일까요? 그것은 하나님이 창조주로서 모든 생물을 종류대로 창조하시고 인간을 창조하신 일에서 드러난 하나님의 능력과 위엄, 지혜와 선하심입니다. 이것이 바로 창세기를 기록한 의도입니다.

하나님이 모세조차 보지 못했던 창조의 사건을 기록하게 하신 의도는 우리에게 그것을 과학적인 증명 자료가 아닌 믿음의 내용으로서 주고자 하심이었습니다. 다시 말해, 출애굽한 이스라엘 백성, 즉 하나님의 구원을 경험한 사람들에게 주신 것입니다. 그러므로 구속받은 백성으로서 우리는 창조주 하나님뿐만 아니라 하나님의 창조를 믿음으로 보아야 합니다. 창조주 하나님과의 관계 속에서 그러한 내용을 보며 거기에 강조점을 두어야 합니다. 그래서 히브리서 11장 1절에서 믿음은 보이지 않는 것들의 증거라고 말한 뒤에, 그런 믿음의 반응으로서 가장 먼저 말한 것이 바로 하나님의 창조에 대한 믿음입니다.

"믿음으로 모든 세계가 하나님의 말씀으로 지어진 줄을 우리가 아나니 보이는 것은 나타난 것으로 말미암아 된 것이 아니니라"(히 11:3).

하나님의 창조는 믿음으로 보고 확인하는 것입니다. 그래서 구속을 경험하지 않은 사람은 하나님의 창조를 믿을 수 없을 뿐만 아니라 수용되지도 않습니다.

크리스천 학자들 가운데 어떤 사람들은 창조에 관해 지성으로 헤아리기 어려운 것들에 대해서는 '아디아포라'(adiaphora, 중립)로 두어야 한다고 말합니다. 지난 교회 역사 속에서 탁월했던 신학자들도 창세기의 '날'을 해석함에 있어서는 견해가 나뉘었습니다. 존 칼빈(John Calvin)과 마르틴

루터(Martin Luther)는 현재 우리가 살아가는 '날'의 길이와 동일한 24시간으로 보았으나 아우구스티누스(Aurelius Augustinus)나 헤르만 바빙크(Herman Bavinck)는 창조 기간의 6일 중 앞의 3일과 뒤의 3일을 다르게 설명했습니다. 그러나 창조의 기간과 그 과정이 어떻든 간에, 하나님이 창조를 끝내고 안식하시면서 결론적으로 우리에게 '6일 후 안식'이라는 사이클을 주셨다는 것이 중요합니다.

우리는 지금 변형된 지구 조건을 가지고 그것을 더듬으면서 뭔가를 얘기합니다. 그래서 지금 우리는 절대적인 판단 기준을 가질 수 없는 조건에 있습니다. 그보다 우리가 창조 기록을 통해 더 주목해야 할 사실은 이 기묘하고도 놀라운 창조를 무(無)에서 행하신 창조주 하나님의 위엄과 능력, 지혜와 선하심입니다. 그리고 하나님이 만물의 창조자이시며 그 밖에 존재하는 모든 것은 피조물이라는 사실입니다. 특별히 하나님의 형상으로 지어진 우리 인간조차도 하나님이 지으신 피조물이라는 사실에 우리는 주목해야 합니다. 창세기 1-3장은 과학적 증명을 위해 우리에게 주신 내용이 아니라, 하나님이 창조하신 것 안에서 자신이 창조주이신 것과 그 밖의 모든 것은 피조물이라는 이 두 가지 사실을 강조하기 위해 주신 것입니다.

하나님과 우리 자신을 아는 참된 지식을 구하라

진화론은 인간이 과학의 발전을 통해 그동안 풀지 못했던 문제들을 풂으로써 결국 신이 될 것이라고 말합니다. 저는 이것이 진화론의 결론이라고 생각합니다. 그러나 이것은 창조주 하나님과 자신이 피조물임을 모르고 하는 소리입니다. 지금까지 이 세상에 존재했던 그 어떤 탁월한 사람도 이전에 몰랐던 사실을 발견만 했을 뿐이지, 새로운 것을 존재하도록 하지는 못했습니다. 그들이 아무리 중요한 발견을 했다고 한들, 신에 근접하는 것은 아닙니다. 오히려 피조물의 한계를 드러내면서 죄의 삯인 죽음을 맞이했기 때문입니다.

그러므로 우리는 창조 세계의 수많은 신비를 볼 때마다, 그리고 최초의 상태로부터 손상되긴 했지만 하나님의 형상을 지닌 우리 자신을 볼 때마다, 또한 현재까지 생명을 누리고 있는 자신의 삶을 경험할 때마다 이 세상 만물과 우리 인간을 창조하신 하나님의 위엄과 능력, 지혜와 선하심을 찬양하는 것이 마땅합니다. 그와 더불어 우리는 하나님이 지으신 피조물이요, 그분을 의지하지 않고서는 살 수 없는 존재임을 기억하면서 하나님께 경배해야 합니다. 시편 90편 기자는 이 땅을 살면서 창조주 하나님과 그분 앞에 선 자신을 인식하며 다음과 같이 고백했습니다.

"산이 생기기 전, 땅과 세계도 주께서 조성하시기 전 곧 영원부터 영원까지 주는 하나님이시니이다 주께서 사람을 티끌로 돌아가게 하시고 말씀하시기를 너희 인생들은 돌아가라 하셨사오니…주께서 그들을 홍수처럼 쓸어가시나이다 그들은 잠깐 자는 것 같으며 아침에 돋는 풀 같으니이다…우리의 연수가 칠십이요 강건하면 팔십이라도 그 연수의 자랑은 수고와 슬픔뿐이요 신속히 가니 우리가 날아가나이다"(시 90:2-10).

그러면서 그는 이렇게 덧붙입니다.

"우리에게 우리 날 계수함을 가르치사 지혜로운 마음을 얻게 하소서"(시 90:12).

여러분, 시편 기자가 말하는 지혜로운 마음이란 무엇입니까? 그것은 바로 이 땅을 사는 동안 피조물로서 일정한 날을 산다는 것을 아는 마음이며, 하나님이 만물의 창조주요, 자신은 피조물임을 기억하고 하나님을 경외하는 마음입니다. 바로 이것이 지혜로운 마음입니다.

그러므로 먼저 창조주 하나님을 보십시오. 그리고 그분 안에서 여러분 자신을 보십시오. 이 두 가지 사실을 함께 생각하면서 혹시라도 제한된 지식과 어리석음으로 하나님의 영광을 조금이라도 제한하는 일이 없기를 바랍니다. 하나님의 창조를 말하면서 하나님을 경외하는 마음이 없다면, 그리고 시편 8편 기자처럼 주의 이름이 온 땅에서 아름다운 것과 주의 영광이 온 하늘을 덮었음을 보지 못한다면, 그리하여 결국 하나님께 영광을 돌리지 않는다면 그는 하나님의 창조를 바르게 이해한 사람이 아닙니다. 바로 이러한 점에서 유신진화론은 하나님의 영광을 손상시키고 있습니다.

성경은 우리가 보는 우주와 그 안에 있는 생명체들 그리고 인간이라는 존재까지 태초에 하나님이 창조하셨음을 분명히 증거합니다. 그래서 주께서 만드신 것들과 그분이 우리를 지으시고 돌보시는 것을 보면서 우리는 시편 기자처럼 고백할 수밖에 없습니다.

"여호와 우리 주여 주의 이름이 온 땅에 어찌 그리 아름다운지요"(시 8:1).

이처럼 우리는 하나님의 창조를 보고 생각할 때마다 하나님이 모든 것의 시작자요, 창조주이심을 고백함과 동시에 주의 이름과 영광이 온 땅에 충만함을 보고 찬양해야 합니다. 바로 이것이 하나님의 창조를 정확히 봄으로써 갖는 구속받은 사람의 반응입니다.

여러분은 이러하신 하나님을 경외하며 그분의 영광을 찬양하고 있습니까? 이 세대를 살면서 여러분이 날마다 보게 되는 창조 세계와 여러분 자신뿐만 아니라 여러분이 현재 누리는 삶의 모든 조건 속에서도 하나님의 창조를 바라보기 바랍니다. 그리고 시편 기자와 같이 하나님을 경외함으로 하나님을 기꺼이 찬송할 수 있기를 바랍니다. 그분의 이름과 영광의 흔적들을 말입니다.

8장

창세기 1-3장의 바른 이해

"태초에 하나님이 천지를 창조하시니라"

창 1:1

"하나님이 이르시되 땅은 생물을 그 종류대로 내되
가축과 기는 것과 땅의 짐승을 종류대로 내라 하시니 그대로 되니라
하나님이 땅의 짐승을 그 종류대로, 가축을 그 종류대로,
땅에 기는 모든 것을 그 종류대로 만드시니 하나님이 보시기에 좋았더라
하나님이 이르시되 우리의 형상을 따라 우리의 모양대로 우리가 사람을 만들고
그들로 바다의 물고기와 하늘의 새와 가축과 온 땅과 땅에 기는 모든 것을
다스리게 하자 하시고 하나님이 자기 형상 곧 하나님의 형상대로 사람을 창조하시되
남자와 여자를 창조하시고 하나님이 그들에게 복을 주시며
하나님이 그들에게 이르시되 생육하고 번성하여 땅에 충만하라, 땅을 정복하라,
바다의 물고기와 하늘의 새와 땅에 움직이는 모든 생물을 다스리라 하시니라…
하나님이 지으신 그 모든 것을 보시니 보시기에 심히 좋았더라
저녁이 되고 아침이 되니 이는 여섯째 날이니라"

창 1:24-28, 31

"여호와 하나님이 땅의 흙으로 사람을 지으시고
생기를 그 코에 불어넣으시니 사람이 생령이 되니라…
아담과 그의 아내 두 사람이 벌거벗었으나 부끄러워하지 아니하니라"

창 2:7, 25

익숙하지만 바르게 이해해야 할 창세기 1-3장

창세기 1-3장은 그리스도인들에게는 매우 익숙한 내용입니다. 그러나 모든 그리스도인이 이 내용을 똑같이 이해하고 있지는 않습니다. 그리고 본문이 기록된 목적에 맞게 모두 똑같은 반응을 하는 것도 아닙니다. 그렇게 된 이유 중 하나는, 진화론이 교회에 커다란 영향을 미쳤기 때문입니다.

창세기 1-3장의 내용을 교회에서 듣고 성장한 사람들 중에는 이것을 어떻게 이해해야 할지 몰라 깊은 고민에 빠진 사람도 있습니다. 어떤 아이들은 대학에 들어가 진화론적인 지식 체계를 더 많이 접하면서 신앙에 깊은 회의까지 느끼기도 합니다. 부모와 함께 교회를 다니던 자녀들이 대학에 진학하면서 진화론에 관한 지식을 접하고 고민하다가 더 이상은 예수를 못 믿겠다고 결론 내렸다는 이야기를 들은 적이 있습니다. 그동안 자신이 교회에서 들었던 내용은 종교적인 지식으로 세뇌된 것일 뿐, 사실이 아님을 확실히 알게 되었다는 것입니다. 그들은 학교에서 배운 진화론의 지식과 세계적인 석학들의 책을 통해서 그러한 결론에 이르게 되었을 것입니다.

그러나 그들이 그렇게 반응하는 것은 진화론에 입각한 과학 및 다른 학문이 가진 문제점을 제대로 보지 못하고, 거기에 더하여 성경에 대한 이해도 제대로 갖지 못했기 때문입니다. 물론 더 근본적인 원인은 그들이 예수 그리스도를 인격적으로 만나지 못했기 때문일 것입니다.

그럼에도 앞에서 상세히 다루었던 진화론의 문제 및 진화론이 교회에 끼친 영향과 연결하여 창세기 1장이 말하는 창조가 과연 무엇인지를 살피는 것은 우리에게 매우 긴요한 일입니다. 창조 연대에 관한 주장들이 너무나도 다양하기 때문에 우리 안에서도 많은 혼란과 어려움을 느낄 수 있지만, 특별히 우리는 우리 자신들뿐만 아니라 이 세대의 젊은이들과 우리 자녀들을 위해서라도 이 내용을 반드시 정리해야 합니다.

창세기 1장은 하나님이 천지를 창조하셨다는 사실로부터 시작해서 하나님이 온 우주와 생명을 어떻게 창조하셨는지를 말합니다. 첫째 날에 "빛이 있으라" 하심으로써 빛을 창조하시고, 둘째 날에는 윗물과 아랫물로 나누어서 궁창을 창조하셨습니다. 셋째 날에는 물을 한곳으로 모이도록 하셔서 뭍이 드러나게 하시고, 온갖 식물을 종류대로 창조하셨습니다. 넷째 날에는 광명체들인 해와 달, 별과 같은 천체와 우주를 만드시고, 다섯째 날에는 공중에 나는 새들과 물에 사는 생물들을 종류대로 창조하셨습니다. 그리고 마지막으로 여섯째 날에는 땅의 모든 동물과 사람을 지으셨습니다.

또한 창세기 2장에서는 피조 세계에서 가장 중요한 존재인 인간을 하나님이 특별하게 창조하셨다고 말합니다. 특히 창세기 2장 7절에서는 하나님이 인간을 자신의 형상대로 지으시되 남자와 여자로 창조하셨다고 말합니다. 여기서 자기 형상대로 지으셨다는 말은 우리의 외적인 모양새를 말하는 것이 아니라, 영이신 하나님처럼 영혼을 가진 인격적인 존재로 창조하셨다는 의미입니다. 하나님은 흙으로 지어진 인간에게 자신의 생기를 불어넣으셔서 하나님과 교통하며 의와 거룩을 드러낼 수 있는 내적인 특징을 가진 존재로 지으셨습니다.

그때 인간은 죄로 인한 파괴나 악이 없는 상태였습니다(창 2:25). 그래서 아담과 하와는 벗었지만 부끄러워하지 않았고, 창세기 3장 이후에 있게 된 저주도 없었습니다. 인간의 죄로 인해 땅이 그들에게 고통을 주는 가시덤불과 엉겅퀴도 그때까지 존재하지 않았습니다. 그것들은 모두 죄로 말미암아 생기게 된 것임을 창세기 3장에서 말하고 있습니다.

점점 더 득세하는 유신진화론

그러나 진화론이 등장하면서 이러한 창세기 1-3장의 내용을 완전히 바꾸어 버렸습니다. 그리고 그 영향으로 오늘날 기독교 안에 창세기 1-3장에 대한 많은 혼란이 야기되었습니다. 그런 변화 속에서 하나님의 창조와 진화론을 함께 결합한 유신진화론이 더욱 득세하고 있습니다.

유신진화론은 하나님의 창조를 근본적으로 부정하는 진화론을 수용함으로써 하나님의 창조를 재해석합니다. 그래서 유신진화론을 수용하게 되면 진화론의 근본적인 전제가 계속해서 작동하기 때문에, 사실 진화론으로부터 완전히 벗어나는 것은 불가능합니다. 또한 필립 존슨이 말한 것처럼, 유신진화론은 믿음의 순서를 바꾸어 놓았습니다. 성경보다 과학을 우위에 놓고 성경을 보기 때문에 모든 것이 뒤엉키게 됩니다. 하나님이 창조하신 것 속에서 과학적 발견을 보는 성경의 순서에서 벗어나게 되는 것입니다. 그러나 사람들은 유신진화론이 과학의 시대에 더 적절하고 설득력이 있는 것으로 생각합니다. 그러한 반응에 힘입어 유신진화론에 관한 책들이 많이 출판되고 있습니다.

그에 반해 창조론은 세월이 지나도 똑같은 얘기만 반복하는 것처럼 보여서 별로 신선해 보이지 않습니다. 그래서 사람들은 창조론에 점점 더 귀를 기울이지 않습니다. 자신들이 다 알고 있는 내용이라고 생각하기 때문입니다. 특히 창조론자들이 창세기 1-2장의 창조를 1일 24시간 6일 창조와 지구 연대 약 6천여 년으로 보는 해석 외에는 전혀 타협할 여지를 주지 않는 모습을 보면서 더 많은 거부 반응을 보이기까지 합니다. 이런 분위기와 인식 속에서 사람들은 점점 더 유신진화론을 수용하는 쪽으로 흘러가고 있습니다. 특히 나이가 젊을수록 유신진화론으로 향하는 경향을 더 많이 보입니다.

창세기 1-3장에 대한 유신진화론의 주장

하지만 창조론자들에게 여러 잘못이 있다고 해서 유신진화론이 성경적이라고 생각하거나, 또는 유신진화론을 창조론의 대안처럼 여기는 것은 바르지 않습니다. 이런 태도는 역사 속에서 흔히 보는 것처럼, 한쪽의 잘못된 모습을 보면서 반대편 극단으로 진자운동을 하는 것과 같은 것입니다. 최근에 이러한 유신진화론을 다각적으로 비판한 책들이 출판된 가운데, 웨인 그루뎀은 유신진화론의 주장을 일곱 가지로 요약했습니다.

"첫째, 아담과 하와는 첫 번째 인류가 아니었다. 단지 그들은 신석기 시대에 살았던 두 명의 농부였다. 그들이 살았던 땅에는 대략 천만 명에 달하는 인간이 살고 있었다. 하나님은 단지 그들에게 자신을 개인적으로 계시하셨을 뿐이었다. 둘째, 다른 인간들도 이미 그들의 방식대로 하나님이나 다른 신을 예배하고 섬기기 시작했다. 셋째, 아담은 땅의 흙으로 하나님에 의해 특별하게 창조되지 않았으며, 단지 두 명의 남녀 사이에서 태어났을 뿐이었다. 넷째, 하와도 여호와 하나님이 아담에게서 취하신 그 갈빗대에서 직접 창조되지 않았으며, 단지 두 명의 남녀 사이에서 태어났다. 그때나 지금이나 많은 인간은 아담과 하와에게서 태어난 존재가 아니다. 다섯째, 아담과 하와의 죄는 첫 번째 죄가 아니었다. 여섯째, 인간의 육체적인 죽음은 아담과 하와가 죄를 범하기 오래전부터 이미 있었다. 죽음은 생명을 가진 존재에게 항상 존재했던 삶의 방식 가운데 일부였다. 일곱째, 하나님이 아담의 죄 때문에 땅을 저주하실 때 그분은 자연 세계에 어떤 변화를 강요하지 않으셨다."[1]

그가 여기에 몇 가지 더 추가한 내용은, 유신진화론은 아담과 하와 이전에 이미 선행 인류가 있었고, 그들이 먼저 도덕적으로 악한 일을 행하고 있었다는 것입니다. 이것은 원시 인류가 서로를 죽이는 일과 같은 것을 말합니다. 아담과 하와 이전의 선행 인류는 도덕의식이 전혀 없는 동물처럼 서로를 죽이는 일을 했다는 것입니다.

또한 유신진화론은 하나님이 동식물을 직접 창조하셨다는 창세기 1장의 사실도 부정합니다. 그리고 하나님은 동식물과 인간이 등장한 이후에도 창조 사역에서 안식하지 않으셨고, 가시덤불과 엉겅퀴가 없는 안전한 환경도 창조하신 적이 없다고 말합니다.

  이러한 주장은 창세기 1-3장에 대한 우리의 이해와는 사뭇 다릅니다. 물론 유신진화론자들도 나름대로 성경을 가지고 설명하고 있어서 그러한 주장을 접하는 사람들은 설득당할 수도 있지만, 유신진화론은 근본적으로 창세기 1-3장을 진화론적인 관점으로 이해하며 주장합니다.

창세기 1-3장의 역사성에 대한 상반된 견해

  그렇다면 유신진화론은 어떻게 해서 창세기 1-3장의 내용을 그렇게 다르게 해석하는 것일까요? 그들은 일단 진화론적인 이해를 따라 우주와 생명의 기원을 생각하려고 했기 때문입니다. 그래서 창세기 1-3장의 내용을 비역사적인 것으로 취급합니다. 실제로 일어난 사건을 진술한 것이 아니라, 단지 시적이고 풍유적인 표현이라고 주장합니다.

  물론 창세기 1-3장에는 시적인 표현들도 있습니다. 예를 들면, "이는 내 뼈 중의 뼈요 살 중의 살이라"(창 2:23)와 같은 표현입니다. 그런데 그들은 6일간의 창조를 말하는 내용 중에 "…이 있으라 하시니…", "하나님이 보시기에 좋았더라", "아침이 되고 저녁이 되니…"와 같이 반복되는 표현들도 모두 시적인 것으로 해석합니다. 그러나 창세기 1-3장에 나오는 표현들이 시적이고 풍유적인 것이라면 거기에 연결된 이차적인 의미가 뒤따라와야 합니다. 그런데 실제로 그런 내용은 없습니다. 그뿐만 아니라 많은 학자는 창세기 1-3장을 인용하는 구약과 신약 성경의 저자들이 그 내용을 역사적 사건을 기록한 산문 형식으로 이해하고 인용했다고 말합니다.

실제로 예수님과 사도들은 창세기 1-3장의 내용을 역사적인 사건을 기술한 것으로 이해했습니다. 예를 들어, 마태복음 19장 4절에서 예수님은 "사람을 지으신 이가"라고 하시면서 하나님이 창조하셨다는 사실을 말씀하시고, 이어서 "본래 그들을"이라고 하셨습니다. 여기서 '본래'는 창세기 1장 1절이 말하는 '태초에'와 상응하는 내용입니다. 그리고 창세기 2장 24절을 인용하면서 "남자와 여자로 지으시고 말씀하시기를 그러므로 사람이 그 부모를 떠나서 아내에게 합하여 그 둘이 한 몸이 될지니라 하신 것을 읽지 못하였느냐"(마 19:4-5)라고 말씀하셨습니다. 창세기 기록을 역사적인 기록으로 보시면서 이것을 읽지 못하였느냐고 하신 것입니다.

또한 사도행전 17장 26절은 "인류의 모든 족속을 한 혈통으로 만드사 온 땅에 살게 하시고"라고 기록하고 있습니다. 이것은 인류가 아담으로부터 시작된 한 혈통임을 증거하는 것입니다. 누가복음 3장도 예수님의 족보를 말하면서 아담까지 거슬러 올라간 다음, 아담 위에 하나님이 계심을 말합니다. 이것은 하나님이 아담을 지으셨다는 역사적 사실을 말하는 것입니다. 다시 말해, 예수님을 역사적인 존재로 말하는 것처럼, 아담도 역사적인 존재로 증거하는 것입니다.

바울도 로마서 5장과 고린도전서 15장에서 아담을 '첫 사람'으로 표현합니다. 아담 이전에 사람이 없었다는 것을 분명히 시사하는 것입니다. 그러면서 로마서 5장에서 바로 그 한 사람, 곧 아담의 범죄로 이 세상에 죄가 들어왔고 모든 사람이 죽었다는 사실과 함께 그리스도와 연결합니다. 즉 모든 사람이 아담 안에서 죽은 것처럼, 그리스도 안에서 많은 사람이 삶을 얻는 문제를 말합니다. 이것은 아담과 그리스도 모두 역사적인 존재로서 역사적인 사건에 연루되어 있음을 밝히는 것입니다.

그런데 창세기 1-3장을 비역사적인 것으로 이해하게 되면 성경 전체의 내용은 무너지게 됩니다. 또한 아담의 죽음 안에서 많은 사람을 살리신 예수 그리스도의 구속 사건도 부정하게 됩니다. 이것은 기독교의 근본을 흔드는 것이고, 사실상 성경을 부정하는 것입니다. 그러므로 유신진화론은 어떤 근거를 가지고 설명해도 성경과는 동떨어진 주장을 하는 것입니다. 그래서 웨인 그루뎀은 역사적인 기술로 이해되는 창세기 1-3장과 유신진화론의 주장은 양립할 수 없다고 말합니다.[2]

놓치지 말아야 할 성경의 기록 목적

그러면 하나님의 창조를 믿는 사람들은 창세기 1-3장의 내용을 어떻게 이해하고 있을까요? 그들은 모두 창세기 1-3장의 내용을 역사적인 사건으로 이해하지만, 창세기 1-2장을 해석하는 데 있어서는 많은 차이점을 보였습니다. 특히 과학의 발달과 진화론의 등장으로 제기된 창세기의 연대 문제에 휘말리면서, 창세기 1-2장의 내용을 과학적으로 접근하는 잘못을 범하기도 했습니다. 그들은 창조의 '날'들에 집중함으로써 창세기의 기록 목적과 의도에서 벗어나는 일을 자초했고, 지금까지도 그러한 일은 계속되고 있습니다.

　창세기 1-3장에 대한 과학과 진화론의 주장에 대응하여 내놓은 주장들이 10여 가지나 될 정도로 창조를 믿는 자들 사이에서도 해석은 나뉘고 있습니다. 그래서 사람들은 성경에서 가장 중요하고 근본적인 창세기 1-3장의 내용을 혼란스러워합니다. 그것은 주로 창세기를 통해 과학을 설명하고 우주와 지구의 날을 측정하려고 함으로써 생겨난 혼란입니다. 이처럼 혼란스러울 정도로 견해가 다양한 것은 한편으로는 창세기를 통해 지구와 우주의 나이를 측정하는 것에는 한계가 있음을 보여 주는 것이기도 합니다. 그럼에도 하나님의 창조 기간을 24시간 6일로 보면서 지구 나이를 6천 년 정도로 보는 '젊은 지구 창조론자들'은 자신들이 주장하는 것 외에는 모두 다 진화론의 영향을 받은 믿음 없는 주장으로 여깁니다. 그러나 우리는 이러한 태도를 경계해야 합니다.

　하나님의 창조에 대한 믿음은 기독교 신앙에서 본질적인 것입니다. 그러나 창조를 믿는 가운데 해석상의 어려움으로 생기는 내용에 대해서는 비본질적인 문제로 다룰 필요가 있습니다. 신학자들이 이런 부분에 대해 '아디아포라'를 말했을 정도로 우리는 판단에 신중을 기해야 합니다.

　그렇다면 창세기 1-3장을 이해함에 있어서 우리가 가장 중요하게 생각해야 할 사실은 무엇일까요? 그것은 바로 '창세기 1-3장을 어떤 목적과 의도를 가지고 기록했느냐?' 하는 것입니다. 이 사실을 놓치게 되면 창세기 1-3장에 대한 우리의 이해는 본래의 의도와는 전혀 다른 것이 되어 버립니다. 결국 창세기 본문을 이해함에 있어서 빗나가게 됩니다. 그래서 창세기 1-3장의 기록 목적과 의도를 아는 것이 가장 중요합니다. 그러나 저는 먼저 창세기 1장의 기록 목적과 의도를 성경 전체의 기록 목적과 연결해서 말하고자 합니다.

오늘날 많은 사람은 창세기 1-3장의 내용을 과학적인 연구 목적으로 사용합니다. 그러나 창세기 1-3장뿐만 아니라 성경 전체가 과연 그런 목적으로 기록되었을까요? 절대 그렇지 않습니다.

디모데후서 3장은 하나님이 성경을 기록하여 우리에게 주신 목적을 두 가지로 밝힙니다. 하나는 예수 그리스도를 믿음으로 말미암아 구원에 대한 지식을 얻도록 하시기 위함이고, 또 다른 하나는 교훈하고 책망하고 바르게 하고 의로 교육하여 선한 일을 행할 능력을 갖추도록 하시기 위함입니다(딤후 3:15-17). 창세기 1-3장의 내용도 바로 이러한 목적과 연결시켜서 보아야 합니다.

우리는 성경을 마치 우리 손에 들고 다니는 수많은 과학책 중 한 권처럼 취급해서는 안 됩니다. 창세기 1-3장의 내용을 마치 과학책을 대하듯이 읽음으로써 성경의 기록 목적과는 전혀 다른 이해를 갖고 곁길로 빠지는 잘못을 범해서는 안 된다는 것입니다. 우리는 성경에 대한 그러한 접근과 이해가 자신의 목적을 위해 성경을 이용하는 것임을 알아야 합니다. 그것은 결국 자기 지식을 자랑하는 것이고, 개인적인 생각을 성경에 집어넣어 설명하고 주장하려는 것입니다.

안타깝게도 우리 주변에는 그러한 주장들이 널려 있습니다. 어떤 이들은 창세기 1-3장을 가지고 굉장히 쌈박한 주장을 하는 것 같아 보이지만, 그 내용을 이해하고 설명하는 모든 것은 그저 파편적인 것에 지나지 않습니다. 우리는 우주의 공간 이해에서도 한계를 느낄 만큼, 우리가 이해하지 못하는 영역은 많습니다.

　성경은 우리의 지적 욕구를 만족시키고 많은 논쟁에 대한 답을 주기 위해 기록된 것이 아닙니다. 우리는 창세기 1-3장의 내용에 접근할 때에도 그런 잘못된 접근이 아니라, 성경의 기록 목적을 따라 접근해야만 합니다. 그래야만 성경이 우리에게 주고자 하는 메시지와 그 의미를 정확하게 이해하고 올바른 결론을 얻을 수 있습니다. 그것을 위해 우리가 가장 먼저 생각해야 할 사실은 창세기 1-3장이 기록되었던 당시의 역사적인 배경과 문학적인 양식입니다. 그런데 오늘날 많은 사람은 창세기를 이런 관점으로 접근하지 않습니다. 그들은 오히려 창조의 연대기 차원에서 우주와 지구가 언제, 어떻게 시작되었는지에 대한 답을 얻으려고 합니다. 그러나 창세기가 기록되었던 당시 사람들에게 그것은 중요한 관심사가 아니었습니다.

　우리가 창세기 1장 초반부를 이해하는 데 큰 어려움을 겪는 이유는 창세기를 기록한 의도와 목적은 전혀 생각하지 않고, 현재 자신이 갖고 있는 지식과 관점으로만 접근하기 때문입니다.

　현재까지도 많은 논쟁이 되고 있는 창세기 1-3장의 내용을 바르게 이해하기 위해서는 먼저 그 내용을 우리가 갖고 있는 과학적 지식과 기준으로 보려는 태도를 뒤로해야 합니다. 또한 창세기의 역사적인 배경과 문학적인 양식을 간과하고 자신의 관점으로 본문의 의미를 발견하려는 태도도 거부해야 합니다. 우리는 창세기가 기록될 당시의 청중이었던 사람들에게 그 내용이 어떤 의미로 주어졌을지부터 먼저 생각해야만 합니다. 다시 말해, 창세기가 기록된 역사적이고 문화적인 배경 속에서 이해해야만 그 의미를 바르게 알 수 있습니다.

창세기 이해의 열쇠

지금까지 모세오경(창세기, 출애굽기, 레위기, 민수기, 신명기)의 기록 연대에 대해서는 다양한 주장이 있었지만, 창세기의 기록 의도에 대해서만큼은 대부분의 학자가 공감합니다. 특별히 개혁주의 전통은 창세기를 다른 모세오경과 함께 출애굽 사건 이후 하나님이 모세를 통해 광야에서 이스라엘 백성에게 계시로 주신 말씀으로 이해합니다. 특히 모세 자신조차도 경험해 보지 못했던 태초의 역사를 계시로 주신 것으로 이해합니다. 물론 계시를 받았던 모세는 그 내용을 깊이 깨닫고 공감했을 것입니다.

그런데 중요한 것은 하나님이 창세기를 계시로 주셨을 때는 분명한 의도와 목적이 있었다는 사실입니다. 바로 그것이 창세기를 이해하는 열쇠입니다. 그것은 당시 이스라엘 백성이 살고 있었던 역사적 배경과 맞물려 있습니다. 하나님은 당시 이스라엘 백성의 조상들에게 가나안 땅을 약속하셨습니다. 그러나 이스라엘 백성이 400년 이상을 이집트에 살다가 약속의 땅으로 돌아올 것이라고 말씀하셨습니다. 그런데 그들이 400년 이상을 이집트에서 사는 동안, 그들에게는 중심을 잡아 줄 수 있는 하나님의 말씀이 없었습니다. 계시된 하나님의 말씀을 기록해서 보관할 수 있는 조건과 형편이 아니었기 때문입니다. 그들은 단지 이스라엘 족장들을 통해 전해 내려온 구전(口傳)만 가지고 있었습니다.

그러는 동안 이스라엘 백성은 야곱과 요셉이 섬겼던 하나님에 대한 신앙이 점점 흐려지게 되었습니다. 그리고 이집트에서 익숙하게 보았던 다른 신들에 대한 지식과 예배에 점점 더 익숙해졌습니다. 이스라엘 백성이 출애굽한 이후 금송아지를 만들어서 그것을 하나님이라고 말했던 사건도 결국 그들이 이집트에서 보았던 경험들이 투사된 것입니다. 특히 이집트에는 멤피스 신전을 끼고 오랜 창조 신화가 있었는데, 그들은 그런 신화를 듣고 보면서 살았습니다. 그래서 출애굽한 이스라엘 백성이 가진 세계관과 생활방식은 당시 이집트나 고대 근동 나라들과 크게 다를 바 없었던 것입니다.

이스라엘 백성을 향한 하나님의 계획과 의도를 계시하는 말씀

그러나 하나님은 그러한 이스라엘 백성을 출애굽시키신 후에, 그들이 모든 민족의 제사장 나라요, 거룩한 백성이 되게 하겠다고 말씀하셨습니다. 그렇다면 오랜 세월 이집트의 세계관과 생활방식을 흡수하며 살았던 이스라엘 백성은 어떻게 해서 하나님을 섬기는 제사장 나라와 거룩한 백성이 될 수 있을까요?

이를 위해서는 지금까지 그들이 갖고 있었던 세계관과 생활방식이 먼저 교정되고 전환되어야만 했습니다. 이집트에서 습득했던 거짓된 신화들부터 정리해야만 했습니다. 그래서 하나님은 모세를 통해 이스라엘 백성이 지금까지 보고 들었던 것과는 전혀 다른 사실을 계시하셨습니다.

그것은 우주와 지구의 모든 생명의 기원으로부터 시작해서 그들이 알고 예배해야 할 하나님에 대한 것이었습니다. 그리고 하나님을 섬기는 방법과 여러 가지 제도들에 대해서도 계시하셨습니다. 또 인간이란 어떤 존재이며, 그 가운데 그들이 택함을 받은 하나님의 백성이라는 사실과 그들이 그에 따른 새로운 생활방식으로 살도록 하는 것이 하나님의 계획과 의도임을 말씀하셨습니다.

그러므로 우리는 창세기가 이와 같은 역사적 배경과 기록 목적 속에서 주어진 것이요, 일차적으로는 당시 이스라엘 백성에게 전해진 것임을 잊지 말아야 합니다. 바로 이러한 사실을 고려한다면, 오늘날 우리가 관심을 쏟고 있는 우주와 생명의 시작 및 인류의 시초에 관한 내용에 대해 창세기가 왜 그다지 상세하게 말하고 있지 않는지를 이해할 수 있습니다.

창세기는 천지창조와 함께 인류의 역사에 관한 내용을 1장부터 11장까지 간략하게 기술합니다. 이것은 창세기 전체의 5분의 1 정도밖에 안 되는 적은 분량입니다. 사실 역사를 놓고 보면 우주와 생명의 기원 및 인류의 시초에 관한 내용은 어마어마한 비중을 가집니다. 그러나 창세기는 이 부분에 전체 분량의 5분의 1 정도만 할애하고, 아브라함이라는 한 사람의 이야기에는 14장, 야곱은 11장, 요셉은 10장 정도를 할애합니다. 그래서 우리는 족장 한 개인의 이야기는 길게 다루면서도 우주와 세상의 시작은 5분의 1밖에 안 된다는 사실에 의문을 갖게 됩니다.

그렇다면 창세기의 기록자는 어디에 더 큰 관심과 비중을 두고 있습니까? 바로 이스라엘 족장들의 이야기입니다. 창세기 기록자는 창세기 1장부터 11장의 원시역사(原始歷史)보다는, 12장부터 50장까지 이어지는 이스라엘 족장들의 이야기에 비중을 두고 있습니다. 그리고 그 이야기를 출애굽한 이스라엘 백성에게 연결하고 있습니다.

그러므로 창세기 1장부터 11장은 그 뒤에 이어지는 족장들(아브라함, 야곱, 요셉 등)의 이야기의 배경적인 역할을 합니다. 그래서 홍수 이후의 족보들도 아브라함과 연결된 내용으로 말하는 것입니다. 결국 이것은 아브라함과 언약을 맺으셨고 그 언약을 이루셔서 마침내 출애굽을 통하여 가나안으로 향하고 있는 당시 이스라엘 백성의 정체성뿐만 아니라, 궁극적으로는 아브라함의 언약을 통해 온 땅을 구원하고자 하시는 하나님의 역사에 관심과 비중을 두고 있습니다.

고대 근동의 다신관(多神觀)을 교정하는 말씀

그러한 점에서 창세기 1-3장은 간단하지만 창세기의 기록 배경과 목적을 그대로 반영하고 있는 최소의 내용이라고 할 수 있습니다. 그 가운데 창조 기사의 대부분을 담고 있는 창세기 1-2장의 내용은 이스라엘이 400여 년 동안 들어 알고 있던 당시 고대 근동 지방의 세계관과 우주관, 창조에 대한 이해 및 그에 따른 생활방식을 교정해 주고 있습니다. 그것은 또한 단순한 서술이 아니라, 반증의 성격도 갖고 있습니다.

이런 사실에 대해서 고든 웬함(Gordon J. Wenham)은 창세기 1-11장을 제대로 파악하려면 "고대 근동의 신화를 이해하는 것이 필수적이다"[3]라고 하며, 창세기 1-11장에 기록된 내용은 "신들과 사람에 관하여 공통적으로 받아들여지는 개념들 중 많은 것에 대한 반증인 것처럼 보인다"[4]라고 했습니다.

이스라엘 백성이 이집트에서 400년 이상 살면서 보고 들은 것은 고대 근동 지방에 널리 퍼져 있었던 수많은 신과 그 신들에 의해 있게 된 창조 이야기였습니다. 당시 이집트에도 창조의 신과 창조 신화가 있었고, 메소포타미아 지역에도 '에누마 엘리시'와 '길가메시 서사시', '아트라하시스 서사시'와 같은 창조 신화들이 있었습니다. 거기에는 창세기 1-3장의 내용이나 노아 홍수 사건과 유사한 내용이 있습니다. 그래서 그러한 자료를 발견한 사람들은 성경이 이러한 신화들을 짜깁기한 것이라고 주장하기도 합니다.

그러나 메소포타미아와 가나안, 이집트의 만신전(萬神殿)을 보면 성경과 고대 근동 신화들이 서로 다르다는 것을 알 수 있습니다. 고대 근동의 만신전은 많은 남신과 여신들의 성행위와 맞물려 있고, 그것을 통해 무엇인가 태동되는 것으로 연결합니다. 바로 그러한 신화들을 이스라엘 백성은 이집트에 있을 때부터 들어 왔을 뿐만 아니라 앞으로 가나안 생활을 하면서도 들을 수 있었습니다. 그래서 하나님은 이집트의 신들이 거짓임을 출애굽할 때 먼저 증명해 주셨습니다.

당시 이집트에는 창조 신화와 탁월한 신들의 이야기가 많이 있었습니다. 그래서 이스라엘 백성이 출애굽할 때 이집트의 모든 신이 저항했고, 심지어 마술사들까지 동원되었습니다. 하나님은 그들이 이집트의 모든 거짓 신을 이용하도록 기회를 주셨고 그 신들이 모두 거짓임을 역사 속에서 증명하셨습니다. 이스라엘 백성은 열 가지 재앙과 출애굽 사건을 통해서 자기 조상들의 하나님이 참 신이심을 보고 경험했습니다. 결국 하나님은 그러한 경험을 통해 그들이 이집트의 세계관과 고대 근동의 다신교적 신앙과 삶으로부터 결별하게 하셨습니다. 그리고 최초의 창조가 어떠했는지를 그들에게 새롭게 가르쳐 주셨습니다.

우리가 창세기 1-2장을 조금만 주의 깊게 보면, 그 내용은 모두 고대 근동의 종교와 문화와 삶의 방식에 깊이 뿌리박혀 있는 거짓 신들과 창조 이야기를 반박하고 있음을 알 수 있습니다. 고대 근동의 창조 신화 속에는 해, 달, 별뿐만 아니라 바다 괴물과 같은 짐승이 강력한 신들로 등장합니다. 창세기 1장은 그 내용을 모두 수정하고 반박하면서, 그것들은 모두 하나님이 만드신 피조물임을 밝히고 있습니다.

고대 근동 사람들은 고든 웬함이 말한 것처럼,[5] 모든 존재하는 물질을 영원한 것으로 이해했습니다. 그래서 창조는 이미 존재하는 물질을 다시 배열한 것이라고 생각했습니다. 그러나 창세기 1장 1절은 "태초에 하나님이 천지를 창조하시니라"라고 선언합니다. 이미 존재하는 물질이 아닌, 완전한 무(無)로부터의 창조를 말하는 것입니다. 이것은 모두 그들이 가지고 있었던 신관(神觀)을 수정해 버리는 것입니다.

또 고대 근동 신화에는 사람들이 신들에게 먹을 것을 공급하는 존재로 나옵니다. 사람들은 신들을 달래기 위해 제사 행위를 통해 먹을 것을 공급합니다. 그러나 창세기 1-2장은 하나님을 사람들에게 먹을 것을 허락하시고 주시는 분으로 말합니다. 웬함에 의하면, 바벨론 전승에는 사람들이 매월 7, 14, 21, 28일을 불길한 날로 여겼다고 합니다. 그러나 창세기는 그들이 불길하다고 여기는 매주 일곱째 날을 오히려 거룩하다고 선포하고 있습니다.[6] 하나님의 안식 속에서 안식하는 날로 말하는 것입니다.

웬함은 이러한 내용에 덧붙여서 창세기 1-3장의 하나님과 근동 신화의 신이 다음과 같은 차이가 있다고 말합니다.

"창세기 1장부터 11장은 다신론(多神論)에 직면하여 하나님의 한 분 되심 그리고 변덕스러움보다는 그분의 정의, 또 무능과 반대되는 의미로서의 하나님의 능력, 착취보다는 그분의 인류에 대한 관심을 확언한다. 그리고 메소포타미아가 첫 사람의 지혜에 집착하고 있는 반면에, 창세기는 그의 죄악된 불순종을 보여 준다."[7]

이처럼 창세기의 창조 기사는 고대 근동 지방의 창조 신화를 하나씩 논박하면서, 당시 회중이었던 이스라엘 백성에게 하나님의 창조를 증언합니다. 그래서 창세기의 초반부 내용은 출애굽한 이스라엘 백성이 그동안 알고 있었던 창조 신화와 앞으로 가나안 지방에서 듣게 될 모든 창조 신화와 구분 짓는 것입니다. 이것은 고대 근동 지방의 신들 및 창조 신화와 결별하도록 주신 하나님의 계시입니다. 하나님은 이러한 계시를 단순한 이론적인 차원이 아닌, 이스라엘 백성이 이집트의 거짓 신들이 무력해지는 것을 직접 경험하는 조건 속에서 주셨습니다. 그들은 출애굽 과정을 직접 경험했기 때문에 하나님이 계시로 주신 내용이 가슴 깊이 와 닿았을 것입니다. 창세기 1-3장의 내용은 이스라엘의 하나님이 말씀으로 만물을 창조하셨다는 사실과 그것이 실제로 있었던 역사적인 사건임을 이스라엘 백성의 생생한 경험과 연결해서 말한 것입니다.

창세기의 창조 기사의 요점을 기억하라

마찬가지로 우주와 생명의 시작에 관한 창세기 1장의 내용도 고대 근동의 창조 신화를 반박하는 역사적인 기술입니다. 이것은 오늘날 과학적인 관점으로 창세기 1장의 창조 연대를 계산하고 이론화하는 것과는 너무나도 거리가 먼 내용입니다. 오늘날 많은 사람은 엄격한 시간 계산을 가지고 창조 사건을 말해야 한다고 생각합니다. 그러나 이 내용을 처음 들었던 이스라엘 백성에게 그런 것은 중요하지 않았습니다. 그래서 창세기 1장은 전체적으로 일어난 사건들만 기록하고, 하나님에 대한 이해가 필요한 차원에서만 얘기한 것입니다.

창세기 1장에 접근할 때 엄격한 연대기적 순서로 접근하는 것은 잘못입니다. 창세기의 저자가 기록한 내용과 어구들을 보면 우리는 저자의 강조점이 어디에 있는지를 알 수 있습니다. 그것은 바로 모든 존재를 있게 하신 '하나님의 창조의 말씀'입니다. 하나님이 말씀하시니 그대로 되었고, 그 모든 것이 하나님이 보시기에 좋았다고 반복하는 표현이 그 사실을 잘 보여 줍니다.

이에 반해, 고대 근동의 창조 신화들은 하나님이 창조하신 피조물들을 신성시한 나머지 신들의 투쟁 속에서 있게 된 것으로 설명합니다. 그러나 창세기 1장은 하나님 외에 모든 것은 하나님이 창조하신 한낱 피조물에 불과하다는 사실을 강조합니다.

이처럼 창세기 1-3장은 고대 근동의 신화들을 뒤엎는 증거를 기록하고 있습니다. 바로 이러한 사실을 하나님은 출애굽하여 시내산에 도착한 이스라엘 백성에게 선언하셨습니다. 그들이 지금까지 알았던 우상 숭배, 정령 숭배, 범신론, 혼합주의, 점성술, 마술 등 온갖 종류의 다신교적인 신앙 행위에 대하여 그들의 하나님만이 유일하신 하나님이요, 만물의 창조주이심을 알리셨습니다.

그런데 이스라엘 백성이 출애굽할 때 열 가지 재앙을 경험하지 못했더라면, 그들은 창세기의 내용도 또 하나의 신화라고 여겼을지 모릅니다. 그러나 그들은 마지막 열 번째 재앙에서 이집트의 장자들은 모두 죽고 자신들의 장자들은 살았던 것을 현장에서 직접 경험했습니다. 이것으로 조상들의 하나님이 참으로 유일하신 하나님이요, 창조주이심을 그들은 알게 되었습니다. 이것이 바로 하나님이 창세기 1-2장의 창조 기사를 계시로 주신 목적이었습니다. 이러한 목적은 하나님이 친히 써 주신 십계명의 첫 번째 계명에서도 잘 나타납니다.

"너는 나 외에는 다른 신들을 네게 두지 말라"(출 20:3).

하나님은 첫 번째 계명에서 이 사실을 다시 한 번 명확히 밝히신 것입니다. 또한 하나님은 이스라엘 백성이 알아들을 수 있는 일상의 용어로 말씀하셨습니다. 그들이 익히 알고 있었던 고대 근동의 창조 신화에 나오는 용어들을 사용하셔서 하나님만이 유일하신 창조주이고, 다른 모든 것은 피조물임을 알게 하셨습니다. 이집트에서 신처럼 여겼던 바로나 그 어떤 인간도 신성한 존재가 아니고, 왕에서부터 노예에 이르기까지 모든 인간은 하나님의 형상대로 지음 받은 존재임을 알게 하신 것입니다. 이것은 당시 사람들의 생각을 모두 깨뜨리는 내용이었습니다.

이처럼 창세기 1-3장은 하나님의 창조 방법이나 기간에 대해 말하고자 한 것이 아니라, 이스라엘 백성의 존재와 삶이 창조주 하나님께 달려 있다는 강력한 메시지를 담고 있습니다. 창조 신화에 나오는 거짓 신들에게 자신의 존재와 삶이 달려 있는 것이 아니라, 창조주 하나님을 알고 그분 앞에서 자신이 어떠한 존재인지를 앎으로써 하나님을 경배하라는 것입니다. 이것이 창세기를 비롯해 모세오경 속에서 계속되는 메시지입니다.

이스라엘 백성은 출애굽 사건을 통해 하나님이 이집트 신전에 있는 거짓 신들과는 다른 분이심을 경험했습니다. 그러한 점에서 창세기 1장은 이스라엘 백성으로 하여금 현재 우리가 관심을 갖는 창조 연대보다는 창조주 하나님이 바로 자신의 하나님이심을 알도록 기록된 것입니다. 그것으로 인해 자신의 현재와 미래를 완전히 다르게 전망할 수 있도록 말입니다. 이것이 바로 창세기를 이해할 때 가져야 할 올바른 관점입니다.

오늘날 많은 사람이 창조 기사를 과학적인 지식으로만 접근합니다. 그러나 창세기의 기록 의도와 목적에 따른 결론을 이스라엘 백성은 나중에 그대로 드러냅니다. 그것은 모세 당시의 회중에게만 적용되고 끝나 버린 것이 아니라, 그 이후 이스라엘 역사를 통해서도 드러납니다. 그래서 시편과 선지서에는 모든 것이 창조주 하나님께 달려 있음을 믿고 의지하라는 내용이 나오는 것입니다.

예를 들어, 시편 146편 기자는 "야곱의 하나님을 자기의 도움으로 삼으며 여호와 자기 하나님에게 자기의 소망을 두는 자는 복이 있도다"(시 146:5)라고 말한 뒤에 "여호와는 천지와 바다와 그중의 만물을 지으시며"(시 146:6)라고 말합니다. 결국 야곱의 하나님이신 창조주 하나님께 소망을 두는 자는 복이 있다는 말입니다.

이사야 선지자도 이사야 42장에서 "하늘을 창조하여 펴시고 땅과 그 소산을 내시며 땅 위의 백성에게 호흡을 주시며 땅에 행하는 자에게 영을 주시는 하나님 여호와께서 이같이 말씀하시되 나 여호와가 의로 너를 불렀은즉 내가 네 손을 잡아 너를 보호하며 너를 세워 백성의 언약과 이방의 빛이 되게 하리니"(사 42:5-6)라고 말합니다. 선지자는 하나님의 백성을 붙들고 보호하시는 하나님이 바로 하늘을 펴시고 만물을 창조하시며 그들의 호흡을 주장하는 창조주 하나님이심을 말한 것입니다.

이사야 40장에서도 선지자는 "너희는 눈을 높이 들어 누가 이 모든 것을 창조하였나 보라 주께서는 수효대로 만상을 이끌어 내시고 그들의 모든 이름을 부르시나니 그의 권세가 크고 그의 능력이 강하므로 하나도 빠짐이 없느니라"(사 40:26)라고 말한 뒤, 하나님의 창조와 관련하여 우리가 가져야 할 확신을 다음과 같이 말합니다.

"야곱아 어찌하여 네가 말하며 이스라엘아 네가 이르기를 내 길은 여호와께 숨겨졌으며 내 송사는 내 하나님에게서 벗어난다 하느냐 너는 알지 못하였느냐 듣지 못하였느냐 영원하신 하나님 여호와, 땅끝까지 창조하신 이는 피곤하지 않으시며 곤비하지 않으시며 명철이 한이 없으시며 피곤한 자에게는 능력을 주시며 무능한 자에게는 힘을 더하시나니 소년이라도 피곤하며 곤비하며 장정이라도 넘어지며 쓰러지되 오직 여호와를 앙망하는 자는 새 힘을 얻으리니 독수리가 날개치며 올라감 같을 것이요 달음박질하여도 곤비하지 아니하겠고 걸어가도 피곤하지 아니하리로다"(사 40:27-31).

여기서 이사야 선지자는 하나님의 창조를 말하면서 하나님이 창조 사건을 계시해 주신 의도와 목적을 말하고 있습니다. 그것은 만물을 창조하신 하나님을 앙망하는 것보다 더 소중한 것은 없다는 것입니다. 하나님이 능히 우리를 힘 있게 하시고 우리 생명의 주권자이시므로 그분이 우리와 함께하신다면 아무런 문제가 없다는 말입니다. 우리의 존재와 삶이 창조주 하나님께 달려 있다는 것입니다.

창조주 하나님을 믿고 의지하라!

창세기 1-2장은 하나님이 만물의 창조주이시고, 우리는 그분의 피조물임을 말합니다. 특히 구원받은 하나님의 백성으로서 우리의 존재와 삶이 창조주 하나님께 달려 있음을 강조합니다. 그렇습니다. 창세기 1-2장은 논증을 위한 자료로 기록된 것이 아닙니다. 그것은 창조주 하나님을 의지하는 신앙의 고백을 불러일으키는 내용입니다.

앞에서 언급한 시편 기자와 이사야 선지자는 만물을 창조하신 하나님이 자기 백성을 위하신다고 말했습니다. 그런데 더 놀라운 것은 그 사실을 입증하기 위해 창조주 하나님이 친히 이 땅에 육신을 입고 오셨다는 사실입니다. 요한복음 1장과 골로새서 1장 그리고 히브리서 1장은 바로 그 사실을 우리에게 말해 줍니다.

그러므로 묻고 싶습니다. 여러분은 창세기 1장의 창조 기사를 통해 무엇을 봅니까? 과학적인 지식의 만족 차원에서 알고자 합니까? 아니면 하나님이 만물의 창조주이시고, 그분 외에 다른 모든 것은 피조물이라는 사실을 보고 있습니까? 정녕 여러분은 우리가 죽고 사는 것이 창조주 하나님께 전적으로 달려 있음을 보고 있습니까?

여러분, 창세기 1-3장이 말하고자 하는 바를 따라 창조주 하나님을 믿고 의지하십시오. 창조주 하나님은 크신 능력으로 자신의 백성을 붙드시고 이끄십니다. 하나님은 바로 그 사실을 열 번째 재앙에서 죽음을 경험했던 이스라엘 백성에게 상기시키셨습니다. 그러므로 우리는 하나님이 이스라엘을 가나안 땅으로 이끄신 것처럼 우리의 순례 여정 속에서도 그렇게 하실 것임을 믿어야 합니다.

하나님은 우리의 구원 여정을 어설프게 인도하시는 분이 아닙니다. 그분은 크신 능력으로 우리를 인도하시는 창조주 하나님이십니다. 바로 이 놀라운 메시지를 창세기 1-3장은 우리에게 말해 주고 있습니다. 이것은 눈에 보이는 것으로는 평가할 수 없는 너무나도 놀랍고 가슴 뛰는 사실입니다.

우리는 창조주 하나님 없이 살 수 없는 존재입니다. 하나님 외에 모든 것이 피조물이기에, 그분이 없으면 우리의 존재와 삶은 불가능합니다. 창세기 1-3장의 메시지는 바로 이 사실을 당시 이스라엘 백성에게 강력하게 말해 주었습니다. 그러므로 우리도 하나님 앞에서 창조주 하나님을 믿고 의지하는 반응을 가져야 함이 마땅합니다.

9장

성경의 '날'과 지구 나이 문제

"태초에 하나님이 천지를 창조하시니라
땅이 혼돈하고 공허하며 흑암이 깊음 위에 있고
하나님의 영은 수면 위에 운행하시니라
하나님이 이르시되 빛이 있으라 하시니 빛이 있었고 빛이 하나님이 보시기에 좋았더라
하나님이 빛과 어둠을 나누사 하나님이 빛을 낮이라 부르시고
어둠을 밤이라 부르시니라 저녁이 되고 아침이 되니 이는 첫째 날이니라"

창 1:1-5

"하나님이 지으신 그 모든 것을 보시니 보시기에 심히 좋았더라
저녁이 되고 아침이 되니 이는 여섯째 날이니라 천지와 만물이 다 이루어지니라
하나님이 그가 하시던 일을 일곱째 날에 마치시니
그가 하시던 모든 일을 그치고 일곱째 날에 안식하시니라
하나님이 그 일곱째 날을 복되게 하사 거룩하게 하셨으니
이는 하나님이 그 창조하시며 만드시던 모든 일을 마치시고
그날에 안식하셨음이니라"

창 1:31-2:3

지구는 얼마나 오래되었을까

이 책에서 다루고 있는 내용이 개인적인 위로와 현실적인 문제에 답을 얻고자 하는 사람들에게는 감동도 없고, 이해하기 어려운 내용으로 여겨질지도 모르겠습니다. 그러나 기독교는 그저 마음의 감동과 위로를 받는 것에 목적을 두지 않습니다. 그것은 다른 종교에서도 얼마든지 얻을 수 있는 것입니다. 기독교는 창조주 하나님과의 관계 속에서 살아가는 것을 말합니다. 그래서 로마서 12장 말씀은 우리에게 "이 세대를 본받지 말라"고 말합니다. 이를 위해 우리는 이 세대의 생각과 행동의 틀로서 말하는 내용을 알아야 합니다. 이 장에서는 그런 생각과 행동의 틀로서 강력한 진화론과 연관하여 제기되는 지구의 나이에 대해 살펴보고자 합니다.

피조 세계의 연대와 지구 나이의 문제는 지금까지 많은 사람에게 혼란을 일으켰습니다. 그리스도인들은 태초에 하나님이 천지를 창조하셨다는 것과 하나님이 6일 동안 만물을 창조하셨다는 사실을 명확하게 알고 믿지만, 창조의 시기와 그 기간에 대해서는 의견이 분분합니다.

성경은 2천 년 전 아브라함과 다윗의 후손으로 오신 예수님의 족보(계보)를 말합니다(마 1장; 눅 3장 참조). 그래서 창조론자들은 이러한 족보를 중심으로 연대를 계산함으로써 지구 나이를 대략 6천 년 정도라고 말합니다. 어떤 사람은 족보 안에 기록되지 않은 세대 수가 있음을 고려해서 지구 나이가 그보다는 좀 더 긴 것으로 말하기도 합니다. 1800년대 이전까지만 해도 대부분의 교회는 이러한 견해를 받아들였습니다. 다시 말해, 교회는 전통적으로 젊은 지구론을 믿어 왔습니다.

그러나 요하네스 케플러(Johannes Kepler)나 갈릴레오 갈릴레이, 아이작 뉴턴과 같은 사람들의 등장으로 성경의 족보에 의존한 연대 측정에 대해 의문을 갖기 시작했습니다. 그러면서 지구가 수백만 년 이상 되었을 것이라는 주장이 나오게 되었고, 기존에 받아들였던 지구 연대보다도 더 긴 연대를 주장하는 사람들이 계속 등장했습니다.

그 이후로 성경학자들은 과학 이론과 조화시키려는 시도 속에서 성경을 끼고 다양한 연대 주장을 하기 시작했습니다. 특히 진화론 등장 이후로 지질학과 천체 물리학이 나름 과학적인 방법으로 아주 긴 연대를 주장한 것에 영향을 받아 아예 진화론에 맞추어 성경의 연대를 말하는 데까지 이르렀습니다. 그래서 앞 장에서 말한 창세기 1-3장을 비역사적인 내용으로 보거나 시적이고 풍유적인 내용으로 취급하면서 성경 자체를 다르게 보는 데까지 발전해 나갔습니다.

이처럼 다양하게 발전한 창세기 1-3장의 연대에 관한 주장들을 베른 S. 포이트레스(Vern S. Poythress)는 10개 정도로 요약했습니다.[1] 그 밖에도 '선포의 날 이론'이나 '달력의 날 이론'과 같은 견해도 계속 나오고 있습니다. 이런 다양한 주장들 속에서 과학자들은 보편적으로 우주의 나이가 140억 년이나 137억 년, 지구의 나이는 대략 45억 년으로 말합니다.

성경과 과학에 대한 바른 관점 위에

이러한 분위기 속에서 성경은 '누가, 왜' 창조했는지를 말하고, 과학은

'어떻게' 창조되었는지에 대해 답해 준다면서 성경과 과학을 구분하여 각각의 주장을 받아들여야 한다고 말하기도 합니다. 이것은 굉장히 편리한 방법입니다. 왜냐하면 모든 논쟁이 쉬워지기 때문입니다. 그런 시대적 분위기와 영향 때문인지, 오늘날 교회 안에는 과학과 창세기 1-2장의 내용을 화해시키려는 사람들이 많습니다. 그들은 과학과 성경 사이에서 갈등하는 신자들뿐만 아니라 복음을 전혀 듣지 않으려는 자들을 위해서도 그러한 시도를 합니다. 그러나 그것이 과연 성경에 충실한 것일까요? 그렇지 않습니다. 그것은 성경의 권위보다 과학을 우위에 두는 태도입니다.

그렇다면 우리는 지금까지 나온 다양한 견해 중 어떤 것을 받아들여야 할까요? 지금까지 성경을 가지고 주장한 내용 중에는 분명히 귀담아들을 내용이 있습니다. 그러나 그보다 먼저 유념해야 할 사실이 있습니다. 그것은 창세기 1-2장을 통해 창조 연대를 파악하는 것은 창세기를 기록한 원래 의도와도 다르다는 사실입니다. 뿐만 아니라 우리는 정보의 한계도 있기 때문에, 연대를 파악하는 일은 결코 쉬운 일이 아닙니다.

오늘날 자연력(自然曆)의 방법과 과학적 지식으로 창세기 1-2장을 해석하려는 것은 본문을 잘못 이해하는 첩경입니다. 만일 출애굽한 이스라엘 백성이 오늘날 논의하는 과학적인 개념을 듣게 되었다면, 아마 그들 중에는 아무도 알아듣는 사람이 없었을 것입니다. 창세기의 일차적인 청중이 어떻게 이해했을지를 생각한다면 그것은 바른 방법일 수 없습니다.

우리는 하나님이 만물을 창조하신 최초의 사건을 보지 못했습니다. 그래서 창조 세계의 전말(顚末)을 통째로 보고 파악할 수 있는 조건에 있지 않습니다. 우리가 현재 보고 파악하는 사실들은 모두 후발적이고 파편적인 것들입니다. 이런 조건 때문에 우리는 창조의 모든 비밀과 실체를 파악하고 측량하는 데는 한계가 있음을 인정해야 합니다. 또한 그 모든 것을 파악하고 측량할 수 있는 절대적 기준도 우리에게는 없습니다. 우리는 상대적 기준을 가지고 말할 수밖에 없다는 점을 기억해야 합니다.

따라서 이런 사실을 무시하고 교만하게 말하는 것은 이미 빗나간 것입니다. 우리는 하나님이 창조하신 결과물을 후발적으로 발견하고 연구해서 하나의 이론으로 말하는 정도에 불과하다는 사실을 항상 기억해야 합니다. 따라서 우리의 모든 연구와 그에 따른 주장이 창조 계시를 벗어나거나, 또는 그것과는 무관하다면 아무리 그럴듯한 과학적 이론을 제시해도 그것은 이미 빗나간 것입니다.

과학의 주장은 지금도 계속해서 바뀌고 있습니다. 현재까지 '빅뱅(대폭발) 이론' 하나로 가는 듯 보였지만, 이제는 '다중 빅뱅'이라는 주장까지 나오고 있습니다. 과학을 하는 사람도 한계와 편견을 갖고 있기 때문에 얼마든지 오류의 소지가 있습니다. 그런데도 과학적인 이론을 하나님의 계시인 성경 위에 둔다는 것은 성경과는 다른 주장을 따르겠다는 적극적인 의지를 표명하는 것입니다. 과학적인 이론은 성경 위에 있을 수 없습니다. 과학의 주장에는 오류의 소지가 분명히 있지만, 성경은 하나님의 계시로서 무오하기 때문입니다.

우리는 과학이 성경을 검토하는 것이 아니라, 성경이 과학을 검토하여 긍정적인 토대를 제공한다는 사실을 알아야 합니다. 창세기 1-3장도 당시 이스라엘 백성이 갖고 있었던 창조 신화를 교정했습니다. 따라서 우리도 성경을 통해 과학이나 우리가 가진 생각과 이론들을 교정해야만 합니다. 이런 사실을 바탕으로 포이트레스는 다음과 같이 말했습니다.

"성경은 무오(無誤)하므로 성경과 과학이 충돌하는 듯 보일 때에는 성경을 우선적으로 여겨야 한다. 하지만 모든 사람이 이 원칙에 동의하는 것은 아니다. 우리 주변의 세상 사람들은 우리가 그리스도와 성경을 따른다고 비웃을 것이다. 그런 반응에 놀라지 말아야 할 것은 그리스도인들은 세상과 다른 삶을 살도록 부르심을 받았기 때문이다."[2]

그러면서 그는 계속해서 다음과 같이 덧붙였습니다.

"비록 성경이 무오함에도 불구하고 성경 해석자인 우리는 무오하지 않다. 성경과 과학이 충돌하는 듯 보인다면 우리는 과학이 잘못된 것이 아닌지 점검해야 하는데, 그 이유는 과학에는 오류의 여지가 있기 때문이다. 하지만 우리 또한 혹시 성경을 바르게 이해하지 못한 것은 아닌지에 대해서도 점검해 보아야 한다."[3]

우리는 피조 세계, 곧 자연을 보는 일에 있어서뿐만 아니라 하나님의 특별계시인 성경을 이해하는 데 있어서도 완전할 수 없습니다. 우리는 이 부분에서 정말 겸손해야만 합니다. 특히 우리가 가진 조건이 죄로 오염되었을 뿐만 아니라 홍수 심판으로 인해 원래의 조건에서 많이 달라졌다는 점을 고려한다면 우리는 더욱 그러해야 합니다.

이러한 점을 염두에 두면서 우리는 성경에서 얻을 수 있는 정보 안에서 지구의 나이에 대해 최대한 살펴보아야 할 것입니다.

창세기 1장에 나오는 '날'

지금까지 많은 사람이 창세기 1장에 나오는 '날'을 다양하게 해석해 왔습니다. 특히 태양과 달이 창조되기 전, 낮과 밤의 나뉨이 없었던 창조의 초반 3일도 성경은 '날'로 말하기 때문입니다. 포이트레스는 과학과 성경이 충돌하는 것으로 보일 때에는 성경을 우선시해야 한다고 말하면서, 다음과 같은 두 가지 견해를 강조합니다.[4] 바로 '유비적 날 이론'과 '젊은 지구 창조론'입니다. 우리는 이 두 견해만 살펴보아도 최소한 창세기 1장이 말하는 '날'에 대한 이해를 가질 수 있습니다. 물론 성경의 권위를 인정하는 다른 견해들에도 긍정적으로 볼 내용이 있지만, 일단 이 두 견해는 성경을 하나님의 말씀으로서 충분한 권위를 가진 것으로 인정하면서 최대한 연대를 파악하려는 측면에서 주목할 만합니다.

창세기 1장과 다른 구약 성경에서 반복적으로 사용되는 '날'은 다양한 의미로 사용됩니다. 일주일 중의 한 '날'이라는 뜻으로 사용되기도 하고, 특정한 시기나 기간 또는 계절을 뜻할 때도 '날'이라는 단어가 사용되었습니다. 그래서 '날'을 긴 기간으로 해석하는 것이 가능하다고 말하는 사람들도 있습니다. 그러나 가장 보편적으로 사용한 의미는 오늘날 우리가 사용하는 24시간을 뜻하는 '날'입니다.

어떤 사람들은 태양과 달이 넷째 날에 창조되었다는 것을 근거로 넷째 날 이전과 이후의 '날'의 길이가 다르다고 주장합니다. 그러나 우리가 '날'의 길이에 대해 관심을 갖는 것과는 달리, 이 내용을 처음 들었던 이스라엘 백성은 거기에 대해서 별다른 관심이 없었습니다. 오히려 자신들이 매일 경험하는 일주일의 날과 별다를 바 없는 날로 받아들였을 것입니다. 또한 창세기 1장은 근동 지방의 창조 신화들을 반박하는 내용이기 때문에, 그 내용을 기술하는 형식에 있어서도 설명의 초점이 '날'에 있지 않습니다. 오히려 이스라엘 백성이 잘 이해할 수 있도록 초반 3일과 그 이후의 3일 동안 하나님이 만물을 체계적으로 창조하셨다는 사실을 알게 하려는 취지가 담겨 있습니다.

창조 기간 중 초반 3일 동안 하나님은 세상의 틀이 될 만한 것을 창조하셨습니다. 첫째 날에는 빛, 둘째 날에는 궁창 그리고 셋째 날에는 물과 구분해서 뭍이 드러나도록 하시고 뭍에는 식물을 창조하셨습니다. 그리고 넷째 날 이후의 3일 동안 하나님은 초반 3일 동안 창조하신 틀 속에 채우는 것들을 만드셨습니다. 넷째 날에는 첫째 날에 창조된 빛과 관련된 해, 달, 별을 만드시고, 다섯째 날에는 둘째 날에 창조된 궁창을 채우는 공중의 새와 물의 생물들을 만드셨으며, 여섯째 날에는 땅을 채우는 짐승과 인간을 창조하셨습니다.

이처럼 창조 기사가 기록될 당시에는 '날'의 의미와 길이에 대해서는 큰 관심을 두지 않았기 때문에 '날'의 길이에 대해서는 상세히 말하지 않은 것입니다. 대신에 당시 근동의 창조 신화들 속에 있었던 '순환론적인 창조 개념'을 깨뜨리는 것에 오히려 강조점을 두고 있습니다.

예를 들면, 메소포타미아 지역, 특히 바벨론의 창조 신화만 보더라도 그들은 해가 뜨고 지는 것이나 뱀이 껍질을 벗는 것과 같은 순환론적 사상을 가지고 있었습니다. 그리고 이것은 힌두 사상과 윤회 사상으로 연결되어 발전합니다. 그러나 창세기의 창조 기사는 이러한 순환론적이고 반복적인 창조를 반박하면서 하나님이 만물을 일회적으로 창조하셨다고 말합니다. 다시 말해, 하나님이 순환되거나 반복될 수 없는 최종적인 창조를 계획하고 완성하셨음을 강조합니다. 바로 이 사실이 6일간의 창조 사건을 들었던 이스라엘 백성에게는 중요한 것이었습니다. 따라서 창세기 1장이 말하는 '날'은 우리가 생각하는 것만큼이나 복잡한 의미를 가진 날이 아닙니다. 그렇기 때문에 창조 기사를 가장 먼저 들었던 이스라엘 백성조차도 생각하지 않았던 '날'에 대해 우리가 과도한 의미를 부여하는 일은 조심할 필요가 있습니다.

유비적인 날 이론

먼저 우리가 주목할 만한 견해 중 '유비적인 날 이론'은 하나님이 이스라엘 백성에게 주신 십계명 중 제4계명에 근거한 주장입니다. 이 이론은 하나님이 제4계명("안식일을 기억하여 거룩하게 지키라")을 주신 것을, 6일 동안 만물을 창조하시고 7일째 안식하신 방식을 우리 인간에게도 유비적으로 적용한 것으로 보는 것입니다. 그러나 구체적인 시간의 길이는 서로 같지 않다고 주장합니다. 그러면서도 하나님이 모든 창조를 마치고 안식하신 것을 마치 아무런 활동도 하지 않으시는 것으로 보는 것이 아니라, 창조 사역을 멈추시고 창조의 일에서 안식하시는 일을 영원히 지속하고 계신다고 강조합니다. 이들은 하나님이 안식하신 일곱째 날에는 앞서 6일 동안 말했던 '저녁이 되고 아침이 되니 몇째 날이 되었다'는 표현이 없는 것에 연결해서 하나님이 안식을 영원히 계속하시는 것으로 말합니다. 결국 하나님의 안식의 날이 영원히 지속된다고 하면서 그 '날'의 길이는 24시간이 아니라고 말합니다.

그들은 하나님의 안식은 시계로 측정되는 시간의 길이가 아니라, 그날 동안에 이루어지는 활동의 종류를 말한다고 하면서 제4계명과 연결시킵니다. 이것은 고대 근동 사람들이 시계로 나타내는 시간보다는 '사회적 시간'에 따라 살았다는 것을 말하는 것으로, 고대 근동 문화의 시간 개념을 강조한 것입니다.

'사회적 시간'은 말하고, 먹고, 사람들과 어울리고, 함께 일하는 사회적 행위로 갖는 시간 개념입니다. 그들은 시계도 없이 실제로 일어나는 활동들을 인간의 시간으로 이해했다고 말합니다. 결국 '유비적인 날 이론'은 바빙크가 '하나님의 창조의 날들을 '하나님이 일하시는 날들로 말했듯이, 또 근동 사람들이 '사회적 시간'으로 날들을 이해했듯이 시간의 길이로서의 날이 아니라, 하나님이 하신 활동들, 곧 하나님이 일하고 안식하신 행위들로 규정되는 날이라고 특정합니다. 그렇게 보면 해와 달이 창조되기 전과 후의 '날'의 길이는 별로 문제가 되지 않습니다.

결론적으로, 이 견해에 따르면 하나님이 창조하신 6일의 '날'은 출애굽한 이스라엘 백성에게는 6일 후 안식과 유비는 될 수 있어도 오늘날 우리가 말하는 24시간 1일은 아닙니다. 그 '날'들은 우리의 시간으로 얼마인지 모르나, 하나님이 활동하신 시간, 또 하나님이 일하고 안식하신 각각의 행위들로 말하는 날이고 시간입니다. 그렇게 되면 하나님이 창조하신 그 날들의 길이는 오늘날 우리의 시간 길이로는 측량할 수 없는 시간이 됩니다. 그러나 출애굽한 이스라엘 백성에게 그 '날'은 자신들이 생각하는 그 '날'들이 될 수 없습니다. 왜냐하면 오늘날 우리처럼 시계로 계산된 시간의 날이 아니라, 똑같이 하나님처럼 '하루 동안의 사회적 경험'에서 보낸 날들로서 6일 일하고 그다음 안식하는 방식의 날을 가졌기 때문입니다. 만일 그런 맥락에서 하나님이 주신 제4계명을 보면, 강조점이 사회적 시간을 강조하는 것으로 보입니다.

이처럼 '유비적인 날 이론'은 창세기 1장과 제4계명을 시간적인 의미의 날 개념보다는 일상적으로 일하는 날 개념으로 연결해서 유비로 말합니다. 유비적 이론은 다른 것은 몰라도 창조의 날과 관련해서는 성경의 내용을 과도하게 달리 해석하지 않고 성경 안에서 설명하려고 한다는 면에서 설득력이 있습니다. 또 하나님이 당시 이스라엘 백성에게 하나님의 창조 6일과 안식일을 말씀하셨을 때, 이스라엘 백성은 그 내용을 아무런 문제없이 받아들여 이해했다는 점에서 설득력이 있습니다. 그럼에도 '유비적인 날 이론' 역시 다양한 관점을 가진 학자들에 의해 비판을 받습니다.

젊은 지구 창조론

또한 우리가 참조할 만한 다른 견해로는 '젊은 지구 창조론'이 있습니다. 오늘날 이 이론은 고리타분한 것으로 취급되고 있지만, 사실 기독교회가 오랫동안 믿어 온 내용이기도 합니다. '젊은 지구 창조론'은 기본적으로 창세기 1장이 말하는 '날'을 오늘날 우리가 경험하는 24시간과 똑같은 '날'로 이해합니다.

그러나 이 이론은 오늘날 주류 과학이 말하는 지구 연대와는 너무 큰 차이를 보입니다. 왜냐하면 지구 나이를 6천여 년 정도, 또는 더 길게 보면 1만 년 정도로 말하기 때문입니다. 그래서 많은 사람은 이 이론을 도저히 믿을 수 없는 주장으로 여기고, 이것을 믿는 교회들을 미신적이라고 단정 지어 버립니다. 물론 '젊은 지구 창조론'은 과학을 기준으로 하면 믿을 수 없는 견해입니다. 그러나 과학의 주장을 살피면서 동시에 성경 안에서 답을 찾고자 한다면 이것은 믿지 못할 주장은 아닙니다.

과학적 연대 측정 방법의 한계

우리는 먼저 과학적 연대 측정 방법과 그 기준이 절대적인 것이 아니라는 사실부터 주지해야 합니다. 왜냐하면 그것은 창조된 세계로부터 타락하고 왜곡된 조건 속에서 측정하는 것이기 때문입니다. 그래서 빛의 속도나 별의 성장을 이용한 방법이나 방사성 동위원소나 탄소 측정과 같은 방법들은 결정적인 한계를 갖고 있습니다. 그것은 최초의 조건과는 달라진 현재의 조건에서 관찰하는 것이기 때문입니다.

그러나 과학적 연대 측정 방법은 과거와 현재의 우주와 지구의 조건이 똑같다는 전제를 갖고 시작합니다. 빅뱅 이론이나 상대성 이론이 기준으로 삼는 빛의 속도도 과거와 현재가 똑같을 것이라고 전제합니다. 그러나 창조 때 빛의 속도가 현재와는 다를 가능성은 얼마든지 있습니다. 아인슈타인이 시간의 흐름은 상대적일 수 있다는 사실을 발견한 것만 보아도, 우리는 현재와 과거의 조건이 다를 수 있음을 알 수 있습니다. 이것이 바로 과학적 연대 측정 방법이 가진 결정적인 한계입니다. 그들은 성경이 분명히 말하고 있는 타락과 홍수라는 역사적 사실을 전혀 고려하지 않습니다. 그래서 젊은 지구 창조론자들은 과학적 연대 측정의 결과를 부정합니다. 어디까지나 그들이 상정한 가설을 따라 측정한 것이라고 생각하기 때문입니다.

역사(歷史)적 사실로서의 성경

우리는 과학의 주장을 성경 위에 두는 관점으로 성경을 해석해서는 안 됩니다. 그런 관점으로 성경을 해석하는 것은 성경이 확실하게 증거하는 역사적 기록을 입증도 되지 않은 과학의 가정 아래 몰아넣는 것이기 때문입니다. 성경은 현재의 조건과 태초의 조건이 같지 않다고 분명히 말합니다. 그러므로 우리는 절대적이지도 않은 과학적 가설보다는, 오히려 더 정확한 사실로 말하는 성경의 역사적인 증거에 비중을 두어야 합니다.

우리는 최초의 사람 아담 이후로 계속된 인류의 족보와 역사를 가지고 있습니다. 이것은 일단 추정이 가능한 역사적 자료입니다. 그런데 타락으로 인해 피조 세계에 변화가 생겼습니다. 또 하나님의 심판으로 홍수가 일어났습니다. 성경은 홍수 사건뿐만 아니라 그 이후에 일어나는 사건들도 모두 역사적인 기록으로 제시합니다. 특히 창세기는 창조 이야기를 최초로 들었던 출애굽한 이스라엘 백성에게까지 연결되는 역사성(歷史性)을 갖고 있습니다. 그래서 창세기에는 '족보'(계보) 또는 '내력'이라는 뜻을 가진 히브리어 '톨레도트'[5]가 무려 11회나 나옵니다. 이것은 굉장히 중요한 사항입니다. 예를 들면, "하늘과 땅의 내력[6]이니"(창 2:4), 또는 "…의 족보는 이러하니"와 같은 표현은 이스라엘 백성에게 역사성을 말해 주는 표현 방식입니다. 하나님이 6일 창조 후에 안식하신 것을 말한 뒤에, 하늘과 땅이 창조된 내력을 말하는 것은 역사를 강조하고 있는 것입니다.

창세기 5장에서도 아담 자손의 계보를 진술한 뒤에 6장에서 노아의 족보를 기술합니다. 10장에서는 노아의 아들 셈과 함과 야벳의 족보를 말하고, 11장에서는 노아의 자손 중 메시아가 나올 셈의 족보를 언급합니다. 그리고 11장 후반부에서는 아브라함의 조상인 데라의 족보가 나오고, 이스라엘 백성의 조상인 아브라함으로 연결됩니다. 창세기 25장 전반부에는 이스마엘의 족보, 후반부에는 이삭의 족보, 그리고 36장 전반부에는 에돔의 족보, 후반부에는 에돔의 왕들의 계보가 이어서 나옵니다. 37장부터는 출애굽한 백성에게 가장 가까운 조상인 야곱의 족보가 나옵니다.

창세기는 왜 이와 같이 창조의 내력으로부터 시작해서 이러한 족보들을 계속 말하는 것일까요? 그것은 바로 아담으로부터 시작된 역사가 출애굽한 이스라엘 백성의 조상인 야곱까지 이어지는 역사성을 강조하기 위함입니다.

우리는 성경을 통해 과거의 역사에 대한 확실한 증거를 갖고 있습니다. 이러한 증거로서의 역사적 계보는 2천여 년 전 다윗의 혈통으로 오신 예수 그리스도와 연결되어 현재 우리에게까지 이르고 있습니다. 그러므로 아담으로부터 시작해서 현재까지 이르고 있는 인류의 역사가 족보에 따른 계산으로 6천여 년이든, 아니면 족보 중에 빠진 사람들을 고려해서 좀 더 긴 시간이든 우리가 확실히 알 수 있는 연대는 이것입니다. 그래서 1800년대 이전까지 지구 나이는 6천여 년으로 믿어 왔습니다. 왜냐하면 예수님도 아담을 태초와 연결하여 말씀하셨고, 바울도 아담과 예수님을 연결해서 말하기 때문입니다. 성경은 여러 곳에서 아담으로부터 예수님의 계보를 말합니다. 그러므로 성경에서 얻을 수 있는 가장 확실한 자료는 하나님이 창조하신 최초의 사람 아담으로부터 지금까지의 연대입니다.

우리가 가진 이해의 한계

문제는 아담이 창조되기 전인 태초로부터 6일간의 창조 기간과 첫 안식의 기간입니다. 6일의 창조 기간을 이스라엘 백성이 생각한 6일로 가정하더라도, 이 부분에는 분명한 한계가 있습니다. '유비적인 날 이론'과 같이 성경의 권위를 인정하는 사람들조차 이 부분에서 다양한 주장을 합니다. 여기서 우리는 다른 주장들에 대해 단정적인 태도보다는 우리의 한계와 연약함을 인정하면서 겸손하고 열린 태도를 가질 필요가 있습니다.

그런데 많은 사람이 책과 인터넷을 통해 독단적인 모습을 보입니다. 그러나 우리는 족보 계산을 통해 6천여 년으로 나온 결과를 믿지 않는 사람들을 마치 믿음이 없는 사람처럼 단정 지어서는 안 됩니다. 왜냐하면 그러한 족보조차도 몇 세대씩 빠진 내용이 있기 때문입니다. 무엇보다도 중요한 것은 성경을 가진 우리조차도 측량 못할 하나님의 창조 내용이 있음을 기억해야 한다는 것입니다.

창세기 1장 1절 말씀대로 하나님이 세상을 처음 창조하실 때 시간과 공간이 시작되었지만, 우리는 그때의 조건에 대해 전혀 아는 바가 없습니다. 천지를 창조하신 방식이 팽창하는 방식이었는지, 아니면 한꺼번에 존재하게 되었는지 우리는 다 알 수 없습니다. 빅뱅 이론이 말하는 것처럼 아주 오랜 시간으로 말할 정도로 커다란 시공간의 창조가 있었는지조차 우리는 알 수 없습니다. 이 모든 일이 하나님 편에서는 순식간에 일어날 수 있지만, 인간의 입장에서는 오랜 시간으로 보일 수 있기 때문입니다. 이처럼 하나님의 창조 속에는 인간이 측량할 수 없는 일이 얼마든지 있을 수 있습니다.

한편 창세기 1장은 하늘과 땅이 서로 마주한 것으로 설명합니다. 그런데 우리는 그때의 조건도 어느 정도의 시간 속에 있었는지 전혀 알 수 없습니다. 특히 2절은 "땅이 혼돈하고 공허하며 흑암이 깊음 위에 있고 하나님의 영은 수면 위에 운행하시니라"라고 말합니다. 여기서 '혼돈하고 공허하며'라는 말은 문자적으로는 '불모지이고 비어 있는'이란 뜻인데,

하나님은 바로 그런 상태에서 6일간의 창조를 하신 것입니다.

그런데 성경은 그와 같은 땅의 조건 속에서 하나님의 창조로 생기는 변형을 마치 한 사람이 지상에서 바라보는 시각으로 기술합니다. 왜냐하면 하나님의 시각에서 설명하면 우리가 이해할 수 없기 때문입니다. 이것은 우리의 시각에서 하나님의 창조를 정확히 이해하는 것에는 한계가 있음을 보여 주는 것입니다.

하나님이 창조하신 '날'도 24시간으로만 단정 짓기는 어렵습니다. 왜냐하면 '하나님의 창조 활동을 묘사하는 내용을 단순히 24시간으로만 단정지을 수 있는가?' 하는 의문을 가질 수 있기 때문입니다. 예를 들면, 첫째 날에 하나님이 "빛이 있으라" 말씀하시니 빛이 있었는데, 그 말씀만 하시고 24시간을 기다렸다가 다음 날이 되어서야 다시 창조 활동을 하셨는지 의문이 제기됩니다. 여기에는 우리의 시간 개념으로 계산하기 어려운 면이 분명히 있습니다. 그래서 '유비적인 날 이론'이 이런 측면에서 설득력이 있습니다.

또한 하나님은 모든 동식물을 창조하실 때 씨앗이나 새싹의 형태로 창조하지 않으셨고, 사람을 창조하실 때도 어린아이로 창조하지 않으셨습니다. 모든 생명체를 완전히 성장한 조건으로 창조하셨습니다. 이것은 우주와 발광체들뿐만 아니라 지구도 이미 성숙한 조건을 가진 상태였을 가능성을 보여 줍니다. 우리는 창세기 1장이 말하는 태초의 조건을 모르기 때문에, 우리의 연대 측정 기준이 절대적인 것이라고 말할 수 없습니다. 즉 과학이 말하는 것을 절대시할 수 없다는 의미입니다.

이러한 내용을 조금 더 확장해 보면, 성경은 셋째 날에 땅이 씨 가진 열매 맺는 나무를 내었다고 말합니다(창 1:12). 땅에서 열매 맺는 나무로 나오려면 우리의 시간 개념으로는 매우 긴 날이 소요됩니다. 그런데 그 사건이 셋째 '날'에 있었습니다. 이처럼 하나님의 창조 내막에는 우리의 시간 개념으로 계산하기 어려운 요소가 분명히 있습니다. 그래서 주드 데이비스(Jude Davis)는 시리아의 에프렘(Ephrem)을 인용하면서 다음과 같이 말했습니다.

"하나님이 나무를 창조하셨을 때, 성경은 그 일이 즉시 이루어졌다고 말한다. 만약 카메라를 그 자리에 설치할 수 있었다면 그 장면은 어떻게 비쳤을까? 일반 성장 과정이 단 한 번 혹은 한 시간이나 하루로 축약되었을까? 나무가 싹을 틔울 때부터 자라서 열매를 맺을 때까지 이런 과정이 단번에 진행되었을까? 만약 이런 일이 짧은 시간에 일어난다면 그 나무를 잘랐을 때 드러나는 나이테는 이 나무가 몇 살이라고 말해 줄까? 어떤 의미에서 나무의 나이테를 측량한 값이든 실제로 그 나무가 자란 짧은 기간이든 시간의 구애를 받지 않으시는 하나님의 임재를 생각할 때, 그 시간은 나무에 실제로 일어난 일을 묘사하는 참된 양상이 아닐까?"[7]

그렇습니다. 하나님의 임재는 시간에 구애받지 않습니다. 그렇기 때문에 6일의 창조 기간에 있었던 하나님의 임재를 우리가 가진 시간 개념으로는 측량하기가 어렵습니다.

하나님의 무(無)시간적인 임재

그런데 창조 기간에 있었던 하나님의 임재는 이스라엘의 역사 속에서도 간간이 드러났습니다. 인간의 시간 개념을 초월한 하나님의 활동이 우리의 시간 속에 있게 된 사건들이 성경에는 기록되어 있습니다.

예를 들면, 민수기 17장에 나오는 '싹이 난 아론의 지팡이 사건'입니다. 이스라엘 백성이 아론을 무시하는 모습을 보신 하나님은 아론의 지팡이를 포함하여 지파별로 지휘관의 지팡이를 가져와서 회막 안 증거궤 앞에 두라고 하셨습니다(민 17:1-4). 그래서 죽은 나무 지팡이를 하나씩 갖다 놓았을 때 어떤 일이 벌어졌습니까? 하나님의 임재 안에 놓인 아론의 나무 지팡이에 "움이 돋고 순이 나고 꽃이 피어서 살구 열매가 열렸"습니다(민 17:8). 몇 달 또는 몇 년이 걸릴 수도 있는 일이 불과 몇 시간 만에 일어났습니다. 하나님의 임재 속에 일어난 일을 시간으로 계산하는 것은 한계가 있음을 보여 주는 사건입니다. 이것은 하나님이 자신의 임재 속에서 창조 사역을 하실 때도 얼마든지 있을 수 있는 일입니다.

또 다른 예로서, 모세는 하나님의 임재 앞에서 40일 동안 음식과 물을 먹지 않았습니다. 그는 심지어 잠도 안 잤을 것입니다. 그렇게 40일을 보내고 내려왔음에도 불구하고 모세의 얼굴에 광채가 났다고 성경은 말합니다. 모세는 하나님의 임재 속에서 40일이 마치 순식간에 지나가는 것과 같은 경험을 한 것입니다(출 34:28-29).

예수 그리스도께서 물을 포도주로 만드신 사건도 생각해 볼 수 있습니다(요 2장). 우리는 단순히 기적이라고 생각하며 넘어갈 수 있지만, 포도

주를 가져다준 사람의 입장에서는 물이 포도주로 변한 사건은 아주 짧은 시간에 일어난 사건입니다. 포도주를 만드는 양조자의 시각에서는 오랜 숙성 기간이 걸려야 최상의 포도주가 나오는 일이 예수님에 의해 순식간에 일어났습니다. 이처럼 하나님의 임재 속에서 일어나는 일의 시간은 측량할 수 없다는 사실을 데이비스는 다음과 같이 말했습니다.

"하나님의 무(無)시간적인 임재가 물질 창조와 관련될 때, 그 창조는 다소 이상한 일을 일으키는데 그 일에는 시대를 나타내는 표시가 배어 있다. 비록 실제로 관련 시간은 짧지만, 긴 세대를 나타낸 것처럼 보이는 것이다. 하나님은 짧은 시간에 그런 광대한 시간을 담으심으로써 자신의 무시간성과 무한한 위대하심을 입증하신다."[8]

주께는 하루가 천 년 같고

오늘날 과학자들은 하나님이 짧은 시간 안에 광대한 시간을 담으신 창조 사건을 시간으로 측정하려고 합니다. 그러나 하나님의 임재의 시간과 관련해서 사도 베드로가 말한 중요한 내용이 있습니다.

"사랑하는 자들아 주께는 하루가 천 년 같고 천 년이 하루 같다는 이 한 가지를 잊지 말라"(벧후 3:8).

하나님이 임재하셔서 만물을 창조하신 사건에는 바로 이러한 사실이 있습니다. 그러므로 지구 연대는 6천여 년이 유일한 답이라고 말하기는 어렵습니다. 다만 우리가 확실하게 말할 수 있는 것은 족보에 따른 연대 정도이고, 그 외에는 우리가 다 헤아릴 수 없는 시간이 있다는 것을 생각해야 합니다.

우리는 그러한 이해 속에서 젊은 지구론을 지지하는 과학자들의 지구 연대는 진화론자들이 말하는 것처럼 길지 않다는 주장을 참고할 필요가 있습니다. 그러한 기독교 과학자들이 생물학, 화학 등 각각의 분야에서 연구한 책들이 현재 시중에 많이 나와 있습니다. 그들은 과학적인 자료를 보면 하나님의 창조 안에서 과학적 발견들은 모두 설명된다고 말합니다. 그래서 지구의 나이가 젊다고 주장하는 것입니다. 그러면서 과학은 하나님이 창조하신 것 속에서 부차적인 위치에 있어야지, 과학이 가장 앞자리에 와서는 안 된다고 말합니다. 물론 진화론자들은 그들의 주장을 무시하지만 말입니다.

특별계시에 비추어 보아야 할 자연

하나님이 우리에게 주신 계시는 두 가지로서 특별계시인 '말씀'과 일반계시인 '자연'입니다. 그리고 이 두 계시는 서로 밀접하게 연관되어 있습니다. 그런데 일반계시는 모든 사람이 창조의 흔적인 자연을 통해서 하나님이 만물을 창조하셨다는 사실을 더듬을 수 있는 정도의 계시입니다.

일반계시는 하나님을 구체적으로 아는 데 있어서, 특히 하나님의 구원을 아는 데 있어서는 한계를 가지고 있습니다. 그 일은 반드시 특별계시에 의존해야만 합니다. 마치 출애굽한 이스라엘 백성이 하나님의 계시와 구원을 경험하고 나서야 비로소 최초의 창조로부터 모든 것을 이해한 것처럼, 우리도 특별계시를 통해서만 하나님이 만드신 자연을 정확하고 바르게 볼 수 있습니다.

자연에 대한 이해는 특별계시인 하나님의 말씀에 비추어 해석되고 검토되어야만 합니다. 우리는 이 순서를 매우 중요하게 생각해야 합니다. 절대로 이 순서를 거꾸로 해서는 안 됩니다. 자연에 관한 연구 결과를 가지고 하나님의 말씀을 해석하려고 해서는 안 된다는 말입니다.

출애굽한 이스라엘 백성은 하나님의 존재 증명과 그분의 말씀을 통해서 그동안 자신이 알고 있었던 모든 창조 신화가 거짓임을 알게 되었습니다. 그러면서 그들은 피조 세계에 대한 이해를 모두 수정하게 됩니다. 그들은 하나님의 계시인 창세기 1-3장의 말씀을 따라 피조 세계를 다시 보게 된 것입니다. 이처럼 하나님의 특별계시 안에서 피조 세계를 보는 것만이 가장 정확한 길입니다. 지구의 연대 문제까지 말입니다. 그러므로 우리는 겸손하게 창세기 1-3장을 통해 하나님이 우리에게 말씀하시고자 하는 내용을 알기 위해 더욱 마음을 쏟아야 합니다.

그렇다면 하나님이 창세기 1-3장을 계시로 주신 의도와 목적은 무엇입니까? 바로 하나님이 우리가 보고 있는 모든 만물의 시작이요, 창조자이시라는 사실입니다. 그리고 우리 인간을 포함한 모든 것은 하나님이 창조하신 피조물이라는 것입니다. 심지어 이집트에서 신처럼 높였던 바로까지 말입니다. 존재하는 모든 것은 생명의 시작에서부터 그것을 지속하고 유지하는 것까지 모두 하나님께 달려 있습니다. 이러한 사실을 바울은 아테네에서 다음과 같이 말합니다.

"우주와 그 가운데 있는 만물을 지으신 하나님께서는 천지의 주재시니 손으로 지은 전에 계시지 아니하시고 또 무엇이 부족한 것처럼 사람의 손으로 섬김을 받으시는 것이 아니니 이는 만민에게 생명과 호흡과 만물을 친히 주시는 이심이라 인류의 모든 족속을 한 혈통으로 만드사 온 땅에 살게 하시고 그들의 연대를 정하시며 거주의 경계를 한정하셨으니 이는 사람으로 혹 하나님을 더듬어 찾아 발견하게 하려 하심이로되 그는 우리 각 사람에게서 멀리 계시지 아니하도다 우리가 그를 힘입어 살며 기동하며 존재하느니라"(행 17:24-28).

바울은 하나님이 창조주이심을 말한 뒤에, 우리 모두가 그 하나님을 힘입어 살며 기동하며 존재한다고 말합니다.

하나님이 창조하시고 다스리신다는 사실 위에 삶을 세우라

우리는 모든 피조 세계를 통해 하나님의 창조와 그분의 다스림을 보아야 합니다. 시편 104편 기자는 19절에서 "여호와께서 달로 절기를 정하심이여 해는 그 지는 때를 알도다"라고 말합니다. 우리는 이것을 자연 법칙이라고 부릅니다. 그런데 이 자연 법칙을 누가 정하셨습니까? 하나님이 정하셨습니다. 그뿐만 아니라 지금도 하나님은 하나님의 다스림 속에서 이 자연 법칙을 유지하심으로써 우리를 살게 하십니다. 그래서 이사야 선지자는 이사야 42장 5절에서 하나님을 "하늘을 창조하여 펴시고 땅과 그 소산을 내시며 땅 위의 백성에게 호흡을 주시"는 분으로 말합니다. 존재하는 모든 것, 즉 그의 존재와 생명은 창조주 하나님이 붙드시고 유지하시는 것에 달려 있다는 말입니다.

우리는 이미 있는 자연 법칙을 연구하기에 급급하지만, 하나님은 이 모든 것을 만들고 정하셨습니다. 이것이 창조와 관련해서 우리가 생각해야 할 사실입니다. 우리는 이러한 사실에 근거하여 우리의 신앙과 삶을 가져야 합니다. 만일 연대 측정의 문제로 우리의 신앙과 삶이 흐려지게 된다면 성경과는 거리가 먼 길, 그야말로 잘못된 길로 가는 것입니다.

성경은 하나님이 우리의 창조주요, 우리를 구원하신 분이며, 우리의 삶을 주장하고 인도하시는 분임을 말합니다. 출애굽을 경험한 이스라엘 백성, 곧 구원을 경험한 자들이 창조의 내용을 처음 들었을 때는 바로 이러한 사실을 알게 되었던 것입니다. 만물의 창조자가 바로 우리의 구원자요, 삶의 인도자이시라는 사실을 말입니다.

하나님은 모세에게 자신을 "스스로 있는 자"(출 3:14)라고 계시하셨습니다. 그러한 하나님이 아브라함에게 약속하셨고, 그 약속한 바를 이루시며, 마침내 그의 후손들인 이스라엘 백성이 이집트의 속박에서 구원받게 하셨습니다. 결국 온 만물의 창조주께서 우리의 삶에 관여해 계신 구원자요, 인도자이심을 말하는 것입니다.

그분을 아는 자로서의 지식과 삶과 예배

하나님의 창조와 더불어 만물을 창조하신 분이 누구신지를 정확히 아는 것은 우리가 하나님의 구원을 경험할 때만 비로소 가능해집니다. 이스라엘 백성이 출애굽을 통해 하나님의 구원을 경험하기 전에는 이집트 신화나 다른 근동 신화를 수용하고 믿었던 것처럼, 우리도 구원을 경험하기 전에는 다른 것을 믿으며 살아갑니다.

그런데 만물을 창조하신 하나님의 말씀이 이스라엘을 구원하시는 일에 똑같이 나타난 것입니다. 태초에 천지를 창조하신 그 말씀이, 그들을 구원하고 인도하시는 말씀으로 계속해서 나타났습니다. 이러한 일은 복음 안에서 생명을 얻어 하나님이 어떤 분이신지를 알게 된 사람에게도 똑같이 적용됩니다. 그는 하나님의 구원을 경험할 뿐만 아니라 하나님의 창조와 창조주 하나님에 대한 이해와 반응도 계속해서 갖게 되는 것입니다. 그래서 창조주 하나님을 알고 믿게 된 이스라엘 백성은 하나님을 향한 순종과 신뢰를 보이게 됩니다. '하나님이 나의 존재와 삶을 인도하신다. 나의 모든 것은 하나님께 달려 있으므로 하나님만을 의지해야 한다'는 중요한 인식이 그들로 하여금 하나님을 높이게 했습니다. 결국 하나님을 의지하고 신뢰하며 예배하는 일은 창조주 하나님에 대한 인식 속에서 나오는 것입니다.

창조주 하나님에 대한 이해가 바르지 않고, 성경을 따라서 이해하지 못하는 사람은 자꾸만 지식과 논리만 가지고 말합니다. 하나님을 의지하고 신뢰하며 경배하는 반응이 없이 말입니다. 창조주 하나님이 나의 하나님이요, 나의 구원주이심에 감사하며 그분께 영광을 돌리는 일은 지식과 논리로 되지 않습니다. 아무리 말로 설명해도 그것만으로는 되지 않습니다. 창조는 저절로 믿어지는 것이 아닙니다. 교회를 다니면서도 진화론 때문에 하나님의 창조를 믿지 못하는 사람들이 얼마나 많습니까? 하나님의 창조를 믿고, 창조주 하나님께 자신의 존재와 삶이 달려 있음을 믿는 것, 그분을 의지하고 그분께 영광을 돌리며 예배하는 것은 구원을 얻음으로써만 가능해집니다. 출애굽을 경험함으로써 말입니다. 그래서 창세기는 출애굽한 이스라엘 백성에게 주신 것이지, 출애굽하지 않은 백성에게 주신 것이 아닙니다.

그러므로 여러분에게 묻고 싶습니다. 여러분이 알고 있는 하나님은 어떤 분이십니까? 현재의 상황이 조금 힘들다고 해서 하나님이 여러분의 눈에서 가리어졌습니까? 하나님이 모든 피조 세계의 시작자요, 창조자이심을 기억하십시오. 그분은 자신의 백성에게 하신 약속을 지키며 인도하시는 분입니다. 메시아를 보내셨고, 지금도 그분 안에서 자기 백성을 구원하실 뿐만 아니라 말씀으로 붙들고 이끄시는 분입니다. 그러한 창조주 하나님이 우리의 하나님이심을 잊지 마십시오. 그리고 그분을 의지하십시오. 그분 없이는 우리의 시작도 불가능하고, 유지도 불가능하다는 사실을 잊지 마십시오. 그리고 그러하신 하나님께 합당한 예배와 영광을 돌리십시오.

4부

이 세대의 사상,
포스트모더니즘과
왜곡된 도덕성을 아십니까

10장

포스트모더니즘 사고

"너희는 이 세대를 본받지 말고 오직 마음을 새롭게 함으로 변화를 받아
하나님의 선하시고 기뻐하시고 온전하신 뜻이 무엇인지 분별하도록 하라"

롬 12:2

"그때에 이스라엘에 왕이 없으므로
사람이 각기 자기의 소견에 옳은 대로 행하였더라"

삿 21:25

'포스트모더니즘'과 사사 시대의 정신

"사람이 각기 자기의 소견에 옳은 대로 행하였더라"(삿 21:25하)라는 사사기 말씀은 사사 시대를 설명해 주는 전형적인 표현입니다. 그러나 이것은 또한 로마서의 '이 세대'의 정신을 잘 설명해 주는 표현이기도 합니다. '포스트모더니즘적 사고'의 특징이 바로 그렇습니다.

포스트모더니즘(탈근대주의)은 이 세대의 생각과 행동의 틀을 이루고 있는 강력한 사상이요, 이 세대의 정신입니다. 이것은 계속해서 확장하면서 큰 영향력을 행사하여 마침내는 이 시대의 지배적인 정신으로 자리매김하게 되었습니다. 모든 영역에서 보편적인 현상으로 나타날 정도로 강력한 기반을 가진 이 시대의 정신입니다. 포스트모더니즘은 마치 이 시대에 새롭게 등장한 시대정신처럼 보이지만, 실상은 본문이 말하는 사사 시대의 정신적 특징을 그대로 가지고 있습니다.[1] 다만 거기에 현대적인 색깔이 가미된 옷만 덧입었을 뿐입니다.

사사기 본문은 "그때에 이스라엘에 왕이 없으므로"(삿 21:25상)라고 말합니다. 이것은 그들이 참된 왕이신 하나님을 인정하지 않고 그분의 다스림을 받지 않는 모습과, 또한 하나님의 대리자가 되어 그들을 이끌어 줄 수 있는 왕이 없는 모습을 보여 줍니다. 각자가 다스리는 자로서, 자신의 주인으로서, 통치자로서 살며 자신의 생각과 감정과 판단에 따라서 무엇이 옳은지를 결정하고 행하는 것입니다. 이러한 모습은 포스트모더니즘의 핵심 가치에도 그대로 드러납니다. 포스트모더니즘은 자신을 다스리거나 통제할 객관적이고 절대적인 기준을 무시하고, 오직 자신의 주관적이고 상대적인 감정과 직관만이 모든 판단의 기준이 됩니다. 결국 자신이 신이 되어 옳고 그름을 결정하려는, 자신의 주관적인 감정이 가장 중요한 가치가 되는 것입니다.

이런 포스트모더니즘의 가치와 사상을 거슬러 올라가 보면, 결국 그 기원은 사탄이 부추긴 가치임을 알게 됩니다. 지금까지 인류 역사에는 다양한 시대정신이 등장한 것처럼 보여도, 사실 그 기원은 모두 사탄이 최초의 인간을 유혹하며 말했던 가치와 사상에 불과합니다. 그리고 이것은 아담으로부터 모든 사람에게 계속해서 전해져 내려온 것이기도 합니다. 바로 "너희 눈이 밝아져 하나님과 같이 되어 선악을 알 줄 하나님이 아심이니라"(창 3:5)라는 사탄의 거짓말입니다. 포스트모더니즘의 사상으로 표현하자면, "네가 하나님처럼 되어 선악을 결정하는 존재가 될 수 있다!"는 말입니다. 이것이 바로 사탄이 하와에게 다가와서 한 말이었습니다.

오늘날에도 사탄은 이 거짓말을 하나의 시대정신에 담아서 우리에게 말합니다. 그런데 문제는 이것이 직접적인 소리가 아니라, 모든 사람이 따르고 있는 시대정신 속에서 말하는 소리라는 점입니다. 그래서 잘 분별하지 못하면 하와가 자연스럽게 뱀의 말을 따라간 것과 같은 반응을 하게 됩니다. 우리는 바로 이러한 현실 속에서 살아가고 있습니다.

오늘날 많은 사람이 그 어느 때보다도 하나님이 없이 독립적인 존재가 되어 선악을 결정하는 자로 살아갑니다. 사사 시대처럼 나를 다스릴 존재는 없고, '나에 관한 모든 것은 내가 결정하고 주관한다'는 생각으로 말입니다. "절대적이고 객관적인 것이란 존재하지 않는다. 그러니 네가 기준이 되어서 행하면 그것이 바로 옳은 것이고 선이다!"라고 외칩니다. 그리고 이것은 어느새 사람들의 사고방식과 생활방식으로 자리매김하여 우리 모두가 자연스럽게 가져야 할 것으로 나타나고 있습니다. 그러므로 우리에게는 "이 세대를 본받지 말라"는 말씀을 단순히 암송하는 정도가 아니라, 그 말씀에 따르는 분별과 저항의 반응이 반드시 필요합니다. 우리 모두가 "이 세대를 본받지 말라"는 로마서 말씀을 따라서 포스트모더니즘 사고방식을 분별하며 저항하는 데까지 나아갈 수 있기를 바랍니다.

객관적인 지식을 불신하고 부정함

계몽주의 이후 지난 세기 전반부까지 지배하고 있었던 '모더니즘'(근대주의)은 이성에 근거한 합리성과 객관성을 강조하며 이 세상이 진보할 것이라는 믿음을 갖고 있었습니다. 그러나 제1, 2차 세계대전을 겪으면서 그러한 믿음은 허물어지고, 거기에 대한 진자운동으로 '포스트모더니즘'이 등장했습니다. 그래서 포스트모더니즘은 모더니즘이 강조했던 이성과 합리성, 객관성을 모두 거부하고, 감정과 직관, 주관적인 이해와 같은 상대성을 크게 강조합니다.

이러한 포스트모더니즘의 특징에 대해 밀라드 에릭슨(Millard Erickson)은 여러 가지로 정리해서 말했는데, 그중 몇 가지만 보면, "객관적 지식을 부정하고 지식은 불확실하다고 주장하며, 그래서 특히 어떤 것을 의심할 수 없는 사실이라고 말하는 지식의 근거 같은 것은 버려야 한다고 말했다. 또한 모든 것을 포괄하는 설명 체계라는 것은 없으며 그런 체계를 건설하려는 시도도 포기해야 하고, 지식의 본래적 선함이란 것을 의문시한다"[2]라는 것 등입니다.

이 정도의 특징만 보아도 우리는 포스트모더니즘이 기독교와는 정반대 편에 서 있다는 사실을 금방 알 수 있습니다. 객관적이고 절대적인 지식을 말하고 모든 것을 포괄하는 설명 체계를 가진 기독교와 하나님의 말씀 그리고 그 말씀 안에서 참된 지식의 선함을 말하는 기독교는 포스트모더니즘에게 있어서는 완전히 거부되어야 할 대상입니다.

그런데 포스트모더니즘이 강조하는 이러한 생각과 확신은 바로 하와가 사탄의 유혹을 받고 가졌던 마음이기도 합니다.

"여자가 그 나무를 본즉 먹음직도 하고 보암직도 하고 지혜롭게 할 만큼 탐스럽기도 한 나무인지라 여자가 그 열매를 따 먹고 자기와 함께 있는 남편에게도 주매 그도 먹은지라"(창 3:6).

이것은 무엇을 의미할까요? 여자는 분명히 하나님이 하신 객관적인 말씀이 있고, 그 말씀을 따르지 않으면 파생되는 결과를 알면서도 그것을 깨뜨려 버리고 자신의 느낌과 감정대로 행했음을 의미합니다. 이것이 바로 포스트모더니즘이 강조하는 표현입니다. 그리고 이렇게 행하는 것을 마치 선(善)인 것처럼 말합니다.

여러분은 이 세대의 생각과 행동의 틀로 우리에게 영향을 미치고 있는 포스트모더니즘을 분별하며 저항하고 있습니까? 어떤 사람은 분별하지 못한 채 주변 사람들이 그렇게 하고 있기 때문에 은연중에 따르고 있을지도 모릅니다. 이러한 시대정신은 우리 사회 전반에 수용되어 있어서 대부분의 사람이 보고 듣고 따르는 것입니다. 이것은 특히 정치인들이나 각 분야의 리더들이 SNS나 각종 대중 매체 속에서 던지는 포스트모더니즘적인 말과 행동에 잘 드러납니다. 그래서 이것을 따르지 않는 것을 이제는 이상한 것이라고 여기는 현실이 되어 버렸습니다.

그런데 이러한 포스트모더니즘이 두드러지게 강조하는 것이 있습니다. 그것은 바로 모든 것을 판단하고 느끼는 '나'라는 존재입니다. 내가 신이 되어서 모든 것을 판단하려는 자율적인 자아를 가장 중요하게 여깁니다. 그래서 포스트모더니즘에서 가장 중요한 것은 나의 주관적인 감정입니다. 그러다 보니 데이비드 웰스의 말대로 포스트모더니즘에는 세 가지가 없습니다. 포괄적인 세계관이 없고, 절대적인 진리가 없으며, 목적도 없습니다.[3] 오직 나의 감정과 직관만이 중요할 뿐입니다.

포괄적인 세계관이 없는 사고방식을 한번 생각해 보십시오. 그런 것이 없으면 어떻게 될까요? 개인화된 세계관밖에 없게 됩니다. '모든 사람'이 가치 있게 여기는 것을 생각하는 것이 아니라, '내'가 가치 있게 생각하는 것을 갖고자 하는 개별화된 세계관만 있습니다.

우리 주변의 정치인들이나 그들을 지지하는 사람들을 보십시오. 그들은 모두 자신이 생각하고 판단하는 것만 중요할 뿐, 객관적인 것은 별로 중요하게 생각하지 않습니다. 아니, 아예 그런 것은 없다고 여깁니다. 그래서 자신이 지지하는 정치인이 윤리적으로 문제가 있느냐 없느냐 하는 것은 중요한 문제가 되지 않습니다. 그저 내 감정만 좋으면 그만입니다. 이처럼 포스트모더니즘 사고방식은 궁극적이고 구속력 있는 진리와 윤리를 부정하고, 객관적으로 옳은 것도 인정하지 않습니다. 그저 자신의 관점에서 진리와 윤리를 생각하고 말할 뿐입니다. 그래서 이것은 성경과는 정반대되는 것입니다.

포스트모더니즘이 신자들에게 미치는 영향

안타까운 것은 이러한 사고방식에 신자들도 영향을 받는다는 것입니다. 그들은 정치인과 각 분야의 리더들뿐만 아니라 대중으로부터 영향을 받아서 결국 하나님의 말씀에 대해서도 개인화된 세계관을 드러내는 것을 자주 보게 됩니다. 이것은 성경이 말하는 진리와 윤리를 자신의 관점에서 말하는 모습으로 종종 나타납니다. 가끔 교회 안의 사람들이 "꼭 이것만 진리냐? 꼭 이렇게 믿어야만 하고, 이렇게 행해야만 하나? 요즘 시대에 성경이 말하는 대로 어떻게 사나?"라고 반문하는 것을 봅니다. 그러나 이것은 우리가 타락한 본성을 가지고 있기 때문이기도 하지만, 그렇게 반응하도록 이 시대정신이 영향을 미치고 있기 때문입니다.

이처럼 교회 안에 있는 사람들조차도 이 세대를 본받는 모습을 농후하게 드러냅니다. 하나님의 말씀보다는 자신의 생각과 느낌, 판단과 경험을 중시하고, 절대적인 진리와 객관적인 지식을 거부하는 모습들이 점점 더 많아지고 있습니다. 이것은 포스트모더니즘이라는 시대정신이 그만큼 보편화되어 우리에게 영향을 미치고 있음을 보여 줍니다. 신자들도 암암리에 영향을 받고 있는 것입니다.

포괄적인 세계관이나 절대적인 진리, 목적도 없는 포스트모더니즘적 사고를 한번 생각해 보십시오. 그저 나의 감정의 행복과 만족을 최고로 여기는 이 시대정신을 말입니다. 이런 정신과 사고가 사람들에게 보편적으로 영향을 미치게 된 현상은 그리 오래되지 않았습니다. 이것은 불과 몇십 년 이내에 벌어진 일입니다.

해체주의(deconstructivism)의 위험성

여기서 우리가 주목해야 할 것은 그러한 사고방식에 따라서 행하는 것을 사람들이 옳다고 여긴다는 것입니다. 오늘날 정치나 학문, 스포츠 현장 등 다양한 사회 분야에서도 포스트모더니즘 사고방식을 따라 행하는 것을 옳은 것으로 여기고, 그것을 반대하는 주장이나 체계는 강하게 거부하는 모습을 보게 됩니다. 심지어 그런 것들은 해체되어야 한다는 주장까지 나오는데, 그것이 바로 포스트모더니즘에 포함된 '해체주의'(deconstructivism)입니다. 여기서 우리는 포스트모더니즘 정신에 포함된 중요한 개념 중 하나가 '해체'라는 것을 보게 됩니다. 포스트모더니즘은 기존의 신념 체계를 해체합니다. 그리고 특정한 사물에 대해 객관적이고 절대적인 하나의 의미를 부여하는 대신 그것을 보는 나의 관점이 더 중요하다고 생각합니다.

이런 맥락에서 해체주의가 크게 관심을 갖는 것은 기존의 신념 체계를 해체하기 위한 '언어의 해체'입니다. '언어의 해체'라는 것은 어떤 글의 의미나 배경, 가정이나 전제 또는 사상을 밝히기 위해서는 모든 본문이 해체되고 재구성되어야 함을 의미합니다. 이때 중요한 것은 글쓴이의 의도나 본문이 말하는 의미가 아니라, 그 글을 읽는 사람의 해석입니다. 달리 말하면, 저자가 무슨 의도로 글을 썼느냐 하는 것보다는 그 글을 읽는 '나의 해석'이 더 중요하다는 것입니다. 결국 해체주의는 내가 내 마음대로 글을 해체해서 이해하는 것을 가장 중요하게 생각합니다. 그런데 이것을 성경과 연관 지어 생각하면, 성경의 기록 의도와 목적보다는 내가 본문을 해체하고 재구성하여 해석하는 것이 중요하다는 말이 됩니다. 그렇게 되면 성경을 주관적이고 상대적인 관점으로 보면서 그렇게 해석한 것이 옳은 것이 되어 버립니다. 결국 각자 느끼는 대로 해석해 버리는 것입니다.

성경의 질서를 억압적인 체계로 봄

해체주의는 나의 생각과 판단, 느낌을 중시하는 포스트모더니즘의 정신과 일치됩니다. 우리는 포스트모더니즘 속에 있는 해체주의가 드러나는 사례들을 사회적인 이슈에서 흔히 봅니다. 대표적으로 우리가 그동안 가졌던 인간에 대한 이해, 특히 성(性) 정체성의 문제가 바로 해체주의와 관련되어 있습니다.

성경은 인간의 가장 기본적인 정체성에 대해 "하나님이 사람을 남자와 여자로 지으셨다"는 말로 가르칩니다. 그러나 포스트모더니즘은 성경이 가르치는 성 정체성을 거부합니다. 그래서 남자가 자신을 여자로 대해 주기를 원하거나, 또는 남자도 여자도 아닌 제3의 성으로 대해 주기를 원합니다. 거기에 대해 전혀 다른 관점을 가지고 말해서는 안 되고, 받아들여야 한다는 것이 이 시대의 정신입니다. 이것은 곧 기존의 사회 질서를 해체하고 각 개인의 생각을 아무런 문제가 없는 것으로 인식하고 받아들여야 한다는 주장입니다. 생물학적인 남자와 여자만 있는 것이 아니라 여러 종류의 사회적인 성별이 존재하기 때문에 그것을 문제없이 바라봐야 한다는 것입니다. 그래서 동성애나 동성 간의 결혼도 각자의 성적 (性的) 취향을 따른 것이기에 각자가 결정할 문제라고 주장합니다.

그래서 이런 사람들에게 성경이 말하는 남자와 여자의 정체성을 강조하면서 그것을 거스르는 것은 죄라고 말하는 기독교를 폭력적이고 억압적이라고 말합니다. 모든 사람은 죄인이며, 구원을 얻기 위해서는 오직 한 길만 있음을 말하는 기독교를 그런 식으로 묘사하는 것입니다. 하나님과 같은 초월적인 존재와 하나님 안에서 갖는 객관적인 질서들은 모두 억압적인 것으로 묘사합니다. 하나님이 인간을 남자와 여자로 지으셨고 창조 질서를 만드신 것을 모두 억압을 위한 체계로 보는 것입니다. 그래서 그것은 모두 해체의 대상이라고 여깁니다.

이것은 창세기 3장에서 사탄이 하와에게 주입했던 내용과 다른 것이 아닙니다. 사탄은 하와에게 "하나님이 정하신 것들은 너를 억압하는 것들이니까 해체의 대상으로 삼고 하나님과 그의 말씀을 거스르라! 그리고 네가 하나님이 되고, 선악의 결정권자가 되어라!"라고 부추겼습니다.

억압을 거부하는 자들이 상대방을 억압하는 모순

해체주의를 담은 포스트모더니즘 사고는 사회 구성원들이 서로 평화롭고 조화로운 생활을 하기 위해서는 서로에게 절대적인 진리나 사상이 있다고 말해서는 안 된다는 것입니다. 객관적인 진리가 있다고 믿어서도 안 되고, 믿어야 한다고 서로에게 말해서도 안 된다는 것입니다.

여러분은 지금까지 인류의 역사가 하나님을 믿는 신실한 사람들에 의해 파괴되었다고 봅니까? 물론 기독교 진리가 사탄의 역사 속에서 오용되고 잘못된 사례들은 있었습니다. 그러나 그것이 진리가 해체되어야 함을 의미하지는 않습니다. 그러나 해체주의자들은 기독교를 해체의 대상으로 여기며, 오히려 그런 주장을 하는 세력들을 그 가르침으로부터 해방시켜야 한다고 주장합니다. 이것은 앞에서 말했던 새로운 무신론이 주장했던 것과 똑같은 것입니다.

그런데 그들이 가진 이런 논리와 사고는 많은 모순점을 안고 있습니다. 그것은 그들의 판단이 객관적인 것이 아니라, 그저 자신의 주관적인 생각과 감정을 따라서 말한 것이기 때문입니다. 자신들은 억압받지 말아야 한다고 주장하면서도 상대방은 해체시켜야 한다고 말하는 것은 또 다른 억압입니다. 특히 자신 외에 다른 세계관들은 모두 부정하면서 자신의 세계관만 옳다고 여깁니다. 자신들이 갖고 있는 상대주의에 대한 믿음만 옳다고 여기면서, 정작 절대적인 진리를 말하는 상대방은 억압하는 모순된 모습을 보이는 것입니다.

게다가 자신들의 그러한 태도는 억압이라고 생각하지 않고, 오히려 자신의 주관적인 자유라고 말합니다. 그러면서 억압받는 자아의 욕구를 마음껏 발산할 수 있는 자유는 어떤 외부적인 규범이나 제도, 객관적인 질서로도 제한받아서는 안 된다고 주장합니다. 그들이 여기서 말하는 외부적인 규범이나 제도, 객관적인 질서는 앞선 근대주의가 가졌던 체계나 전통, 사회 규범 등을 포함하지만, 대부분은 성경에 기반한 것들을 가리킵니다.

사회 전반에 만연한 포스트모더니즘적 사고

오늘날 사람들이 그런 사고와 태도로 행동하는 모습을 주목해 보십시오. 정치, 사회, 문화, TV, 인터넷, 학교, 직장 속에서 말입니다. 혹시 여러분도 은연중에 그렇게 하고 있지는 않습니까? 자신도 모르게 하나님이나 그분의 말씀과 같은 객관적인 진리보다는, 오히려 자신의 주관적이고 개인적인 감정과 생각을 중시하고 있지는 않습니까? 그러한 모습은 옳고 그름을 결정하는 기준을 거룩하고 의로우신 하나님과 그분의 말씀에 두고 싶지 않은 것입니다. 그것은 나의 주관적인 감정과 자율적인 자아, 바로 '나 자신'이 결정을 내리고 있는 것입니다.

이처럼 포스트모더니즘은 옳고 그름의 판단 기준을 자신의 주관적인 감정에 두고 있기 때문에 결국엔 나의 감정을 만족시키는 것이 옳은 것이 됩니다. 반면, 나의 감정을 불쾌하게 하는 것은 악하고 그른 것이 될 뿐만 아니라, 심지어 해체의 대상이 됩니다.

여러분은 이런 포스트모더니즘 사고가 주변에 흔하게 나타나는 것을 간파하고 있습니까? 정치인들의 말과 행동, 유튜브나 SNS와 같은 대중매체 및 그 밖의 사회와 문화 현상 속에서 그런 것들을 보고 있습니까? 심지어 사법부나 입법부와 관련된 사람들이 법으로 만들려고 하는 것에서도 포스트모더니즘 사고는 드러나고 있습니다. 이러한 모습은 특히 사회에서 소외된 소수자의 인권을 보호해야 한다는 명분으로도 나타납니다. 그들은 사회적인 소수자를 다른 식으로 보고 판단하는 말과 가르침들을 모두 '차별'이라고 여깁니다. 예를 들면, '동성애'나 '동성 결혼'을 비정상적인 것이나 죄로 말하면 차별이 된다고 주장합니다. 그래서 모두 해체되어야 할 대상으로 여깁니다. 그러면서도 그러한 해체를 건설을 위한 해체라고 말합니다. 즉 해체주의는 파괴적인 것이 아니라, 제대로 건설하려고 해체하는 것이라고 말하는 것입니다.

우리나라에서도 현재 차별금지법이 그런 논리 속에서 주장되고 있습니다. 이 법은 유럽과 북미에서는 이미 만들어졌고, 우리나라에서도 법안이 계속해서 상정되고 있습니다. 그런데 그 일을 기독교는 계속해서 반대하고 있습니다. 그러나 2020년 4·15총선 결과가 나온 다음 날 한국기독교교회협의회(NCCK)는 진보정당이 다수가 된 것을 보며 차별금지법을 속히 제정해야 한다는 입장을 발표했습니다. 모든 교회가 성경에 근거해서 차별금지법 제정을 반대하고 있는데, 그들은 오히려 포스트모더니즘의 영향을 받아서 법 제정을 촉구한 것입니다. 이제는 정말 모든 사람이 따라야 할 진리와 같은 객관적인 기준이 무너진 것만 같습니다. 심지어 목회자들까지 나서서 이렇게 하고 있으니 말입니다. 만일 차별금지법이 만들어지면 성경에 근거해서 해당되는 내용을 비정상인 행위요, 죄라고 말하는 것들은 모두 법에 저촉되는 것이 됩니다.

이것을 볼 때 포스트모더니즘은 결국 죄는 죄라고, 악한 것은 악한 것이라고 말해서는 안 된다는 생각을 조장합니다. 이것은 사탄이 최초의 인간에게 했던 것과 똑같습니다. 그러나 여기에는 역차별적인 요소가 있음을 기억하십시오. 정당한 비판과 평가마저도 못 하게 되기 때문입니다. 정당한 평가와 비판을 한 사람도 법으로 억압해서 결국엔 다수가 소수에 의해 역차별을 당하는 것이 됩니다. 특히 하나님의 말씀에 근거해서 말하는 사람들이 오히려 더 나쁜 사람이나 범죄자로 취급받는 역차별을 당하게 됩니다.

포스트모더니즘의 해체주의적 사고는 많은 부분에서 반(反)성경적이고, 반(反)율법적이며, 방종적이고, 허무주의적입니다. 모든 주장과 차이를 포용하는 것은 매우 중요한 모토로 삼으면서도, 유독 기독교 신앙만큼은 포용의 대상이 될 수 없다는 논리는 정말 특이합니다. 아니, 성 소수자에 대해 부정적인 가르침으로 바라보는 기독교를 아예 혐오 세력으로 취급합니다.

포스트모더니즘 이상의 허구성

그렇다면 모든 사람이 포스트모더니즘적 사고방식으로 살게 되면 그들이 중요하게 말하는 사회, 즉 모두를 포용하는 평등한 사회가 만들어질까요? 앞에서 말한 대로 많은 학자가 포스트모더니즘의 해체주의를 반율법주의, 쾌락주의, 허무주의, 무정부주의와 연결합니다. 그것은 혼란스러운 사회가 될 것이라는 우려가 담겨 있음을 의미합니다.

그러나 정작 그들은 그리스도인들이 생각하는 것만큼 크게 우려하지 않습니다. 옳고 그름, 선과 악이 각 사람의 주관적인 감정에 따라 상대화가 되면 그 자체는 분명 혼란스러운 일입니다. 그래서 포스트모더니즘은 그것을 해결하기 위한 나름의 해결책을 제시합니다. 바로 '대화'와 '사회적인 실용성'입니다. 그들은 절대적인 진리나 객관적인 근거를 인정하지 않기 때문에 이 두 가지가 그들에겐 최상입니다. 그래서 상대적이고 주관적인 각자의 생각을 놓고 대화를 통해서 가장 실용적이고 최적화된 합의점을 찾는 것을 강조합니다. 무엇이 올바른 것인지는 그들에게 중요하지 않습니다. 대화를 통해서 너도 좋고, 나도 좋은 합의점을 찾는 것만이 가장 중요합니다. 그렇게 해서 얻은 결론을 진실이라고 여기고, 심지어 그것을 진리로 봅니다.

그러나 이것은 말 그대로 실용적인 것일 뿐입니다. 그럼에도 그들은 그것을 진실과 진리로 이해합니다. 이것을 좀 더 전문적인 용어로 말하면 '정치적인 올바름'(Political Correctness)입니다. '정치적인 올바름'은 미국의 정치계에서 흔히 쓰는 용어로서, 무엇이 옳은지 그른지, 또 무엇이 사실이고 거짓인지는 잘 모르지만 서로의 기분이 상하지 않는 선에서 양보하면서 살아가자는 주장입니다. 그래서 '혐오'와 '차별 금지'라는 표현도 모두 여기에서 나왔습니다. 이처럼 포스트모더니즘의 가치와 사고방식이 정치와 사회 및 모든 문화 활동과 단체 속에서 나타나고, 심지어는 법적인 판결에까지 드러나고 있습니다. 그러면서 사람들은 이러한 가치와 사고방식을 학교와 직장에서 보고 배우며 수용합니다.

여기서 우리가 성경과 관련해서 가장 주목해야 할 내용은 그들이 주장하는 도덕적 가치입니다. 그들은 도덕적 가치의 기준을 모두 다 무너뜨립니다. 그들이 말하는 도덕성은 성경에서 말하는 도덕성과는 너무나 거리가 먼 것입니다. 그들은 도덕성을 그저 주관적인 욕망의 문제로 취급합니다. 이것은 소돔과 고모라에서도 발견된 모습이기도 합니다. 나의 주관적인 욕망을 충족시키는 즐거움만이 옳고 그름을 결정하는 기준이라는 것입니다. 그리고 이런 욕구가 사회 문화적으로 나타난 것이 바로 '소비 중심적인 쾌락주의'입니다. 이것은 소비를 통해 즐거움을 갖고 그것을 자아를 성취하는 원동력으로 삼습니다. 자신의 존재감을 발산하고 느끼는 쾌락을 매우 중요하게 여기는 것입니다.

이런 점에서, 포스트모더니즘은 자기 앞에 있는 모든 것을 소비의 대상으로 여깁니다. 그래서 하나님까지도 소비의 대상으로 여깁니다. 기독교라는 종교와 교회도 나를 즐겁고 만족하게 해주는 소비의 대상으로 취급합니다. 이처럼 모든 것을 소비 중심적인 쾌락 속에서 자기를 만족하게 하는 소비 대상으로 여기는 것입니다. 최근에 있었던 'n번방 사건'은 바로 이러한 모습을 보여 주는 대표적인 사건입니다.

포스트모더니즘 사고 속에는 성경이 말하는 도덕성은 전혀 없습니다. 그저 지금 이 순간 나의 감정을 즐겁게 하고, 나를 만족시키는 것만이 도덕적으로 옳고 그름의 기준이 됩니다. 그래서 이러한 기준과 정신을 가진 세상에서 기독교의 가치, 곧 하나님의 말씀에 근거한 윤리를 말하는 것은 정치적인 올바름을 깨뜨리는 것이고, 포스트모더니즘이 말하는 진실과 진리를 거스르는 일이 됩니다.

어떤 사람은 포스트모더니즘의 유용성에 대해 말합니다. 물론 거기에는 나름의 활용 가치가 있습니다. 그러나 지금까지 말한 내용을 종합해 볼 때, 포스트모더니즘적 사고는 성경을 크게 거스르고 우리의 신앙을 시험합니다. 그것이 가진 인간관과 도덕 개념은 성경과 분명히 대치됩니다. 창세기 3장에 등장한 사탄의 간계한 소리가 포스트모더니즘의 기저에 그대로 흐르고 있기 때문입니다. "네가 하나님처럼 되어서 느끼고 원하는 대로 하라!"는 바로 그 소리 말입니다.

오늘날 교회 안에 있는 적지 않은 사람들이 이런 소리를 따름으로써 변절된 신앙과 삶의 모습을 가질 위험에 처해 있습니다. 예수를 믿는다고 하면서도 그런 가치관에 따라 사는 것을 오히려 시대에 맞게 신앙생활 하는 것이라고 말하는 사람들이 있습니다. 이것은 자신이 포스트모더니즘의 핵심 가치인 자율적 자아를 은연중에 드러내고 있다는 가장 강력한 증거입니다. 다시 말해, 하나님의 말씀보다 자신의 주관적인 감정과 생각을 옳고 그름의 기준으로 삼고 말하고 행동하는 것입니다.

우리는 이제 그 사람이 어떤 신앙적인 배경을 가졌는지와 상관없이 포스트모더니즘의 핵심 가치를 신앙생활에도 그대로 드러내는 모습을 흔하게 볼 수 있게 되었습니다. 자신의 감정과 느낌을 따라 좋고 싫음을 말하는 모습이 교회 안에서 점점 많아지고 있기 때문입니다. 사람들은 이제 교회와 설교, 심지어 교회 안의 사람들까지 모두 소비의 대상으로 취급합니다. 그래서 나를 즐겁게 해주고 만족감을 주는 것에 따라 호불호를 드러냅니다. 그러나 그것은 자신도 모르게 이 시대정신인 포스트모더니즘의 영향을 받아서 행동하는 모습입니다.

그러므로 여러분, 자신을 한번 돌아보십시오. "이 세대를 본받지 말라"는 말씀에 따라 행하고 있는지를 말입니다. 혹시 여러분도 현재 자신의 감정에 따라 모든 것을 판단하고 있지는 않습니까? 하나님의 말씀까지 말입니다. 정녕 그리스도인임에도 불구하고 그러한 모습을 갖고 있다면, 그는 현재 이 세대를 본받고 있는 것입니다. 하와를 유혹했던 사탄의 간계한 소리가 담긴 이 시대의 사상을 말입니다.

시대가 바뀌어도 변하지 않는 진리

앞으로 우리에게 어떠한 세상 정신이 새롭게 일어날지 알 수 없습니다. 그러나 로마서 본문은 우리에게 한 가지 사실만은 분명하게 말합니다. 아무리 시대가 바뀌고 새로운 시대정신이 찾아온다고 할지라도 이 세대로부터 구원받은 자, 곧 예수를 믿고 의롭다 함을 받은 자는 이 세대를 분별한다는 것입니다. 이것은 이 세대가 아무리 강력해도, 그것보다 더 강력한 사실이 있음을 증거합니다. 바로 그리스로의 피로 구속받았다는 사실 말입니다.

여러분은 어떻습니까? 이 세대의 생각과 행동의 틀을 이루고 있는 포스트모더니즘을 분별하고 저항하면서 이 세대로부터 구별된 자로 살고 있습니까? "네가 하고 싶은 것을 하고, 네 감정이 옳은 것이라고 말하는 것이 진리다"라고 주장하는 것에 대해 "아니다. 그것은 바르지 않다!"라고 할 수 있는 분명한 판단과 이해를 가지고 있습니까?

바울은 갈라디아서 1장에서 "그리스도께서 하나님 곧 우리 아버지의 뜻을 따라 이 악한 세대에서 우리를 건지시려고 우리 죄를 대속하기 위하여 자기 몸을 주셨으니"(갈 1:4)라고 말했습니다. 그리스도께서 자기 몸을 주셔서 이 악한 세대에서 건지신 자는 더 이상 이 악한 세대에 속하지 않을 뿐만 아니라 이 세대를 본받지 않는다는 말입니다. 이것이 그리스도인의 존재와 삶에 대한 또 다른 정의입니다.

여러분은 이 세대의 정신이 자신에게는 맞지 않고 어색한 것으로 여겨집니까? 그리스도인은 그러합니다. 자신의 주관적인 감정에 따라 판단하고 행동하는 이 세대의 도덕적인 가치가 불편하고 맞지 않습니다. 우리는 포스트모더니즘이 만연한 이 시대 속에서도 하나님의 말씀에 근거한 분명한 기준을 가지고 있습니다. 그것은 우리가 늘 참고할 수 있는 객관적인 사실입니다. 무엇이 옳으며, 내가 어떤 길을 가야 하는지에 대한 절대적인 기준입니다. 그것은 내가 어떤 근거와 기준으로 살아야 할지에 대해 '나'라는 존재 밖에 있는 객관적인 기준입니다.

우리에게는 하나님이 우리에게 하시는 선명한 말씀이 있습니다. 우리는 그것에 따라서 살아야 합니다. 반면에 포스트모더니즘에는 객관적인 참조점이 전혀 없습니다. 나의 주관적인 감정과 욕망을 채우는 것이 전부입니다.

"이 시대정신이 아무리 어떠하다고 해도, 하나님은 이렇게 말씀하셨다. 나는 하나님의 백성으로서 그분의 말씀이 옳다고 여기며, 그 길을 가기를 원한다." 이것이 바로 그리스도인의 모습입니다. 여러분은 이 부분에서 분명하고 확고합니까? 아니면 포스트모더니즘 정신이 너무 강력하고 흔하게 보여서 그런 모습을 당연한 것으로 여기고 있습니까? 우리는 이 시대에 속한 자가 아닙니다. 그러니 분별하십시오. 그것이 정녕 이 세대에서 건짐 받은 자의 반응입니다.

우리는 선명한 하나님의 말씀에 근거한 도덕성을 알고 있습니다. 무엇이 거룩하며, 무엇이 진리이며, 무엇이 진실인지를 말입니다. 우리는 그것을 따라야 합니다. 앞으로 우리 앞에 아무리 강력한 시대정신이 다가온다고 할지라도, 구원받은 백성은 주님이 오실 때까지 그 길을 갈 것입니다.

그러므로 이 부분에서 선명하기를 바랍니다. 다음 세대가 어떻게 될지 우리는 알 수 없습니다. 그러나 이 악한 세대에서 건짐 받은 그리스도인은 그 길을 갈 것이고, 가야 합니다. 우리 모두 그럴 수 있기를 바랍니다.

11장

이 세대의 도덕성

"너희는 이 세대를 본받지 말고 오직 마음을 새롭게 함으로 변화를 받아
하나님의 선하시고 기뻐하시고 온전하신 뜻이 무엇인지 분별하도록 하라"

롬 12:2

"그때에 이스라엘에 왕이 없으므로
사람이 각기 자기의 소견에 옳은 대로 행하였더라"

삿 21:25

영적인 타락과 도덕적 타락의 연속성

이 장에서 우리는 포스트모더니즘의 배경 속에서 많은 사람에게 영향을 미치고 있는 이 세대의 도덕성에 대해 좀 더 살피려고 합니다. 이 세대의 도덕성은 신자들의 거룩한 삶에 큰 충돌과 유혹을 일으킵니다. 달리 말해, 이 세대의 도덕성은 사사기 본문의 정신을 부추기며 거기에 동

참하도록 계속해서 우리를 유혹합니다.

　사사기 본문은 이스라엘이 가나안 땅에 들어와서도 진정한 안식을 누리지 못하고, 영적으로 타락하고 통제가 되지 않았던 모습을 묘사합니다. 아울러 그들이 왜 그럴 수밖에 없었는지에 대해서도 말하고 있습니다. 그것은 그들이 하나님의 다스림을 받지 않고, 각기 자기 소견에 옳은 대로 행동했기 때문입니다. 하나님이 안식을 누릴 수 있도록 땅과 모든 여건을 허락하셨음에도 불구하고 그들은 안식하지 못한 혼란한 시대를 겪었습니다.

　각기 자기의 소견에 옳은 대로 행함으로써 안식하지 못하고, 오히려 혼란 가운데 사는 사회와 가정 및 각 개인의 삶을 한번 생각해 보십시오. 우리는 그러한 모습을 무엇으로 설명할 수 있을까요? 그것을 '영적인 타락'으로도 설명할 수 있지만, 좀 더 일반적인 말을 사용하자면 '도덕적 타락'이라고 말할 수 있습니다. 영적인 타락은 도덕적 타락으로 이어지기 마련입니다. 예수 믿지 않는 사람은 근본적으로 영적인 타락 상태에 있기 때문에, 도덕에 대한 타락도 뒤따르게 됩니다. 그러나 예수 믿는 사람은 근본적으로 영적인 타락에서 건짐 받았기 때문에, 도덕적 타락에서도 건짐을 받습니다. 하지만 신자들도 영적으로 다시 타락하게 되면, 반드시 도덕적 타락이 뒤따르게 됩니다. 사사 시대가 바로 그러했습니다. 영적인 타락 속에서 그들이 가졌던 중요한 특징이 바로 도덕성의 타락이었기 때문입니다.

　사람들이 '자기 소견', 곧 자신의 생각과 감정을 따라서 행한다는 것은 도덕적 기준이 없다는 것을 보여 줍니다. 하나님과 같은 절대적인 존재나 그분의 말씀을 고려하지 않는 것입니다. 그것은 이 세대가 드러내는 도덕성이 바로 사사 시대의 총평으로 말하고 있는 본문의 내용과 똑같다는 것을 말해 줍니다.

중심을 잃어버린 이 세대

그렇다면 사람들이 자기의 소견에 옳은 대로 행한다는 것의 실체는 과연 무엇일까요? 그것은 이미 역사 속에서 확인되었던 것처럼, 중심성을 잃어버린 사회가 가진 모습입니다. 각 사람이 중심을 잃어버리고, 자기 나름의 도덕적 가치와 기준을 가지고 행하는 것입니다. 여기서 말하는 도덕은 모든 것을 포괄하는 도덕이 아니라, 자신의 주관적인 감정에 기반한 자기 나름의 도덕적 가치와 기준을 말합니다. 그런데 이로 인해 나타나는 매우 심각한 문제가 있습니다. 그것은 바로 무엇이 옳은지 그른지를 '내'가 판단하고 결정한다는 것입니다. 이것이 바로 중심성을 잃어버린 사회가 가진 치명적인 결론입니다.

지금으로부터 불과 몇십 년 전만 해도, 사람들은 옳고 그름에 대한 공통된 개념과 가치를 가지고 있었습니다. 그러나 오늘날에는 그것이 사라져 버렸습니다. 그저 주관적인 감정에 따라서 갖는 각자의 생각이 우선되었습니다. 오늘날 젊은 세대는 처음부터 포스트모더니즘의 배경 속에서 도덕성이 무너진 '이 세대'에 노출되어 있습니다. 그래서 자기 나름의 도덕적 가치와 기준을 가지고 행하려고 합니다. 자율적 자아가 최상의 권위자가 된 것입니다. 무엇이 옳고 그른지 내가 판단하고 결정할 테니 내가 하고 싶은 대로 내버려 두라는 생각을 갖고 있습니다.

절대적이고 분명한 기준을 가진 하나님 백성의 삶

이 세대의 도덕성은 성경이 하나님의 백성에게 말하는 삶에 큰 충돌을 일으킵니다. 왜냐하면 하나님의 백성의 삶에는 절대적인 참조점이 있기 때문입니다. 내 생각이나 주관적인 감정이 아니라, 하나님이 계시기 때문입니다. 그래서 하나님의 거룩하심을 닮아야 한다고 말합니다.

"내가 거룩하니 너희도 거룩할지어다"(레 11:45; 벧전 1:16 참조).

이처럼 하나님의 백성은 하나님을 닮는 거룩을 가져야 합니다. 바로 이것이 하나님 나라의 백성으로서 가져야 할 삶입니다. 세상의 법 수준이 아닌, 산상수훈과 같은 하나님 나라 백성의 윤리가 하나님의 백성에게는 있습니다. 로마서 12장 이하에서 명령형으로 열거되는 신자로서의 삶의 윤리 말입니다. 하나님의 백성은 바로 이러한 도덕적인 삶을 갖습니다. 이로 인해 하나님의 백성은 이 세대 속에서 큰 충돌을 경험하고 커다란 시험을 겪게 됩니다.

그런데 교회 안의 사람들 중에는 지금 이 세대의 도덕성에 영향을 받고 있는 사람들이 많습니다. 아니, 아예 이 세대의 도덕성을 따라 살면서 교회생활도 적당히 합니다. 하나님의 백성으로서 살기 힘들다고 하면서 자기를 스스로 무너트리는 것입니다.

그러나 신자는 이 부분에서 결코 흐릿해서는 안 됩니다. "이 세대를 본받지 말라"는 본문의 명령어가 모호하지 않듯이, 하나님의 백성의 삶도 절대로 모호하지 않습니다. 아무리 이 세대가 혼란스럽고 앞으로 더욱 혼란스러워진다고 할지라도 하나님의 말씀은 선명합니다. 그래서 우리는 이 부분에서 결코 모호해서는 안 됩니다. 오히려 우리는 이 세대의 도덕성의 결과를 분별할 수 있는 영구적인 기준인 하나님의 말씀을 알고 있기에 지금처럼 괴이하게 바뀐, 또 바뀌고 있는 이 세대의 도덕성을 분별해서 저항해야 합니다.

하나님은 태초부터 이 세상에 무엇이 옳고 그른지를 정해 주셨습니다. 선과 악의 기준을 제시하시고 그것을 계속 주장해 오셨습니다. 특히 하나님은 사람을 지으실 때 자신의 거룩함을 따라 의와 진리의 거룩함으로 지으셨습니다(엡 4:24). 하나님의 형상을 닮은 우리 안에 무엇이 선이고, 무엇이 악인지를 아는 지식을 새겨 주신 것입니다.

이것은 결국 무엇을 의미할까요? 이 세상의 옳고 그름, 선과 악은 사람이 살아오면서 합의해서 규정한 것이 아니라는 것입니다. 상황에 따라서 우리가 얼마든지 바꿀 수 있는 것도 아닙니다. 이것은 세상을 창조하실 때, 특별히 인격적 존재인 인간을 창조하실 때 하나님이 정해 두신 것입니다. 그래서 선과 악에 대한 기준과 이 기준이 계속해서 존속하는 문제는 하나님과 관련되어 있습니다. 그리고 하나님은 이 기준이 무너지는 것을 허락하지 않으십니다.

히틀러와 같은 사람이 영원할 것 같았지만 결코 영원하지 않았습니다. 바벨론이 영원할 것 같았지만 그렇지 않았습니다. 선악을 무너뜨리는 포악한 정권이 역사 속에 계속해서 등장했지만, 그들은 결코 영원하지 못했습니다. 앞에서 살펴보았던 것처럼, 모더니즘은 세상이 진보할 것이라고 믿었습니다. 그러나 제1, 2차 세계대전을 겪으면서 모더니즘도 무너졌습니다. 그리고 그에 대한 반동으로 포스트모더니즘이 등장했습니다. 그렇다면 포스트모더니즘은 무너지지 않고 영원할 수 있을까요? 결코 그럴 수 없습니다. 여기에도 치명적인 문제가 있기 때문입니다. 바로 하나님의 영역을 건드리는 문제를 드러내고 있고, 하나님이 정하신 기준을 무너뜨리고 있습니다.

인간이 기본적인 도덕적 기준을 무너뜨리면서 그 수위를 넘어설 때, 하나님은 그들을 심판하심으로써 그 기준을 유지해 오셨습니다. 노아 홍수 때나 소돔과 고모라 때도 그러하셨고, 사사 시대나 이스라엘 역사의 어떤 때든지 하나님은 그렇게 하셨습니다.

이처럼 옳고 그름의 기준이 무너지는 일은 가벼운 것이 아닙니다. 하나님의 심판을 불러올 정도로 중대한 문제입니다. 신자들은 바로 이런 시각에서 이 세대의 도덕성에 관해 분별해야 합니다. 그저 하나의 사회 현상 정도로 보면서 간과할 문제가 아니라는 말입니다. 하나님과 깊이 관련된 바로 그 도덕적 기준이 무너지는 것을 우리는 분별하고 저항해야 합니다.

하나님을 배제한 결과

도덕적 기준이 무너지는 것은 하나님을 배제할 때 자연스럽게 뒤따르는 결과입니다. 이러한 사실을 우리는 사사 시대에서 보는 것처럼, 이 세대에도 그대로 연결해서 보면 정확하게 파악할 수 있습니다. 하나님과 그분이 정하신 것을 배제하게 되면, 인간의 생각과 행동 그리고 그것이 노출되는 사회에서는 모든 것이 허용되고 정당화됩니다. 이것은 우리 주변 사람들의 모습 속에서도 쉽게 확인할 수 있을 뿐만 아니라 우리 자신의 삶에서도 확인할 수 있는 일입니다.

만일 여러분의 생각과 삶에서 하나님을 배제한다고 한번 생각해 보십시오. 특히 여러분이 어떤 유혹을 통해서 하나님을 일시적으로 배제했을 때 어떤 일이 발생할지 한번 생각해 보십시오. 그때부터 모든 가능성이 열리게 됩니다. 도덕적인 영역에 있어서 모든 것은 상대적인 것이 되어 버립니다. 내 앞에 있는 모든 것을 굳이 어떤 기준을 가지고 볼 필요가 없기 때문입니다. 내 앞에 있는 사물이나 대상, 사회나 기관 등 그 어떠한 것들도 모두 상대화시켜 버리면서 그것들이 절대적인 기준에 의해 보이지 않게 되는 것입니다. 그래서 모든 것이 용인되고 정당화될 수 있습니다. 어느 하나만 옳다고 할 수 없고, 모든 사람의 말과 주장이 다 동등한 가치를 갖게 되어 내가 옳다고 생각하는 것이 다른 사람에게는 그른 것이 될 수도 있습니다. 결국엔 이것이 옳고, 저것이 그르다고 서로 말할 수 없게 되어 버립니다.

지금 이 세대의 도덕성이 가장 심각한 이유는 바로 이러한 측면 때문입니다. 우리는 이러한 이 세대의 도덕적 심각성을 성경에 비추어서 생각해야만 합니다. 옳고 그름의 기준을 무너뜨리는 이러한 도덕성을 수용하게 되면 결국엔 하나님도 상대화하게 되고, 그분의 말씀도 상대화하게 됩니다. 그 결과 하나님과 그분의 말씀만이 옳다고 말하지 못하게 되는 것입니다. 예수를 믿어야만 구원을 얻는다는 기독교의 진리도 그저 '너의 생각일 뿐이다'가 됩니다.

이러한 논리로 성경을 해석하는 일은 이미 종교다원주의를 통해 나타났습니다. 그러나 이제는 하나님과 그분의 말씀에 대한 나의 감정과 생각을 중시하고, 그것에 따라서 옳고 그름을 판단하는 도덕성을 사람들이 갖게 되었습니다. 포스트모더니즘이 나타나기 전에는 비록 예수 믿지 않는 자들이 기독교에 대해 적대적인 태도를 가지고 있었으나, 적어도 무엇이 옳고 그른지에 대한 하나의 집합된 지혜와 통념이 있었습니다. 그러나 이제는 그런 것들이 모두 다 해체되고 사라져서 각자가 옳고 그름을 말할 수 있게 되었고, 거기에 대한 판단도 각자가 하는 세대가 되어 버렸습니다.

도덕과 윤리는 무시하고 권리는 중시하는 세대

도덕은 인류 최초부터 지금까지 모든 사람이 갖고 있는 것입니다. 인간이 비록 타락했을지라도 모든 사회와 집단과 조직 속에는 도덕이 있습니다. 심지어 범죄자 사이에서도 나름의 엄격한 규율과 도덕, 곧 받아들일 수 있는 것들과 없는 것들을 정해 두기까지 합니다. 주관적인 감정을 따라서 옳고 그름을 말하는 포스트모더니즘조차도 도덕의 한 측면은 강조합니다. 바로 권리에 관해서는 굉장히 중요하게 생각한다는 것입니다. 그래서 이 세대에는 인권이 확실히 높아졌습니다. 인권 문제는 포스트모더니즘 이후에 전 세계적으로 가장 강력하게 부상한 이슈 중 하나입니다. 인권이라는 이름 아래 개인의 권리와 소수자의 권리 등을 매우 중요하게 강조합니다.

그런데 참으로 모순적인 것은 이 세대의 도덕성이 도덕적인 가치와 기준에는 관심이 없음에도 불구하고, 자신의 권리에 대해서만큼은 매우 중요하게 반응한다는 점입니다. 권리는 도덕과 윤리 규범을 전제하는 것인데, 도덕과 윤리 규범은 무시하면서도 권리에 대해서는 크게 강조하고 중시하기 때문입니다. 어떤 종류의 인권이든지, 곧 나라를 시끄럽게 했던 연쇄살인범이나 그 어떤 범죄자의 인권에 대해서든 그들의 인권에 대해서는 크게 강조합니다. 그 밖에도 소수자의 인권이나 노동자의 권리와 같은 것들도 매우 강조합니다. 그러나 정작 자신들이 지켜야 할 도덕과 윤리에 대해서는 강조하거나 중시하지 않습니다. 오히려 도덕과 윤리를 해체할 대상처럼 여깁니다.

상대적인 도덕 개념으로 남을 탓하고 자신을 옹호함

우리가 이 세대의 도덕성 속에서 흔히 경험하는 현상이 하나 더 있습니다. 그것은 자신의 잘못을 타인의 책임으로 전가하는 것입니다. 물론 타락한 인간은 근본적으로 이러한 본성을 갖고 있습니다. 그럼에도 과거에는 자신의 잘못을 인정하고 고치는 모습이 많이 있었습니다. 그러나 이제는 그런 모습들이 점점 사라지는 현상을 보게 됩니다. 대표적으로 정치인들을 통해 그러한 모습을 자주 접하게 됩니다. 자신이 하는 행동이 옳은지 그른지를 생각해야 하는데, '다른 사람들도 그렇게 하니까 나도 한다'는 식의 논리를 갖고 있습니다. 상대적인 도덕 개념을 수용해서 자기를 변명하고 옹호하는 것입니다.

이러한 모습은 개인을 넘어서 집단 속에서도 나타납니다. 시위를 할 때도 '다른 시위 단체들이 파괴적인 행동을 했으면 우리도 얼마든지 그렇게 할 수 있다'는 논리를 펴는 것입니다. 직장이나 학교, 친구들 사이에서도 이런 논리를 그대로 적용합니다. 이처럼 상대적인 도덕 개념이 우리에게는 보편화되어 있습니다.

그러나 더욱 심각한 사실은 절대적인 기준을 벗어난 것이라고 할지라도 많은 사람이 수용하는 것이라면 이 사회에서 얼마든지 수용할 수 있다는 생각입니다. 그래서 다수가 수용하는 것이라면 여론 형성을 통해 법으로 만들 수 있는 가능성까지 제공하게 됩니다. '남들도 다 그렇게 하는데…'라는 생각이 결국엔 법으로까지 만들어지는 것입니다.

국회의원들은 각 사회 분야에서 많은 사람이 원하고 주장하는 것을 법안으로 상정합니다. 그들은 국민의 지지를 받기 위해서라면 도덕적으로 옳고 그름을 따지지 않습니다. 대표적인 예로, 그동안 존치되었던 간통죄도 여론에 밀려서 결국 폐지되었고, 낙태를 허용하는 법안도 이미 처리되었습니다. 동성애 차별금지법도 계속해서 국회에 상정되고 있습니다.

죄를 합법화함

그렇다면 다수가 주장하는 것이 법안으로 상정됨으로 생기는 결과는 무엇일까요? 그것은 하나님이 죄라고 말씀하신 것을 국가가 법을 통해 선이라고 말하는 것입니다. 우리는 이것을 단순히 하나의 사회 현상이라고 생각해서는 안 됩니다. 우리는 이것을 성경에 비추어 영적인 시각으로 이해해야 합니다. 이 세대를 이해하는 중요한 사실로서 말입니다.

하나님이 인간에게 법을 주셨을 때 뜻하신 것들 중 하나는 타락한 인간의 본성을 억제하시기 위함이었습니다. 특별히 하나님은 타락한 인간의 본성을 억제하기 위한 수단으로서 이스라엘 백성에게 율법을 주셨습니다. 그런데 이러한 하나님의 뜻을 거스르고, 인간은 오히려 자신의 악한 본성을 합법화하는 일을 하는 것입니다.

바울은 로마서 13장 1절에서 "각 사람은 위에 있는 권세들에게 복종하라"고 말하면서 위정자들의 권세와 권위를 인정했습니다. 왜냐하면 그들의 임무가 악을 행하는 자들을 처벌하고, 선을 행하는 자들에게 선을 베푸는 일로서 그들이 하나님의 사역자가 되기 때문입니다(롬 13:4). 그들이 은연중에 하나님의 종으로서 일한다는 말입니다.

사도 베드로도 "인간의 모든 제도를 주를 위하여 순종하되 혹은 위에 있는 왕이나 혹은 그가 악행하는 자를 징벌하고 선행하는 자를 포상하기 위하여 보낸 총독에게 하라"(벧전 2:13-14)고 말했습니다. 위정자들의 권위를 무엇 때문에 인정하는 것입니까? 그들이 악행하는 자를 징벌하고, 선행하는 자를 포상하기 위해 하나님이 세우신 자들이기 때문입니다. 그런데 그들이 옳고 그름보다는 다수가 원하는 것, 인간의 본성이 하고자 하는 바를 입법화한다면 결국 도덕적 가치나 기준은 흐려지고 상대적인 것이 되어 버립니다. 그래서 자신의 주관적인 가치와 기준이 정당화되는 것입니다. 달리 말해, 개개인의 주관적인 감정과 그것에 대한 권리만 존중되게 됩니다.

바울은 갈라디아서 5장에서 그런 인간의 본성이 갖고 드러내는 것을 '육체의 일'이라는 말로 설명합니다. '육체의 일'은 포스트모더니즘의 도덕성에서 나오는 것들이 어떤 것들인지를 우리에게 분명하게 보여 줍니다.

"육체의 일은 분명하니 곧 음행과 더러운 것과 호색과 우상 숭배와 주술과 원수 맺는 것과 분쟁과 시기와 분 냄과 당 짓는 것과 분열함과 이단과 투기와 술 취함과 방탕함과 또 그와 같은 것들이라"(갈 5:19-21).

우리는 이러한 것들을 신앙의 영역에서만 생각해서는 안 됩니다. 누구나 육체의 소욕을 따르면 이런 것들을 갖고 행하게 되기 때문입니다.

오늘날 만들어지는 법들은 육체의 일을 노골적으로 드러내도록 법적으로 보장합니다. 앞 장에서 말했던 '정치적인 올바름'의 추구 속에서 음행과 더러운 것과 호색과 사람들의 성적 욕구를 법제화하고 있습니다.

집단 간의 분쟁과 시기와 분 냄과 당 짓는 것과 분열하는 것, 이 집단과 저 집단이 충돌하고 데모하는 것을 법으로 보호합니다. 술 취함과 방탕과 또 그와 같은 권리를 인간이 가진 것으로 다 보호합니다. 정리하면, 이 세대의 도덕성은 갈라디아서 5장이 말하는 육체의 일을 법적인 권리로 이야기한다는 것입니다. 나의 주관적인 감정에 따라서 얼마든지 행할 수 있고, 그것을 막지 않도록 법으로 보장해야 할 권리처럼 말합니다. 그래서 그 권리를 제한하는 것은 모두 해체해야 한다는 논리로 말합니다. 남들도 다 하니까 나도 그렇게 할 권리가 있다고 말하는 바로 이것이 이 세대가 가진 도덕성입니다.

이기심으로 물든 이 세대

이 세대의 도덕성은 그렇게 권리를 강조하면서도 거기에 따르는 의무나 책임은 자신을 구속하는 개념으로 취급합니다. 그래서 의무나 책임에 대해서는 거부감을 드러냅니다. 오늘날 우리는 개인과 사회 속에서 끝까지 책임지는 모습이 아닌, 오히려 책임을 전가하는 모습을 흔하게 보게 됩니다. 그리고 이것은 사회 현상을 넘어 아예 풍조가 되어 버렸습니다. 이러한 풍조 속에서 자신 밖에 있는 다른 대상들에게 자꾸만 책임을 전가합니다. 국가에, 대통령에, 다른 정당에, 검찰에, 법조계에, 대기업에, 노조에 책임을 전가합니다. 부모 때문이니, 남편 때문이니, 아내 때문이니, 자식 때문이니 하면서 책임을 전가하는 것은 그저 내가 원하는 대로 내 권리만 주장하는 가운데 자연스럽게 나타나는 현상입니다.

성경은 부지런히 일하고 수고하여 얻은 것으로 사는 것을 우리 삶의 방식으로 말합니다. 그래서 종교개혁자들은 모든 직업이 신성하다는 프로테스탄트 노동 윤리를 가르쳤습니다. 그리고 이것은 오늘날 서구 경제의 체제가 되었습니다. 그러나 이제는 사람들이 가능한 한 적게 일하면서 많은 것을 얻을 권리를 주장합니다. 그러면서 자기만족을 최고의 목표와 기준으로 삼습니다. 이것은 자기중심성과 이기심에 따른 자기만족과 행복일 뿐입니다. 그럼에도 이 세대의 도덕성은 그것이 옳고 선한 것이라고 주장합니다.

그런데 흥미로운 사실은 그렇게 자기만족과 행복을 열심히 추구하지만, 사람들은 사사 시대처럼 안식을 누리지 못한다는 것입니다. 물질적으로는 과거보다 더 부유해졌음에도 사람들은 오히려 더 여유가 없어졌고 예민하며 신경질적이고 불만이 가득합니다. 심지어 자신의 감정에 반하는 것에 대해서는 폭력적인 반응을 보이기까지 합니다. 아무런 이유 없이 그저 싫어서 누군가를 죽이는 사건도 심심치 않게 일어납니다.

성도의 신앙과 도덕성

여러분은 옳고 그름의 기준을 세우신 하나님을 배제하고, 그 자리에 자신이 판단자가 되어 살려는 이 세대의 도덕성을 보고 있습니까? 그저 내 감정을 즐겁게 해주는 자기만족을 목표로 삼는 이 세대의 괴이한 도덕성을 말입니다. "이 세대를 본받지 말라"는 로마서 말씀에 비추어 우리가 진지하게 생각해야 할 사실은 오늘날 신자들이 지금까지 말한 이 세대의 도덕성을 분별하며 저항하느냐 하는 것입니다. 오늘날 교회 안에 있는 사람들은 이 부분에 대해 어떻다고 생각합니까?

이 질문에 답하기 전에, 우리는 이미 교회 밖에 있는 사람들이 우리를 지탄하면서 한 말을 생각할 필요가 있습니다. 그들은 신자들이 자기들과 별로 다를 바 없다고 말합니다. "이 세대를 본받지 말라"는 말씀을 못 지키고 있는 우리에게 마치 선지자처럼 말하고 있습니다.

물론 여기에는 저와 같은 목사들의 타락상이 언론에 공개된 일을 필두로 해서, 교회들이 끊임없이 다투고 분열하는 모습이 있습니다. 또 신자들이 직장과 학교, 사업장과 가정 등 여러 상황 속에서 불법과 눈속임을 하면서 게으름을 피우고 적당히 일하는 모습을 지켜보면서 자신들과 별 다를 바 없다는 결론을 내린 것입니다.

이처럼 신자들도 어느새 그런 모습을 갖고 행하는 부류가 되어 버렸습니다. 게다가 교회 안에서 그런 사람들을 용인하는 것도 이제는 익숙해져 버렸습니다. 이것은 몇몇 개인이나 한두 사건의 문제를 말하는 것이 아닙니다. 이 세대의 도덕성을 따르는 모습이 이제는 기독교 안에도 제법 흔하게 나타나고 있음을 말하는 것입니다.

그런데 더 안타까운 사실은 많은 사람이 나름대로 열심히 신앙생활 하는 것으로 이러한 비난이 무마될 수 있다고 생각하는 것입니다. 그러나 "이 세대를 본받지 말라"는 말씀을 따르지 않는다면, 아무리 교회에서 열심히 신앙생활 해도 그것은 바리새인들처럼 위선하는 것입니다. 그것을 결코 바른 신앙이라고 할 수는 없습니다.

우리는 이 세대의 괴이한 도덕성에 대해 거부감을 갖고 비판하는 수준에서 멈추어서는 안 됩니다. 우리는 교회가 이 세대의 도덕성에 오염되어서 세상 사람들과 다를 바 없다는 소리를 듣는 상태에 이르게 되었다는 사실을 진지하게 생각해야 합니다. 교회와 나를 분리해서 생각할 것이 아니라, 교회 속의 나로서 생각해 봐야 합니다.

교회를 다니면서도 주관적인 감정을 기준으로 말하고 행동하면서 자기만족과 행복을 목표로 하고 있다면, 그는 교회 안에 있음에도 불구하고 이 세대를 본받고 있는 사람입니다. 그것은 이 세대의 모습을 교회 안에서도 그대로 가지고 와서 드러내는 것입니다. 바로 그 사람이 교회 밖의 사람들이 보기에 자신들과 별다를 바 없다고 말하는 사람인 것입니다. 그것은 예수 그리스도께서 자기 몸을 내어 주심으로 이 악한 세대에서 구원하신 자의 모습이 아닙니다. 그는 이 세대를 본받고 있는 것일 뿐만 아니라 자신의 생명을 내어 주심으로 이 악한 세대에서 건지신 주님의 사랑과 헌신을 배반하는 것입니다. 지금도 자신의 신부를 향해 순결한 사랑을 하시는 신랑 되신 주님과의 관계에 불성실한 것이고, 그 사랑을 짓밟는 것입니다.

하나님의 판단하심을 기억하라

우리는 이 세대의 도덕성을 생각 없이 수용할 수도 없고, 따라서도 안 됩니다. 그것이 우리에게 너무 보편적이고 익숙하게 느껴져서 그것을 분별하고 거절하는 것이 어렵게 여겨질 수는 있습니다. 그러나 이 세대에서 건짐 받은 그리스도인이라면 주님과의 관계 때문에 그리고 성령의 비추심과 도우심과 인도하심 때문에 저항해야 합니다.

그런데 우리가 이 세대의 도덕성과 관련해서 기억할 사실이 한 가지 더 있습니다. 그것은 이 세대의 도덕성을 따라 행한 것에 대해 하나님이 반드시 판단하신다는 사실입니다. 인간이 가진 도덕성은 생각과 말과 행동을 통해 드러나게 되어 있습니다. 그런데 중요한 것은 그렇게 드러나는 도덕성을 하나님은 정확하게 판단하신다는 것입니다. 하나님은 구약 시대부터 이미 그렇게 행하셨고, 역사 속에서도 반복적으로 나타내 보이셨습니다. 신약에서도 하나님은 모든 역사의 끝과 우리 인생의 끝에 그렇게 하겠다고 반복적으로 말씀하십니다.

예를 들어, 예수님은 마태복음에서 "인자가 아버지의 영광으로 그 천사들과 함께 오리니 그때에 각 사람이 행한 대로 갚으리라"(마 16:27)라고 말씀하셨고, 바울도 로마서 2장에서 더욱 구체적으로 말합니다.

"하나님께서 각 사람에게 그 행한 대로 보응하시되 참고 선을 행하여 영광과 존귀와 썩지 아니함을 구하는 자에게는 영생으로 하시고 오직 당을 지어 진리를 따르지 아니하고 불의를 따르는 자에게는 진노와 분노로 하시리라"(롬 2:6-8).

우리는 주변에서 "남들도 다 그렇게 하는데요. 내 친구들, 내 직장 동료들도 다 그렇게 하는데요"라는 말을 쉽게 듣습니다. 심지어 예수 믿는 사람조차도 "요즘 예수 믿는 사람들 중에 그렇지 않은 사람이 어디 있나요? 예수 믿어도 다 그렇게 하던데…"라고 말하기까지 합니다. 그러나 여러분, 이 세대의 도덕성을 따라서 행하는 사람들의 말에 동조하지 마십시오. 우리는 그런 말에 동조하면서 살아가는 사람들이 아님을 기억하십시오. 우리는 상대적인 기준으로 살아가는 사람들이 결코 아닙니다.

하나님은 이 세대의 도덕성을 따라 행한 자들에게 각 사람이 행한 대로 심판하실 것입니다. 또한 예수 믿는 우리가 행한 것에 대해서도 하나님은 계산하실 것입니다. 이 세대를 본받지 않고 주님을 따른 것에 대해 하나님은 상을 주십니다. 주님은 요한계시록 22장에서 "보라 내가 속히 오리니 내가 줄 상이 내게 있어 각 사람에게 그가 행한 대로 갚아 주리라 나는 알파와 오메가요 처음과 마지막이요 시작과 마침이라"(계 22:12-13)라고 말씀하셨습니다. 하나님은 우리가 그렇게 한 것에 대해 옳다고 칭찬하시고 영원한 만족으로 갚아 주실 것입니다. 그것은 이 세대의 도덕성이 주는 일시적인 감정의 만족과 행복 정도가 아닙니다. 하나님은 우리에게 영원히 깨뜨릴 수 없는 만족으로 갚아 주실 것입니다.

그런 소망을 갖고 이 세대를 본받지 않으며 산다는 것은 예수 믿는 우리의 특권이요, 복입니다. 이미 그런 자가 된 것이 복이요, 이 세대를 본받지 않으며 살 수 있는 삶의 여정을 갖게 된 것도 복입니다. 그뿐만 아니라 이 세상의 삶에 잇대어 영원한 영광과 상을 얻는 것 또한 복입니다.

그러므로 이 사실을 기억하고 이 세대의 도덕성을 분별하고 저항하십시오. 나이가 젊을수록 사회적인 접촉점이 많아서 더 어려울지도 모르겠습니다. 그러나 이 악한 세대에서 그리스도의 피로 건짐 받은 자는 이제 그분과의 관계 속에서 자신을 보아야 합니다. 그는 더 이상 이 세상, 이 세대에 속한 사람이 아니기 때문입니다.

이 세대가 가진 괴이한 도덕성에 저항하는 모습이 바로 이 세대에서 건짐 받은 우리의 모습이요, 또한 우리가 살아야 할 모습임을 기억하십시오. 우리가 이 세대에서 그런 사람으로 존재하며 살 때, 이 세대는 분명히 반응할 것입니다. '내가 저 사람을 계속 지켜봤는데 뭔가 다른 것이 있다. 도대체 그에게는 뭐가 있는가?'라고 말입니다. 그러므로 자신이 이 세대에 속하지 않았다는 이 놀라운 복을 결코 가볍게 여기지 말고, 오히려 그것을 잘 드러내길 바랍니다.

12장

왜곡된 성도덕 1_ 성과 도덕의 분리

"너희는 이 세대를 본받지 말고 오직 마음을 새롭게 함으로 변화를 받아
하나님의 선하시고 기뻐하시고 온전하신 뜻이 무엇인지 분별하도록 하라"

롬 12:2

"그러므로 하나님께서 그들을 마음의 정욕대로 더러움에 내버려 두사
그들의 몸을 서로 욕되게 하게 하셨으니
이는 그들이 하나님의 진리를 거짓 것으로 바꾸어
피조물을 조물주보다 더 경배하고 섬김이라 주는 곧 영원히 찬송할 이시로다 아멘
이 때문에 하나님께서 그들을 부끄러운 욕심에 내버려 두셨으니
곧 그들의 여자들도 순리대로 쓸 것을 바꾸어 역리로 쓰며
그와 같이 남자들도 순리대로 여자 쓰기를 버리고 서로 향하여 음욕이 불 일듯 하매
남자가 남자와 더불어 부끄러운 일을 행하여
그들의 그릇됨에 상당한 보응을 그들 자신이 받았느니라"

롬 1:24-27

심하게 뒤틀리고 왜곡된 성(性) 인식

지금까지 이 세대의 생각과 행동의 틀을 이루는 내용을 다루면서, 특히 앞 장에서 이 세대의 도덕성을 말한 것과 연결해서 다루지 않을 수 없

는 내용이 있습니다. 그것은 바로 '이 세대의 성(性)도덕성'에 대한 문제입니다. 물론 이것은 앞에서 이미 다루었던 '세속성'이나 '이 세대의 도덕성'을 말하면서 다룬 것으로 하고 넘어갈 수도 있습니다. 그러나 이 문제는 좀 더 구분해서 다룰 필요가 있습니다. 왜냐하면 현재 사회적으로 계속 쟁점이 되고 있는 문제일 뿐만 아니라 지금까지도 인류 역사 속에서 끊임없이 쟁점이 되어 왔기 때문입니다. 특히 이 문제는 이 세대를 사는 우리에게 강력한 영향을 미치고 있어서 건너뛸 수 없는 내용입니다.

성에 대한 문제는 어린아이부터 노년에 이르기까지 누구나 쉽게 접하면서 유혹과 영향을 받는 내용입니다. 특히 이 세대의 생각과 행동의 틀 속에 자리하고 있는 성에 대한 왜곡된 가치관과 행동방식이 우리에게 강력한 영향을 미치고 있어서 더 큰 필요가 있습니다. 그런데 이 문제는 의외로 다룰 내용이 많습니다. 성과 관련된 사회적 문제와 쟁점들로부터 시작해서, 가정 문제와 결혼 문제까지 연결해서 살펴야 하기 때문입니다. 이 문제는 결코 두루뭉술하게 다루어서는 안 됩니다. 특히 이 문제는 다음 세대에게 더욱 중대한 문제가 되기에 상세히 다룰 필요가 있습니다만, 지면상 이 모든 내용을 전부 다룰 수가 없어서 최소한의 내용만 살피고, 다음 장에서 이 문제에 대한 성경적인 답을 덧붙이려고 합니다.

오늘날 우리는 '성'(性)이라는 단어의 영어식 표현인 '섹스'(Sex)라는 말을 들을 때, 뭔가 남용된 성을 떠올리게 되는 그러한 시대를 살고 있습니다. 그것은 서구 사람들의 성에 대해 왜곡된 글과 사진, 영상물을 우리가 '섹스'라는 단어와 함께 접했기 때문입니다. 원래 성이라는 단어는 중립적인 의미를 갖고 있음에도 우리에게는 그러한 인상을 주고 있습니다. 그런데 이러한 성에 대한 이 세대의 인식과 문화는 신자들에게도 적지 않은 유혹과 영향을 줍니다.

성의 문제는 우리의 가장 기본적인 본능에 따라 드러내는 욕구입니다. 그렇기에 성과 무관하게 사는 사람은 아무도 없다고 할 수 있습니다. 프로이트는 아이들이 어려서부터 구강으로 만족을 느끼는 것도 성의 본능으로 설명했습니다. 그 정도로 성적인 본능은 인간에게 매우 친숙하고 수용성이 크다는 것입니다. 그래서 이러한 영향에 저항한다는 것은 결코 쉬운 일이 아닙니다. 특히 우리는 어려서부터 이러한 생각과 행동에 깊이 영향을 받으면서 성장했기 때문에, 머리부터 발끝까지 그것으로 채워져 있을 가능성이 매우 큽니다.

게다가 사람들은 거듭나기 전에는 이 세상에서 통용되는 성에 대한 이해와 인식을 아무런 생각 없이 수용하며 살게 됩니다. 그러다가 예수를 믿고 오는 세대에 속하게 된 자는 성령에 의해서 그런 것들이 거룩하지 않다는 것을 자각하게 됩니다. 그리하여 우리 안에 갈등이 생기고 그런 것이 불편해집니다. 그야말로 하나님과 그분의 말씀을 거스르는 이 세대의 성에 관한 생각과 행동에 대해 씨름하며 저항하는 일이 있게 되는 것입니다. 이 세대에서 건짐 받은 그리스도인들은 모두 다 그러합니다. 그것은 또한 이 세대에서 건짐 받아서 오는 세대에 속한 자임을 말해 주는 하나의 증거이기도 합니다. 그래서 그런 씨름과 저항이 자신에게 없다면, 그는 거듭난 사람이 아닐 가능성이 큽니다.

그렇다면 여러분은 로마서 1장 24-27절에서 말하고 있는 내용에 대해 어떤 반응을 하고 있습니까? 그 내용에 이질감과 거부감을 느끼면서 그것들이 하나님 앞에서 죄악 되다는 자각이 생깁니까? 이 세대에서 건짐 받아 오는 세대에 속한 그리스도인이라면 분명히 이질감과 거부감을 갖게 될 것입니다. 이전에는 없었던 반응을 성령에 의해 갖기 때문입니다.

거듭난 자들에게도 여전히 영향을 미치는 이 세대의 성 문화

그러나 문제는 그러한 반응이 생겼음에도 불구하고 성에 대한 이 세대의 생각과 행동의 유혹과 영향은 여전히 지속된다는 사실입니다. 우리 중에 생각으로라도 성에 대한 이 세대의 왜곡된 생각과 유혹을 전혀 받지 않는 사람은 아무도 없습니다. 이 세상에 사는 한 그런 사람은 없습니다. 나이 든 사람도 성의 유혹은 받습니다. 직접 실행하지는 못할지라도 생각과 감정만큼은 이 세상의 성의 유혹에서 절대 자유롭지 않습니다. 설령 주변의 자극이 없더라도 이전의 경험으로 축적된 것들이 마음속에서 떠오름으로써 유혹이 생겨나기 때문입니다.

우리는 오늘날 TV 드라마나 인터넷, 휴대폰을 통해서 성에 관한 내용을 끊임없이 접합니다. 우리나라는 좀 덜한 편이지만, 유럽 나라들의 지하철이나 거리의 벽면에는 선정적인 화보와 문구들이 널려 있습니다. 우리는 나이가 어리든 많든 상관없이 이 세대의 성도덕이 말하는 것을 주변에서 너무나 쉽게 그리고 지속적으로 접하게 됩니다. 이처럼 우리는 왜곡된 성도덕이 만연한 세상 속에 살고 있습니다. 그런 우리에게 로마서 본문은 "이 세대를 본받지 말라"고 말합니다. 성에 대한 왜곡된 이해와 행동을 마치 정상적인 것처럼, 또 그것을 하나의 문화처럼 여기는 이 세대의 빗나간 성도덕을 본받지 말라는 것입니다. 이를 위해 우리는 먼저 본문을 통하여 이 세대를 비추어 보아야 합니다.

로마서 1장이 말하는 내용은 우리 세대와도 결코 무관하지 않습니다. 사람들이 마음의 정욕대로 행하면서 자신들의 몸을 서로 욕되게 하는 것, 부끄러운 욕망을 개의치 않는 모습, 여자가 여자를 향해 갖는 욕망뿐만 아니라 남자가 남자를 향해 음욕을 드러내는 모습 등이 오늘날에는 아예 합법적인 것이 되고 있습니다. 이런 모습과 행위에 대해 조금이라도 모욕감이나 수치심을 느끼게 하는 말을 해서는 안 되도록 법으로까지 보장하고 있습니다. 심지어 로마서 1장 24-27절과 같은 행동을 하는 사람들을 존중하도록 하고 있습니다. 요즘 국회의원들이 상정한 차별금지법과 같은 것이 바로 그렇습니다.

하나님은 본문에서 그러한 모습과 행위를 가리켜 '자신의 몸을 욕되게 하는 것'(24절), '부끄러운 욕심'(26절), '순리대로 쓰지 않고 역리로 쓰는 것'(26절), '부끄러운 일을 행하는 것'(27절), '그들의 그릇됨'(27절)이라고 말씀하십니다. 그러나 이 세상은 하나님이 규정하신 이러한 표현을 사용해서는 안 된다고 말합니다. 이러한 표현으로 상대방에게 수치심을 느끼게 한 사람은 법을 어긴 것으로 판단하겠다는 것입니다. 그것은 하나님이 계시로 주신 성경을 도전하며 거스르는 것입니다.

이런 사실은 본문에 진술된 왜곡된 성도덕이 합법적이고 공공연한 것이 되고 문화가 되어서 어느새 우리의 사고방식과 생활방식에 자리매김했음을 말해 주는 표시이기도 합니다. 달리 말해, 법으로 만들 정도로 성도덕에 대한 가치관과 사람들의 이해가 바뀌었음을 보여 주는 것입니다. 그런 조건에서 신자들은 왜곡된 성도덕을 죄악으로 생각하지 않는 이 세상 속에 살면서 유혹만 받는 것이 아니라 시련도 함께 겪게 됩니다. 그러므로 이러한 상황 속에서 우리가 이 세대를 본받지 않으려면 이 세대의 성도덕에 대해 먼저 알아야 합니다.

고삐 풀린 오늘날의 성도덕

지금으로부터 20-30년 전과 지금의 성도덕에 대한 가치관이 어떻게 달라졌는지를 한번 생각해 보십시오. 지난 20-30년의 세월을 살아온 사람이라면 성에 대한 가치관이 많이 달라졌다는 사실을 인정할 것입니다. 예전에 가졌던 성에 대한 도덕 관념이 지금은 확실히 무너지고 사라졌습니다. 물론 본문과 같이 성도덕이 무너진 모습은 역사 속에서도 계속 있었음을 성경에 기록된 자료만 봐도 알 수 있습니다. 본문이 기록된 1세기뿐만 아니라 그 이전으로 거슬러 올라가 약 4천 년 전인 아브라함 당시 소돔과 고모라에도 성적으로 타락한 모습은 있었습니다.

그러나 오늘날의 타락한 성도덕은 이전과는 다른 새로운 국면을 맞고 있습니다. 전 세계적인 현상이 되었고, 법으로까지 옹호되고 있기 때문입니다. 이것은 성에 대한 도덕적 가치를 하향시킨다는 뜻이고, 그 기준을 무너뜨린다는 것을 의미합니다. 아주 오래전에는 주로 귀족층이나 부유층에게서나 찾아볼 수 있었던 자유방임적인 성도덕이 이제는 모든 사람이 성에 대해 갖는 태도가 되었습니다. 많은 사람이 남녀 간의 성관계를 결혼 속에서가 아닌, 서로 원하기만 하면 할 수 있는 것으로 생각하고, 또 그것을 아무도 문제 삼지 않습니다. 심지어 미성년자들까지도 성관계에 끌어들이는 세상이 되어 버렸습니다. 물론 그런 모습은 구약 시대에도 우상 숭배와 관련해서 있었으나, 지금은 아예 상업화되고 있습니다.

또한 간통죄도 폐지되어 남녀의 성관계를 더 이상은 법으로 다룰 문제가 아닌, 사적인 문제로 취급합니다. 달리 말해 정부나 그 누구도 관여할 수 없고 각 개인의 도덕관에 따라서 판단할 문제라고 보는 것입니다. 심지어 프로이트의 영향을 받아 성적인 부분을 억압하면 안 된다는 생각까지 갖고 있습니다. 왜냐하면 프로이트는 성적인 억압이야말로 모든 잘못된 성격을 형성하는 근원이라고 주장했기 때문입니다. 이러한 프로이트의 주장은 오늘날 모든 학문과 정신세계뿐만 아니라 성도덕에까지 커다란 영향을 미치고 있습니다. 그래서 성을 억압하는 것처럼 보이는 가치관과 그와 유사한 것들을 모두 다 부정적인 것으로 여깁니다. 그리고 그러한 대상에 기독교까지 포함시켜서 마치 기독교가 성을 억압하는 것처럼 생각합니다. 특히 성에 대해 억압적이었던 영국 빅토리아 시대를 예로 들면서 기독교를 부정하는 것입니다.

이런 식으로 세상은 성경이 말하는 성에 대한 기준을 무너뜨리는 일을 이론적으로 확립하여 사람들을 인도할 뿐만 아니라, 심지어 법으로까지 보장했습니다. 그리하여 범세계적으로 드러난 이 세대의 성도덕은 더 이상 규제할 가치나 법적인 기준이 없다는 결론에 이르게 되었습니다. 바로 이것이 이 세대의 성에 대해서 우리가 생각해야 할 중대한 문제입니다. 이처럼 세상이 성에 대한 기준과 법, 도덕적 가치를 사라지게 만듦으로써 이제는 성 문제가 사적인 문제가 되어 버렸습니다. 성 문제에 있어서는 내 생각과 감정, 더 정확히 말하면 내 욕망이 기준이 되어 버린 것입니다.

시간이 갈수록 강력해지는 성적인 유혹

성도덕의 해이함은 시간이 흐를수록 더 만연해지고, 더 심화되고 있습니다. 또 그것이 이론적으로나 법적으로까지 보장되고 있습니다. 저의 어린 시절만 생각해 보아도 지금처럼 눈만 뜨면 쉽게 접할 수 있는 성에 관한 광고나 노래, 영상물들은 거의 없었습니다. 심지어 그런 것을 법으로 옹호하는 일은 상상할 수도 없었습니다. 오히려 그러한 것들에 대해 사회는 이상하게 볼 정도로 최소한의 도덕적인 개념을 갖고 있었습니다. 사회적 가치와 법으로 성도덕을 최소한이라도 지키고 유지하고자 했던 것입니다. 물론 그때도 절대적 가치인 성경을 기준으로 삼지는 않았음에도 말입니다.

그러나 지금은 어린아이부터 어른까지 모든 세대가 성도덕을 무너뜨리고 있습니다. 특히 현재 젊은 세대는 왜곡된 성을 접하면서 이것이 마치 정상적인 양 생각하며 자라 왔습니다. 그래서 이 세대가 만든 왜곡된 성에 대해 도대체 뭐가 문제냐는 식으로 생각하는 것입니다. 이런 생각으로 만연한 세대 속에서 자란 젊은 세대일수록 그러한 가치관이 머리부터 발끝까지 입력되어 있습니다. 그래서 이 세대의 아이들과 청년들에게 성경이 말하는 성을 말하면 그들은 도저히 받아들일 수 없는 고리타분한 얘기로 여깁니다.

여러분의 반응은 어떠한지 한번 확인해 보십시오. 또 왜 그렇게 반응하는지도 생각해 보십시오. 거기에는 분명한 이유가 있습니다. 그것은 인간이 본성적으로 타락했기 때문이기도 하지만, 기본적으로 이 세대의 성에 관한 생각과 행동을 성경보다 먼저 접하면서 거기에 흥미를 느끼고 수용했기 때문입니다. 그래서 그러한 기준으로 성경을 볼 때 고리타분하게 느끼는 것입니다. 이미 자신 안에 수용된 이 세대의 왜곡된 성이 더 매력적으로 느껴질수록, 성경이 말하는 성은 수용될 가능성이 없어집니다. 그들은 성에 대한 잘못된 기준점을 갖고 있음에도 불구하고, 그것이 더 세련되고 옳고 진보된 것처럼 생각합니다. 그러므로 우리는 지금까지 접하면서 수용한 성도덕이 무엇인지를 확인해 보아야 합니다.

섹스의 신을 숭배하는 사회

요즘 우리는 부도덕한 성관계가 없는 영화는 찾아보기가 어려울 정도가 되었습니다. 몇 년 전에는 'n번방 사건'과 그와 유사한 사건들이 사회적으로 큰 쟁점이 되었습니다. 거기서 다양한 성 착취 영상물이 문제가 되었습니다. 그런데 요즘엔 어린아이들도 이러한 영상물을 접하고, 심지어 그런 것을 본 유치원 아이가 다른 아이에게 실행한 일까지 있었습니다. 중고등학생들은 돈을 벌기 위해 영상을 찍기도 합니다. 이러한 배경에는 결국 이에 대한 수요가 있음을 의미합니다.

오늘날 미국인들이 해마다 포르노에 소비하는 돈이 모든 장르의 음악에 소비하는 돈을 다 합친 것보다 많다는 얘기가 있습니다. 또 미국에서 굉장히 인기 있는 야구와 농구와 같은 프로 스포츠에 소비되는 돈을 다 합친 것보다도 포르노에 소비되는 액수가 더 크다고 합니다. 심지어 2010년대 초반에 조사한 결과에 따르면, 미국의 포르노 산업이 ABC, NBC, CBS, FOX사와 같은 대표적인 미국 방송사들의 총수익을 합친 것보다도 많다고 합니다. 이에 대한 엄청난 수요가 있음을 방증하는 것입니다.

이런 현상은 성이 이 세상에서 어떻게 취급되고 있는지를 잘 보여 줍니다. 바로 성을 귀하고 책임 있는 것으로 여기지 않고, 오히려 천하고 값싼 물건처럼 취급하고 있는 것입니다. 어떤 사람의 말처럼, 지금 이 세상은 완전히 성에 사로잡혀 있는 것입니다. 그래서 카일 아이들먼(Kyle Idleman)은 사람들이 '섹스의 신'을 열렬하게 숭배하는 것으로 묘사했습니다.[1]

성과 도덕의 분리

이러한 모습 속에서 신자가 이 세대를 본받지 않기 위해서 주목해야만 할 사실이 있습니다. 그것은 바로 성 문제에서 도덕이 빠졌다는 사실입니다. 지금 이 세대는 도덕이 사라진 성에 대해 말하고, 그것을 추구하고 있습니다. 우리는 이 점을 매우 중요하게 인식해야만 합니다. 왜냐하면 하나님이 이 문제를 심각하게 다루시기 때문입니다. 로마서 1장 본문이 바로 그것을 잘 말해 주고 있습니다.

이 세대는 성을 도덕적으로 전혀 고려하지 않은 채, 그저 즐겨도 되는 것으로만 생각합니다. 너무나 쉽게 성적인 관계를 맺고, 그런 것 속에서 결혼과 이혼마저도 가볍게 여기는 것입니다. 결국 성을 가볍게 여기는 사람들은 결혼도 가볍게 여길 뿐만 아니라 이혼도 쉽게 해버립니다. 결혼한 부부가 서로 인격적으로 사랑하지 않고, 쉽게 화내고 다투는 일도 비일비재합니다.

이러한 일련의 과정에는 모두 다 성에 대한 왜곡이 기저에 있습니다. 도덕을 전혀 고려하지 않는 성에 관한 생각 말입니다. 이것은 오늘날 TV 드라마나 영화, 잡지, 소설 등 모든 것에서 보편적으로 말하고 주장하는 생각입니다. 사람들은 그것을 당연한 모습으로 생각하면서 그저 하나의 사회 현상으로 볼지 모르지만, 하나님은 그렇게 보지 않으십니다. 오히려 굉장히 심각한 것으로 보십니다. 그것이 바로 로마서 1장이 말하는 내용입니다.

성에 대한 왜곡은 타락 이후부터 이미 시작되었습니다. 아담과 하와 이후 많은 세대가 지나기도 전에 라멕은 두 아내를 취하였다고 성경은 진술합니다(창 4:19). 이것이 나중에는 일부다처제와 같은 문화로 발전하여 아브라함이나 야곱에게서도 그런 모습을 보게 됩니다. 라멕 이후로 그러한 현상이 계속 퍼지면서 결국 노아 때는 하나님이 심판하시는 지경에 이르게 되었습니다. 창세기 6장은 당시 심판의 상황을 말하는 중에 다음과 같이 진술합니다.

"하나님의 아들들이 사람의 딸들의 아름다움을 보고 자기들이 좋아하는 모든 여자를 아내로 삼는지라"(창 6:2).

사람들이 본능적인 욕구를 따라 모든 여자를 자신의 아내로 삼았다는 말입니다. 그런 상태에서 성적인 타락이 극도로 무르익은 것입니다. 그런 사회는 어떻게 되었을까요? 하나님이 심판하시기 전에 이미 망가져서 결국엔 하나님의 심판을 불러오게 되었습니다. 그것은 바로 도덕이 무너진 성이 남용되고 만연해진 결과였습니다. 그런데 흥미로운 사실은, 인류의 역사는 이것을 반복한다는 것입니다. 성의 왜곡이 만연해지고 타락이 점증화되면서 극도에 달하게 될 때 사회와 국가는 기울어지고 망가지는 일을 반복했습니다.

하나님이 좌시하지 않으시는 문제

그렇다면 왜 성적으로 타락하는데 사회와 나라가 기울어지고 망가질까요? 그것은 하나님이 섭리 속에서 심판하시기 때문입니다. 하나님은 직접적으로 개입해 심판하실 때도 있지만, 주로 섭리 가운데 심판하십니다. 성경에 기록된 자료를 보면, 노아나 아브라함 시대, 또는 소돔과 고모라, 바벨론이 멸망하기 직전 벨사살왕이 벌인 연회 속에서도 그런 모습을 발견할 수 있습니다.

그러한 모습은 성경에 기록되지 않은 다른 나라에서도 얼마든지 찾아볼 수 있습니다. 각 나라의 역사적인 유물들을 보면 한 남자와 여러 여자가 연회를 벌이는 장면을 흔히 볼 수 있습니다. 또 모든 나라마다 성과 관련된 다양한 이야기와 신화들이 있습니다. 예를 들면, 일본은 성기를 남근신, 여근신으로 믿고 있습니다.

어느 나라나 어느 사회나 성을 도덕적으로 생각하지 않고 남용하게 되면 그 나라와 사회는 반드시 기울어지고 망하게 되어 있습니다. 바로 그 일을 하나님은 섭리 속에서 행하시는 것입니다. 노아의 홍수 심판이나 소돔과 고모라의 멸망, 바벨론의 벨사살왕 사건을 통해서 하나님은 역사 속에서 이미 증거하셨습니다.

이처럼 인류의 역사는 성적인 타락으로 인한 사회와 국가의 몰락을 반복했습니다. 그 일을 경험하면 잠깐 정신을 차리다가도 이내 다시 타락하면서 몰락을 반복합니다. 그런데 이러한 역사의 반복 속에서 드러난 중요한 사실은 바로 도덕을 뺀 성, 곧 성적인 부도덕이 만연해질 때마다 그 나라와 사회는 반드시 기울어지고 망했다는 것입니다.

로마서 1장에서 말하는 성적인 타락상을 가졌던 로마 제국이나 그에 앞서 로마가 정복했던 헬라 제국도 똑같은 몰락의 과정을 거쳤습니다. 특히 헬라 제국은 성을 자신들의 욕구를 만족시키는 도구 정도로 여겼습니다. 배고프면 먹고 목마르면 마시듯이, 성적인 충동을 느끼면 그것을 채우면 되는 것으로 여긴 것입니다. 그들에게 있어서 성은 도덕적으로 전혀 고려할 문제가 아니었습니다.

　세계를 제패한 막강한 힘을 가졌던 그 제국들은 결국 어떻게 되었습니까? 외형적으로는 제국의 모습을 갖고 있었지만, 그 제국은 그리 오래 지속되지 못했습니다. 모든 나라와 사회의 기울어짐과 망함을 성적인 타락만으로 다 설명할 수는 없지만, 성을 도덕적으로 생각하지 않는 개인과 사회, 국가는 그와 같은 결론에 이르게 됨은 역사가 증명하는 사실입니다. 우리는 지난 역사를 통해 이것을 쉽게 확인할 수 있습니다.

　왜곡된 성도덕을 가진 사회와 국가는 역사가 증명하듯이 지속적으로 강성하지 못하고, 오히려 쇠망의 길로 나아갑니다. 바로 그 일을 하나님이 주도하시는 것입니다. 로마서 1장은 이러한 성도덕의 타락에 대해서 하나님의 궁극적인 심판을 전제하면서도 하나님의 현재적인 심판으로써 점점 더 쇠하여지다 결국 사망에 이르도록 내버려 두신다는 사실까지 말하고 있습니다.

성적인 왜곡과 타락의 필연적인 결론

　이와 같은 일은 개인뿐만 아니라 가정과 사회 및 국가에서도 똑같이 일어납니다. 개인이든, 가정이든, 사회든, 국가든, 아무리 큰 대제국이든 상관없이 도덕이 없는 성적 타락은 안에서부터 부패하기 마련입니다. 이것은 또한 한 개인의 인격체 안에서도 선명하게 경험되는 일입니다. 한 사람이 성적으로 타락하게 되면 그의 인격 안에서는 부패와 굴절이 시작

됩니다. 마찬가지로 가정과 사회와 국가도 그러한 과정을 통해 부패하고 무너짐으로써 결국 하나님의 현재적 심판을 경험하게 되는 것입니다. 이것이 사실임을 우리는 주변 사람들의 결말을 통해서도 쉽게 확인할 수 있습니다.

성적인 왜곡과 타락이 있는 곳에는 다툼과 상처가 있고, 그것을 지나 파괴와 망가짐이 반드시 뒤따르게 됩니다. 지금까지 인류 역사를 잘 생각해 보십시오. 성에 대해 자유방임적인 태도를 보이면서도 건강한 개인, 건강한 가정, 건강한 사회와 국가를 이룬 일이 있었는지 말입니다. 역사적 자료를 아무리 샅샅이 뒤져 보아도 그러한 예는 찾아볼 수 없습니다. 예외 없이 로마서 1장이 말하는 하나님의 현재적 심판으로 모두 쇠하고 망하는 것을 경험했습니다.

이것은 또한 하나님이 개입하시기 전에 죄가 맺는 열매이기도 합니다. 성의 왜곡은 나를 유지하고 사회를 유지하는 가장 중요한 기본 단위인 가정의 파괴를 가져옵니다. 개인은 물론이고 가정의 파괴 속에서 가족의 구성원들까지 파괴됩니다. 그래서 가정은 물론이고 사회와 국가도 병들어서 결국 붕괴되는 것입니다. 도덕적으로 생각하지 않는 성을 자유롭게 드러내고 행사하는 사회는 개인으로부터 시작해서 가정과 사회, 국가까지 병들게 합니다.

그러나 더욱 심각한 사실은 이것이 사회적 현상 정도로 그치는 것이 아니라는 점입니다. 로마서 본문이 말하듯이 하나님이 모든 것을 아시고 심판하시기 때문입니다. 하나님이 죄라고 말씀하셨음에도 불구하고, 그 죄가 만연해질 때까지 지속하는 것에 대해 하나님은 반드시 심판하십니다.

왜곡된 성 인식을 바로잡으라

성의 왜곡과 타락은 단순히 우리의 욕구 문제가 아님을 기억해야 합니다. 또한 도덕적으로 무관한 인간의 본능 문제도 아닙니다. 성을 왜곡하는 것은 죄입니다. 달리 말하면 성은 도덕성을 담고 있다는 뜻입니다. 하나님이 부여하신 기준과 우리의 양심까지 작용하는 도덕적 기준을 가지고 있습니다. 그래서 성을 왜곡하는 것에 대하여 로마서 본문은 '더러움'(24절), '부끄러운 욕심'(26절), '그릇됨'(27절), '하나님의 진리를 거짓 것으로 바꿔서 행하는 것'(25절)으로 말합니다.

따라서 우리는 도덕을 뺀 성을 주장하고 선동하는 이 세대의 가치관과 행동을 정확하게 분별하고 거절해야 합니다. 도덕을 뺀 성은 진정한 성이 아니라는 인식부터 명확하게 가져야 합니다. 그것은 거짓으로 포장된 성이요, 본능에만 의존한 성입니다. 그래서 그것은 저속하고 값싼 성입니다. 마치 물건처럼 취급하는 성으로서 나 개인을 넘어 가정과 사회, 국가까지 파괴하는 왜곡된 성임을 인식해야 합니다.

우리는 어려서부터 이러한 왜곡된 성에 관한 글과 영화, 영상들을 보며 성장했습니다. 그래서 그것이 마치 성의 본래의 모습인 것처럼 생각할 정도로 우리 안에 자연스럽게 들어와 있습니다. 이것이 죄악 된 것임을 인식하기도 전에, 우리는 그것을 자연스럽고 누구나 다 갖는 본능적인 것으로 인식하며 수용해 왔습니다. 그렇기 때문에 우리는 먼저 본래의 성이 무엇인지부터 명확하게 해야 합니다.

하나님은 사람을 남자와 여자로 창조하시면서 성을 각각의 인격과 분리되지 않은 것으로 두셨습니다. 성이라는 것은 '나'라는 고유한 인격과 분리되지 않는다는 뜻입니다. 그래서 성을 나 자신과 분리해서 단순한 기능을 하는 몸의 일부나 부분적인 욕구로 생각하면 안 되는 것입니다. 성을 물건이나 상품처럼 생각하는 것은 이 세상이 왜곡하여 유포한 생각일 뿐입니다. 그야말로 이 세대가 가진 생각과 행동입니다. 하나님은 창세기 1장에서 다음과 같이 말씀하셨습니다.

> "하나님이 자기 형상 곧 하나님의 형상대로 사람을 창조하시되 남자와 여자를 창조하시고…그들에게 이르시되 생육하고 번성하여 땅에 충만하라, 땅을 정복하라, 바다의 물고기와 하늘의 새와 땅에 움직이는 모든 생물을 다스리라 하시니라"(창 1:27-28).

그리고 창세기 2장 24절에서는 "남자가 부모를 떠나 그의 아내와 합하여 둘이 한 몸을 이룰지로다"라고 말씀하셨습니다.

여기서 하나님은 성과 관련하여 두 가지 사실을 기본적으로 말씀하셨습니다. 하나는, 하나님이 자기 형상대로 지으신 고귀한 인간을 남자와 여자로 구분하여 지으시되 그들 각각에게 성을 주셨다는 사실입니다. 여성으로서의 성과 남성으로서의 성 말입니다. 또 다른 하나는, 그 성을 결혼 안에서 갖게 하셨다는 사실입니다. 즉 남녀가 결혼 안에서 성을 표현하도록 하신 것입니다. 이것은 단순히 육체의 한 부분을 표현하는 것이 아니라, 상대에게 자기 자신을 주는 것으로 말씀하신 것입니다. 결국 성적인 육체의 결합은 하나님의 형상을 가진 자의 결합으로서 상대방에게 자기 자신을 주는 것을 의미합니다. 이것이 바로 하나님이 인간에게 주신 성의 본래적인 모습입니다. 그리고 이러한 성적 관계 속에서 남녀가 갖게 되는 사랑과 즐거움은 하나님이 우리에게 기본적으로 주신 선물입니다.

그러므로 우리는 이 두 가지 사실을 벗어난 성은 모두 다 빗나가고 왜곡된 성이라는 사실을 잊지 말아야 합니다. 빗나가고 왜곡된 성은 결국 하나님이 주신 성을 남용한 것일 뿐만 아니라 하나님께 죄를 범하는 것입니다. 우리는 반드시 이 두 가지 사실을 기억해야 합니다. 세상이 뭐라고 하든, 대세가 어떻든 신자는 바로 이 기준을 분명히 가지고 이 세상의 왜곡된 성을 분별할 수 있어야 합니다.

자신을 예외로 여기지 말라

우리 안에는 이러한 기준에서 벗어난 성에 대한 가치관과 인식이 이미 들어와 있을지도 모릅니다. 그러나 그것을 안다면 '그만큼 내가 이 세대의 영향을 받았구나'라고 생각하면서 앞으로 다가올 유혹을 거절해야 합니다. 그뿐만 아니라 우리 안에 이미 들어와 있는 가치관도 제거해야 합니다.

우리는 살면서 왜곡된 성에 대한 가치관과 인식들이 불쑥불쑥 튀어나오는 경험을 할 때가 있습니다. 아무런 생각 없이 내뱉는 우리의 농담 속에 얼마나 많은 성적인 내용이 담겨 있습니까? 그러나 그러한 생각이 자신도 모르게 불쑥불쑥 나올 때마다 우리는 그것을 수용하지 않고 과감하게 잘라 버려야 합니다. 그것은 사탄이 우리로 하여금 본래의 성에서 이탈하게 만드는 것임을 알고 거부해야 합니다.

성은 근본적으로 도덕을 내포한다는 사실을 잊지 마십시오. 잘못 사용하거나 남용하면 죄가 된다는 사실을 기억하십시오. 오늘날 이 세대의 생각과 행동은 이것을 깡그리 무시할 뿐만 아니라 심지어 법으로까지 보장하지만, 궁극적인 심판자이신 하나님 앞에서는 모두 다 죄입니다. 그러므로 하나님과 그분의 말씀을 정면으로 거스르는 왜곡된 성도덕을 분별하여 저항하십시오.

신자가 이 세대를 본받지 않기 위해서는 우리의 생각과 행동에 일찍부터 영향을 미친 왜곡된 성 개념을 반드시 분별해야만 합니다. 도덕을 배제한 성을 아름다운 것으로 미화하며 그것을 추구하도록 하는 이 세대의 왜곡된 성도덕에 저항해야 합니다. 우리는 왜곡된 성도덕으로 우리를 유혹하는 이 세대의 수많은 것으로부터 피해야 합니다. "나는 유혹에 상관없다"고 말할 수 있는 사람은 아무도 없습니다. 요셉이 보디발 아내의 유혹을 피해 도망쳤던 것처럼, 우리 역시 우리를 유혹하는 글이나 영화, 영상물이나 대화를 뿌리치려고 분투해야 합니다.

이제는 휴대폰을 통해 그런 것을 자기 안으로 쉽게 가지고 와서 유혹을 받는 시대가 되어 버렸습니다. 그러나 신자는 성경이 말하는 본래의 성과 이 세대의 왜곡된 성을 분별하고 거절할 수 있어야 합니다. 이 일은 결코 쉬운 일이 아니지만, 우리는 반드시 그렇게 해야만 합니다. 많은 목회자도 성에 관한 문제로 넘어졌습니다. 누구도 예외가 없습니다. "나는 거룩한 일에만 관심이 있다"고 말할 수 없습니다. 이 문제는 우리를 거룩하지 못하게 만드는 흔하면서도 심각한 걸림돌입니다. 우리는 이 세대의 왜곡된 가치관과 생각들이 꿈틀대는 사람들입니다. 우리에게는 기본적으로 성에 대한 욕구가 있기 때문에 누구나 유혹을 받을 수 있습니다. 내가 원하지도 않는 생각이 떠올라서 그럴 수도 있습니다. 그러나 그런 것들은 모두 성경을 거스르는 것임을 알고 끝없이 거절해야 합니다. 그것이 바로 이 세대를 본받지 않는 길입니다.

13장

왜곡된 성도덕 2_"이 비밀이 크도다"

"너희는 이 세대를 본받지 말고 오직 마음을 새롭게 함으로 변화를 받아
하나님의 선하시고 기뻐하시고 온전하신 뜻이 무엇인지 분별하도록 하라"

롬 12:2

"그러므로 하나님께서 그들을 마음의 정욕대로 더러움에 내버려 두사
그들의 몸을 서로 욕되게 하게 하셨으니
이는 그들이 하나님의 진리를 거짓 것으로 바꾸어
피조물을 조물주보다 더 경배하고 섬김이라 주는 곧 영원히 찬송할 이시로다 아멘
이 때문에 하나님께서 그들을 부끄러운 욕심에 내버려 두셨으니
곧 그들의 여자들도 순리대로 쓸 것을 바꾸어 역리로 쓰며
그와 같이 남자들도 순리대로 여자 쓰기를 버리고 서로 향하여 음욕이 불 일듯 하매
남자가 남자와 더불어 부끄러운 일을 행하여
그들의 그릇됨에 상당한 보응을 그들 자신이 받았느니라"

롬 1:24-27

변해 가는 세상, 변하지 않는 하나님의 판단

이 세대의 영향을 깊게 받은 사람들에게는 이 세대의 왜곡된 성 문제를 다루는 것에 대한 반발심이 생길지도 모릅니다. 그러나 우리가 가진

생각과 감정을 도덕적 기준으로 삼는 것은 지혜로운 태도가 아닙니다. 우리의 생각과 감정 자체가 이미 무언가로 말미암아 오염되어 있을 수 있기 때문입니다. 오히려 이런 내용에 반발심이 일어난다면 왜 그런 반응을 갖는지를 자문해 보아야 합니다. 그리하여 자신 안에 있는 왜곡되고 굴절된 것을 깨닫고, 정확한 기준을 재확립하는 일이 필요합니다.

신자에게는 로마서 1장이 말하는 내용, 즉 성적인 타락에 관한 이야기가 결코 즐거운 내용이 될 수 없습니다. 비록 이 세상은 그런 것을 즐거운 얘기처럼 늘어놓지만, 신자는 오히려 마음에 불편함을 느낍니다. 성에 대한 도덕적 가치와 기준을 갖고 있기 때문입니다. 그러나 이 세상은 도덕을 뺀 성을 미화하면서 그것을 즐기라고 부추깁니다. 이 세상은 책과 영화, 다양한 매체들을 통해 왜곡된 성이 즐겁고 행복한 것이라고 세뇌합니다. 우리는 어려서부터 그렇게 들어 왔고, 또 그런 식으로 생각합니다.

앞으로 성에 관한 이 세대의 생각과 태도가 얼마나 더 자유방임적으로 나아갈지는 몰라도, 로마서 1장이 말하는 하나님의 판단은 절대로 바뀌지 않습니다. 본문의 내용이 죄가 되지 않는 세상은 결코 오지 않는다는 말입니다. 성은 하나님이 인간을 창조하시면서 그것을 주셨을 때부터 이 세상이 끝날 때까지 하나님이 보시기에 무엇이 선과 악인지에 대한 도덕적 가치를 지니고 있습니다. 하나님은 바로 그러한 도덕적 기준을 가지고 심판하십니다. 그러므로 성을 도덕적으로 생각하지 않고 왜곡되게 사용하는 것은 성을 창조하신 하나님을 거스르는 죄라는 사실을 잊지 말아야 합니다.

여러분은 이 부분에 대해서 선명한 인식을 가지고 있습니까? 성을 도덕적으로 생각하지 않는 이 세대의 생각과 달리, 하나님의 창조 의도와 그분의 말씀을 따라 성에 관한 올바른 인식을 하고 있느냐는 말입니다. 그래서 로마서 1장 본문과 같은 내용을 들을 때마다 마음이 상하고 불편함을 느낍니까? 만일 그러한 반응이 있다면 그것은 이 세대에 속하지 않고 오는 세대에 속한 자들에게 있는 중요한 특징 중 하나요, 그 사람에게 생긴 변화의 표시입니다.

이 세대가 아무리 성을 미화시킬지라도, 신자는 왜곡된 성이 죄라는 사실을 압니다. 특히 신자 안에 계신 성령이 그것을 자각하게 하시기 때문에 마음에 불편함이 있습니다. 왜곡된 성을 따르는 이 세상의 현실에 대해 상한 심령을 가집니다. 바로 그것이 의인 된 자에게 있는 표지입니다. 여러분은 창세기 19장에서 소돔과 고모라에 살았던 롯을 기억합니까? 타락한 도시를 택하여 간 것이 그에게는 불행한 일이 되었지만, 롯은 성적으로 타락한 그곳의 현실에 대해서 결코 편안함을 느끼지 못했습니다.

"무법한 자들의 음란한 행실로 말미암아 고통당하는 의로운 롯을 건지셨으니 (이는 이 의인이 그들 중에 거하여 날마다 저 불법한 행실을 보고 들음으로 그 의로운 심령이 상함이라)"(벧후 2:7-8).

이것이 바로 성적으로 타락한 이 세상에 사는 의인들의 기본적인 반응입니다. 설령 이 세대의 영향을 받고 일시적으로는 그러한 반응이 거의 없는 것처럼 보일 수 있어도, 신자는 반드시 마음에 불편함을 느끼지 않을 수 없습니다. 왜냐하면 그 사람 안에는 죄에 대하여, 의에 대하여, 심판에 대하여 자각하게 하시는 성령 하나님이 계시기 때문입니다(요 16:8 참조). 물론 그러한 자각과 마음의 상함은 성에 대한 하나님의 말씀을 아는 것 속에서 있는 일입니다. 그리고 하나님이 규정하신 성의 도덕적 가치를 이해하며 거기서 벗어난 것은 죄라는 사실에 대한 분명한 인식이야말로 성에 대한 이 세대의 왜곡된 이해와 태도를 분별하여 거스를 수 있는 기초입니다.

부부의 성적 결합 속에 담긴 중대한 비밀

우리나라 말로 '성'(性)이란 단어는 영어로 두 가지 의미로 표현됩니다. 하나는 생물학적인 성을 뜻하는 '섹스'(Sex)이고, 또 하나는 사회 문화적인 성을 뜻하는 '젠더'(Gender)입니다. 그런데 이 두 가지는 사실 구분해서 말할 필요가 없었습니다. 왜냐하면 하나님이 인간을 창조하시면서 남자와 여자로 구분하신 생물학적 성별을 사회 문화적으로 다르게 보는 일이 없었기 때문입니다. 그런데 인간의 타락 이후 남자와 여자 외에 제3의 성을 말하는 현상이 생겼습니다. 그래서 '젠더 논쟁'과 같은 일이 벌어지는 것입니다.

성경은 남자와 여자의 성별을 말하고, 그들이 결혼 안에서 육체적인 결합을 함으로써 부부가 되는 것과 그 관계 속에서 생육하고 번성하라고 말합니다. 특히 바울은 에베소서 5장에서 남자가 부모를 떠나 그의 아내와 합하여 둘이 '한 몸'을 이루라고 말한 창세기 2장 24절을 인용하면서 둘이 '한 육체'가 된다고 말합니다(엡 5:31). 남자와 여자가 한 육체가 되는 성적인 결합을 결혼과 연관 지어 말한 것입니다.

이때 부부의 성적인 결합은 단순히 육체적인 결합 정도를 말하는 것이 아니라, 그 이상의 내용이 있음을 내포합니다. 그것은 바로 나의 인격이 담긴 성의 결합입니다. 그러한 성을 상대방에게 내어 주는 것을 말합니다. 그래서 이것을 그리스도와 교회의 관계와 닮은 것으로 말하는 것입니다. 부부의 성적인 결합에는 이처럼 중대한 내용이 있습니다. 여기에는 결혼과 연관 지어 설명할 내용이 많이 있지만, 지면의 한계로 성과 관련된 내용만 조금 다룬 뒤 성경적인 답을 제시하고자 합니다.

우리는 먼저 예수님이 창세기 2장 24절을 인용하며 덧붙이신 내용을 염두에 두어야 합니다.

"그런즉 이제 둘이 아니요 한 몸이니 그러므로 하나님이 짝 지어 주신 것을 사람이 나누지 못할지니라 하시니"(마 19:6).

여기에는 많은 의미가 담겨 있는데, 그중 하나는 남자와 여자가 결합하는 관계에 다른 것이 끼어들어서는 안 된다는 것입니다. 결혼한 부부는 한 육체 됨을 통해서 서로 나뉠 수 없고, 또 나뉘어서도 안 되며, 특히 두 사람만의 성적인 관계 외에 다른 쪽으로 시선이나 마음을 분리시키는 일을 가져서는 안 된다는 뜻을 담고 있습니다.

이 세상은 결혼 전부터 왜곡된 성에 대한 태도로 인하여 결혼 후에도 성경이 말하는 한 육체 됨을 갖지 못합니다. 한 육체 됨을 깨뜨리는 딴생각을 하면서 불륜을 저지르는 것입니다. 히브리서 기자는 히브리서 13장에서 다음과 같이 말합니다.

"모든 사람은 결혼을 귀히 여기고 침소를 더럽히지 않게 하라 음행하는 자들과 간음하는 자들을 하나님이 심판하시리라"(히 13:4).

결혼 밖에서 성적인 관계를 갖는 것은 침소를 더럽히고 음행하며 간음하는 것이라고 말합니다. 이것은 결국 성의 도덕성을 말하는 것입니다. 그것에 따라 하나님이 심판하신다는 것입니다. 성은 바로 이러한 도덕적 가치를 지니고 있기 때문에 죄가 된다고 말합니다.

성이 있어야 할 위치, '결혼 안에서'

히브리서 말씀은 성의 위치를 우리에게 명확하게 말해 줍니다. 그것은 '결혼 안에서'라는 것입니다. 이것을 벗어난 관계는 인간의 존엄성을 손상시키고 상실하게 합니다. 팀 켈러는 성경에서 벗어난 성적 관계가 "우리의 몸뿐만 아니라 마음, 곧 속사람에게까지 영향을 미친다"[1]라고 말했습니다. 그렇습니다. 그것은 우리의 몸에만 영향을 미치는 것이 아니라 우리의 내면에도 영향을 미칩니다.

그러나 이 세대가 말하는 성은 인간의 존엄성과 가치는 잊어버리라고 합니다. 오히려 즐기는 것이 자신의 존엄성과 가치를 높이는 것이라고 말합니다. 그래서 오늘날 젊은이들은 성을 자기 정체성의 표현으로 이해합니다. 거기서 자아를 발견하고 실현하는 것으로 생각하는 것입니다. 일찍부터 성적인 관계를 경험함으로써 '나'라는 존재를 증명하고 자신의 가치를 드러내는 것으로 생각합니다.

그러나 그것은 그저 자신의 욕망을 만족시키고 즐기는 것을 미화한 거짓말입니다. 성을 순간적인 쾌락을 위한 수단으로 여기는 것입니다. 세상의 모든 매체는 성을 그런 식으로 선전합니다. 잡지나 소설, 영화나 인터넷 영상들은 성경에서 벗어난 성적 이탈과 방황을 마치 즐겁고 행복한 것으로 그리면서 사람들을 부추깁니다. 그러나 우리는 그러한 거짓된 미화에 속아서는 안 됩니다.

성(性)을 신(神)으로 섬기는 사람들

요즘 어린아이들도 성에 대해 아무렇지도 않게 말하고 행동합니다. 그리고 좀 더 자라서 청년기가 되면 아예 즐기라고 부추깁니다. 그리고 그것으로 자기 자신을 표현하라고 말합니다. 그렇다면 성이 정말 자신을 표현하며 즐기는 도구일까요? 성경을 벗어난 성적 일탈과 방탕이 그렇게 즐거운 것일까요? 그렇게 생각하는 사람은 일시적인 쾌락을 가지고 말하는 것입니다. 그러나 일시적인 쾌락은 사실 노예적인 쾌락임을 기억해야 합니다. 사도 베드로는 베드로후서 2장에서 "그들이…음란으로써 육체의 정욕 중에서 유혹하는도다 그들에게 자유를 준다 하여도 자신들은 멸망의 종들이니 누구든지 진 자는 이긴 자의 종이 됨이라"(벧후 2:18-19)라고 말했습니다. 그들은 나름대로 자유를 누린다고 생각하지만, 유혹하는 육체의 정욕에 넘어지게 되면 결국 그것의 노예가 될 뿐입니다. 그 유혹에 넘어가면 자신이 가진 자유는 자기 자신을 넘어지게 하는 자유요, 육체의 정욕에 속박되게 만드는 자유입니다. 그래서 그러한 자유는 진정한 자유가 아닙니다.

여러분은 사람들이 이러한 왜곡된 성의 노예가 되고 있는 것을 알고 있습니까? 'n번방 사건'에 관련된 사람들이나 포르노그래피에 빠진 사람들, 그 밖에 성경을 벗어난 성적 관계를 갖는 사람들이 모두 거기에 속박되어 있다는 사실을 알고 있습니까? 육체의 정욕의 유혹에 빠지면 결국 베드로 사도의 말대로 그것의 노예가 됩니다. 달리 말하면, 중독되는 것입니다. 자신이 원해서 한 것인데, 실상은 그것에 끌려가는 것입니다. 그러한 상태를 카일 아이들먼은 성을 신으로 섬기고 있는 상태라고 하면서 다음과 같이 말했습니다.

"섹스는 하나님의 선물일 때 결합을 가져다준다. 그러나 신이 되면 외로움을 가져다준다. 섹스는 하나님의 선물일 때 즐거움을 가져다준다. 그러나 신이 되면 허무함을 가져온다. 섹스는 하나님의 선물일 때 만족을 가져다준다. 그러나 신이 되면 예속을 요구한다. 섹스는 하나님의 선물일 때 관계의 친밀함을 가져다준다. 그러나 신이 되면 관계의 균열을 가져온다. 섹스는 하나님의 선물일 때 연합을 가져다준다. 그러나 신이 되면 이혼의 원인이 된다. 섹스는 하나님의 선물일 때 아름다운 것이 되지만, 신이 되면 무자비한 폭군이 된다. 당신이 즐거움을 신으로 섬길 때 눈곱만큼의 즐거움도 체험할 수 없다. 쾌락의 신이 보여 주는 영상과 약속들은 우리를 정신적 감옥에 가두는 사슬과 족쇄가 된다."[2]

흥미로운 지적입니다. 하나님의 선물인 성이 견고한 결합과 즐거움과 만족과 관계의 친밀함과 연합을 주는 것이 아니라, 외로움과 허무함, 예속되게 만드는 것과 관계의 균열과 이혼을 불러오는 무자비한 폭군이 된다는 말입니다. 왜 그것이 무자비한 폭군이 되는 것일까요? 그것이 계속 생각에 남아 있어서 거기에서 못 벗어나기 때문입니다. 이것이 바로 육체의 정욕에 이끌려 성을 신으로 섬기면서 그것의 즐거움만을 목적으로 삼을 때 빠져드는 결론입니다.

우리를 얽매는 거짓 자유

세상이 성과 관련하여 말하는 자유는 참된 자유가 아니라, 우리를 속박으로 이끄는 거짓된 자유입니다. 바울은 고린도전서 6장 12절에서 "모든 것이 내게 가하나…내가 무엇에든지 얽매이지 아니하리라"라고 말합니다. 무엇이든지 할 수 있는 힘이 나에게 있지만, 그 어떤 세력도 나를 지배하도록 두지는 않겠다는 것입니다.

이것은 성적인 문제에서도 마찬가지입니다. 우리가 마음대로 할 수 있다고 하면서 왜곡된 성을 즐기고 그런 것을 자꾸 생각하며 마음을 빼앗기게 되면, 그 세력이 결국 나를 지배하도록 내어 주는 것이 됩니다. 바울이 말한 것처럼 우리는 그런 것에 얽매이지 않도록 우리 자신을 내어 주지 말아야 합니다. 성과 관련한 이 세대의 생각과 행동을 반영한 주장은 어떠한 것도 거부해야 합니다. 하와를 유혹했던 사탄은 지금도 우리의 호기심을 자극하면서 유혹합니다. 왜곡된 성적 관계는 하나도 문제되지 않으니 마음껏 즐기라고 말입니다. 아닙니다. 그러한 유혹은 우리로 하여금 반드시 죄의 노예가 되게 합니다.

하나님은 성을 '결혼 안에서' 즐기라고 말씀하셨습니다. 거기서 벗어난 성은 인간의 존엄성과 가치를 파괴합니다. 노예적인 속박으로 이끌 뿐만 아니라, 심지어 하나님 나라 밖의 삶으로 우리를 이끌어 갑니다.

"너희도 정녕 이것을 알거니와 음행하는 자나 더러운 자나 탐하는 자 곧 우상 숭배자는 다 그리스도와 하나님의 나라에서 기업을 얻지 못하리니"(엡 5:5).

그러므로 하나님이 말씀하시는 성, 하나님이 축복하시는 성이 무엇인지에 대한 분명한 이해와 태도를 가지고 우리는 그 길로 가야 합니다. 하나님은 부부가 결혼 안에서 갖는 성적인 관계를 통해 즐거움과 친밀함을 갖고 그 가운데서 자녀를 얻게 하셨습니다.

그러나 여기서 기억해야 할 더욱 중요한 사실이 있습니다. 그것은 하나님이 아무리 성을 선물로 주셨다고 하더라도, 성적인 즐거움 자체를 목적으로 삼아서는 안 된다는 것입니다. 만일 그것을 목적으로 삼는다면 그 즐거움은 노예적인 것이 되어 버리기 때문입니다. 노예적인 즐거움은 사실 즐거움이 아니라, 사람을 미치게 만드는 것입니다. 이상하게도 즐거움을 목적으로 추구하면 추구할수록 인간은 '즐거움의 역리(逆理)'에 빠지게 됩니다. 다시 말해, 즐거움이 덜해진다는 것입니다. 예를 들면, 다윗의 아들 암논은 아름다운 다말을 보고 병이 날 정도로 사랑했습니다. 그래서 그녀를 자신의 침실로 끌어들여 결국 강간하고 말았습니다. 그런데 암논이 다말을 범한 후에 무엇이라고 말했는지 알고 있습니까?

"이제 미워하는 미움이 전에 사랑하던 사랑보다 더한지라"(삼하 13:15).

하나님은 결혼 안에서 갖는 성적인 관계를 통해 즐거움과 친밀함과 육체적인 연합을 갖게 하셨지만, 그 관계의 궁극적인 목적은 성적인 즐거움이 아닙니다. 그래서 그것 자체를 목적으로 추구하면 암논과 같은 허무한 결론에 이르게 됩니다. 처음에는 사랑해서 관계를 맺은 것 같았지만 이내 미움으로 바뀌어 버리는 것입니다.

바울이 감탄한 '이 비밀'

부부의 하나 됨의 궁극적인 목적은 일차적으로는 삼위 하나님, 곧 성부, 성자, 성령 하나님의 하나 됨과 그리스도와 교회의 하나 됨과 같은 연합을 갖는 것입니다. 우리는 바울이 에베소서 5장에서 부부의 하나 됨을 그리스도와 교회의 관계에 연결하여 "이 비밀이 크도다"(엡 5:32)라고 말한 내용을 이해해야 합니다. 우리가 이런 내용에 대해서 모르기 때문에 문제입니다.

바울은 에베소서 5장에서 부부가 한 육체가 되는 것을 모형으로, 그리스도와 교회의 하나 됨을 원형으로 말하고자 했습니다. 바울이 말하고자 했던 궁극적인 목적은 바로 그리스도와의 연합이었던 것입니다. 그래서 그는 "이 비밀이 크도다!"라고 외친 것입니다.

고유하게 구분된 인격체를 가진 남자와 여자가 서로 하나가 된다는 사실을 한번 생각해 보십시오. 이것은 단순히 두 개의 물건이 합일하는 차원이 아닙니다. 각자의 생각과 판단, 느낌과 감정이 다른 두 인격체가 하나 된다는 것은 성부, 성자, 성령, 곧 삼위 하나님의 하나 됨에서 발원한 것입니다. 이 세상은 결혼의 외형만 볼 뿐, 이러한 하나 됨의 근원과 의미를 모르기 때문에 엉뚱한 일을 저지르는 것입니다.

하나님은 자신의 형상대로 지으신 인간에게 바로 그러한 하나 됨을 갖게 하셨습니다. 그리고 그러한 하나 됨을 구체적으로 나타내고자 하신 원형이 바로 그리스도와 교회의 관계입니다. 하나님은 결혼을 통해서 그것의 원형이 되는 그리스도와 교회의 관계를 역사 속에서 드러내셨습니다. 결혼은 바로 그것을 나타내시기 위한 것이었습니다. 그래서 부부의 한 육체 됨을 통해 하나님이 말씀하시고자 한 것은 삼위 하나님이 하나 됨을 위해 서로를 사랑하신 것처럼, 또 그리스도께서 교회를 사랑하신 것처럼 부부가 서로 사랑하며 하나님을 닮고 그리스도와 교회처럼 하나 됨을 갖는 것입니다.

사람들은 부부의 성적 결합이 이처럼 기이하고 놀라운 사실을 말한다는 것을 거의 생각하지 않습니다만, 예수 믿는 사람들은 이것부터 알아야 합니다. 특히 삼위 하나님이, 또 그리스도와 교회가 사랑의 관계 속에서 만족과 기쁨, 즐거움과 거룩한 교통을 갖는 것처럼, 부부도 성적인 관계 속에서 그와 같은 것들을 갖는다는 것을 말입니다. 그러나 왜곡된 관계 속에서는 이러한 것들을 제대로 가질 수 없습니다. 오히려 불완전하고 거짓된 만족과 일시적인 쾌락만 가질 뿐입니다. 관계에 대한 신뢰와 안정감 속에서 서로에 대한 사랑과 친밀함, 존중을 통해 누리는 만족과 즐거움이 없습니다.

성경은 남녀의 성에 대해서 말할 때 각자 자신의 고유한 인격을 서로에게 줌으로써 사랑하고 연합하는 것으로 말합니다. 이런 면에서 성경이 성을 얼마나 귀한 것으로 말하고 있는지 모릅니다. 바울은 고린도전서 6장에서 성적인 관계에 대해 말할 때, 놀랍게도 우리 몸이 '성령의 전(殿)'이라는 사실을 언급합니다.

"창녀와 합하는 자는 그와 한 몸인 줄을 알지 못하느냐 일렀으되 둘이 한 육체가 된다 하셨나니…너희 몸은 너희가 하나님께로부터 받은 바 너희 가운데 계신 성령의 전인 줄을 알지 못하느냐 너희는 너희 자신의 것이 아니라"(고전 6:16, 19).

이것은 성을 드러내는 우리의 몸이 하나님뿐만 아니라 성적인 관계를 맺는 대상과의 연합이라는 사실을 말해 줍니다. 그러면서 둘 사이에 거룩한 교통을 갖는 것이기 때문에 자신을 깨끗하게 해야 한다고 말하는 것입니다.

이처럼 성경은 이 세대가 말하는 성과는 너무나도 다른 얘기를 합니다. 성경이 말하는 본래의 성은 관계의 특별함을 갖는 것으로서 삼위 하나님의 하나 됨을 반영한 것이고, 그리스도와 교회의 연합을 닮는 것입니다. 그런 의미에서 배타적이면서도 지속적인 관계를 위한 연합의 의미를 갖습니다. 그래서 내 남편, 내 아내가 다른 사람과 관계를 가져도 상관없다고 말할 수 없는 것입니다. 둘만의 상호 배타적인 성격을 갖고 있기 때문입니다. 결혼에 관한 책을 출간한 팀 켈러는 성에 대해 다음과 같이 말했습니다.

"우리 몸으로 우리를 다른 어떤 사람에게 내줄 때 이 행위는 배타적이고 영원하고 온 삶을 다하는 연합으로서 하나님의 구원하시는 사랑을 닮은 것이어야 한다. 섹스는 사랑으로 주님과 완전히 연합한다는 상상할 수 없는 축복을 기대하게 한다."[31]

여러분은 팀 켈러가 말한 것과 같은 성에 관한 이해를 가지고 있습니까? 아니면 이런 생각은 한 번도 해본 적 없이 성은 그냥 즐기면 되는 것이라고 생각합니까? 그렇다면 바로 그러한 생각이 이 세대의 생각입니다. 성은 삼위 하나님 사이에 있는 사랑의 연합을 닮는 것이고, 하나님이 우리를 구원하시는 사랑, 곧 그리스도와 교회의 사랑의 연합을 본받는 것입니다.

유혹에 빠지지 않도록 자신의 육체를 훈련하라

그렇다면 신자들은 본래의 성을 거스르며 혼란케 하는 이 세대의 왜곡된 성에 대하여 어떻게 저항하며 이길 수 있을까요? 소극적으로는 먼저 우리가 읽고, 보고, 듣고, 생각하고, 행동하는 모든 것을 주의해야 합니다. 결혼 여부와 상관없이 이 세대의 성에 대한 가치관의 영향을 받는 신자라면 이것은 반드시 생각해야 할 문제입니다.

우리는 이 세대의 성도덕의 영향과 유혹에 자신을 자꾸 노출하지 말아야 합니다. 자신을 노출하게 되면 그 영향은 어떤 식으로든 우리 안에 들어오게 되어 있습니다. 예수님이 "만일 네 오른 눈이 너로 실족하게 하거든 빼어 내버리라"(마 5:29)라고 말씀하신 것은 우리 눈을 진짜로 빼어 내버리라는 뜻이 아닙니다. 그것은 우리의 신체를 훈련하라는 뜻입니다. 우리의 눈과 몸이 그런 유혹에 빠져들어 감으로써 그것에 자신을 내어주지 않도록 훈련하라는 말입니다.

우리는 바울이 "내가 내 몸을 쳐 복종하게 함은"(고전 9:27)이라고 한 말을 기억할 필요가 있습니다. 사도는 복음을 전하는 자신이 혹여 위선적인 모습을 갖게 될까 봐 두려워하며 말했지만, 사실 거기에는 성적인 유혹까지도 포함될 수 있습니다. 우리는 우리의 육체를 훈련함으로써 성적인 유혹에 쉽게 내주지 말아야 합니다. 욥은 결혼해서 많은 자녀를 낳고 경제적인 부를 이룬 나이 든 사람이었습니다. 그런 그가 다음과 같이 말했습니다.

"내가 내 눈과 약속하였나니 어찌 처녀에게 주목하랴"(욥 31:1).

자신이 다시 처녀에게 주목할 수 있는 유혹이 있음을 알고 자신의 눈과 약속한 것입니다. 우리에게는 이러한 훈련이 필요합니다. 믿음만 있으면 모든 일이 자동적으로 된다고 생각해서는 안 됩니다. 지금 금욕주의를 말하는 것이 아닙니다. 성에 대한 이 세대의 가치관과 태도의 유혹과 영향이 눈만 뜨면 우리에게 다가오기 때문에, 그런 것들로부터 우리의 눈과 마음을 지키는 훈련을 해야 한다는 뜻입니다.

우리는 일상적으로 읽고, 보고, 듣고, 생각하고, 행동하는 모든 것에서 훈련해야 합니다. 생각으로 떠오를 때마다 거기서 더 확장되지 않도록 차단해야 합니다. 바로 이때 우리는 우리의 몸이 성령의 전이라는 말씀을 잘 기억하여 우리 몸을 육체적인 만족을 위해 쓸 것이 아니라, 하나님께 영광을 돌리는 데 사용해야 합니다(고전 6:20).

바울에게서 배우는 네 가지 비결

마지막으로 성에 대한 이 세대의 왜곡된 가치관과 태도에 저항하며 이

기기 위한 좀 더 적극적인 방법으로서 사도 바울을 예로 들고 싶습니다. 그는 평생 독신으로 살았습니다. 그러나 그런 그도 성적인 욕구가 있었고, 이 세대의 생각과 행동의 유혹을 받았습니다. 왜냐하면 그가 살았던 로마 제국은 음란한 문화였기 때문입니다. 그러나 바울은 금욕주의를 주장하지는 않았습니다. 오히려 금욕주의가 잘못된 것임을 지적했습니다(딤전 4:3 참조). 또한 부부가 서로에게 의무를 다하라는 권면도 했습니다(고전 7장 참조). 물론 그 의무에 부부로서 관계를 맺는 것까지 포함합니다. 그러면서 부부 관계를 기피하다가 사탄의 시험을 받을 수 있다는 얘기도 합니다.

그러한 바울이 평생 독신으로 살면서 성적인 유혹을 받았을 때 그는 그것을 어떻게 이겼을까요? 지금 제가 말하고자 하는 내용은 성적인 것뿐만 아니라 우리의 신앙과 삶의 모든 영역과 연관 지어 말하는 것입니다. 바울이 이 세대의 성에 대한 영향과 유혹을 이길 수 있었던 비결을 네 가지 정도로 생각해 보았습니다.

비결 1_ 최고의 만족, 그리스도 예수를 더욱더 알아 가라

첫 번째는 그리스도를 더 알아 가는 것의 가치를 깨닫는 것입니다. 바울은 과거뿐만 아니라 현재에도 자신에게 가치 있다고 여겨지는 것은 모두 다 배설물로 여길 만큼 예수 그리스도를 아는 지식이 최고(빌 3:8 참조)라고 말했습니다. 이것이 결정적인 비결입니다.

인간은 누구나 더 나은 것을 경험하려는 욕구를 갖고 있습니다. 그것이 성적인 것이든 다른 무엇이 되었든 간에 참된 만족을 모르는 사람은 계속해서 더 나은 것을 추구하게 되어 있습니다. 마치 목마른 사람이 끝없이 마실 것을 찾는 것처럼 말입니다. 바울도 과거에는 그렇게 살았던 사람입니다. 그러나 이제 모든 것을 해로 여길 정도로 그를 사로잡고 만족케 하는 것이 있었습니다. 바로 그리스도 예수를 아는 것이었습니다. 이것은 그저 상상 속의 이야기가 아닙니다.

예수 그리스도를 안다는 것이 무엇인지 모르는 사람은 껍데기 신자입니다. 바울은 자신을 만족시킬 수 있는 것이 이 세상에 수도 없이 있었지만, 그런 것들을 모두 배설물로 여길 만큼 그리스도에게서 만족을 얻었습니다. 진실로 그리스도를 아는 것보다 그를 더 만족시키는 것은 없었습니다. 그래서 바울처럼 예수 그리스도를 알고 그분 안에서 자신의 부유함과 영광과 복됨을 아는 사람은 누구든지 그리스도 안에서 참된 만족을 갖습니다. 물론 일시적으로 유혹받을 수 있을지는 몰라도 다른 것에 중독될 정도로 빠지지는 않습니다.

그러므로 우리는 최고의 만족이신 그리스도를 더욱더 알기를 구해야 합니다. 인생에서 몇 년 또는 몇십 년짜리 만족이 아니라, 영원한 만족을 갖게 하시는 예수 그리스도를 더욱 알아 가라는 것입니다. 이것이 성적인 유혹을 물리칠 수 있는 결정적인 비결입니다.

비결 2_ 모든 상황 속에서 자족하는 법을 배우라

두 번째 비결로 말할 수 있는 것은 좋은 조건에 있을 때뿐만 아니라 결핍과 부족을 느끼는 것에 대해서도 자족하는 법을 배우는 것입니다. 바울은 빌립보서에서 "나는 비천에 처할 줄도 알고 풍부에 처할 줄도 알아 모든 일 곧 배부름과 배고픔과 풍부와 궁핍에도 처할 줄 아는 일체의 비결을 배웠노라"(빌 4:12)라고 말했습니다. 그는 단순히 먹고사는 문제에서 자족하는 법을 배웠다고 말하지 않았습니다. 그는 성욕을 포함한 모든 욕구와 관련해서 말한 것입니다. 바울은 그것이 어떻게 가능하다고 말했습니까? 바로 "내게 능력 주시는 자 안에서 내가 모든 것을 할 수 있느니라"(빌 4:13)라고 말했습니다. 그는 일상의 모든 것뿐만 아니라 성욕까지도 자신에게 능력 주시는 분 안에서 자족하고자 했던 것입니다.

예수 믿는 자의 삶의 특별함은 바로 여기에 있습니다. 우리에게 능력 주시는 분 안에서 모든 것을 행하면서 사는 것 말입니다. 그렇습니다. 우리는 우리에게 능력 주시는 분 안에서 자족하기를 배우면서 결핍과 부족을 이길 수 있습니다. 하나님이 우리로 하여금 결핍과 부족이 있는 조건 속에서도 자족함으로써 이기는 경험을 하게 하시는 것입니다. 이것은 세상에는 없는 논리입니다. 오직 그리스도 안에서, 하나님의 은혜의 능력 안에서만 가능한 얘기입니다. 바울은 바로 이러한 자족의 비결로써 이긴 것입니다.

비결 3_ 왜곡된 성에 관한 생각을 사로잡아 그리스도께로 가지고 오라

세 번째는 성적으로 유혹이 되는 모든 생각을 그리스도께 복종시키는 것입니다. 바울은 고린도후서 10장에서 "모든 생각을 사로잡아 그리스도에게 복종하게 하니"(고후 10:5)라고 말했습니다. 모든 것은 내 안의 생각으로부터 시작됩니다. 그래서 감정적인 동요가 있게 되고, 그다음에 행동으로 이어집니다. 뭔가 하고 싶은 생각이 떠오르고 그것이 계속해서 감정으로 연결되면 결국 행동으로 나아가기 때문입니다.

바울은 우리가 빗나간 왜곡된 성에 관한 생각으로 유혹받을 때, 그 생각을 포로로 잡듯이 사로잡아서 그리스도 앞에 가져오라고 말합니다. 왜 그리스도 앞에 가져와야 할까요? 그것은 그리스도께서 십자가에서 모든 죄를 정복하셨기 때문입니다. 그래서 그것을 정복하신 그리스도 앞에 가져와 힘을 쓰지 못하게 하라는 것입니다. 그렇습니다. 우리는 그리스도께서 십자가에서 모두 대속하고 해결하신 죄에 다시 속박되어 끌려갈 수 없습니다. 죄를 정복하신 그리스도 앞에 가져와야 합니다. 특히 이 세대의 성에 관한 생각이 영향을 미쳐 내 안에서 꿈틀거릴 때, 그것을 그리스도께로 가지고 와야 합니다. 그것을 정복된 죄, 더 이상 내 안에서 살아나서는 안 되는 죄로 여기며 그리스도께 굴복시켜야 합니다. 이것은 성욕뿐만 아니라 다른 것에서도 마찬가지입니다.

비결 4_ 성령을 좇아 행하라

마지막으로 이 세대의 성에 관한 생각과 태도에 대해서 취해야 할 적극적인 방법은 성령을 좇아 행하는 것입니다. 바울은 갈라디아서 5장에서 육체의 욕심을 이루지 아니하는 길로서 성령을 따라 행하는 것을 말합니다.

"너희는 성령을 따라 행하라 그리하면 육체의 욕심을 이루지 아니하리라"
(갈 5:16).

육체의 욕심은 내가 억제한다고 해서 되는 것이 아닙니다. 바울은 성령을 따라 행하면 육체의 욕심을 이루지 않는다고 말합니다. 대단히 적극적인 해결책으로 말하는 내용입니다. 그러면서 그는 육체의 욕심이 추구하는 '육체의 일'을 열거합니다. 그중에 첫 번째로 언급하는 것들이 "음행과 더러운 것과 호색"(갈 5:19)과 같은 성적인 내용입니다. 바로 이러한 육체의 소욕을 거스르려면 성령을 따라 행해야 한다는 것입니다. 달리 말하면, 이것은 성령과 함께 걷는 것을 의미합니다.

그렇다면 성령과 항상 함께 걷는 것, 성령을 따라 행하는 것은 구체적으로 어떻게 하는 것을 말할까요? 그것은 성령이 흔히 인도하시는 방식, 곧 그분의 말씀을 통해 역사하시는 것을 따라 행하는 것입니다. 성령은 그분의 말씀으로 우리에게 비추시고, 이 세대의 생각과 행동의 유혹과 영향에 대해서는 아니라고 분명하게 깨닫게 하십니다. 그리하여 우리가 거기에 대해 불편함을 느끼게 하시는 것입니다. 그렇게 성령이 우리 마음에 감동하신 것을 따라서 행하는 것이 바로 성령을 따라 행하는 것입니다.

이러한 일에는 경건한 사람일수록 더 민감하게 반응합니다. 형식적인 신자들은 이런 것을 자꾸 무시하면서 삽니다. 그래서 하나님은 나중에 다른 방법으로 그들을 깨닫게 하십니다. 도저히 깨닫지 않을 수 없을 만큼 큰 사건을 통해서 깨닫게 하시는 것입니다.

바울은 성령의 역사와 인도를 따라 육체의 소욕을 거스르며 살았습니다. 그렇지 않았다면 그는 이런 말을 할 수 없었을 것입니다. 우리 역시 이 세대의 성적인 유혹을 받을 때마다 그것을 비추는 말씀을 따름으로써 성령과 함께 걷고 행해야 합니다.

성의 숭고한 가치와 의미를 기억하고 누리라

그러므로 여러분, 이 네 가지를 꼭 기억하십시오. 바울이 자신의 삶에서 가졌던 네 가지 비결을 우리도 똑같이 갖기를 소망합니다. 그런데 이 네 가지는 사실 유기적으로 연결되어 있습니다. 그래서 네 가지 중 하나만 가지고 나머지는 안 가질 수 없습니다. 한 가지를 가진 사람은 나머지 것들도 함께 가지게 됩니다. 성령 안에서 말입니다.

우리는 성에 관한 왜곡된 생각과 태도를 부추기는 이 세상의 영향과 유혹 속에서 이 네 가지를 가짐으로써 이길 수 있습니다. 신자는 그것을 거스를 뿐만 아니라 능히 이길 수 있습니다. 그러나 먼저는 성경이 말하는 성의 숭고한 가치와 의미를 기억하십시오. 나에게 유일하고 특별한 가치를 지닌 성으로서 말입니다. 성적 관계는 자기 자신, 곧 자신의 인격을 주는 것이며, 그래서 성은 결혼 안에서만 가져야 하고, 그때 그 성적인 결합은 삼위 하나님 사이의 사랑을 닮은 연합이요, 그리스도와 교회의 연합을 닮은 것이며, 그런 가운데 서로에게 자신을 주는 사랑의 표시임을 정확히 알아야 합니다.

특별히 청년들은 결혼하기 전까지 성에 대한 호기심이 많을 것입니다. 그러나 성이 이처럼 숭고하고 가치 있는 것임을 꼭 기억하십시오. 자기 자신의 성뿐만 아니라 상대방의 성도 귀하게 여기길 바랍니다. 남자들이 여자를 인격적 존재로 여기지 않고 성적 대상으로만 보는 경우나 여자들이 남자들에 대한 피해 의식 속에서 남성을 혐오하면서 성적인 것은 모조리 터부시하는 양극단의 모습은 버려야 합니다. 그것은 성경을 이탈하는 태도입니다. 성에 대한 이해와 태도를 성경 안에서 바르게 갖고, 하나님이 주신 선물의 가치들을 제대로 누릴 수 있어야 합니다.

부디 이 세대의 오염된 성을 넘어설 수 있길 바랍니다. 이러한 내용에 대해 이 세상 사람들은 우습게 여길 것입니다. 그러나 하나님의 백성은 이것이 사실임을 부인하지 못할 것입니다. 우리 모두 이 세대의 왜곡된 성도덕을 분별하여 이 세대를 본받지 않고 오히려 이기며 살아가길 소망합니다.

최고의 만족, 그리스도 예수를 더욱더 알아 가십시오.

모든 상황 속에서 자족하는 법을 배우십시오.

왜곡된 성에 관한 생각을 사로잡아 그리스도께로 가지고 오십시오.

성령을 좇아 행하십시오.

14장

어떻게 이 세대의 생각과 틀에 저항할까

"너희는 이 세대를 본받지 말고 오직 마음을 새롭게 함으로 변화를 받아 하나님의 선하시고 기뻐하시고 온전하신 뜻이 무엇인지 분별하도록 하라"

롬 12:2

'어떻게' 살아야 하는가

우리는 이 세대의 생각과 행동의 틀의 막강한 영향권 안에서 살아가고 있습니다. 사실 우리도 그리스도인이 되기 전에는 이 세대가 어떠한지 조차 모르고 살았습니다. 그러나 우리는 예수 그리스도를 믿고 이 세대에서 건짐 받고 나서야 비로소 이 세대가 악한 세대라는 것과 멸망을 향해 가는 세대라는 사실을 알게 되었습니다. 그리고 우리 안에 거하시는 성령으로 말미암아 이 세대를 본받아서는 안 된다는 사실을 알고 분별하는 반응도 갖게 되었습니다. 그러나 이러한 반응은 결코 자동적으로 있게 되는 것이 아닙니다. 우리는 이 세대의 생각과 행동의 틀에 오랫동안 젖어 있었고, 지금도 주변에서 이 세대의 영향과 유혹을 여전히 받고 있습니다. 그중에는 이 세대가 일종의 사회 풍토와 관습이나 공적인 교육 내용으로 가르칠 만큼 보편적인 가치로 여기는 것들도 있습니다. 심지어 어떤 것들은 법으로 지지를 받고 있어서 이 세대를 본받지 않는 일은 결코 쉬운 일이 아닙니다.

그래서 이 세대가 어떠한지를 하나님의 말씀에 비추어 보지 않으면 그 실체를 정확히 보지 못하고, "이 세대를 본받지 말라"는 말씀도 어설프게 대충 따르게 됩니다. 물론 그것은 이 세대 속에서 건짐 받은 자다운 모습과 삶이 아닙니다. 우리는 이 세대의 영향을 분별없이 따르면서 정작 그 원인은 파악하지도 못한 채 그저 대충 드러난 죄만 가지고 정죄감을 느끼는 사람이 되지 않도록 해야 합니다.

이를 위해 이 장에서는 지금까지 다룬 내용과 연결하여 우리가 '어떻게' 이 세대의 압박과 유혹을 분별하고 저항할 수 있는지를 다루고자 합니다. 이것은 우리가 이 세대에서 건짐 받은 자로서 어떻게 살아야 하는가의 문제입니다.

바울은 본문에서 "이 세대를 본받지 말라"고 말한 뒤에, 그에 대한 대답이 될 내용을 연결해서 말하고 있습니다. 그것은 바로 "오직 마음을 새롭게 함으로 변화를 받아"라는 말씀입니다(롬 12:2). 넓은 의미에서 이 말씀은 이 세대에서 건짐 받아서 더 이상은 이 세대에 속하지 않고 오는 세대에 속한 자답게 성화의 길을 가라는 것입니다. 이미 그리스도인이 된 자요, 의롭다 함을 받은 자에게 있는 신앙의 여정 속에서 지속적인 성화의 삶을 통해 이 세대를 본받지 않는 길을 적극적으로 걸어가라는 뜻입니다.

바울은 이 세대를 본받지 않기 위한 적극적인 대답으로서 "오직 마음을 새롭게 함으로 변화를 받으라"는 말을 덧붙였습니다. 어떤 사람은 "마음을 새롭게 함으로 변화를 받으라"는 이 말을 거듭남이나 회심에 적용할지도 모르겠습니다. 실제로 이것은 거듭남과 회심에 사용할 수 있는 표현이고, 거기에 해당하는 내용이 분명히 있습니다. 그러나 본문의 문맥에서는 그런 의미가 아닙니다. 이것은 이미 그리스도인이 된 자에게 현재 명령형으로 말하고 있는 내용입니다. 다시 말해, 그리스도인이 자신의 삶 속에서 지속적으로 가져야 할 내용으로서 말하는 것입니다.

바울은 로마서 전반부에서 의롭다 함을 받은 그리스도인을 12장 1절에서 '형제들'로 부르면서 이 내용을 말하고 있습니다. 그래서 이것은 이미 그리스도인이 된 자가 지속적으로 가져야 할 삶의 내용을 가리킵니다. 그런 의미에서 바울은 "이 세대를 본받지 말라"는 것과 "오직 마음을 새롭게 함으로 변화를 받으라"는 것을 똑같이 현재 명령형으로 사용합니다. 이 세대에서 건짐 받은 그리스도인은 이 세대의 영향과 압박이 있는 조건 속에서도 계속해서 마음을 새롭게 함으로 변화를 받으라는 것입니다.

이 세대를 본받지 말고, 마음을 새롭게 함으로 변화를 받으라는 말씀은 성경 전체에서 하나님의 백성에게 강조하고 있는 전형적인 표현입니다. 일반적으로 성경은 소극적인 표현 방식과 적극적인 표현 방식 두 가지를 모두 사용합니다. 예를 들면, 구약 성경은 하나님의 백성이 이방 나라를 본받지 말고, 거룩하신 하나님을 닮아서 거룩하라는 구조를 가지고 있습니다. 그래서 바울도 이러한 방식을 따라 그리스도인들에게 이 세대를 본받지 말고, 마음을 새롭게 함으로 변화를 받으라고 말한 것입니다. 이 세대를 본받지 않기 위해서는 무엇을 하지 않는 소극적인 것만으로는 다 말할 수 없고, 적극적인 내용도 함께 있어야만 합니다. 그래야만 이 세대를 본받지 않는 일이 더욱 분명해지기 때문입니다.

근본적으로 변화된 조건 가운데 계속적으로 있어야 하는 변화

그러면 본문에서 적극적인 표현 방식으로 말하고 있는 "마음을 새롭게 함으로 변화를 받아"라는 말씀은 무엇을 의미할까요? 여기서 '변화를 받아'라는 말의 명사형은 예수님이 세 명의 제자를 데리고 변화산에 올라가셨을 때 거기서 예수님의 모습이 변형된 것을 표현한 단어와 동일합니다. 또 이 단어는 고린도후서 3장에서도 한 번 더 사용되었습니다.

"우리가 다 수건을 벗은 얼굴로 거울을 보는 것같이 주의 영광을 보매 그와 같은 형상으로 변화하여 영광에서 영광에 이르니"(고후 3:18).

이것은 모세가 시내산에서 하나님으로부터 십계명을 받고 내려왔을 때 그의 얼굴이 빛났던 사건과 연결해서 말한 내용입니다. 모세가 하나님의 영광에 속한 것을 반사했던 것처럼, 그리스도인도 주 예수 그리스도의 형상으로 계속 변화되어야 함을 말하는 것입니다. 그러므로 로마서 12장 2절의 "변화를 받아"와 고린도후서 3장에서 그리스도의 형상으로 변화하는 것을 연결해서 말하자면, 그리스도인에게 생기는 변화는 이 세대의 생각과 행동의 틀과는 구별되어 그리스도의 형상으로 변화되는 것을 말합니다. 달리 말해, 그리스도인의 성품과 삶의 변화가 나타나는 것을 표현한 것입니다.

그런데 그런 변화가 어떻게 있게 되는지를 주목해 보십시오. 바울은 "마음을 새롭게 함으로"라고 말합니다. 물론 마음을 새롭게 함으로 그리스도의 형상으로 변화되는 것은 일차적으로는 거듭남으로써만 가능해집니다. 그러나 이것은 우리의 마음이 근본적으로 새롭게 변화된 조건에서도 계속적으로 마음을 새롭게 하는 것을 가리킵니다.

말씀과 성령으로

그렇다면 예수 믿는 자가 이 세대의 강력한 영향과 압박에 넘어가지 않고 오히려 그리스도의 형상으로 변화되는 이 마음의 새로움은 어떻게 있게 되는 것일까요? 그것은 바로 '말씀과 성령'에 의해서입니다. 마음이 새롭게 되는 변화는 단순히 영적이고 신비한 체험을 말하는 것이 아닙니다. 그것은 성령이 그분의 말씀을 통해서 갖게 하시는 변화입니다. 성령이 한 사람의 마음을 새롭게 하실 때에는 말씀을 방편으로 사용하시는 것처럼, 그 이후에도 똑같이 말씀을 통해 지속적으로 그의 마음을 새롭게 하십니다.

바울은 디도서 3장에서 최초로 우리의 마음을 새롭게 하는 것과 관련해서 "중생의 씻음과 성령의 새롭게 하심"(딛 3:5)이라고 말했습니다. 사도 베드로도 우리가 다시 태어남으로써 새롭게 되는 것, 곧 거듭난 것에 대해 "너희가 거듭난 것은 썩어질 씨로 된 것이 아니요 썩지 아니할 씨로 된 것이니 살아 있고 항상 있는 하나님의 말씀으로 되었느니라"(벧전 1:23)라고 말했습니다. 그런데 이런 생명의 역사가 멈추지 않고 지속되도록 우리의 마음을 새롭게 하시는 일도 성령이 그분의 말씀을 통해 하시는 일입니다. 우리를 거룩하게 하셔서 그리스도의 형상으로 변화되도록 하시는 것입니다.

이것은 성경에서 성령을 언급하지 않아도 하나님의 말씀을 통한 변화를 말하는 내용 속에 이미 전제되어 있는 사실입니다. 성령과 말씀은 분리되지 않고 함께 연결되어 있기 때문입니다. 그래서 성령 하나님과 말씀을 분리하거나, 또는 둘 중 하나만 강조하게 되면 기독교 신앙은 반드시 치우친 모습을 갖게 됩니다.

말씀만 강조하다 보면 죽은 정통이 되어 지식적이고 바리새인과 같은 모습으로 흘러갈 가능성이 매우 높고, 반대로 하나님의 말씀을 제외하고 성령만 강조하게 되면 주관주의, 체험주의, 신비주의로 치우치게 됩니다. 흔히 오순절 계통의 사람들이 성령만 강조하고, 장로교인들은 말씀만 강조하는 가운데 각각 한쪽으로 치우치는 것과 같은 것입니다. 성령과 말씀은 결코 분리될 수 없음에도 불구하고 사람들은 이처럼 어느 한 쪽으로 편중하는 경향을 드러냅니다.

우리의 신앙 여정 속에 있는 거룩한 역사, 곧 말씀을 통한 변화는 성령이 직접 언급되지 않아도 항상 성령이 전제되어 있음을 기억해야 합니다. 그래서 바울은 디모데후서 3장에서 성경에 기록된 모든 것이 성령 하나님의 감동으로 된 것임을 말한 뒤에 "교훈과 책망과 바르게 함과 의로 교육하기에 유익하니 이는 하나님의 사람으로 온전하게 하며 모든 선한 일을 행할 능력을 갖추게 하려 함이라"(딤후 3:16-17)라고 말했습니다.

그렇다면 이러한 일들이 성경 자체로만 가능하다는 뜻일까요? 결코 그렇지 않습니다. 성경은 하나님의 감동으로 된 것이기 때문에 감동하게 하신 성령이 그 말씀을 사용하심으로써 그렇게 하시기 때문입니다. 말씀 자체가 독립적으로 할 수 있는 것은 아니라는 말입니다.

성령이 말씀을 통해서 하시는 일

이것을 로마서 본문과 연결해서 말하면, 성령이 그분의 말씀을 통해 이 세대의 생각과 행동의 틀을 비추어 알게 하심으로써 우리를 교훈하신다는 말입니다. 우리가 그런 것에 영향을 받은 것이 있다면 그것을 비추고 책망하심으로써 이 세대의 틀을 본받지 않게 하십니다. 그래서 하나님의 사람으로 온전하게 하시며, 그리스도의 형상으로 변화되도록 하시는 것입니다.

그러나 이러한 내용을 머리로 아는 것보다 삶에서 경험적으로 갖는 것이 매우 중요합니다. 이것이 안 되는 사람은 정상적인 신앙생활을 하기 어렵습니다. 유아적인 신자가 되거나, 치우친 신자가 되거나, 어떤 식으로든 기형적인 신자가 되기 쉽습니다. 그리스도의 형상으로 변화되는 신자의 정상적인 정체성과 삶의 변화와 여정을 갖지 못합니다.

우리는 이 세대의 영향과 압박을 받는 조건 속에서 우리의 마음을 지속적으로 새롭게 하는 일을 성령이 그분의 말씀을 통해서 하신다는 사실을 매우 중요하게 인식해야 합니다. 그것을 자신의 신앙 안에서 확인해야만 합니다.

여러분은 말씀과 성령에 의해 마음을 새롭게 함으로 변화되는 것, 그래서 점점 더 그리스도의 형상으로 변화되는 것을 지속적으로 경험하고 있습니까? 일시적으로는 그렇지 못한 모습을 가질 수도 있습니다. 그러나 우리는 말씀을 통해 다시 자신의 마음을 새롭게 함으로 이 세대를 거스르면서 계속적으로 변화되는 성령의 역사를 경험해야 합니다. 사도 바울은 이러한 과정을 우리가 이 악한 세대에 넘어지지 않고 저항하며 사는 적극적인 내용으로 말한 것입니다.

교회를 다니는 사람들 중에는 실제로 이 세대의 영향 속에 살아가는 이들이 분명히 있습니다. 그런데 말씀과 성령으로 마음을 새롭게 하는 일을 잘 모르거나, 또는 그것을 별로 중요하게 생각하지 않는다면 그는 이 세대의 영향에 저항하는 일에 반드시 어려움을 겪게 됩니다.

우리의 마음은 둘로 구분할 수 없습니다. 어느 하나가 아니면 반드시 다른 무엇으로 채워지게 되어 있습니다. 우리가 다른 무언가에 전 인격적으로 집중하여 마음을 쏟고 있어서 말씀과 성령으로 새롭게 하는 일이 없을 때에는 그 자리가 반드시 다른 것으로 채워지게 됩니다. 바로 그 일이 신자에게 일어나는 이 세대의 영향인 것입니다. 그가 그 상태에서 이 세대의 영향을 계속 더 받게 되면 거기에 저항하는 일은 점점 더 어려워집니다. 아니, 이 세대의 유혹과 압박에 저항하지 못하고 오히려 넘어가게 됩니다.

물론 그런 일이 있어도 말씀과 성령으로 이미 새롭게 된 자, 다시 말해 거듭난 자는 성령이 말씀을 통해 계속해서 그를 비추시고 감화, 감동하심으로 다시 마음을 새롭게 하여 의의 길을 가게 하십니다. 중요한 것은 그리스도인에게는 말씀과 성령으로 계속해서 마음을 새롭게 하는 일이 있고, 그 가운데서 하나님의 사람으로 온전하게 되며 그리스도의 형상으로 변화되는 일이 있다는 것입니다. 결국 이 세대를 본받지 않고 그리스도의 형상으로 계속 변화되어 가려면 말씀과 성령으로 마음을 새롭게 하는 일 또한 끊임없이 있어야 한다는 것입니다.

어떤 이유로든지 이것을 소홀하게 되면 그가 아무리 거듭난 자이고 의롭다 함을 받은 자일지라도, 그는 이 악한 세대의 끊임없는 압박과 유혹을 상대적으로 더 거세게 느끼게 될 것입니다. 심지어 그 압박과 유혹에 저항하기보다는 아예 넘어가기도 할 것입니다. 그러므로 이 세대의 실상을 알고 저항함으로써 이 세대를 본받지 않으려면 모든 그리스도인에게 가장 기본적인 사실에 충실해야 합니다. 바로 성령이 말씀을 통해 지속적으로 마음을 새롭게 하심으로 변화되는 일에 우리가 충실해야 하는 것입니다.

우리 인격 안에 일어나는 하나님의 역사에 민감하라

하나님은 우리가 삶 속에서 유혹을 받거나 힘든 일이 생길 때마다 말씀과 성령을 통해서 우리를 새롭게 하십니다. 우리는 컴퓨터와 같은 기계가 아니라, 인격을 가진 존재입니다. 그래서 우리의 인격에 혼란이 생기고 무너짐을 경험할 때마다 하나님은 말씀과 성령을 통해 우리에게 다가와 말씀하십니다. 하나님은 그러한 인격적인 소통의 관계 속에서 이 일을 계속하면서 우리를 그리스도의 형상으로 나아가게 하십니다.

그리스도인은 이런 일이 너무 익숙하고 일상적인 것이라고 결코 가볍게 여겨서는 안 됩니다. 이 세대의 사고방식과 생활방식의 유혹과 압박이 우리에게 너무 일상적이고 익숙한 것 못지않게, 성령이 말씀을 통해 우리의 마음을 계속해서 새롭게 하시는 일 또한 우리에게는 일상적이고 익숙한 것이 되어야만 합니다. 이 세대의 영향이 매 순간 호흡을 통해 우리에게 들어오는 것처럼, 성령과 말씀을 통한 역사도 우리에게 호흡처럼 있어야만 합니다.

저는 저 자신에게서뿐만 아니라 지금까지 목회하면서 신자들에게서도 이 말씀이 사실임을 충분히 보아 왔습니다. 또 지난 교회 역사 속의 신실한 사람들의 전기나 남겨진 기록들에서도 그것이 그대로 적용되어 나타나는 것을 보았습니다. 물론 그 반대의 경우도 보았습니다. 말씀과 성령으로 마음을 새롭게 하는 것을 모르거나 잠시라도 그것을 경시하고 말씀과 성령으로부터 멀어진 사람들이 예외 없이 보이는 현상은 그리스도의 형상으로 변화되는 것이 더디다는 것입니다. 그들의 마음이 새로워지기보다는 오히려 무뎌지는 것을 보았습니다. 말씀과 성령으로부터 멀어지면 누구도 예외가 없습니다. 말씀과 성령으로 마음이 부드러워졌던 사람도 그것으로부터 멀어지면 다시 거칠고 무뎌지고 단단해집니다. 그리고 이 세대의 생각과 행동방식을 자기도 모르게 더 많이 노출하게 됩니다.

이러한 사실은 우리 인격 안에서 일어나는 하나님의 역사, 곧 말씀과 성령 안에서 마음이 새롭게 변화되는 일이 얼마나 정직한 일인지를 잘 보여 줍니다. 이것은 감추거나 속일 수 있는 일이 아닙니다. 자신은 위선하면서 그것을 감춘다고 하지만, 결국 모든 것을 드러내게 된다는 것을 우리는 경험적으로 알고 있습니다.

본문에서 "마음을 새롭게 함으로 변화를 받으라"는 말은 달리 말해 성령이 말씀을 통해 마음을 새롭게 하시는 일을 계속적으로 또 일상적으로 경험하며 사는 자임을 드러내라는 뜻입니다. 이 악한 세대의 영향과 유혹이 아무리 거셀지라도 이 세대에서 건짐 받은 자, 의롭다 함을 받고 하나님 나라에 속한 자라면 자신이 바로 그러한 삶의 방식과 지속적인 변화를 가진 자임을 드러내라는 말입니다. 성령이 계속해서 말씀으로 마음을 새롭게 하심으로 이 세대를 거스르며 그리스도의 형상으로 변화되는 자임을 드러내라는 것입니다.

결국 본문의 이 적극적인 명령은 궁극적으로 우리가 어떤 자인지를 드러내라는 말과도 같습니다. 더 이상은 이 세대의 사고방식과 생활방식을 따르는 자가 아니라, 오히려 새로운 사고방식과 생활방식을 따라 사는 자임을 드러내라는 말입니다.

무엇이 중심에 있는가

　이러한 본문의 명령은 우리에게 몇 가지 행위 정도를 말하는 것이 아닙니다. 이 세대를 본받지 말라는 것과 마음을 새롭게 함으로 변화를 받으라는 것은 모두 다 사고방식과 생활방식에 관한 것입니다. 다시 말해, 이 세대를 본받으며 사는 것은 이 세대의 사고방식과 생활방식으로 살아가는 것이고, 거기서 건짐 받아 마음을 새롭게 함으로 변화를 받은 사람은 새로운 사고방식과 생활방식으로 사는 것을 말합니다. 결국 '본받다'와 '변화를 받아'는 다 각각의 사고방식과 생활방식의 틀을 염두에 두고 말하는 것입니다. 즉 이 세대의 사고방식과 생활방식과는 전혀 다른 새로운 사고방식과 생활방식을 갖고 살라는 뜻입니다.

　그렇다면 마음을 새롭게 함으로 변화를 받으며 사는 그리스도인의 새로운 사고방식과 생활방식은 무엇일까요? 우선 이 세대의 생각과 행동의 틀의 중심에는 '나'라는 존재가 있습니다. 창세 이후로 지금까지 그 중심에는 나의 감정, 나의 생각, 나의 소견이 있습니다. 그래서 모든 사람은 주관적이고 상대적이며 일시적인 것에 기반한 사고방식과 생활방식을 자연스럽게 가지며 살아갑니다. 자신의 입장과 유익의 차원에서만 생각하며 사는 것입니다. 이것이 바로 이 세대의 생각과 행동의 틀이 가지고 있는 사고방식과 생활방식의 핵심입니다.

　그에 반해 마음을 새롭게 함으로 변화된 새로운 사고방식과 생활방식의 중심에는 '나'라는 존재가 아닌 하나님과 그분의 말씀이 있습니다. 하나님은 이 세상 만물의 시작자요, 창조자이며, 절대적인 분이십니다. 그분은 인간이 가지고 있는 주관성을 완전히 깨뜨리실 만큼 처음과 끝이 완벽하게 일치되는 분이시며, 흠이 없이 공의롭고 의로우신 주권자이십니다. 바로 그러한 하나님과 그분으로부터 나온 말씀이 새로운 사고방식과 새로운 생활방식의 중심에 있습니다. 그래서 신자는 이제 그러한 중심을 갖고 살아갑니다. 또한 성령은 지속적으로 우리의 인격을 건드리시고, 교훈과 책망과 바르게 함과 의로 교육하심으로써 이 길을 계속 갈 수 있도록 우리를 도우십니다. 비록 우리의 옛 습관으로 인해 이 세대의 사고방식과 생활방식이 불현듯 나온다고 할지라도, 성령은 말씀을 통해 우리를 다시 새로운 사고방식과 생활방식으로 살아가도록 역사하십니다.

바울은 본문에서 마음을 새롭게 함으로 변화를 받는 것의 결과와 목적이 무엇인지를 밝힙니다. 그것은 하나님의 뜻을 분별하여 그 뜻 안에서 사는 것입니다.

> "오직 마음을 새롭게 함으로 변화를 받아 하나님의 선하시고 기뻐하시고 온전하신 뜻이 무엇인지 분별하도록 하라"(롬 12:2).

이것은 '하나님의 뜻'이 신자가 살아가는 삶의 결과이며, 동시에 목적이기도 하다는 말입니다. 결국 말씀과 성령을 통해 계속적으로 마음을 새롭게 함으로 변화될 때 우리에게 있는 일은 하나님의 뜻을 분별하여 그 뜻 안에서 사는 것입니다. 바로 이것이 신자에게 있는 새로운 사고방식이요, 새로운 삶의 방식입니다! 그래서 어떤 사람이 계속해서 마음을 새롭게 함으로 변화를 받고 있다는 것은 그가 항상 하나님의 뜻을 분별하여 그 뜻을 따라 산다는 증거가 됩니다.

어떻습니까? 여러분은 지금 이러한 사고방식과 생활방식을 따라 살고 있습니까? 새로운 사고방식과 생활방식을 따라 사는 것은 이 악한 세대에서 구별된 그리스도인만의 특징입니다. 이것은 전에 우리에게 없었던 너무나도 새로운 사고방식이요, 생활방식인 것입니다.

특별한 변화, 복스러운 순례의 길

우리가 이 세대에 속하여 살았을 때는 그저 자신의 주관적이고 상대적이며 일시적인 감정과 생각을 따라 사는 것이 전부였습니다. 그것이 자신의 삶의 목표와 가치요, 만족과 행복이었습니다. 그러나 이 세대에서 건짐 받은 자에게는 하나님이 자신의 생각과 삶에서 절대적인 비중을 차지하시게 되는 놀라운 변화가 있게 되었습니다. 영원하시고 거룩하신 하나님, 처음과 끝이 되신 하나님, 내 삶을 통째로 아시고 이끄시는 하나님과 그분의 말씀이 바로 자신의 삶의 중심이 된 것입니다. 또한 성령이 말씀으로 마음을 계속적으로 새롭게 하심으로써 그런 삶을 사는 자가 되었다는 것이 신자에게 생겨난 놀라운 변화입니다.

이것이야말로 정말 새로운 사고방식과 삶의 방식이 아닙니까? 비록 옛 흔적이 자신에게 있어도 이런 변화가 자신에게 생겼다는 것은 너무나도 놀랍고 새로운 일임이 분명합니다.

여러분이 만일 이런 삶을 살고 있다면 그것의 특별함을 알아야 합니다. 이것은 하나님이 깊이 관여하시어 있게 된 일이기 때문입니다. 이것은 특별히 성령이 그분의 말씀으로 우리를 끊임없이 감화, 감동하시며 이끄심 속에서 지속적으로 갖는 삶입니다. 신자의 삶에는 바로 이런 특별함이 있습니다. 이 악한 세대 속에서 우리의 마음을 지속적으로 새롭게 함으로 변화되도록 하시는 성령 하나님이 계시고, 그분이 그분의 말씀을 통해 우리를 계속 이끄시는 일 말입니다. 그리하여 궁극적으로는 우리가 하나님의 심판대 앞에서 칭찬이 되도록 하나님의 선하시고 기뻐하시고 온전하신 뜻 안에서 살도록 하시는 것입니다. 본문은 바로 이것이 새로운 사고방식과 삶의 방식을 가진 신자의 모습이라고 말합니다.

사실 이것은 너무나도 특별한 얘기입니다. 그러므로 성령이 그분의 말씀으로 우리의 마음을 새롭게 함으로 변화되게 하시는 것 속에서 살고자 하십시오. 하나님의 말씀에 따른 새로운 사고방식과 생활방식을 충실히 따르고자 하십시오.

신자는 말씀과 성령을 통해 순례 길을 가는 자입니다. 성령은 그분의 말씀으로 우리가 어떤 자인지를 계속 알게 하시는 가운데 그리스도의 형상으로 변화되게 하십니다. 우리는 비록 이 세상에서 온갖 어려운 일을 경험하지만, 성령은 말씀을 통해 우리를 다시 새롭게 하십니다. 자식 문제, 직업 문제, 먹고사는 문제, 감정적인 문제, 죄 문제 등으로 무너질지라도 성령은 말씀으로 우리를 다시 새롭게 하심으로 이 순례 길을 가게 하십니다. 바로 이러한 일이 신자에게는 있습니다.

그러므로 다른 쌈박한 길을 찾지 마십시오. 그런 길은 없습니다. 성령은 말씀을 통해 계속적으로 우리의 인격에 호소하시면서 순례 길을 가게 하신다는 사실을 잊지 마십시오. 우리의 깨달음과 감동 그리고 거기서 더 나아가 행동으로 이어지는 우리의 전 인격적인 반응은 다름 아닌 성령이 그분의 말씀이라는 방편을 통해 갖게 하시는 것입니다. 이것은 주님이 재림하실 때까지 변함없는 내용입니다.

그러나 우리는 이상하게도 이것을 구닥다리로 생각하거나 너무 익숙한 것으로 여깁니다. 이러한 것을 통해서는 역사가 일어나지 않을 것처럼 생각합니다. 그러나 이것을 통해서 역사가 일어나지 않는 것은 기독교라고 할 수 없습니다. 그런 모임이 있다면 교회의 이름을 가진 사이비 그룹일 뿐입니다. 기독교는 다른 것으로 채워져서는 안 됩니다. 성령이 말씀을 통해서 하시는 바로 이 일이 기독교의 근본이고 주된 것입니다. 여기에 찬송과 기도와 다른 것들이 더해져 하나님의 역사가 더욱 풍성해질 수 있습니다. 그러나 이것을 소홀히 여기는 가운데 나타나는 모든 현상은 거짓임을 기억해야 합니다. 이것은 세월이 변해도 달라지지 않을 내용입니다.

우리는 주님 앞에 설 때까지 마음을 새롭게 함으로 계속 변화되어 그리스도의 형상으로 나아가야 합니다. 이것을 소홀히 여기는 사람은 결국 신앙도 누그러지고, 결국 모든 것이 무너지게 됩니다. 어떤 사람은 자신이 정해 놓은 범주 안에서 신앙생활 하려고 스스로를 조정하기까지 합니다. 교회에서 상처를 받았거나 누군가가 싫어서 그렇든, 그런 태도를 취하는 것은 심각한 월권을 행사하는 것입니다.

그러나 지금은 여러분이 자신을 조정할 수 있다고 생각할지 모르지만, 만일 하나님이 여러분을 조정하시면 어떻게 될지를 한번 생각해 보십시오. 만일 교회에 나올 수 없는 조건, 예를 들어 병상에 눕게 된다면 어떻게 되겠습니까? 우리는 스스로를 조정할 수 있다고 생각해서는 안 됩니다. 오히려 나에게 아직 기회가 주어지고 있고, 성령이 그분의 말씀을 통해 나를 이끄시는 일이 있다는 것을 굉장한 복으로 여기십시오. 언젠가 우리에게는 그런 것을 자유롭게 누리지 못할 날이 분명히 올 것입니다.

그러므로 말씀과 성령으로 마음을 새롭게 하심으로 이 순례 길을 가게 하시는 하나님의 역사에 충실하십시오. 그리스도의 피로 구속받은 자의 복됨을 끝까지 지키도록 붙드시는 하나님의 역사에 충실해야 합니다. 우리가 영광으로 나아가기까지 계속적으로 우리를 이끄시는 하나님의 역사 말입니다. 그것을 굉장히 특별하고 귀한 것으로 여기며 거기에 결코 소홀해서는 안 됩니다. 그리하여 지속적인 은혜의 역사를 일생토록 경험하면서 순례 길을 갈 수 있기를 바랍니다.

15장

이 세대를 본받지 않는 길 1_ 나그네로서 살라

"너희는 이 세대를 본받지 말고 오직 마음을 새롭게 함으로 변화를 받아
하나님의 선하시고 기뻐하시고 온전하신 뜻이 무엇인지 분별하도록 하라"
롬 12:2

"예수 그리스도의 사도 베드로는
본도, 갈라디아, 갑바도기아, 아시아와 비두니아에 흩어진 나그네"
벧전 1:1

"사랑하는 자들아 거류민과 나그네 같은 너희를 권하노니
영혼을 거슬러 싸우는 육체의 정욕을 제어하라"
벧전 2:11

하나님의 백성이 가진 정체성의 표현

신구약 성경은 일관되게 하나님의 백성이 '어떻게' 이 세대를 본받지 않고 살 수 있을지에 대해 말합니다. 베드로전서 본문은 그것을 요약적

으로 제시해 줍니다. 바로 이 세상, 이 악한 세대에서 자신이 거류민과 나그네라는 사실을 알고 그런 자로서 살라고 말합니다. 이것은 이 세대와 오는 세대, 이 세상 나라와 완성될 하나님 나라의 구도 속에서 하나님의 백성이 가진 정체성에 대한 표현입니다. 이것을 베드로는 영적인 차원에서 말한 것입니다.

여러분은 하나님의 백성이 가진 정체성을 가리키는 이러한 내용을 실제로 경험하고 있습니까? 아니, 이 세상에서 실제로 그런 자로서 살고 있습니까? 이것은 이 세상을 살아가는 하나님의 백성에게 성경이 답으로서 말하는 아주 중요한 내용입니다.

성경은 이 세상, 이 세대에서 건짐 받은 그리스도인들을 다양하게 묘사합니다. '하나님이 택하신 자', '하나님이 구별하여 거룩해진 성도', '부르심을 받은 자', 그리스도를 따르면서 그리스도를 드러낸다고 해서 '그리스도인', 죄에서 구속받고 의롭다 함을 받은 자라고 해서 '의인', '하나님 나라의 시민', '하늘의 시민권을 가진 자', '하나님의 권속', '영화롭게 된 자' 등으로 말합니다. 물론 이러한 묘사들은 그리스도인들이 이 땅에서부터 그런 자로서 존재하며 사는 것을 말하기도 하지만, 주로 이 땅을 넘어 영원으로 잇대어 갖는 것과 관련지어 말하는 내용입니다. 그런데 우리가 사는 이 세상, 이 세대와 관련해서 말할 때는 성경은 그리스도인을 '나그네'와 '거류민'으로 말합니다.

사도 베드로는 베드로전서 1장 1절에서 그의 편지를 받는 그리스도인을 가리켜 "흩어진 나그네"라고 말하고, 2장 11절에서는 "거류민과 나그네 같은 너희"라고 했습니다. 여기서 '나그네'라는 말은 자기 집에서 떠나 외국에서 일시적으로 머물거나 거류하는 자를 가리킵니다. 또한 '거류민'이라는 말도 '나그네'가 가진 의미와 크게 다르지 않습니다. 자기 집이 아닌 곳에서 사는 사람, 곧 일시적으로 다른 집에 머물고 있는 사람을 의미합니다.

사도 베드로는 당시 이 땅을 사는 그리스도인들이 바로 그런 자라고 말한 것입니다. 영적인 면에서 그리스도인은 이 세대의 영향과 압박이 있는 이 세상에서 나그네와 거류민으로서 일시적으로 거주하는 자입니다. 그러므로 이 세대의 사고방식과 행동방식으로 뒤덮인 이 세상에서 자신이 바로 그런 자라는 인식과 함께 그에 따른 삶을 살고 있는지를 확인하는 일은 매우 중요합니다.

이 땅에서 외국인과 나그네 된 우리

많은 사람은 그리스도인에 대한 본문의 묘사를 그저 하나의 문학적인 표현 정도로만 인식합니다. 실제로 이 세상에서 자신이 그런 자이고, 또 철저히 그런 자이어야 한다는 것에 대해 깊이 생각하지 않고 살아가는 것입니다. 그러나 이것은 분명히 이 세상, 이 악한 세대를 지나는 하나님 백성의 존재와 삶의 방식을 묘사하는 성경의 중요한 내용입니다. 하나님의 참된 백성이요, 그리스도인이라면 누구나 이 세상에서 그런 자로서 존재하며 살아갑니다. 바로 그 사실을 성경은 창세기부터 요한계시록까지 말하고 있습니다. 히브리서 기자는 히브리서 11장에서 구약 시대의 모든 믿음의 사람이 바로 그런 자로서 살았다는 것을 증거합니다.

"이 사람들은 다 믿음을 따라 죽었으며 약속을 받지 못하였으되 그것들을 멀리서 보고 환영하며 또 땅에서는 외국인과 나그네임을 증언하였으니"(히 11:13).

이것은 히브리서 11장 13절 이하에 나오는 모든 믿음의 사람에게도 동일하게 적용되는 내용입니다.

여러분은 아벨에서부터 시작하여 모든 신실한 하나님의 백성이 죄악이 있는 이 세상, 하나님을 거스르는 사고방식과 생활방식이 난무하는 이 세대에서 외국인과 나그네임을 증언했다는 사실을 알고 있습니까? 베드로전서 본문과 함께 히브리서의 증언은 하나님의 백성이 이 땅에서 어떤 자로 존재하며 살았는지를 분명히 말해 줌과 동시에 모든 신자에게도 똑같이 말하는 내용이기도 합니다.

두 나라 백성으로 살기

그런데 여기에는 한 가지 전제된 사실이 있습니다. 그것은 그들이 비록 이 세상에서 살고 있지만, 근본적으로는 다른 나라에 소속되어 다른 나라의 시민으로 존재한다는 것입니다. 그곳은 어떤 나라입니까? 바로 구속받은 자들의 나라입니다. 신약의 표현으로 말하자면, 하나님의 나라입니다. 그리스도인은 이 땅에서 살아가지만 또한 하나님 나라의 백성으로서도 산다는 것입니다. 그래서 데이비드 반드루넨(David M. VanDrunen)은 "두 나라 백성으로 살기"[1]라는 표현을 사용했습니다. 하나님의 백성은 이 세상 나라의 국민으로서 살고 있지만, 또한 영원한 하나님 나라의 백성으로서도 산다는 말입니다.

그리스도인은 이 세상 나라에서 나그네입니다. 이것은 인간의 타락 이후 아벨에서부터 하나님의 신실한 백성이 모두 다 알고 경험했던 것입니다. 본문처럼 1세기의 흩어진 그리스도인들과 오고 오는 모든 그리스도인도 경험하는 사실입니다. 이것을 모형적으로 드러낸 성경의 대표적인 사례가 바로 이스라엘 백성의 바벨론 포로 경험입니다.

바벨론은 이스라엘을 점령한 후에 조금이라도 쓸 만한 사람들은 모두 다 포로로 끌고 갔습니다. 이스라엘 백성은 바벨론에 살면서 처음에는 1-2년 정도만 있으면 본국으로 돌아갈 것이라고 생각했습니다. 그러나 하나님은 선지자 예레미야를 통해 그들이 바벨론에서 거류민으로 살다가 70년 뒤에야 돌아가게 될 것을 말씀하셨습니다. 그래서 바벨론에서 집도 짓고 살라고 말씀하신 것입니다. 거기서 영구히 사는 것이 아니라, 거류민으로 살라는 것이었습니다. 바벨론에서 살았던 그들의 소속은 70년 뒤에 돌아가게 될 본국입니다. 그들은 언젠가 돌아갈 그 본국을 생각하며 바벨론에 잠시 외국인과 거류민으로 살았던 것입니다. 바벨론이 그들에게는 영원한 거처가 될 수 없었습니다.

이러한 이스라엘의 경험과 연관 지어 사도 요한은 요한계시록에서 신약의 그리스도인이 살고 있는 이 세상을 '바벨론'으로 묘사했습니다. 과거 이스라엘 백성이 바벨론에서 외국인과 거류민으로 살았듯이, 그리스도인들도 이 세상을 그런 자로 산다는 것을 묘사한 말입니다. 그러면서 바벨론으로 묘사한 이 세상을 다음과 같이 말합니다.

"큰 성 바벨론이여 귀신의 처소와 각종 더러운 영이 모이는 곳과 각종 더럽고 가증한 새들이 모이는 곳이 되었도다 그 음행의 진노의 포도주로 말미암아 만국이 무너졌으며 또 땅의 왕들이 그와 더불어 음행하였으며 땅의 상인들도 그 사치의 세력으로 치부하였도다"(계 18:2-3).

이 세상은 결국 하나님의 진노가 임할 바벨론이요, 한시적인 나라라는 것입니다. 예수 믿는 자는 바로 그런 한시적인 나라에서 잠시 거하는 거류민과 나그네로 산다는 것을 시사합니다. 이와 함께 사도 요한은 하나님의 백성에게 다음과 같이 말하는 하늘의 음성을 전합니다.

"하늘로부터 다른 음성이 나서 이르되 내 백성아, 거기서 나와 그의 죄에 참여하지 말고 그가 받을 재앙들을 받지 말라"(계 18:4).

이것은 하나님의 백성이 이 세상으로 표현된 바벨론의 죄에 참여하지 말라는 말씀입니다. 로마서 본문으로 바꾸어 말하면, 이 세대를 본받지 말라는 것입니다. 결국 신자는 이 세상에 동화되어 살 존재가 아니라, 거기서 구별된 자이어야 한다는 말씀입니다.

이처럼 성경은 창세기부터 요한계시록까지 하나님의 백성이 이 세상에서 외국인과 나그네로 산다는 것을 말하고 있습니다. 왜냐하면 하나님의 백성은 몸은 비록 일시적으로 이 세상에 머물러 있지만 근본적으로는 더 영구한 소속, 곧 하나님 나라에 속한 사람이기 때문입니다.

STEP 1_ 이 세대에서 나그네임을 자각하기

사도 베드로가 그리스도인을 나그네와 거류민으로 말하는 것에는 구약에서부터 줄곧 말해 왔던 내용이 그 기저에 깔려 있습니다. 그래서 우리가 이 세대를 본받지 않기 위해 가장 먼저 확인하고 자각해야 할 사실은 바로 이것입니다. 우리가 이 세상에서는 나그네와 거류민이라는 사실 말입니다. 이것은 구약 백성이든, 신약 백성이든 모두가 다 실제로 가졌던 경험 세계이며, 또한 성경이 증언하는 바이기도 합니다.

여러분은 이 사실을 실제의 삶에서 적용하며 살고 있습니까? 우리는 이 세대의 사고방식과 생활방식을 접할 때 그러한 자각을 갖고 반응하는지 확인해 보아야 합니다. 마치 외국에 갔을 때 그 나라의 생활방식이 낯설고 어색한 것처럼, 이 세대의 사고방식과 생활방식이 자신에게 불편하고 맞지 않는 것처럼 경험되는지를 말입니다.

예수를 믿는다고 하면서도 이 세상이 더 편하고 즐겁게 느껴진다면 그 사람에게는 분명히 문제가 있습니다. 그는 이 세대에서 건짐 받지 않은 사람이거나, 또는 일시적으로 유혹에 빠져 자신이 이 세대에서 나그네임을 망각하고 사는 것입니다. 정상적인 신자라면 이 세대의 사고방식과 생활방식에 대해서 불편함과 거부감을 갖고 이 세대를 본받지 않으려고 할 것입니다. 그것이 바로 이 세대에서 나그네와 외국인으로 사는 그리스도인의 정상적인 모습입니다.

이것은 또한 예수를 믿고 난 후부터 감출 수 없는 사실이기도 합니다. 그리스도인은 이 세상에서 다른 사람들과 똑같이 살고 있지만, 실제로는 나그네와 외국인이 되는 것을 영적으로 경험합니다. 바로 이러한 경험과 자각이 이 세대를 본받지 않기 위한 첫 출발입니다. 그러므로 이 세대의 유혹과 압박을 받을 때마다 자신이 이 세상에서 어떤 자인지를 잊지 마십시오. 이 세대에서 건짐 받은 하나님 나라의 백성으로서, 이 세상에서 나그네와 외국인으로서 사는 자임을 잊지 말아야 합니다.

STEP 2_ 나그네로 있는 동안 경성하며 살기

이 세대를 본받지 않기 위해서 우리에게 있어야 할 두 번째 내용은 자신이 이 세상에서 외국인과 나그네라는 자의식과 함께 실제로 그런 자로서 사는 것입니다. 다른 나라에서 외국인으로 잠시 머무는 사람들은 그 나라의 시민권자들이 별다른 긴장 없이 그 나라에 안주하며 사는 것처럼 살지 않습니다. 자국민이 자신의 나라에서는 거의 느끼지 못하는 긴장감을 외국인은 갖습니다. 일시적으로 머무는 것임에도 긴장이 있고, 자신의 집이나 나라에 있을 때만큼 안정감을 느끼지 못하며, 자연스럽게 조심하고 경성하게 됩니다. 바로 이러한 경험을 이 악한 세대에서 영적으로 나그네와 외국인으로 사는 그리스도인들 또한 똑같이 갖습니다.

이 세상에는 하나님 나라에 속한 것과는 너무 이질적인 것들이 난무하고 있고, 그것이 우리를 유혹하고 압박하기 때문에 거기서 우리는 긴장감을 갖게 됩니다. 이 세대에서 안정감을 갖지 못하는 것입니다. 이 때문에 예수님과 사도들은 그리스도인들에게 경성하라고 말했습니다. 사도 베드로는 베드로전서 5장에서 "근신하라 깨어라 너희 대적 마귀가 우는 사자같이 두루 다니며 삼킬 자를 찾나니"(벧전 5:8)라고 말했습니다. 이것은 1장에서 그리스도인을 나그네로 묘사한 것과 맞물려서 적용적인 내용을 말한 것인데, 1장 17절에서는 더 직접적인 내용을 말합니다.

"너희가 나그네로 있을 때를 두려움으로 지내라"(벧전 1:17).

이것은 그리스도인이 악한 세대에서 나그네로 있을 동안 어떻게 지내야 하는지에 대한 대답입니다. 다시 말해, 그리스도인이 이 세대의 사고방식과 행동방식을 접하면서 이 세상을 사는 동안 어떻게 하면 이 세대를 본받지 않고 살 수 있는지를 말하는 내용입니다.

세상보다 더 크신 하나님을 두려워하라

오늘날 예수 믿는 자들은 이 세상에서 어떻게 살고 있을까요? 각 사람의 행위대로 심판하시는 하나님 아버지를 두려워하고 경외하며 지낼까요? 한번 보십시오. 우리는 참으로 기이한 문화를 만들었습니다. 교회가 하나님을 섬기는 것에서부터 모든 활동에 이르기까지 하나님을 두려워하는 것을 일부러 잊도록 만들고 있습니다. 대신에 우리 자신을 만족시키는 방식으로 문화를 형성하고 가르침으로써 하나님을 두려워하는 것을 예배 현장에서조차도 갖지 않습니다. 하물며 예배의 자리에서 그렇다면 삶의 현장에서 그리고 이 악한 세대 가운데서 하나님을 두려워한다는 것이 가능한 일이겠습니까? 사도 베드로의 권면을 도무지 적용하지 않는 세대가 되어 버렸습니다.

"나그네로 있을 때를 두려움으로 지내라"라는 말씀을 잘 생각해 보십시오. 이것은 우리가 이 악한 세대에서 어떻게 살 것인가에 대한 구체적인 대답입니다. 이것은 우리가 지켜야 할 어떤 특정한 항목이 아니라, 결정적이고 근본적인 내용입니다. 하나님을 거스르도록 유혹하고 압박하는 이 세대의 사고방식과 유행과 각양각색의 죄의 유혹에서 하나님을 먼저 생각하며 그분을 경외하라는 것입니다. 여기서 말하는 두려움은 노예적인 두려움을 가리키는 것이 아닙니다. 사랑하고 존경하는 분과의 관계 속에서 마음으로부터 우러나오는 두려움과 경외심을 말하는 것입니다. 특히 하나님의 거룩하심과 공의로우심을 알고 기꺼움으로 두려워하는 태도를 취하는 것입니다.

그리스도인들이 이 세상의 유혹과 압박에 저항하며 살기 위한 적극적인 방법은 다른 것을 두려워하는 것이 아니라, 하나님을 두려워하는 것입니다. 이것이 바로 나그네로 있을 동안 우리에게 부딪쳐 오는 모든 문제에 대한 구체적인 해결책입니다. 모든 일의 끝을 주장하고 심판하시는 하나님을 두려워함으로 지낸다면 나머지 세부적인 문제들은 다 해결되는 것입니다.

사도 베드로의 이러한 권면에는 결국 이 세상의 거센 압박이나 달콤한 유혹이나 우리의 마음을 흔들거나 유혹할 만한 그 어떤 것이라도 하나님보다는 클 수 없다는 내용이 그 이면에 있습니다. 하나님보다 비중을 둘 만한 가치가 없고, 하나님보다 더 두려워할 만한 것도 없다는 뜻입니다. 이 세상의 유혹과 압박과 박해가 아무리 강력할지라도 가장 중요하고 결정적인 것은 하나님이 이 모든 것의 결론을 주장하고 판단하신다는 사실입니다. 그래서 나그네로 사는 동안 가장 두려워할 것은 모든 것의 결론을 내리실 하나님입니다.

이 부분에서 여러분은 어떻습니까? 이 세대의 사고방식이 유혹처럼 밀려오는 현실 속에서 하나님을 정녕 두려워하고 있습니까? 죄의 달콤함 앞에서도 하나님을 두려워합니까?

우리는 베드로전서 1장 17절 말씀을 가지고 많이 씨름해야 합니다. 오늘날 예수 믿는 자들이 현실로 돌아가면 하나님을 두려워하지 않습니다. 오히려 이 세대의 유혹에 호의적으로 반응합니다. 아무런 제어장치나 분별도 없이 그저 남들도 다 하는 것으로 여기면서 모든 것을 쉽게 허용합니다. 하나님을 두려워하는 태도가 없는 것입니다. 그러나 성경은 이 세대를 살면서 우리가 행하는 모든 것을 계산하고 판단하고 심판하실 분이 하나님이심을 알고 그분을 두려워하는 것이야말로 그리스도인들이 이 세대의 유혹과 압박 속에서 나그네로서 살면서 잘 지낼 수 있는 길로 말합니다.

하나님은 친히 이 땅에 오셔서 자신을 우리의 친구로 드러내셨습니다. 죄인들을 향해 자신의 생명까지 내어 주시는 이루 말할 수 없는 은혜를 나타내셨습니다. 그렇기 때문에 이러한 하나님의 은혜의 부요함 속에서 우리는 하나님과의 친밀함을 얼마든지 말할 수 있습니다. 그러나 그러한 친밀함을 말하면서 하나님을 경외하는 것을 배제하고 있다면 그것은 한쪽으로 치우친 신앙생활입니다. 과거에 율법주의적으로 신앙생활 하는 사람들이 하나님의 심판을 운운하면서 사람들에게 두려움을 준 것에 대한 반발심으로 다른 극단으로 치우친 모습을 가지는 것입니다.

우리는 항상 은혜로우신 하나님을 의식하는 것과 함께 내가 나그네로 사는 동안 행한 모든 것을 판단하실 공의롭고 거룩하신 하나님을 향한 두려움으로 지내야 합니다. 이것은 노예적인 두려움이 아니라, 하나님이 어떤 분이신지 알기 때문에 마땅히 그러고 싶은 마음속에서 갖는 두려움입니다.

우리가 접하는 이 세대의 유혹과 압박은 강력하지만, 이 모든 것은 결국 다 지나갑니다. 그러므로 우리는 이 모든 것의 끝을 주장하시고 결론을 내시는 하나님을 두려워해야 합니다. 우리는 모두 예외 없이 그러하신 하나님 앞에 설 것이기 때문입니다.

STEP 3_ 더 나은 본향을 사모하기

마지막으로 우리가 이 세대를 본받지 않기 위해 덧붙여야 할 사실은 이 세상에서 나그네와 외국인과 거류민으로 사는 우리에게는 돌아갈 본향이 있다는 것을 항상 생각하며 사는 것입니다. 히브리서 11장에서 히브리서 기자는 이 땅에서 외국인과 나그네로 살았던 믿음의 사람들이 더 나은 본향을 사모했다고 말합니다.

"그들이 이제는 더 나은 본향을 사모하니 곧 하늘에 있는 것이라 이러므로 하나님이…그들을 위하여 한 성을 예비하셨느니라"(히 11:16).

바로 이것이 이 악한 세대의 유혹과 압박 속에서 나그네로 사는 우리가 항상 기억해야 할 또 한 가지 중요한 사실입니다.

이 세대에서 건짐 받은 우리에게는 더 나은 본향이 있습니다. 이것은 우리가 영광스럽고 복되고 영원한 하나님 나라에 속한 자로서 이 땅을 나그네로 살고 있다는 말입니다. 아무리 의학이 발달해도 우리는 이 땅에서 천년만년 살지 못합니다. 그런데 이 세상에 속한 사람들은 이 세상에서 마치 천년만년 살 것처럼 모든 것을 이 땅에서 얻고 누리려고 합니다. 예수 믿는 자들은 이 세상에서 나그네로 잠시 지내다가 더 나은 본향으로 나아갈 것입니다. 우리보다 앞선 모든 믿음의 사람은 그것을 알고 경험했습니다. 그리고 그들은 모두 더 나은 본향에 이르렀습니다.

우리는 해외여행을 계획할 때 설레고 흥분된 마음을 갖습니다. 그런데 막상 여행을 가면서부터 짜증 나고 정신없는 일을 경험하다가 집으로 돌아올 때쯤이면 집이 제일 좋다는 마음을 갖게 됩니다. 집이 주는 편안함이 있기 때문입니다.

이와 마찬가지로 나그네와 같은 우리의 여정 속에서 가장 중요한 것은 돌아갈 집이 있다는 사실입니다. 영원히 거할 본향이 있다는 것은 잠시 이 세상에 머무는 우리에게는 이루 말할 수 없는 위로입니다. 나그네처럼 지내는데 갈 곳이 없다면 얼마나 막막한 일이겠습니까?

사도 바울은 빌립보서 3장에서 우리의 시민권은 하늘에 있다고 말하면서 장차 우리가 그리스도의 영광의 몸의 형체와 같이 변할 것이라고 했습니다(빌 3:20-21절 참조). 우리는 지금 그런 자로서 이 세대를 지나고 있습니다. 그리고 우리는 이 세상에 잠시 잠깐 머물다가 영원한 본향에 이르게 될 것입니다. 앞선 모든 믿음의 성도가 이 땅을 살면서 똑같이 바라보고 소망했던 더 나은 본향에 말입니다.

신자는 이 세 가지 사실을 명확하게 갖고 살아야 한다

요한계시록은 이 세상을 '바벨론'으로 말하면서, 그와는 반대로 이 땅의 그리스도인들이 궁극적으로 이를 곳은 '새 하늘과 새 땅'이라고 말합니다. 우리는 이 사실을 기억하고 이 땅에서 나그네로 살면서 이 세대의 유혹과 압박을 대면해야 합니다. 또 하나님을 두려워함으로 그리고 더 나은 본향을 향해 나아가고 있음을 기억하면서 이 세대의 세속성을 편안하게 여겨서는 안 됩니다. 이 세대의 무신 사상이나 포스트모더니즘적인 사고, 이 세대의 교활한 도덕성을 별것 아닌 것처럼 여기며 거기에 동조하면서 살아서는 안 되고, 오히려 저항해야 합니다.

여러분이 정녕 이 세대에서 건짐 받은 그리스도인이라면 이 세상을 사는 동안 지금까지 살핀 이 세 가지 내용을 자신의 삶 속에서 명확히 갖고

자 하십시오. 그것은 이 세대 속에서 나그네와 외국인임을 기억하며 사는 것이고, 이 세대를 나그네로 있는 동안 우리의 모든 것을 판단하실 하나님을 두려워함으로 지나는 것이며, 이 세대의 삶이 전부가 아니라 더 나은 본향을 생각하며 이 세대의 것들을 대면하는 것입니다.

이 세대 속에 있는 모든 것은 사용하다가 결국 버릴 것들입니다. 하나님이 각 사람의 분량에 맞게 주신 선물입니다. 그러니 남과 비교하면서 불평할 필요가 없습니다. 그러한 조건에서도 하나님을 소유하고 하나님과의 관계 속에 있다면 그는 이 세상의 어떤 것과는 비교할 수 없는 최고의 부요함을 가진 사람이기 때문입니다. 중요한 것은 이 세상의 기준으로 소유의 많고 적음이 아니라, 하나님이 각 사람의 역량에 맞게 주신 것들을 나그네로서 잘 활용했느냐 하는 것입니다. 그것을 가지고 이 세상에서 안주할 것이 아니라, 하나님의 뜻에 따라 활용하며 사는 것이 중요합니다.

하나님이 여러분에게 주신 것이 있다면 잘 누리십시오. 각자의 삶의 영역 속에서 주신 것에는 차이가 있을 수 있지만, 적으면 적은 대로 많으면 많은 대로 잘 누리길 바랍니다. 많이 주신 자에게는 많이 달라고 하시고, 적게 주신 자에게는 적게 달라고 하신 것처럼 하나님의 뜻에 따라 최선을 다해 활용하면 되는 것입니다.

무엇보다 우리는 이 세상과 관련해서 우리 자신의 정체성을 알아야 합니다. 우리는 이 세상에서 나그네이며, 이곳은 우리의 영원한 정착지가 아닙니다. 그래서 이 세대의 사고방식이 우리에게는 맞지 않는 것입니다. 만일 이 세대의 사고방식이 자신에게 친근하게 여겨진다면 그것은 그가 이 세대에 속하였거나 이 세대의 유혹에 빠져 있기 때문일 것입니다. 이 세대에서 건짐 받은 자라면 결코 그럴 수 없습니다.

여러분은 정녕 이 세대에서 건짐 받은 자입니까? 그렇다면 나그네로서 살고, 나그네로서 누리십시오. 나그네로 있는 동안 우리의 모든 것을 판단하실 하나님을 두려워하며 지내십시오. 더 나아가 우리 앞에 복된 영광이 있음을 기억하고 이 땅을 사십시오.

구약 시대부터 1세기 그리스도인들과 지금까지 모든 그리스도인이 이 세대를 본받지 않기 위해 이 세 가지 사실을 공통적으로 가진 것을 잊지 마십시오. 그러므로 자신에게도 이 세 가지가 있는지를 확인해 보고, 이 세상을 사는 동안 이 세 가지 사실을 명확하게 갖길 바랍니다. 그리하면 우리는 이 세대를 본받지 않으면서 살 수 있습니다. 이것이 바로 신구약 모든 성도가 이 세대를 본받지 않고 살 수 있었던 방법입니다. 우리 역시 그들과 똑같이 그 길을 갈 소망합니다. 어설프고 두루뭉술하게 가는 것이 아니라, 히브리서 11장의 믿음의 사람들처럼 그 길을 믿음으로 인내하며 가길 바랍니다.

16장

이 세대를 본받지 않는 길 2_ 교회 됨을 경험하라

"너희는 이 세대를 본받지 말고 오직 마음을 새롭게 함으로 변화를 받아
하나님의 선하시고 기뻐하시고 온전하신 뜻이 무엇인지 분별하도록 하라"

롬 12:2

"그는 허물과 죄로 죽었던 너희를 살리셨도다
그때에 너희는 그 가운데서 행하여 이 세상 풍조를 따르고 공중의 권세 잡은 자를 따랐으니
곧 지금 불순종의 아들들 가운데서 역사하는 영이라
전에는 우리도 다 그 가운데서 우리 육체의 욕심을 따라 지내며
육체와 마음의 원하는 것을 하여 다른 이들과 같이 본질상 진노의 자녀이었더니
긍휼이 풍성하신 하나님이 우리를 사랑하신 그 큰 사랑을 인하여
허물로 죽은 우리를 그리스도와 함께 살리셨고 (너희는 은혜로 구원을 받은 것이라)
또 함께 일으키사 그리스도 예수 안에서 함께 하늘에 앉히시니
이는 그리스도 예수 안에서 우리에게 자비하심으로써
그 은혜의 지극히 풍성함을 오는 여러 세대에 나타내려 하심이라"

엡 2:1-7

"그러므로 이제부터 너희는 외인도 아니요 나그네도 아니요
오직 성도들과 동일한 시민이요 하나님의 권속이라
너희는 사도들과 선지자들의 터 위에 세우심을 입은 자라
그리스도 예수께서 친히 모퉁잇돌이 되셨느니라 그의 안에서
건물마다 서로 연결하여 주 안에서 성전이 되어 가고 너희도 성령 안에서
하나님이 거하실 처소가 되기 위하여 그리스도 예수 안에서 함께 지어져 가느니라"

엡 2:19-22

"그가 어떤 사람은 사도로, 어떤 사람은 선지자로,
어떤 사람은 복음 전하는 자로, 어떤 사람은 목사와 교사로 삼으셨으니
이는 성도를 온전하게 하여 봉사의 일을 하게 하며 그리스도의 몸을 세우려 하심이라
우리가 다 하나님의 아들을 믿는 것과 아는 일에 하나가 되어 온전한 사람을 이루어
그리스도의 장성한 분량이 충만한 데까지 이르리니
이는 우리가 이제부터 어린아이가 되지 아니하여
사람의 속임수와 간사한 유혹에 빠져 온갖 교훈의 풍조에 밀려 요동하지 않게 하려 함이라
오직 사랑 안에서 참된 것을 하여 범사에 그에게까지 자랄지라
그는 머리니 곧 그리스도라 그에게서 온몸이 각 마디를 통하여
도움을 받음으로 연결되고 결합되어 각 지체의 분량대로 역사하여
그 몸을 자라게 하며 사랑 안에서 스스로 세우느니라
그러므로 내가 이것을 말하며 주 안에서 증언하노니
이제부터 너희는 이방인이 그 마음의 허망한 것으로 행함같이 행하지 말라
그들의 총명이 어두워지고 그들 가운데 있는 무지함과
그들의 마음이 굳어짐으로 말미암아 하나님의 생명에서 떠나 있도다
그들이 감각 없는 자가 되어 자신을 방탕에 방임하여 모든 더러운 것을 욕심으로 행하되
오직 너희는 그리스도를 그같이 배우지 아니하였느니라
진리가 예수 안에 있는 것같이
너희가 참으로 그에게서 듣고 또한 그 안에서 가르침을 받았을진대
너희는 유혹의 욕심을 따라 썩어져 가는 구습을 따르는 옛 사람을 벗어 버리고
오직 너희의 심령이 새롭게 되어 하나님을 따라
의와 진리의 거룩함으로 지으심을 받은 새사람을 입으라"

엡 4:11-24

이 세대를 본받지 않기 위한 적극적인 측면

성경은 우리가 어떻게 하면 이 악한 세대를 본받지 않을 수 있는지에 대해 다각적인 측면으로 말하고 있습니다. 앞 장에서는 어떤 면에서 소극적인 내용이라고 볼 수 있는 나그네와 외국인으로서 이 땅을 사는 문제를 다루었습니다. 이 장에서는 이 세대를 본받지 않기 위해 좀 더 적극적인 내용으로 말하는 것을 살펴보고자 합니다. 그것은 성경이 말하는 중추적인 내용으로서 이 악한 세대에서 교회의 한 지체가 되어 교회와 함께, 아니 교회로서 이 세상을 살면서 지나는 것입니다. 이것이 바로 이 악한 세대를 본받지 않고 사는 길에 대한 성경의 주된 대답입니다. 에베소서가 그것을 잘 말해 줍니다.

예수 믿는 자는 이미 이것을 경험하고 있습니다. 그러나 모두가 이것을 풍성하게 경험함으로써 이 세대를 본받지 않는 모습을 갖는 것은 아닙니다. 그 이유 중 하나는 이 세대를 본받지 않는 길의 핵심이 교회로서 사는 것임을 알지 못하고, 또 그것을 풍성하게 경험하지 못하기 때문입니다.

에베소서 2장 1-3절과 11-12절은 예수를 믿기 전의 인간 조건에 대해서 말하고 있습니다. 또 에베소서 2장 4-10절과 13절 이하부터 6장까지는 예수 믿고 난 이후에 생긴 변화를 말하고 있습니다. 물론 우리는 이러한 내용을 개인적인 차원에서 이해하고 적용할 수 있습니다. 그러나 에베소서의 전체 내용은 예수 믿고 난 이후의 삶을 교회와 연관 지어서 교회의 구성원으로서 사는 것을 말합니다. 교회의 머리 되신 그리스도의 다스림 속에서 사는 가운데 그리스도와 그분의 영광을 목적으로 사는 것을 말하는 것입니다.

교회와 신자의 관계

예수 믿는 우리가 이 세대의 강력한 유혹과 압박이 있는 조건 속에서 이 세대를 본받지 않을 수 있는 길은 에베소서에서 말한 것처럼 이 세대 속에서 교회로서 사는 것입니다. 우리가 이 사실을 실감 나게 이해하려면 우리에게 교회가 없다고 생각해 보면 금방 알 수 있습니다. 여러분이 교회와 아무런 상관이 없다면 과연 이 세대를 본받지 않고 살 수 있을까요? 그것은 불가능한 얘기입니다. 교회 없이는 우리 중 누구도 이 세대를 본받지 않고 살 수 없습니다. 물론 성령이 이 세대를 본받지 않을 수 있도록 각 개인 안에서 감동하시고 이끌어 주신다고 말할 수 있지만, 성령 하나님은 그와 같은 역사를 교회와 분리하여 행하지 않으십니다. 성령은 철저히 교회와의 관계 속에서 일하십니다. 그러므로 우리 중 그 누구도 교회와 무관하게 이 세대를 본받지 않고 살아갈 수 있다고 말하지는 못할 것입니다.

그러나 이 문제를 가볍게 여기는 사람은 이 악한 세대의 영향과 압박을 그저 개인적인 의지의 차원에서 극복해 보려는 수준에 머무르게 됩니다. 그렇게 되면 일시적으로는 이 세대를 본받지 않는 모습을 보일지 몰라도, 결국엔 그렇게 하지 못하는 자신을 발견하게 될 것입니다. 그러므로 우리는 이 악한 세대를 본받지 않기 위해 하나님이 제시하신 이 특별하고도 강력한 길, 곧 교회로서 사는 것이 자신에게 있는지를 반드시 확인해 보아야 합니다. 이 세대의 유혹과 압박이 있는 조건 속에서 우리의 삶이 교회와 관련되어 있는지를 말입니다. 교회를 다니면서도 교회 속에서 힘과 위로를 얻고 삶의 방향과 목표를 가짐으로써 이 세대의 영향과 압박에 저항하는 모습이 없는 사람들이 있기 때문입니다.

신자의 삶에 있게 된 새로운 조건

바울은 에베소서 2장에서 예수 믿는 우리의 과거를 말합니다. 그러나 우리가 가졌던 그러한 외적인 조건은 예수를 믿고 난 뒤에도 사라지지 않고 그대로 존재합니다. 이 세상 풍조와 이 세상의 가치관과 생활방식이 내 주변에서는 여전히 통용되고 있습니다. 공중 권세 잡은 자인 사탄의 역사도 여전히 있습니다. 하나님을 대항하는 정신과 사상의 유혹도 여전히 난무하고 있고, 우리에게 압박과 유혹으로 다가옵니다. 육체의 욕심을 따라 지내며 육체와 마음의 원하는 것을 하는 사람들이 우리 주변에는 너무나도 많습니다.

그러한 세상 속에서 우리에게 달라진 것은 과연 무엇일까요? 에베소서 2장 4-6절은 "긍휼이 풍성하신 하나님이 우리를 사랑하신 그 큰 사랑을 인하여 허물로 죽은 우리를 그리스도와 함께 살리셨고 (너희는 은혜로 구원을 받은 것이라) 또 함께 일으키사 그리스도 예수 안에서 함께 하늘에 앉히시니"라고 말합니다. 예수 믿는 자는 그리스도와 연합된 자, 그리스도께 속한 자, 하늘에 속한 자가 되었다는 것입니다.

또 에베소서 2장 15절은 그리스도 안에서 지으신 한 새 사람에 속하게 되었다고 말하고, 19절은 "이제부터 너희는 외인도 아니요 나그네도 아니요 오직 성도들과 동일한 시민이요 하나님의 권속이라"라고 말합니다. 20절에서는 그리스도를 모퉁잇돌로 하여 사도들과 선지자들의 터 위에 세워진 하나의 벽돌과 같은 존재로 말하고, 4장 3-4절은 우리가 성령이 하나 되게 하신 것 속에 포함된 자들이라고 말하며, 몸이 하나라고 한 것처럼 우리가 한 몸 안에 있다고 말합니다. 또 4장 15절에서는 좀 더 구체적으로 그리스도가 몸의 머리라고 말한 뒤에, 16절에서는 예수 그리스도를 믿는 우리는 그 몸의 지체로 연결되어 있다고 말합니다.

"그에게서 온몸이 각 마디를 통하여 도움을 받음으로 연결되고 결합되어 각 지체의 분량대로 역사하여 그 몸을 자라게 하며 사랑 안에서 스스로 세우느니라"(엡 4:16).

예수 믿는 자는 그리스도의 몸의 한 지체가 되어 이제부터는 자신의 존재와 삶이 그리스도의 몸인 교회와 연관성을 갖고 산다는 것입니다. 아니, 교회가 되어 교회로서 산다는 것입니다. 그렇습니다. 이것은 이 세대에서 건짐 받은 그리스도인에게 생겨난 새로운 삶입니다. 종교적인 내용을 말하고 있는 것이 아닙니다. 오늘날 많은 사람이 교회로서 사는 이러한 삶을 종교적인 것으로만 생각합니다. 그러나 바울은 에베소서 4장

17절 이하에서 교회로서 사는 새로운 삶을 이 악한 세대에서 하나님의 백성답게 사는 것과 연결해서 말하고 있습니다.

그런데 여기서 우리가 주지해야 할 사실은 이것을 단순히 예수 믿는 우리 개개인이 가져야 할 삶으로만 말하지는 않는다는 점입니다. 물론 여기에는 개인적으로 적용할 내용이 있지만, 그에 앞서 자신이 교회로서 존재하고 사는 것 속에서 그리하라는 말입니다. 결국 에베소서 4장 17절 이하의 내용을 한마디로 요약하면 "너희는 이 세대를 본받지 말고 오직 마음을 새롭게 함으로 변화를 받아 하나님의 선하시고 기뻐하시고 온전하신 뜻이 무엇인지 분별하도록 하라"(롬 12:2)는 말씀과 같습니다. 에베소서는 이러한 로마서 말씀을 우리가 어떻게 실천할 수 있는지에 대해 더 큰 틀 안에서 설명해 주는데, 바로 교회로서 존재하며 교회로서 사는 것 속에서 그렇게 하라고 말하는 것입니다.

머리 되신 그리스도의 다스림 속에서

그렇다면 교회로서 존재하며 사는 것이 이 세대를 본받지 않는 방법이 되는 이유는 무엇일까요? 그것은 이 세대를 본받지 않고 살 수 있는 모든 동력을 교회 안에서 얻을 수 있기 때문입니다. 그런 일은 크게 두 가지 방식으로 있게 되는데, 그중 하나는 교회의 머리 되신 그리스도의 다스림 속에서 동력을 얻는 것입니다. 바울은 에베소서 4장 15절에서 "그는 머리니 곧 그리스도라"라고 말한 뒤에, 16절에서 "그에게서 온몸이 각 마디를 통하여 도움을 받음으로 연결되고 결합되어 각 지체의 분량대로 역사하여 그 몸을 자라게 하며 사랑 안에서 스스로 세우느니라"라고 말합니다. 이것은 신자는 교회에 속하여 교회의 머리 되신 그리스도의 다스림 속에서 이 세대를 본받지 않을 수 있는 모든 동력을 얻는다는 말입니다.

교회의 지체들 안에서 그리스도의 다스림은 말씀과 성령을 통해 있습니다. 그리스도께서는 말씀과 성령으로 이 세상의 생각과 행동을 밝히시고 그 가운데 우리가 가야 할 옳은 길, 하나님이 영광받으시는 길이 무엇인지를 알게 하십니다. 그래서 신자는 교회의 지체로서 이러한 그리스도의 다스림을 받을 때 능히 이 세대를 거스를 수 있습니다. 그러나 이것을 일시적으로라도 경험하지 못하는 사람은 이 세대의 유혹과 압박을 저항하는 데 어려움과 한계를 갖습니다. 그렇기 때문에 이 세대를 본받지 않으려면 교회의 지체가 되어 교회의 머리 되신 그리스도께서 말씀과 성령으로 다스리시는 것 속에서 살아야만 합니다. 이것이 우리의 삶이고 일상이 되어야 하는 것입니다. 예배당에 모여 예배하고 말씀을 배우는 것뿐만 아니라 우리의 삶 전반에서 그리스도의 다스림을 받으며 살아야 합니다. 이것이 바로 이 세대를 본받지 않는 강력한 방법 중 하나입니다.

신자의 삶에 교회는 작지 않다

우리가 이 세대를 본받지 않기 위해서는 교회가 우리의 삶의 중심에 있어야 합니다. 왜냐하면 우리가 이 세대의 생각과 행동의 틀을 이루고 있는 것들과는 구별된 삶, 더 나은 삶의 방식을 교회 속에서 경험할 수 있기 때문입니다. 교회야말로 신자에게는 이 세대를 본받지 않고 살 수 있는 새로운 삶의 영역입니다.

예수 믿는 자에게 생긴 놀라운 변화 중 하나는 자신의 삶이 교회와 깊이 관련을 맺게 되었을 뿐만 아니라 자기 삶의 중심에 교회가 있게 되었다는 사실입니다. 이것을 마치 날마다 교회에 가서 사는 모습을 말하는 것으로 오해해서는 안 됩니다. 이것은 신자가 예수 그리스도를 믿음으로써 그리스도의 몸 된 교회의 구성원이 되어 교회의 머리 되신 그리스도의 다스림을 받으며 살고, 그것을 교회 공동체 속에서 경험하며 사는 것을 말하는 것입니다. 신자에게는 바로 이것이 자기 삶의 중심부에 있습니다. 함께 하나님을 예배하고, 그분의 말씀을 들으면서 양육을 받으며, 다른 지체들과 교제하고 섬기는 것과, 거기서 더 나아가 에베소서 4장 17절 이하에서 말하는 내용을 교회 안에서부터 경험합니다. 그러면서 이것을 이 세상에서도 갖고 드러내게 됩니다.

교회와 연관성을 가진 이러한 삶은 예수 믿는 우리에게는 결코 작은 부분이 아닙니다. 우리가 몸으로는 학교나 직장이나 기타 다른 곳에서 많은 시간을 보내지만, 그 속에서도 우리로 하여금 이 세대와 다른 사고방식과 생활방식으로 살게 하는 것은 교회 안의 삶이 있기 때문입니다. 결국 신자는 교회 안에서 갖게 된 새로운 사고방식과 삶의 방식을 이 세상 속에서도 드러내는 것입니다. 이처럼 교회는 그리스도인에게 삶의 모든 것이라고 할 수 있습니다.

오늘날 교회 다니는 많은 사람이 개인주의적인 모습을 보입니다. 자신의 필요를 채워 주고, 자신의 현실적인 문제를 다루어 주는 차원에서만 교회를 이해하는 것입니다. 그것은 기독교라는 껍데기만 가졌을 뿐, 일반 종교와 별반 다를 바 없는 모습입니다. 기독교를 통해 개인적인 구원을 추구할 뿐, 이 세상에서 특별한 삶을 살게 하고 이 악한 세대를 대항함에 있어서 명확한 답이 되는 교회로서의 삶은 없습니다. 그들은 주일에 교회에 왔을 때만 종교적인 모습을 가질 뿐, 삶으로 돌아가서는 교회 됨의 삶이 전혀 드러나지 않습니다. 그것은 자신이 이 악한 세대에서 구별된 존재, 그리스도의 교회로서 존재한다는 이 강력한 실체를 인지하지 못하기 때문입니다.

교회 없이 이 세대를 본받지 않는다는 것은 불가능한 얘기입니다. 신자는 그리스도의 몸 된 교회 안에서 하나님을 대면하여 예배하고, 찬송하며, 말씀을 듣고 배우며, 교제하고 섬기는 가운데 서로를 붙잡아 주고 위로합니다. 그야말로 이 세대를 본받지 않고 사는 새로운 삶을 그리스도의 몸인 교회 안에서 경험하는 것입니다. 이것은 이 세대의 삶 속에 붙어 있는 부가적 삶이 아닙니다. 이것은 이 세대의 모든 것을 능가할 수 있는 나의 존재와 삶의 중심부를 차지하는 내용입니다. 그러나 이것을 교회 안에서 풍성히 경험하지 못하고 그저 하나의 종교 행위로 갖는 사람에게는 이러한 내용이 사변적으로 들릴 수 있습니다. 그런 사람들은 일주일에 한 번 예배 시간에 참여하는 것만으로 자신과 교회가 연관되어 있다고 생각합니다.

하나님 나라의 모판인 교회 안에서 누리는 새로운 삶

에베소서 4장 11-16절은 교회 됨을 특정한 한두 가지 행위로 말하지 않고 그리스도인의 새로운 삶으로 말합니다. 그것은 그리스도께서 말씀과 성령으로 다스리시며, 그 가운데서 예배와 말씀과 성례와 교제와 섬김과 신자로서의 삶을 살아가는 것을 내포합니다. 그래서 교회를 그리스도인의 삶으로 말하는 것입니다. 그리스도인의 삶 자체가 그리스도의 몸인 교회와 관련되어 있고, 그리스도의 몸인 교회로서의 삶이기 때문입니다.

마찬가지로 에베소서 4장 17절 이하의 내용도 사실상 교회로서 사는 것의 연장선상에 있습니다. 그것을 교회라는 공동체적인 관계 속에서뿐만 아니라 이 세대 속에서도 갖는 것을 말합니다. 그래서 이 악한 세대를 본받지 않으려면 우리의 삶의 중심에는 교회가 있어야 합니다. 예수를 믿는다고 하면서도 삶의 중심에 교회가 없다면 그는 결코 이 세대를 본받지 않으며 살 수 없고, 오히려 이 세상의 영향에 젖어 살게 됩니다.

예수 믿고 난 후 우리는 그리스도의 몸 된 교회 안에서, 또 교회를 통해서 이 악한 세대를 본받지 않아야 할 이유를 더욱 풍성히 알게 됩니다. 또한 이 세대를 본받지 않고자 하는 마음의 감동과 열심, 그렇게 할 수 있는 능력을 성령을 통해 갖게 됩니다. 설령 실패하고 넘어지는 일이 있어도 우리는 이 세대를 본받지 않을 이유와 열심을 그리스도의 몸인 교회 안에서 계속 공급받고 회복됨으로써 그러한 삶을 지속할 수 있습니다.

그뿐만 아니라 우리는 이 세대를 본받지 않기 위한 매우 현실적이고 경험적인 것들을 교회의 지체들을 통해 들으면서 도전과 위로와 격려를 받게 됩니다. 심지어 이 악한 세대에서 소망을 잃고 낙심하게 될 때도 우리는 그리스도의 몸인 교회 안에서 장차 이르게 될 하나님 나라를 미리 맛보면서 위로를 얻습니다. 이 세대 속에 살면서 지치고 힘들 때마다 이 모든 것을 넘어서는 경험을 교회 속에서 갖는 것입니다.

교회는 장차 완성될 하나님 나라의 모판입니다. 우리가 비록 지금은 악과 고통이 있는 조건 속에 살고 있지만, 그것이 전혀 없는 장래에 완성될 하나님 나라를 우리는 교회 안에서 미리 맛보게 됩니다.

교회 됨을 경시하는 현실을 거스르라

오늘날 한국 교회 안에는 이러한 교회 됨을 풍성히 경험하는 모습을 찾아보기가 어렵습니다. 교회가 너무 커져서 그런지 모르겠지만, 주로 교회 안에서 개인적으로 은혜를 받으며 신앙생활 하는 사람들이 많아 보입니다. 사실 예수 믿는 자는 기본적으로 누구나 교회 됨에 참여하고 있고 또한 그것을 경험하고 있습니다. 그러나 오늘날 신자들이 과연 교회 됨을 풍성히 경험하는가에 대해서는 회의적인 생각이 듭니다. 종교적으로는 교회를 열심히 다니고 있지만, 그리스도의 몸의 지체로서의 삶의 유익과 그 풍성함을 알지 못하기 때문입니다.

오늘날 많은 사람이 거듭남과 성령의 역사에 대한 영적인 갈망을 갖고 있지만 그것을 교회 됨 속에서 채우는 것이 아니라, 오히려 유튜브 등과 같은 인터넷 설교로 땜질하려고 합니다. 사실 설교는 매우 중요한 방편입니다. 하지만 교회 됨을 갖지 못한 채 설교 하나로만 모든 것을 채우려는 것은 머리만 커지고 정작 이 세대를 본받지 않고 사는 삶의 가치를 풍성히 갖지 못하는 기형적인 모습이 될 수 있습니다.

온라인 설교가 많이 늘어나는 것이 능사는 아니라고 생각합니다. 그것은 아주 예외적으로 병상에 있는 사람들이나 도저히 공간적으로 해결이 안 되는 사람들에게나 필요한 것입니다. 정상적인 신앙생활을 하려면 신자는 교회 됨의 조건에서 살아야 합니다. 그래서 개인의 구원 차원에서만 열심을 내는 사람들이 의외로 이 세대를 이기지 못하는 것입니다. 이것을 먼저 교회 됨 속에서 경험하고 거기서 든든히 서야 함에도 이런 균형을 갖지 못하기 때문입니다. 결국 이 세대의 생각과 행동을 따라 살다가 양심의 가책을 받으면 자신의 의지로 조금 노력하는 모습을 가질 뿐입니다. 이것은 교회가 아닌 자신의 신앙 양심과 의지에만 의존하는 태도입니다.

이 세대의 영향과 압박이 거세어질 때는 교회 안의 사람들조차 구분됩니다. 교회 됨을 풍성히 경험하면서 교회로서 살아온 사람은 이 세대의 압박이 아무리 거세어도 잘 견디며 훨씬 덜 흔들립니다. 그러나 상대적으로 이러한 경험이 없는 사람은 평상시에도 그래 왔던 것처럼 어린아이와 같은 미성숙한 모습을 드러냅니다. 때로는 그들이 교회의 참된 지체인지 의문을 갖게 할 만큼 요동하는 모습을 드러내기도 합니다. 코로나 상황 속에서도 이러한 구분은 뚜렷이 나타나고 있습니다. 이 세대 속에서 교회 됨을 풍성히 경험하면서 교회로서 사는 사람은 그러한 상황을 이길 힘과 동력을 교회에서 공급받기 때문에 확실히 흔들림이 덜합니다.

이처럼 신자가 이 세상에 살면서도 이 세대를 본받지 않는 최고의 방법은 그리스도의 몸 된 지체로서 교회 됨을 풍성히 경험하는 것입니다. 우리는 이 사실을 깊이 인식하고 여기에 기꺼이 참여해야 합니다. 교회의 머리 되신 그리스도께서 말씀과 성령으로 다스리시며 이 악한 세대의 영향과 압박을 능히 이길 수 있는 힘을 공급하시는 모든 방편이 교회 속에 있음을 기억해야 합니다.

이 세대의 유혹과 압박을 이기는 것은 일주일에 한 번 예배드리는 것으로는 되지 않습니다. 학교나 직장이나 가정에서든 이 세대의 사고방식과 생활방식을 거스르며 살기 위해서는 삶의 중심에 교회가 있어야만 합니다. 교회의 머리 되신 그리스도께서 말씀과 성령으로 다스리시는 것을 풍성하게 경험할수록 우리는 이 세대를 본받지 않으며 살아갈 수 있습니다.

우리는 그리스도의 몸인 교회로서 산다

우리가 삶의 중심에서 교회 됨을 풍성히 경험하는 것이야말로 하나님이 제공하신 최고의 방법입니다. 이것이 없이는 이 세대를 본받지 않으며 산다는 것은 불가능한 일입니다. 교회에서 멀어지고 교회 안에서 공급받으며 성장하는 일이 없는 사람은 이 세대의 영향과 압박에 저항하지 못하고 결국 동화되어 살아가게 됩니다. 그러므로 이 세대를 본받지 않기 위해 성경이 우리에게 최고의 대답으로 제시한 내용을 잘 생각해 보십시오. 우리는 이 세상에서 나그네와 외국인처럼 살아야 하고, 그러한 삶의 중심에는 교회로서 사는 것이 있음을 기억해야 합니다.

오늘날 이 세상의 많은 사람이 교회를 이익 집단처럼 편견을 갖고 바라봅니다. 그러한 상황 속에서 성경이 말하는 교회의 참된 의미는 퇴색된 것처럼 보일지 몰라도, 그럼에도 참된 신자라면 교회 됨을 풍성히 경험하며 교회로서 살아갈 것입니다.

여러분의 지난날을 비교해 보고, 다른 사람들의 삶도 한번 비교해 보십시오. 교회에서 신앙생활을 하다가 떠난 사람과 그렇지 않은 사람 사이에는 분명한 차이가 있음을 알게 될 것입니다. 하나님은 우리가 주님 앞에 설 때까지 교회 됨을 풍성히 경험하면서 이 세대를 이길 수 있도록 우리에게 교회를 주셨고, 교회에 속하게 하셨습니다. 설교자들이 종종 부흥회나 수련회를 통해 개인의 의지에 호소하는 것을 보곤 합니다. 물론 거기에는 우리의 인격적인 참여가 반드시 있어야 합니다. 그러나 교회 됨을 배제한 채 그러한 일을 하게 되면, 신앙생활을 하다가 실패할 때 패배감을 크게 경험하게 됩니다. 우리는 실패하는 일이 있어도 다시 회복되고 이길 힘을 공급받을 수 있는 곳이 다름 아닌 그리스도의 몸인 교회라는 사실을 잊어서는 안 됩니다.

이 세대에서 건짐 받은 자들로 구성된 공동체의 머리는 그리스도이십니다. 그분이 우리를 말씀과 성령으로 다스리시며 능히 이 세대를 이기도록 우리 안에서 모든 방편을 사용하십니다. 또한 우리는 교회의 지체들과 서로 협력하고 위로하고 세워 주면서 이 세대를 이길 수 있게 됩니다. 이것은 우리의 삶에 있는 놀라운 내용입니다.

우리는 주님 앞에 설 때까지 이 악한 세대 속에서 계속 살아갈 것입니다. 그러나 우리에게는 그것을 거스르고 능히 이기며 살 수 있는 길이 있음을 잊지 마십시오. 교회에 속하여 교회 안에서 살아가는 것 말입니다. 그러므로 교회 됨을 더욱 풍성히 경험하십시오. 그리하여 이 세대를 본받지 않고 능히 이기며 살아갈 수 있기를 바랍니다.

17장

바벨론에서의 성도의 삶

"너희는 이 세대를 본받지 말고 오직 마음을 새롭게 함으로 변화를 받아
하나님의 선하시고 기뻐하시고 온전하신 뜻이 무엇인지 분별하도록 하라"

롬 12:2

"선지자 예레미야가 예루살렘에서 이 같은 편지를
느부갓네살이 예루살렘에서 바벨론으로 끌고 간 포로 중
남아 있는 장로들과 제사장들과 선지자들과 모든 백성에게 보냈는데
그때는 여고니야왕과 왕후와 궁중 내시들과
유다와 예루살렘의 고관들과 기능공과 토공들이 예루살렘에서 떠난 후라
유다의 왕 시드기야가 바벨론으로 보내어 바벨론의 왕 느부갓네살에게로 가게 한
사반의 아들 엘라사와 힐기야의 아들 그마랴 편으로 말하되
만군의 여호와 이스라엘의 하나님께서 예루살렘에서 바벨론으로 사로잡혀 가게 한
모든 포로에게 이와 같이 말씀하시니라
너희는 집을 짓고 거기에 살며 텃밭을 만들고 그 열매를 먹으라
아내를 맞이하여 자녀를 낳으며 너희 아들이 아내를 맞이하며
너희 딸이 남편을 맞아 그들로 자녀를 낳게 하여
너희가 거기에서 번성하고 줄어들지 아니하게 하라
너희는 내가 사로잡혀 가게 한 그 성읍의 평안을 구하고 그를 위하여 여호와께 기도하라
이는 그 성읍이 평안함으로 너희도 평안할 것임이라
만군의 여호와 이스라엘의 하나님께서 이와 같이 말씀하시니라
너희 중에 있는 선지자들에게와 점쟁이에게 미혹되지 말며
너희가 꾼 꿈도 곧이 듣고 믿지 말라 내가 그들을 보내지 아니하였어도
그들이 내 이름으로 거짓을 예언함이라 여호와의 말씀이니라

여호와께서 이와 같이 말씀하시니라 바벨론에서 칠십 년이 차면 내가 너희를 돌보고
나의 선한 말을 너희에게 성취하여 너희를 이곳으로 돌아오게 하리라
여호와의 말씀이니라 너희를 향한 나의 생각을 내가 아나니
평안이요 재앙이 아니니라 너희에게 미래와 희망을 주는 것이니라
너희가 내게 부르짖으며 내게 와서 기도하면 내가 너희들의 기도를 들을 것이요
너희가 온 마음으로 나를 구하면 나를 찾을 것이요 나를 만나리라
이것은 여호와의 말씀이니라 나는 너희들을 만날 것이며
너희를 포로 된 중에서 다시 돌아오게 하되 내가 쫓아 보내었던 나라들과
모든 곳에서 모아 사로잡혀 떠났던 그곳으로 돌아오게 하리라
이것은 여호와의 말씀이니라"

렘 29:1-14

고립된 존재가 아닌 세상의 빛과 소금

어떤 사람들은 "이 세대를 본받지 말라"는 말씀을 마치 이 세대로부터 고립되어 사는 것으로 생각합니다. 수도원의 삶이 숭고하고 고차원적인 신앙생활인 것처럼 생각하는 것입니다. 그러나 그것은 성경이 이 세상에 존재하는 그리스도인의 모습으로 말하는 내용이 아닙니다. 예수님은 그분을 믿는 우리를 가리켜 세상의 빛과 소금이라고 말씀하셨습니다(마 5:13-14). 신자는 이 세상에 살면서 빛과 소금의 역할로 존재해야 함을 시사하는 것입니다.

우리는 앞의 세 장에 걸쳐 이 세대에서 건짐 받은 그리스도인이 '어떻

게' 하면 이 세대를 본받지 않을 수 있는지에 대한 내용을 다루었습니다. 이 장에서는 그러한 그리스도인이 육신의 정욕과 안목의 정욕, 이생의 자랑이 가득한 이 세상으로부터 고립되지 않으면서도 그곳에서 가져야 할 역할과 삶의 태도가 무엇인지에 대해 살펴보고자 합니다. 왜냐하면 이 부분은 "이 세대를 본받지 말라"는 말씀을 우리의 현실에 구체적으로 적용함에 있어서 우리가 반드시 생각해야 할 문제이기 때문입니다. 예레미야서 말씀은 바로 이 부분에 대한 하나의 원리적인 답을 제시하고 있습니다.

예레미야 29장 1-14절은 선지자 예레미야가 예루살렘에서 바벨론으로 끌려간 유다의 장로들과 제사장들, 선지자들과 모든 백성에게 보낸 편지의 내용입니다. 이것은 개인적인 편지가 아니라, 하나님이 예레미야에게 계시로 주신 말씀을 기록한 것입니다. 이 편지의 요지는 바벨론에 포로로 잡혀간 이스라엘 백성이 그곳에서 어떻게 살아야 할지에 관한 내용입니다. 결국 이것은 하나님의 백성이 이 세상 나라에서 어떻게 살아야 하는지를 말해 줍니다.

그리고 이 내용이 오늘날 예수 믿는 우리에게도 적용될 수 있는 이유는 요한계시록에서 이 세상을 '바벨론'으로 묘사하기 때문입니다. 구약성경에서 바벨론이 죄악 된 이 세상 나라를 대변하고 하나님과 그분을 믿는 자들을 적대한 것처럼, 오늘날 이 세상도 신자들을 이 세대의 생각과 행동의 틀로 유혹하고 압박하며 적대한다는 측면에서 둘은 똑같습니다. 또한 예레미야서나 요한계시록이 '바벨론'의 멸망을 예언하고, 그 가운데 예수 믿는 자들을 구원할 것이라는 측면에서도 동일합니다. 그래서 예레미야서 말씀은 오늘날 그리스도인들이 이 세상을 살면서 그 가운데서 우리의 역할과 삶의 태도와 자세가 어떠해야 하는지를 생각하게 합니다.

하나님은 바벨론에 포로로 잡혀간 예루살렘 사람들에게 바벨론을 미워하거나 그들과 상종하지 않으면서 살라고 하지 않으셨습니다. 오히려 그곳에서 그들의 삶을 가지고 적극적으로 살라고 말씀하셨습니다.

"너희는 집을 짓고 거기에 살며 텃밭을 만들고 그 열매를 먹으라 아내를 맞이하여 자녀를 낳으며 너희 아들이 아내를 맞이하며 너희 딸이 남편을 맞아 그들로 자녀를 낳게 하여 너희가 거기에서 번성하고 줄어들지 아니하게 하라"(렘 29:5-6).

이것은 우리가 이 악한 세대 속에 살면서 그 가운데 삶의 거처를 두고 일하며 먹고 후손을 이어 가는 일반적인 삶을 의미합니다. 그뿐만 아니라 하나님은 하나님과 그분의 백성을 적대하는 바벨론에 대해 다음과 같은 말씀을 덧붙이셨습니다.

"너희는 내가 사로잡혀 가게 한 그 성읍의 평안을 구하고 그를 위하여 여호와께 기도하라 이는 그 성읍이 평안함으로 너희도 평안할 것임이라"(렘 29:7).

이 땅의 생활에 충실하며, 또한 하나님과의 관계에 충실한 삶

이것은 하나님의 백성이 바벨론에 살면서 먹고 마시며 자녀를 낳고 키우며 사는 정도를 넘어서 자신들의 평안을 위해 그들이 살고 있는 바벨론을 위해 기도하라는 말씀입니다. 하나님은 그들이 70년 뒤에 예루살렘으로 돌아오게 될 것이라고 말씀하시면서, 그때를 기다리며 바벨론에서 살라고 말씀하신 것입니다. 물론 그 기간 동안 이 세상에서 직업을 갖고 일하며 시집가고 장가가고 자녀를 낳으며 사는 것에만 충실하라는 의미는 아닙니다. 그 가운데서도 하나님과의 관계 속에서 하나님을 신앙하며 하나님께 기도하며 살라고 하신 것입니다.

"너희가 내게 부르짖으며 내게 와서 기도하면 내가 너희들의 기도를 들을 것이요 너희가 온 마음으로 나를 구하면 나를 찾을 것이요 나를 만나리라"(렘 29:12-13).

이처럼 하나님은 이스라엘 백성이 바벨론에 사는 동안에도 그들의 삶의 인도자요, 보호자로 계신다는 사실을 말씀하셨습니다. 여기서 우리는 하나의 큰 원리를 보게 됩니다. 그것은 이스라엘 백성이 바벨론에 살면서도 자신들의 평안이 바벨론 사람들의 평안과 결코 분리될 수 없다는 면에서 바벨론의 평안을 구하고 그 나라를 위해 기도해야 했던 것처럼, 우리도 이 세상을 살면서 각자의 삶의 영역 속에서 부지런히 살며 활동해야 할 책무가 있다는 사실입니다.

하나님은 바벨론에 있는 이스라엘 백성이 바벨론 사람들로부터 고립되어 살라고 하지 않으시고, 오히려 그들의 정치, 사회, 경제, 문화 속에서 함께 살라고 말씀하셨습니다. 물론 여기에는 그들이 바벨론에서도 하나님의 백성 공동체로 존재하다가 장차 바벨론의 멸망과 함께 다시 예루살렘으로 돌아가게 된다는 사실이 전제되어 있습니다. 실제로 이 사건은 역사 속에서 일어났습니다. 바벨론이 멸망하고 페르시아 왕 고레스의 명령에 따라 이스라엘 백성은 예루살렘으로 돌아가게 된 것입니다.

그런데 놀랍게도 요한계시록 역시 '바벨론'으로 묘사된 이 세상이 장차 망하게 되고, 그때 예수 믿는 자들의 구원이 온전해지는 영광스러운 결론이 있을 것이라고 말합니다. 이 땅을 사는 그리스도인들은 그때를 소망하며 바벨론과 같은 이 세상에서 믿음을 지키면서 삶의 여정을 가지라는 것입니다.

이러한 모습을 실제로 잘 보여 준 대표적인 사례가 바로 바벨론에서 포로로 살았던 다니엘과 세 친구입니다. 그들은 바벨론의 학문을 열심히 배웠고, 그 가운데서 탁월함을 드러냈습니다. 그들은 바벨론의 관리가 되어 자신들의 역할을 감당하며 살았습니다. 그야말로 바벨론의 평안을 구하면서 그곳에서 최선을 다해 산 것입니다. 그들은 바벨론의 정치, 사회, 교육, 문화로부터 고립되지 않았고, 그곳의 교육을 받으면서 정치, 사회, 문화에도 참여했습니다.

하지만 그들은 바벨론을 예루살렘으로 바꾸려고 하지는 않았습니다. 바벨론 사람들에게 모세의 율법을 주장하지도 않았습니다. 그저 하나님이 자신들을 그곳에 두신 바를 따라 바벨론을 섬김으로써 하나님을 섬겼습니다. 이러한 사실은 우리 그리스도인들이 이 세대를 본받지 않으면서도 어떻게 이 세대 속에서 살아야 하는지에 대한 계시적인 통찰을 줍니다. 이것을 네 가지 정도로 말씀드리고자 합니다.

바벨론에서의 성도의 삶 1_
먹고 마시며 수고하는 일반은총의 기쁨을 누리라

바벨론과 같은 이 세상에서 우리의 역할과 삶의 태도와 관련해서 말할 첫 번째 내용은 바벨론 사람들과 이스라엘 사람들은 모두 똑같이 기본적인 삶을 가지고 있다는 사실입니다. 우리도 이 세상에 속한 사람들과 똑같이 먹고 마시며 수고하고, 그 수고한 것의 열매를 얻으며 살아갑니다. 성경은 우리가 타락한 이 세상으로부터 고립되어 승려나 수도사와 같은 금욕적인 삶을 살라고 말하지 않습니다. 오히려 일반은총의 세계 속에 살면서 그 가운데서 즐거움을 가질 것을 말합니다. 이것은 예레미야서 본문이 분명히 말하고 있지만, 더 구체적인 내용은 전도서 2장을 통해 알 수 있습니다.

"사람이 먹고 마시며 수고하는 것보다 그의 마음을 더 기쁘게 하는 것은 없나니 내가 이것도 본즉 하나님의 손에서 나오는 것이로다"(전 2:24).

먹고 마시며 수고하는 것을 기뻐하는 삶은 그저 우연히 주어지는 것이 아니라, 하나님의 허락 속에서 있음을 말하는 것입니다. 그래서 하나님이 주신 것 안에서 즐거워하라고 말하면서 전도서 9장에서는 이렇게 덧붙입니다.

"너는 가서 기쁨으로 네 음식물을 먹고 즐거운 마음으로 네 포도주를 마실지어다 이는 하나님이 네가 하는 일들을 벌써 기쁘게 받으셨음이니라 네 의복을 항상 희게 하며 네 머리에 향 기름을 그치지 아니하도록 할지니라 네 헛된 평생의 모든 날 곧 하나님이 해 아래에서 네게 주신 모든 헛된 날에 네가 사랑하는 아내와 함께 즐겁게 살지어다 그것이 네가 평생에 해 아래에서 수고하고 얻은 네 몫이니라"(전 9:7-9).

우리가 이 세상에 살면서 일반적으로 갖는 삶의 내용은 하나님이 각자의 몫으로 우리에게 선물로 주신 것입니다. 그래서 사람마다 삶의 조건들이 다를 수 있습니다.

어떤 사람은 굉장히 열악한 조건에서 살고, 또 어떤 사람은 조금 더 부요하게 살기도 합니다. 우리는 우리의 몫으로 주신 것을 가지고 하나님께 감사함으로 누리면서 살면 되는 것입니다. 물론 그것들을 방탕과 타락의 재료로 삼아서는 안 되고, 하나님을 영화롭게 하며 살아야 합니다. 우리는 하나님의 백성답게 하나님이 주신 것들을 잘 누리고 활용하며 사는 자세를 가져야 합니다.

바벨론에서의 성도의 삶 2 _
원수를 사랑하며 박해하는 자를 위해 기도하라

이 세상에서 우리의 역할과 태도에 대해 생각해야 할 두 번째 내용은 다니엘과 세 친구가 살았던 모습에 있습니다. 그들은 바벨론에 살면서 자신의 능력을 통해 갖게 된 지위나 역할을 가지고 바벨론 사람들을 섬겼습니다. 마찬가지로 우리도 이 악한 세대로부터 고립되어 살 것이 아니라, 우리가 가진 실력과 역량을 통해 이 세상 사람들을 섬기며 살아야 합니다. 예수님은 산상수훈에서 천국의 시민들에게 "너희 원수를 사랑하며 너희를 박해하는 자를 위하여 기도하라"(마 5:44)고 말씀하셨습니다. 다니엘과 세 친구는 자신들의 원수요, 대적자인 바벨론에 살면서도 그곳의 관리가 되어 그들을 섬김으로써 하나님을 섬겼습니다.

물론 이러한 내용을 실천하는 것은 어려울 수 있습니다. 그러나 성경은 이 세상으로부터 완전히 고립된 삶을 그리스도인의 삶으로 말하지 않습니다. 우리는 이것을 실천하기 어려워도 노력해야만 합니다. 우리를 유혹하고 압박하는 이 세대로 인하여 그들을 대적자와 원수로 여기는 유혹을 받는다고 할지라도, 우리는 하나님이 우리를 이 시기, 이곳에 두신 것을 따라서 그들을 사랑하고 그들을 위하여 기도함으로써 섬겨야 합니다.

이것은 예수 믿는 우리에게는 결코 불가능한 일이 아닙니다. 비록 우리의 본성으로는 불가능하다고 여겨질 수 있으나, 그리스도의 은혜를 입은 우리는 그리스도의 보혈과 성령의 도우심을 힘입어 그 일을 하게 되고, 또 할 수 있습니다. 다니엘과 세 친구가 자기 나라를 짓밟고 멸망시켰던 바벨론을 섬기면서 그들을 위해 기도한 것을 기억하며, 우리 역시도 그러한 모습을 갖고자 해야 합니다.

이처럼 우리가 있는 자리에서 다른 사람을 섬기는 것이 이 세상에서 사는 우리의 삶의 일부입니다. 우리는 예배당 안에서만 하나님을 섬기는 것이 아니라, 예배당 밖에서도 다른 사람들을 섬김으로써 하나님을 섬겨야 합니다.

바벨론에서의 성도의 삶 3_
성실하게 참여하되 죄악은 분별하고 저항하라

세 번째 내용은 우리가 섬기는 이 세상 사람들의 죄악 된 영향과 압박까지 호의적으로 반응해서는 안 된다는 것입니다. 우리는 이 부분에 있어서 분명한 태도를 가져야 합니다.

다니엘과 세 친구는 바벨론의 정치와 사회, 문화 속에 있는 죄악 된 것을 적당히 수용하면서 살아가지 않았습니다. 그것이 아무리 국가 정책이나 법이라 할지라도 그들은 하나님을 거스르는 것에 대해서는 분별하고 거절했습니다. 우리가 알다시피 바벨론의 느부갓네살왕이 금신상을 세우고 거기에 절하지 않는 자는 맹렬히 타는 풀무 불에 던져 넣겠다고 했을 때, 다니엘의 세 친구는 금신상에 절하는 것을 단호하게 거부했습니다(단 3장 참조). 다니엘도 다리오왕이 왕 외에는 어떤 신에게나 사람에게 어떤 것을 구하지 말라는 법령을 내렸을 때 왕의 명령을 거절했습니다(단 6장 참조).

우리는 이 세상에 살면서 다른 사람을 섬기며 그들을 위해 기도해야 하지만, 그렇다고 죄악 된 영향과 압박까지 그대로 흡수하면서 호의적으로 반응하면서까지 하라는 말은 아닙니다. 다니엘과 세 친구는 하나님을 거스르면서까지 바벨론의 정치, 경제, 사회, 문화에 참여하지는 않았습니다. 그들은 죄악 된 것과 반(反)하나님적인 것들을 정확하게 분별함으로써 거기에 저항하고 거절했습니다.

마찬가지로 우리도 각자의 위치와 맡은 역할 속에서 다른 사람들을 섬기며 이 세상의 정치, 사회, 교육, 문화, 경제 등 사회 전반에 걸쳐 성실함과 진실함으로 참여해야 합니다. 그러나 우리를 죄악으로 이끌거나 반하나님적인 생각과 행동을 부추기는 것에 대해서는 다니엘과 세 친구처럼 분별하고 저항해야 합니다.

신자는 이 세상이 악하다고 해서 이 세상의 모든 영역에 참여하는 것을 기피해서는 안 됩니다. 모든 분야에는 우리의 역할이 분명히 있습니다. 거기서 우리는 우리의 역할을 성실하고 정의롭게 감당함으로써 하나님을 섬겨야 하고, 하나님을 믿지 않는 자들과 협력하며 함께 책임을 감당해야 합니다. 그러면서 우리는 각자에게 주어진 위치와 장소, 모든 시간 속에서 하나님의 백성으로 살면서 우리가 알고 믿는 하나님의 말씀을 따라서 행해야 합니다. 그것이 바로 이 악한 세대 속에서 사는 우리의 모습과 태도입니다.

바벨론에서의 성도의 삶 4_
하나님과의 관계 속에서 장래의 소망을 기다리며 살라

우리가 마지막으로 생각할 내용은 이스라엘 백성이 바벨론에 살았지만 그들과는 구별되게 한 삶의 모습을 우리 역시 가져야 한다는 것입니다. 우리는 이것을 두 가지로 나누어 생각해 볼 수 있는데, 그중 하나는 그곳에서의 삶을 하나님과의 관계 속에서 사는 것이고, 또 다른 하나는 바벨론이 영원한 삶의 터전이 아니기 때문에 예루살렘으로 돌아갈 것을 기다리면서 사는 것입니다. 바로 이 두 가지 측면에서 이스라엘 백성은 바벨론 사람들과는 구별되었던 것입니다.

다니엘과 세 친구 및 이스라엘 백성은 바벨론에서 자신들이 맡은 역할과 책임을 다하면서 살았지만, 그 가운데서 하나님께 나아가 기도하며 하나님과의 관계 속에서 살았습니다. 다니엘은 제국의 총리가 되었어도 창문을 열고 정한 시간에 하나님께 기도했습니다. 다른 사람들은 그가 법을 어겼다고 모함하면서 죽음으로 내몰았지만 그는 끝까지 하나님을 의지하면서 하나님과의 관계 속에서 살았습니다. 그러면서 그는 예루살렘으로 돌아갈 것을 기다리며 소망 가운데 살았습니다.

바로 이것이 바벨론 사람들과 그들이 구별되었던 점입니다. 그들은 똑같이 바벨론 땅에서 살았지만 바벨론 사람들의 사고방식과 생활방식에 동화되어 살지는 않았습니다. 오히려 그 속에서 하나님을 향한 신앙을 견지하면서 예루살렘으로 돌아갈 날을 소망하며 자연스럽게 바벨론과의 거리감을 유지했습니다.

마찬가지로 신약 성경도 우리가 이 땅을 사는 동안 마치 이 땅에서의 삶이 전부인 것처럼 살라고 말하지 않습니다. 이 세상에 동화되어 살거나, 또는 다른 사람들을 섬긴다는 이유로 그들의 사고방식과 생활방식까지 따라서 살라고 말하지 않습니다. 오히려 예수 믿는 자를 이 악한 세대에서 건짐 받아 구별된 자요, 하늘의 시민권을 가진 자로 말하면서 복스러운 소망과 그리스도의 영광이 나타나심을 기다리며 소망 중에 사는 자로 말합니다. 이것이 바로 우리로 하여금 이 세상 사람들과 자연스럽게 구별되게 하는 사실입니다.

여러분은 이 세상에 살면서 하나님을 찾고 구하며 하나님과의 관계 속에서 살고 있습니까? 더 나은 본향을 소망하여 사는 것으로 인해 이 세상 사람들과는 구별됨으로써 갖는 거리감을 경험하면서 살고 있습니까? 그들로부터 거리감을 두려고 해서가 아니라, 하나님과의 관계 속에서 장래의 소망을 바라보며 사는 모습으로 인해 자연스럽게 생겨나는 거리감을 느끼며 사느냐는 것입니다.

신중함과 의로움과 경건함으로 이 세상에 사는 것

이런 그리스도인의 삶과 관련해서 바울은 디도에게 보낸 편지에서 다음과 같은 귀한 권면을 남깁니다. 그것은 이 땅을 사는 그리스도인들이 어떻게 살고, 또 어떻게 살아야 하는지를 말해 주는 내용이기도 합니다.

"모든 사람에게 구원을 주시는 하나님의 은혜가 나타나 우리를 양육하시되 경건하지 않은 것과 이 세상 정욕을 다 버리고 신중함과 의로움과 경건함으로 이 세상에 살고 복스러운 소망과 우리의 크신 하나님 구주 예수 그리스도의 영광이 나타나심을 기다리게 하셨으니"(딛 2:11-13).

여기서 말하는 '이 세상'은 로마서 12장 2절에서 말한 '이 세대'와 같은 단어입니다. 그래서 이 말은 곧 바벨론과 같은 이 세상, 이 세대에 사는 그리스도인들은 신중함과 의로움과 경건함으로 산다는 의미입니다. 이것은 또한 다니엘과 세 친구가 바벨론에서 하나님과의 관계 속에 살았던 것에 대한 좀 더 구체적인 설명이기도 합니다.

그러면 이 세상에서 신중함과 의로움과 경건함으로 산다는 것은 무엇을 말할까요? 윌리엄 헨드릭슨(William Hendriksen)은 '신중함'은 우리 자신에 대한 것으로, '의로움'은 다른 사람들에 대한 것으로, '경건함'은 하나님께 대한 것으로 설명했습니다.[1]

다시 말해, '신중함'은 자신에 대한 태도로서 내적인 욕구와 생각을 드러내는 데 있어서 신중한 것이라고 말합니다. 하나님을 믿는 백성으로서 우리에게는 말씀의 기준이 있습니다. 그렇기 때문에 우리의 내적인 욕구와 본성대로 살지 않고, 오히려 그것을 드러내지 않도록 매우 신중해야 한다는 것입니다. 또 '의로움'은 다른 사람에 대한 태도로서 정직과 공정과 순수함으로 행하는 것을 말합니다. 세상에는 약삭빠르게 행동하면서 자신의 앞가림을 하는 사람들과는 구별되게 순수하게 행동하는 사람들이 있습니다. 여기서 말하는 '의로움'은 바로 그런 공명정대함을 가리킵니다. 하나님을 아는 자로서 다른 사람들을 정직과 공정과 순수함으로 대하는 것을 말합니다. '경건함'은 하나님에 대한 태도로서 홀로 예배 받으시기에 합당하신 하나님을 경배하며 그분을 경외하는 것을 가리킵니다.

이것이 바로 자신에 대해, 다른 사람들에 대해 그리고 하나님께 대해 이 세상과는 구별되게 사는 신자들의 모습입니다. 바벨론에 거하며 하나님과의 관계 속에서 살았던 다니엘과 세 친구가 구별되었던 것처럼 말입니다.

그리스도의 영광을 바라며 오늘에 충실한 백성이 되자

그런데 바울은 디도서 2장에서 한 가지 사실을 덧붙이고 있습니다. 바로 복스러운 소망과 그리스도의 영광이 나타나심을 기다리며 사는 것을 말합니다. 그렇습니다. 이 땅을 사는 그리스도인들은 장래의 영광과 본향을 기다리며 삽니다. 예수 믿는 자는 마치 이 세상이 전부인 것처럼 살지 않습니다. 우리는 그리스도께서 예비하신 장래의 영광이 나타날 것을 소망하며 삽니다. 그 일이 우리의 임종을 통해 있게 되든지, 아니면 궁극적으로 있게 되든지 우리는 성경이 말하는 참되고 영원한 생명을 누릴 것을 기대하며 사는 것입니다. 이스라엘 백성이 죄악의 유혹이 많았던 바벨론에 살면서도 70년 뒤에는 예루살렘으로 돌아갈 것을 기다리며 살았던 것처럼, 우리도 영원한 본향인 새 예루살렘으로 돌아갈 것을 소망하며 살아가는 것입니다.

바울은 예수 믿는 우리가 이 땅에서 그런 구별된 특징을 가지고 사는 것의 비결은 "하나님의 은혜가 나타나 우리를 양육하시되 경건하지 않은 것과 이 세상 정욕을 다 버리고 신중함과 의로움과 경건함으로 이 세상에 살고"(딛 2:11-12)라고 말합니다. 우리는 하나님의 은혜로운 간섭과 도우심과 인도하심 속에서 양육을 받으면서 바벨론과 같은 이 세상에서 구별된 모습을 견지하며 산다는 말입니다.

여러분은 이러한 비밀을 자신 안에서 경험하고 있습니까? 성경은 우리의 힘과 의지로 이 세대를 본받지 말라고 말하지 않습니다. 하나님의 은혜의 양육과 교회의 머리 되신 그리스도께서 말씀과 성령으로 다스리시고 그 가운데 은혜를 공급하시며 이끄시는 것 속에서 그리할 것을 말합니다.

우리가 이 세상으로부터 고립되지 않으면서도 이 세상에서 구별되게 사는 길, 더욱이 이 세상에서 우리의 역할을 감당하면서 다른 사람을 섬기며 사는 길로서 말하는 이러한 내용을 가볍게 생각하지 말아야 합니다. 교회생활만 잘하고, 하나님만 잘 믿으면 된다고 생각해서는 안 되는 것입니다. 하나님은 바로 지금, 이 땅에 우리를 두셨습니다. 그래서 우리는 지금 바벨론과 같은 세상에 살고 있습니다. 우리는 우리를 여기에 두신 하나님의 뜻을 따라 이곳이 멸망할 때까지 우리의 역할을 감당하는 가운데 다른 사람들을 섬김으로써 하나님을 섬기며 살아야 합니다.

그러므로 여러분, 현재 자신이 이 세상에서 어떻게 살아가고 있는지를 잘 생각해 보십시오. 어떤 사람들은 이러한 내용이 너무 복잡하고 어렵다고 여길지 모르지만, 이것은 우리가 기피할 문제가 아닙니다. 이 세대는 계속해서 우리에게 악한 영향을 미치며 우리의 믿음을 뒤흔들고 있습니다. 그렇다고 해서 우리는 여기서 도피할 수도 없고, 그리해서도 안 됩니다. 하나님이 우리에게 생명을 주시는 동안 우리는 이 세대 속에서 살아야 합니다. 그 가운데서 이 세대가 가진 정치와 문화, 사회 속에서 성경과는 다른 반하나님적인 것을 분별함으로써 거절하고 저항해야 합니다.

예수 믿는 우리는 이 세대에서 건짐 받은 자요, 구별된 자입니다. 나그네와 거류민으로 살면서 더 나은 본향을 향해 나아가고 있는 자입니다. 그러므로 자신이 이 세대와는 불가피하게 구별되었다는 사실을 잘 견지하십시오. 오늘날 기독교와 예수 믿는 자들이 만들어 놓은 하향 조건에 동조하지 마십시오. 성경은 이 악한 세대 속에서 우리가 살아야 할 길과 삶의 방식이 있다고 분명하게 말합니다. 우리는 그 길을 따라가야 합니다. 이 세대를 본받지 않으면서 말입니다.

18장

우리가 이 세대를 본받지 않을 때

> "너희는 이 세대를 본받지 말고 오직 마음을 새롭게 함으로 변화를 받아 하나님의 선하시고 기뻐하시고 온전하신 뜻이 무엇인지 분별하도록 하라"
>
> **롬 12:2**

지금까지 우리가 살펴 온 내용들은 단순히 이 세대가 어떠한지에 대한 지식 정도를 말하기 위함이 아닙니다. "이 세대를 본받지 말라"는 복스러운 명령은 우리 모두가 실제적인 삶의 내용으로 가져야 할 말씀입니다. 지적인 공감이나 일시적인 마음의 결심 정도를 넘어서 성령에 의한 감동을 따라 기꺼이 그러한 삶을 살고자 하는 마음이 뒤따라야 하는 것들입니다.

대중에 동조하지 않는 자에게 있는 어려움

이제 이 책의 내용을 마무리하면서 우리가 "이 세대를 본받지 말라"는 말씀을 따라 신실하게 살고자 할 때 겪게 될 것들에 대해 다루고자 합니다. 이미 살핀 바와 같이, "이 세대를 본받지 말라"는 말씀은 이 세대의 유혹과 압박이 있는 조건에서 그것에 저항하라는 말씀입니다. 그런데 실제로 우리가 이 말씀을 따라서 다른 사람들과의 관계 속에서 저항하며 살게 될 때는 놀랍게도 이 세대를 본받으면서 사는 대중과 대응하며 구별되는 것을 경험하게 됩니다. 물론 어떤 사람들은 이런 문제를 대수롭지 않게 생각할지도 모릅니다. 그러나 이 세대의 실체를 정확하게 알고, 그 가운데서 이 세대의 생각과 행동에 저항하며 살고자 하는 사람은 분명히 자신과는 다른 세상, 다른 대중을 마주하게 됩니다.

사실 우리가 대면하는 이 세상 또는 이 세대에 저항함으로써 겪게 되는 것은 한두 가지 항목으로 말할 수 있는 것은 아닙니다. 우리는 세상 전체를 마주하면서 삶의 다양한 것들을 전방위적으로 경험하기 때문입니다. 그것은 일종의 무시나 왕따, 인신공격의 형태로 나타날 수도 있고, 심지어는 적극적인 박해로 다가올 수도 있습니다. 여기서는 그런 구체적인 사례들보다는 오히려 우리가 간과하기 쉬운 이 세상의 대세 또는 대중과 관련된 내용을 생각해 보려고 합니다.

우리는 우리 주변의 대다수가 생각하고 행동하는 것에 동조하지 않을 때 어려움을 경험할 수 있습니다. 우리는 늘 이러한 다수 또는 대중과 마주하며 씨름해야 합니다. 그것이 바로 우리가 이 세대를 본받지 않으면서 가야 할 삶의 여정입니다. 사실 이러한 대세, 대중과 함께하지 않는다는 것은 굉장히 어려운 일입니다. 우리는 사회적 존재로서 다른 사람과의 관계 속에서 살아가야 하기 때문입니다. 이러한 어려움을 우리는 이미 어릴 적부터 경험합니다.

다윗은 대중에 동조하지 않고, 또한 사람들도 자신을 그렇게 취급하는 부적응을 경험했습니다. 선지자 엘리야나 시편의 기자들, 예레미야도 똑같은 경험을 했습니다. 그들은 모두 다수가 말하고 행동하는 것에 동조하지 않음으로써 그 다수 속에서 부적응자로 취급당했습니다.

다윗은 시편에서 자신이 악인들, 곧 하나님이 기뻐하지 않으시는 생각을 가진 다수에게 둘러싸여 있다고 자주 말하곤 했습니다. 그래서 그는 하나님이 그들로부터 자신을 건지시고 보전해 달라는 간구를 빈번하게 했습니다. 특히 시편 22편에서 그는 자신이 사람들 가운데서 벌레요, 사람의 비방거리요, 백성의 조롱거리라고 토로했습니다(시 22:6). 엘리야 역시 대중적인 동조에 따르지 않고 당대의 죄악 됨을 거슬러 행함으로써 자신만 홀로 남았다고 생각할 정도로 심한 어려움과 외로움을 겪었습니다.

또한 시편 73편 기자는 자신과는 너무 다른 삶의 방식을 가진 주변의 모든 사람(악인들)이 잘 먹고 잘 사는 것을 보면서 하나님 앞에서 진실하게 살고자 하는 자신의 삶의 방식이 잘못된 것은 아닌지 고민하면서 하나님을 의심하는 상태까지 이르기도 했습니다. 대중이 끄는 힘 앞에서 갈등하고 번민하면서 혼란을 겪은 것입니다. 선지자 이사야도 마찬가지였습니다. 하나님은 그가 백성들에게 가서 전해야 할 말씀을 대다수가 듣지 않는 그런 대중 속에서 사역하게 될 것이고, 거기서 겪게 될 어려움도 미리 말씀하셨습니다. 결국 성읍과 토지는 황폐해지고, 가옥에는 주민이 없어져 그 땅 가운데 황폐한 곳이 많을 때까지 그의 삶과 사역이 끝까지 다수에 동조하지 않고 가야 하는 길임을 말씀하신 것입니다.

선지자 예레미야도 그 시대의 생각과 행동을 따르지 않고 하나님의 말씀을 따름으로써 다수의 강력한 제재와 무시, 도전과 박해를 겪었습니다. 대중은 자신들에게 동조하지 않는 예레미야를 심하게 학대했으며, 그를 심지어 미친 사람으로 취급했습니다. 그런 경험 속에서 예레미야는 하나님께 "내가 기뻐하는 자의 모임 가운데 앉지 아니하며 즐거워하지도 아니하고 주의 손에 붙들려 홀로 앉았사오니"(렘 15:17)라고 말했습니다. 그는 당시 하나님을 거스르는 것을 기뻐하고 즐거워하는 무리 가운데 어울리지 않았습니다. 자신은 그저 주의 손에 붙들려 홀로 지내면서 "나의 고통이 계속하며 상처가 중하여"(렘 15:18)라고 말했습니다.

이러한 성경의 내용은 하나님의 백성이 이 세대를 본받지 않고 하나님의 뜻을 따라 진실한 신자로서 살고자 할 때 마주하게 되는 것이 무엇인지를 보여 줍니다. 이 세대를 본받으며 사는 다수와 대중의 힘에 저항할 때 그들은 예외 없이 대중 속에서 부적응자가 되는 어려움을 겪은 것입니다.

신적인 권위를 주장하는 대중

마찬가지로 우리도 이 세대를 살면서 대중의 간계함과 횡포를 마주합니다. 우리는 이 세대 속에서 그런 대중의 힘을 분별해 내야 합니다. 그런데 이러한 대중의 힘은 예수 믿는 어린아이라 할지라도 어릴 때부터 경험하는 것입니다. 무리 속에서 놀림당하는 것과 같은 경험을 통해서 말입니다.

이 세상에는 이 세대의 생각과 행동의 틀을 가지고 사는 사람들이 다수입니다. 그런 조건에서 다수와 대중은 마치 정답인 것처럼 여겨지고 있고, 또 그렇게 행동합니다. 그것은 이 세상 속에서 나타나는 일반적인 현상입니다. 거기에는 특히 우리로 하여금 이 세대의 사고방식과 생활방식을 따르도록 하는 대중의 힘이 있습니다. 그래서 우리는 "이 세대를 본받지 말라"는 말씀을 지키고자 할 때 이러한 대중의 힘에 대한 이해가 있어야만 합니다.

오늘날 우리는 개인주의와 함께 대중의 힘이 크게 작용하는 시대에 살고 있습니다. 특별히 그 힘이 이전보다 더욱 강력해진 시대, 아니 대중의 횡포가 크게 나타나는 시대에 살고 있습니다. 지난 역사 속에는 파시즘이나 나치즘, 공산주의처럼 대중을 선동함으로써 대중에 동조하도록 압박하는 일들이 있었습니다. 오늘날 민주주의 사회에서도 정치인들의 선동 외에 대중이 자발적이고 능동적으로 동조하며, 더 나아가 대중의 힘으로 횡포를 부리는 모습까지 나타나고 있습니다. 이러한 현상은 앞으로 더욱 심해질 수 있습니다. 우리나라만 보아도 지금처럼 대중적인 네트워크 속에서 정치, 사회, 문화적인 이슈에 대해 대중적인 관심을 보인 적은 없었습니다. 코로나와 관련해서 교회가 사회적인 이슈로 떠오르면서 지금처럼 대중적인 분노와 반대를 겪었던 시대도 없었습니다.

우리는 이 세대를 본받지 않기 위해 이러한 대중의 실체 속에 있는 두 가지 사실을 보아야 합니다. 그중에 한 가지 사실은, 대중은 사람들을 끌어들이는 힘, 곧 대중에게 동조하도록 이끄는 힘을 가지고 있다는 것입니다. 또 다른 하나는, 그 대중에게 동조하는 사람과 동조하지 않는 사람을 구분하고 나누는 일이 있다는 사실입니다. 그러한 구분과 나눔 속에는 동조하지 않는 사람을 다르게 보거나 사회 부적응자로 바라보는 시선과 판단이 있습니다. 바로 이것이 대중의 실체입니다! 이것은 결코 철학적이거나 사회학적인 얘기가 아닙니다. 이것은 영적인 이해와 맞물려 있고, 이 세대를 본받지 않는 문제와 연관되어 있는 사실입니다.

오늘날 대중은 마치 왕과 같은 권리, 심지어 신적인 권위를 가진 것처럼 법까지 제정하면서 대중에 속하지 않는 사람들을 제재하고 속박합니다. 이러한 대중의 횡포는 자신들이 틀리지 않고 옳다는 가치를 드러내면서 신성불가침의 영역처럼 여기도록 합니다. 이러한 사실 때문에 정치인들이 이러한 대중을 만들려고 하는 것입니다.

정치인들은 일어난 어떤 사건을 자신에게 유리하게 이용하려고 대중을 선동하여 자기편으로 삼고, 대중의 이름으로 모든 것을 행하려고 합니다. 6·25전쟁이나 북한의 핵 공격의 위협뿐만 아니라 5·18민주화운동이나 세월호와 같은 비극적인 사건까지도 이용합니다. 대중은 이러한 정치인들의 선동에 이끌려 흔히 잘못된 것을 옳다고 말하고, 옳은 것은 잘못되었다고 말하면서 대중의 이름으로 밀어붙입니다. 그러한 과정에서 대중은 일종의 신적 권위와 방불한 권위와 힘을 행사하는 것입니다. 우리는 이것이 이 세대를 본받지 않으려는 그리스도인들에게 얼마나 위협적이고 파괴적인 것인지를 볼 수 있어야 합니다.

대중적인 흐름에 이끌려 사는 세대

오늘날 이러한 대중의 힘과 권위는 우리로 하여금 사리 분별을 따라 판단하고 행동하는 대신에 대중의 견해를 따르도록 압박합니다. 오스 기니스(Os Guiness)는 이미 10여 년 전에 이렇게 말했습니다.

"지금 우리는 자기 지시의 시대에서 타인 지시의 사회로 전환되고 있다."[1]

그렇습니다. 이제는 나 자신의 판단이나 어려서 부모로부터 배운 것이 아닌, 휴대폰이나 주변 사람을 통해 대중의 지시를 따르는 시대, 대중이 이끄는 힘을 따라서 행동하는 시대로 바뀌었습니다. 양심과 같은 판단의 기준으로 고민하면서 결정하는 비판적인 사고 대신에 대중에게 의존해서 생각하는 소위 '그룹 사고'로 바뀐 것입니다. 이것은 결국 다른 사람에게 의존해서 결정하고 따르는 것을 의미합니다.

그런 대중의 중심적인 가치와 정신은 넓게 말하면 상대주의적인 포스트모더니즘이고, 좁게 말하면 그룹 또는 대중 안에서 가장 유행하는 견해라고 할 수 있습니다. 무엇이 선과 악인지는 중요하지 않습니다. 그저 대중 안에서 가장 유행하는 견해가 중요한 것이기에 사람들은 거기에 동조하여 따르는 것입니다. 이러한 현상에는 대중의 힘이 잘 드러나 있고,

거기에 사람들이 동조하게 됩니다.

문제는 유행하는 견해가 정치적인 선동에 의해 정치적인 색채가 덧입혀질 수도 있고, 여론이나 영향력 있는 사람들에 의해 얼마든지 다른 방향으로 흘러갈 수도 있다는 사실입니다. 한 가지 예로 유튜버는 자신이 만든 영상을 통해서 자신의 생각을 다른 사람들에게 심어 놓음으로써 거기에 다양한 색채를 덧입힐 수 있습니다.

대중은 그런 식으로 만들어진 견해에 사람들이 동조하도록 강력한 힘을 행사합니다. 그때 대중에 동조하지 않는 사람은 자신이 소외되고 뒤떨어진다고 생각하면서 최소한이라도 거기에 동조하는 모습을 취하기도 하는 것입니다. 이 세대를 본받지 않으려는 그리스도인들은 바로 이 부분에서 어려움을 겪습니다. 시편 기자나 선지자들처럼 이 세대 속에서 부적응자가 되는 어려움 말입니다.

교회 안에까지 침투한 대중의 힘

요즘 교회 안에는 이 세대 속에서 부적응자가 되지 않고, 오히려 대중에게 더욱 동조하려는 사람들이 늘어나고 있습니다. 이것이 과연 개인적인 배교로 연결될지는 모르지만, 교회생활을 열심히 하면서 식견을 가진 사람들이 대중의 힘에 이끌려 판단하고 행동함으로써 대중의 횡포에 휘둘리는 모습을 제법 많이 보게 됩니다.

대중의 이름으로 사람을 나누고 판단하며 공격하는 것은 우리나라에서는 이제 흔한 현상이 되었습니다. 특히 대중 안에서 유행하는 견해 중 가장 비중 있는 것은 주로 정치적인 것인데, 교회 안의 사람들이 그러한 대중의 견해에 휘둘려 그것을 교회 안에서까지 드러내면서 서로 다투고 나뉘는 일이 있습니다.

이러한 대중의 견해는 얼마든지 소수가 지배할 수 있는 위험 요소가 있습니다. 소수가 대중의 이름을 이용하여 얼마든지 목적을 이룰 수 있다는 말입니다. 그런데 어리석게도 그것을 분별하지 못하고, 그러한 대중의 견해에 동조하여 따르면서 다른 견해를 가진 사람들을 판단하고 그들과 충돌하면서 서로 나뉘는 일이 벌어지고 있습니다. 물론 그런 일은 세상에서 얼마든지 있을 수 있는 일이지만, 이 세대를 본받지 말아야 할 그리스도인들과 교회 안에서까지 나타난다는 사실은 너무나도 안타까운 일입니다. 그것은 결국 사탄의 도구가 되는 일입니다.

대중의 이름으로 소수가 지배하고 있다는 사실도 모른 채, 그러한 대중에 동조해서 자신을 그렇지 않은 자와 구분하고 판단하며, 심지어는 적대하기까지 하는 것이 바로 대중의 횡포입니다. 그것으로 부부 관계까지도 깨어지고, 교회까지 떠나는 일도 일어납니다. 하나님과 그분의 말씀과 같은 절대적인 권위와 진리까지도 뒤로하게 만드는 것이 바로 대중의 횡포입니다. 그것은 결국 그룹 사고를 따라 생각하고 행동하는 것입니다.

예수 믿는 우리는 그런 식으로 사람들을 움직이는 비열한 대중의 횡포가 있다는 사실을 알고 거기에 저항해야 합니다. 절대적인 진리인 하나님의 계시의 말씀에 근거해서 말입니다. 신실한 주의 백성들과 믿음의 선진들이 모두 다 그러했습니다. 그들은 대중에 동조하며 살려고 하지 않았고, 대중에게 인정받으려고도 하지 않았습니다.

저 허망한 욕구를 따르지 말라

인간에게는 누구나 사랑받고 싶고, 인정받고 싶어 하는 본성이 있습니다. 그런데 오늘날 사람들은 대중에게 동조하여 그들의 사랑과 인정을 받는 것으로 그러한 본성을 충족시키려고 합니다. 유튜브나 SNS에서 '좋아요'를 누르거나 자신이 만든 영상에서도 그러한 반응을 받는 것으로 만족을 얻으려고 합니다. 그러나 대중에게 동조하며 인정받는 것은 허망한 것입니다. 대중의 인기를 받았던 연예인들이 하루아침에 인기가 사라졌을 때 자살하는 것을 보면서, 우리는 그것이 얼마나 허망한지를 여실히 알게 됩니다. 대중의 인정은 결국 우리로 하여금 상대적인 박탈감과 허무함에 빠지게 합니다.

예수 믿는 우리는 이 세대의 생각과 행동의 틀을 가진 대중에게 인정받고 사랑받으려고 해서는 안 됩니다. 그들의 견해를 따름으로써 얻게 될 지지나 인정을 기대해서도 안 됩니다. 대중의 견해에 동조하여 좋은 평판을 듣는 것은 하나님과 반대편에 서는 것임을 알아야 합니다. 그것은 마지막에 하나님으로부터 좋은 평가를 듣지 못하는 것입니다.

하나님의 평가가 대중의 평가보다 더 중요하다는 사실을 기억하십시오. 왜냐하면 그것이 우리에게는 궁극적인 평가요, 영원한 운명으로 연결되는 평가이기 때문입니다.

안타깝게도 오늘날 교회 안에는 이 세대의 생각과 행동의 틀을 이루고 있는 대중에 동조함으로써 대중의 인정을 받으려는 사람들이 제법 많습니다. 우리는 모두 정치적인 관점을 가질 수 있고, 역사에 대한 해석을 각자 가질 수도 있습니다. 그러나 많은 사람이 대중의 횡포에 휘둘려 신앙생활에까지 혼란을 겪고 결국엔 "이 세대를 본받지 말라"는 말씀을 따르지 않는 불순종의 상태로 나아가는 것은 정말 불행한 일입니다.

그런 사람은 아무리 교회생활을 열심히 한다 해도 정상적인 신자의 모습은 아닙니다. 겉모습만 교회에 왔다 갔다 하는 것일 뿐, 속은 이 세대를 본받으며 살아가는 것입니다. 또 그런 사람은 자신이 본받고 있는 이 세대의 생각과 행동으로 모든 사람을 판단할 뿐만 아니라, 심지어 신앙과 교회까지 판단하면서 불만을 드러내기도 합니다. 그것은 회개해야 할 상태입니다.

여러분이 정녕 이 세대에서 건짐 받은 그리스도인이라면 이 세대의 생각과 행동의 틀을 가지고 있는 대중의 실체에 대한 분명한 이해를 가져야 합니다. 대중에 동조하지 않는다고 해서 그를 부적응한 자로 말한다면, 그것은 대중의 시각에서 일방적으로 말하는 것입니다. 이 세상 만물의 통치자요, 최후의 심판자이신 하나님의 판단은 그렇지 않습니다. 하나님은 히브리서 11장에 언급된 사람들, 곧 대중에 동조하지 않고 살았던 그들을 믿음의 사람이요, 하나님이 기뻐하시는 사람이라고 말씀하셨습니다. 또 히브리서 11장 40절은 하나님이 그들을 위해 더 좋은 것을 예비하셨다고 말합니다.

물론 이것은 학교나 직장, 그 밖의 사회적인 관계나 환경에 부적응하는 모습을 정당화하려는 것이 아닙니다. 단지 대중의 견해에 동조하지 않음으로써 이 세대를 본받지 않는 부적응을 말하고자 하는 것입니다. 이러한 부적응은 그 사람이 하나님께 신실하다는 증거이고, 하나님이 기뻐하시고 칭찬하실 모습입니다.

그러므로 이 세대를 본받지 않고, 대중과 함께하지 않는 것을 부끄러워하거나 초조해하지 마십시오. 그들과 함께하는 것이 언제나 세련되고 좋은 것은 아닙니다. 반드시 다수가 옳은 것도 아니고, 앞선 것도 아닙니다. 또 결론이 좋은 것도 아닙니다. 역사를 보면 그런 대중이 결과적으로 낭패를 당하는 것을 보게 됩니다. 히틀러를 지지했던 사람들이 나중에는 범법자가 되지 않았습니까? 우리 인생도 마찬가지입니다. 대중에 동조한 사람은 나중에 범법자로 하나님 앞에 서게 됩니다.

대중의 견해에 흔들리지 않으신 우리 주님을 따르자

하나님과 그분의 말씀을 거스르는 이 세대의 생각과 행동에 저항한다는 것은 결코 쉬운 일이 아닙니다. 다수 또는 대중과 함께하지 않으며 사는 것은 분명 힘들고 외로운 길입니다. 그러나 그러한 삶이 실패한 길이 아님을 우리는 결론적으로 알게 될 것입니다. 그것을 확신 있게 말할 수 있는 이유는 예수님이 보여 주신 증거 때문입니다. 예수님은 대중의 견해를 따르지 않고 외롭고 힘든 삶을 사셨지만 결국 실패하지 않으셨습니다. 히브리서 기자는 히브리서 11장에서 믿음의 선진들에 대해 말한 뒤에 12장에서 "이러므로 우리에게 구름같이 둘러싼 허다한 증인들이 있으니 모든 무거운 것과 얽매이기 쉬운 죄를 벗어 버리고 인내로써 우리 앞에 당한 경주를 하며 믿음의 주요 또 온전하게 하시는 이인 예수를 바라보자"(히 12:1-2상)라고 말합니다. 그러면서 우리가 바라보아야 할 예수님이 어떻게 하셨는지를 덧붙입니다.

"그는 그 앞에 있는 기쁨을 위하여 십자가를 참으사 부끄러움을 개의치 아니하시더니 하나님 보좌 우편에 앉으셨느니라"(히 12:2하).

우리도 이 세상의 대중에 동조하지 않는 것을 부끄러워하지 말아야 합니다. 그런 삶이 힘들고 외롭다고 할지라도 예수님이 십자가 앞에 있는 기쁨을 바라보며 참으신 것처럼 우리 역시 우리 앞에 있는 영광을 바라보면서 참아야 합니다. 대중과 동조하며 즐거워하는 것이 아니라, 거기서 분리되어 대중을 따르지 않은 것을 오히려 귀하게 여겨야 합니다. 그렇게 하는 것이 시대에 뒤떨어진 것처럼 보일 수도 있지만, 그것은 실패가 아니라 오히려 그에 대한 상급과 영광이 있음을 우리는 결론적으로 보게 될 것입니다. 영국의 탁월한 사상가인 체스터턴(G. K. Chesterton)은 이렇게 말했습니다.

"적어도 다섯 번은 기독교 신앙이 개들에게 먹혔던 것처럼 보인다. 그러나 그 다섯 번 모두 죽은 것은 개들이었다."[2]

역사를 보면 기독교가 세상에 먹혔던 것처럼 보였던 때가 있었습니다. 그러나 죽은 것은 오히려 그들이었습니다. 히틀러가 죽었고, 그를 따랐던 그룹들이 죽었습니다. 기독교는 결코 죽지 않았습니다. 결론적으로 우리는 우리가 옳다는 것을 확인하게 될 것입니다. 그러므로 이 대중의 간계함과 비열함과 횡포에 휘둘리지 말아야 합니다. 예수를 믿으면서 아직도 이 세상의 견해와 관점이 성경보다 우위에 있다고 생각하는 것은, 그래서 대중의 횡포에 이끌려 행동하는 것은 이 세대를 본받는 모습이고, 결국 사탄에게 농락당하는 것입니다.

우리가 이 세대를 분별하고 본받지 않으려면 대중의 힘을 간파해야 합니다. 정치인이나 특정 정당, 또는 연예인이나 사회적인 유명 인사들을 볼 것이 아니라, 대중이 가진 횡포를 보아야 합니다. 물론 대중의 힘을 간파하고 거기에 저항하는 일은 결코 쉬운 일이 아니지만, 대중의 횡포에 휘둘려 신앙까지 흔들리는 모습은 결코 바르다고 할 수 없습니다.

우리에게는 흔들리지 않고 우리를 끝까지 지탱해 줄 하나님의 계시의 말씀이 있고, 생명이신 예수 그리스도가 있습니다. 우리에게는 세상이 바뀌어도 영원히 바뀌지 않는 것이 있습니다. 우리는 그것을 따라가야 합니다. 우리 주님도 자신 앞에 있는 기쁨을 생각하면서 부끄러워하지 않고 십자가의 길을 가셨습니다. 그 영광의 길을 말입니다. 그러므로 우리 또한 그 길로 갈 수 있기를 간절히 소망합니다.

우리에게는 흔들리지 않고 우리를 끝까지 지탱해 줄

하나님의 계시의 말씀이 있고,

생명이신 예수 그리스도가 있습니다.

주님도 자신 앞에 있는 기쁨을 생각하면서

부끄러워하지 않고 십자가의 길을 가셨습니다.

그러므로 우리 또한 그 길로 갈 수 있기를 간절히 소망합니다.

주

1부 이 세대를 아십니까

1장 이 세대에 대한 당신의 반응은?
1) 대단위의 '그 배교'가 과연 어떻게 일어날 것인지에 대해서는 『기독교, 세상의 함정에 빠지다』(부흥과개혁사, 2009)에서 다루었다.
2) 더글러스 J. 무, 『NICNT 로마서』(솔로몬, 2011), p. 1014.

2부 이 세대의 생각과 행동의 틀을 아십니까

3장 이 세대의 생각과 행동의 틀 1_ 세속성
1) 매허니 외, 『세속주의를 경계하라』(부흥과개혁사, 2010), p. 32.
2) 앞의 책, p. 36.
3) 제임스 M. 보이스, 『로마서 4』(솔라피데출판사, 2011), p. 77.
4) 데이비드 웰스, 『신학실종』(부흥과개혁사, 2006), p. 129.
5) 매허니 외, 『세속주의를 경계하라』, p. 34.
6) 마크 놀, 『포스트모던 세계에서의 기독교 신학과 신앙』(엠마오, 1994), p. 514.

4장 이 세대의 생각과 행동의 틀 2_ 무신 사상
1) R. C. 스프로울, 『하나님과 무신론』(생명의말씀사, 1997), p. 23-24.
2) 앞의 책, p. 24.

3) 같은 책.
4) 앞의 책, p. 25.
5) 로버트 뱅크스, 『그리스도인을 위한 무신론 사용설명서』(새물결플러스, 2014), p. 72.
6) 앞의 책, p. 83.
7) 앞의 책, p. 92-93.
8) 앞의 책, p. 111.
9) 앞의 책, p. 129.
10) 존 C. 레녹스, 『현대 무신론자들의 헛발질』(새물결플러스, 2020), p. 154.

5장 이 세대의 생각과 행동의 틀 3_ 새로운 무신 사상
1) 로버트 뱅크스, 『그리스도인을 위한 무신론 사용설명서』, p. 21.
2) 존 C. 레녹스, 『현대 무신론자들의 헛발질』, p. 15.
3) 앞의 책, p. 16.
4) 필립 존슨, 존 마크 레이놀즈, 『유신론과 무신론이 만나다』(복있는사람, 2011), p. 15.
5) 윤동철, 『새로운 무신론자들과의 대화』(새물결플러스, 2014), p. 53.
6) 같은 책.
7) 존 C. 레녹스, 『현대 무신론자들의 헛발질』, p. 29-30.
8) 리처드 도킨스, 『만들어진 신』(김영사, 2015), p. 7-8.
9) 존 C. 레녹스, 『현대 무신론자들의 헛발질』, p. 29.
10) 같은 책.

11) 같은 책.
12) 앞의 책, p. 34.
13) 데이비드 A. 로버트슨, 『스스로 있는 신』(사랑플러스, 2008), p. 40-41.
14) 앞의 책, p. 40, 47-48.
15) 존 C. 레녹스, 『현대 무신론자들의 헛발질』, p. 32, 37.
16) 앞의 책, p. 37.
17) 앞의 책, p. 32.
18) 조선일보, 2007.08.17.
19) 리처드 도킨스, 『만들어진 신』, p. 14.
20) 앞의 책, p. 72-73.
21) 데이비드 A. 로버트슨, 『스스로 있는 신』, p. 74.
22) 앞의 책, p. 86.
23) 앞의 책, p. 81.
24) 라비 재커라이어스, 『오직 예수 2』(두란노, 2017), p. 25.
25) 앞의 책, p. 26.
26) 「인디펜던트」, 2016.05.23. 인터뷰 중.
27) 데이비드 A. 로버트슨, 『스스로 있는 신』, p. 77-78.

3부 이 세대의 사상, 진화론을 아십니까

6장 진화론적인 기원 사상

1) 욥 9:8, 26:7; 사 40:22, 42:5, 45:12, 51:13, 16
2) 미국창조과학연구소, 『창조과학백과(창조 세계의 과학적 증거들)』(생명의말씀사, 2016), p. 9.
3) 마이클 비히, 필립 존슨 외 1명, 『위대한 설계, 그 흔적들』(새물결플러스, 2014), p. 205.
4) 데이비드 A. 노에벨, 『충돌하는 세계관』(꿈을이루는사람들, 2021), p. 227.
5) J. P. 모어랜드 외 다수, 『유신진화론 비판 (상)』(부흥과개혁사, 2019), p. 126.
6) 도널드 R. 프로세로, 『화석은 말한다』(바다출판사, 2019), p. 307.
7) 앞의 책, p. 295.
8) 한국창조과학회, 『당신이 몰랐던 유신진화론』(세창미디어, 2016), p. 119.
9) 도널드 R. 프로세로, 『화석은 말한다』, p. 307.

10) 한국창조과학회, 『당신이 몰랐던 유신진화론』, p. 119.

7장 진화론이 기독교에 미친 영향

1) 도널드 R. 프로세로, 『화석은 말한다』, p. 46-47.
2) 필립 존슨, 존 마크 레이놀즈, 『유신론과 무신론이 만나다』, p. 63.
3) 앞의 책, p. 63-64.
4) 코너 커닝햄, 『다윈의 경건한 생각』(새물결플러스, 2012), p. 33-34.
5) 앞의 책, p. 72.
6) 필립 존슨, 존 마크 레이놀즈, 『유신론과 무신론이 만나다』, p. 65.
7) 코너 커닝햄, 『다윈의 경건한 생각』, p. 41.
8) 이에 대하여 정리된 내용은 로널드 L. 넘버스의 『창조론자들』(새물결플러스, 2016)을 보라.
9) 앞의 책, p. 441.
10) 같은 책.
11) 앞의 책, p. 601.
12) 김기석, 『신학자의 과학 산책』(새물결플러스, 2018), p. 208.
13) 프랜시스 콜린스, 『신의 언어』(김영사, 2017), p. 15.
14) 그들에 대해서는 다음의 글들을 참조하라. J. P. 모어랜드 외 다수, 『유신진화론 비판 (하)』(부흥과개혁사, 2019), p. 166, 275, 370-371; 윌리엄 밴두드워드, 『역사적 아담 탐구』(부흥과개혁사, 2017), p. 380, 447-448; https://biologos.org/articles/famous-christians-who-believed-evolution-is-compatible-with-christian-faith
15) 김기석, 『신학자의 과학 산책』, p. 213.
16) 코너 커닝햄, 『다윈의 경건한 생각』, p. 60.
17) J. P. 모어랜드 외 다수, 『유신진화론 비판 (하)』(부흥과개혁사, 2019), p. 299.
18) 한국창조과학회, 『당신이 몰랐던 유신진화론』, p. 175.
19) 필립 존슨, 존 마크 레이놀즈, 『유신론과 무신론이 만나다』, p. 65-66.
20) 한국창조과학회, 『당신이 몰랐던 유신진화론』, p. 170.

8장 창세기 1-3장의 바른 이해

1) J. P. 모어랜드 외 다수, 『유신진화론 비판 (하)』, p. 300-301.
2) 앞의 책, p. 302.
3) 고든 웬함, 『WBC 주석 창세기 (상)』(솔로몬, 2001), p. 64.

4) 앞의 책, p. 67.
5) 앞의 책, p. 69-70.
6) 앞의 책, p. 70.
7) 같은 책.

9장 성경의 '날'과 지구 나이 문제
1) 성영은, 베른 S. 포이트레스 외, 『창세기 1장으로 본 과학』(성약, 2015), p. 80-86.
2) 앞의 책, p. 91.
3) 앞의 책, p. 91-92.
4) 앞의 책, p. 92-114.
5) תולדו
6) 개역한글 성경은 "대략"으로 번역했다.
7) 빅터 P. 해밀턴, 리터드 E. 에이버벡 외 3명, 『창조 기사 논쟁』(새물결플러스, 2016), p. 487.
8) 앞의 책, p. 488.

4부 이 세대의 사상, 포스트모더니즘과 왜곡된 도덕성을 아십니까

10장 포스트모더니즘 사고
1) 이에 대한 더 자세한 내용은 『기독교, 세상의 함정에 빠지다』(부흥과개혁사)를 보라.
2) 밀라드 J. 에릭슨, 『기독교 신앙과 포스트모더니즘』(CLC, 2012), p. 278.
3) 데이비드 웰스, 『위대하신 그리스도』(부흥과개혁사, 2008), p. 139.

12장 왜곡된 성도덕 1_ 성과 도덕의 분리
1) 카일 아이들먼, 『거짓 신들의 전쟁』(규장, 2013), p. 134-135.

13장 왜곡된 성도덕 2_ "이 비밀이 크도다"
1) 팀 켈러, 『팀 켈러, 결혼을 말하다』(두란노, 2014), p. 287.
2) 카일 아이들먼, 『거짓 신들의 전쟁』, p. 151.
3) 팀 켈러, 캐시 켈러, 『팀 켈러, 결혼의 의미』(두란노, 2020), p. 271.

5부 "이 세대를 본받지 말라"

15장 이 세대를 본받지 않는 길 1_ 나그네로서 살라
1) 데이비드 반드루넨, 『하나님의 나라 두 나라 국민으로 살아가기』(부흥과개혁사, 2012).

17장 바벨론에서의 성도의 삶
1) 윌리엄 헨드릭슨, 『목회서신』(아가페, 1983), p. 493. 도널드 거스리의 틴데일 신약주석 『고린도전후서·디도서』(CLC, 1982), p. 291-292도 참조하라.

18장 우리가 이 세대를 본받지 않을 때
1) 오스 기니스, 『선지자적 반시대성』(이레서원, 2016), p. 108.
2) 앞의 책, p. 167.

사명선언문

너희가 흠이 없고 순전하여……세상에서 그들 가운데 빛들로
나타내며 생명의 말씀을 밝혀 _ 빌 2:15-16

1. 생명을 담겠습니다
만드는 책에 주님 주신 생명을 담겠습니다.
그 책으로 복음을 선포하겠습니다.

2. 말씀을 밝히겠습니다
생명의 근본은 말씀입니다.
말씀을 밝혀 성도와 교회의 성장을 돕겠습니다.

3. 빛이 되겠습니다
시대와 영혼의 어두움을 밝혀 주님 앞으로 이끄는
빛이 되는 책을 만들겠습니다.

4. 순전히 행하겠습니다
책을 만들고 전하는 일과 경영하는 일에 부끄러움이 없는
정직함으로 행하겠습니다.

5. 끝까지 전파하겠습니다
모든 사람에게, 땅 끝까지, 주님 오시는 그날까지
복음을 전하는 사명을 다하겠습니다.

서점 안내

광화문점 서울시 종로구 새문안로 69 구세군회관 1층
02)737-2288 / 02)737-4623(F)

강남점 서울시 서초구 신반포로 177 반포쇼핑타운 3동 2층
02)595-1211 / 02)595-3549(F)

구로점 서울시 동작구 시흥대로 602, 3층 302호
02)858-8744 / 02)838-0653(F)

노원점 서울시 노원구 동일로 1366 삼봉빌딩 지하 1층
02)938-7979 / 02)3391-6169(F)

일산점 경기도 고양시 일산서구 중앙로 1391 레이크타운 지하 1층
031)916-8787 / 031)916-8788(F)

의정부점 경기도 의정부시 청사로47번길 12 성산타워 3층
031)845-0600 / 031)852-6930(F)

인터넷서점 www.lifebook.co.kr